Kapitel 4   Okavango Delta und der Nordwesten

Kapitel 5   Chobe National Park und Victoria Falls

Inhalt

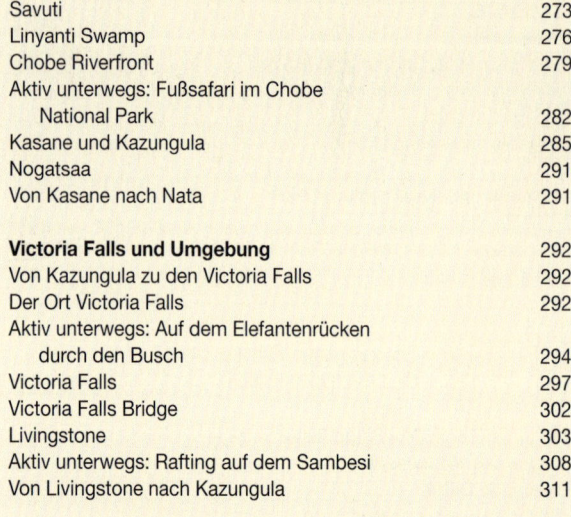

Kapitel 6 Kalahari

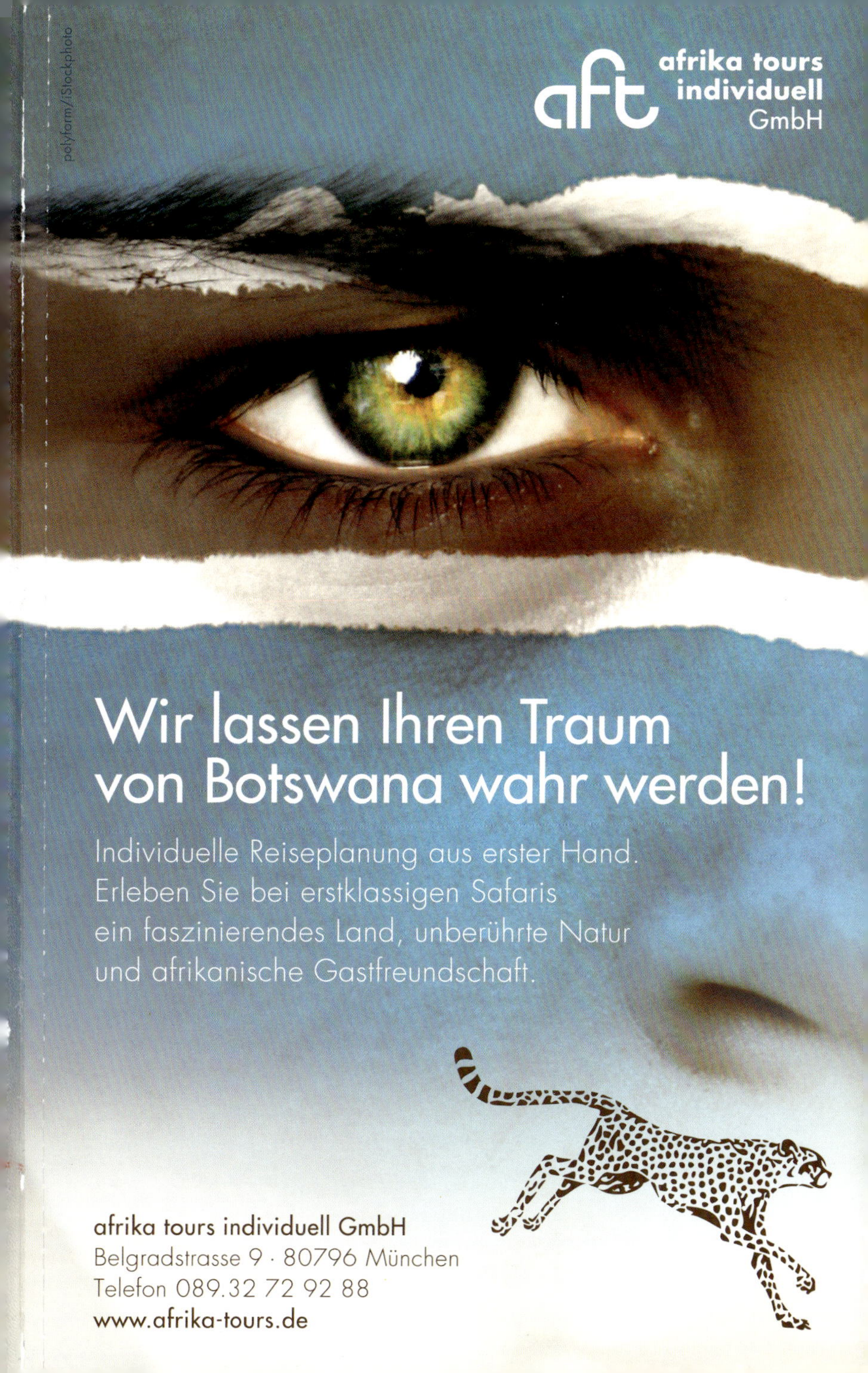

polyform/iStockphoto
aft
afrika tours individuell GmbH
Wir lassen Ihren Traum von Botswana wahr werden!
Individuelle Reiseplanung aus erster Hand.
Erleben Sie bei erstklassigen Safaris
ein faszinierendes Land, unberührte Natur
und afrikanische Gastfreundschaft.
afrika tours individuell GmbH
Belgradstrasse 9 · 80796 München
Telefon 089.32 72 92 88
www.afrika-tours.de

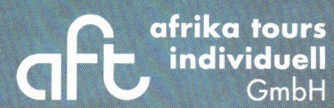

Botswana

Dieter Losskarn

Reise-Handbuch

Inhalt

Wissenswertes über Botswana

Wissenswertes für die Reise

Unterwegs in Botswana

Kapitel 1 Gaborone und der Südosten

Inhalt

Kapitel 2 Francistown und der Osten

Kapitel 3 Makgadikgadi Pans

Themen

Alle Karten auf einen Blick

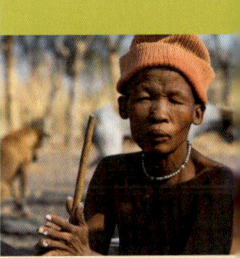

Inhalt

▶ Dieses Symbol im Buch verweist auf die
Extra-Reisekarte Botswana

Das Klima im Blick

Reisen verbindet Menschen und Kulturen. Wer reist, erzeugt
auch CO_2. Der Flugverkehr trägt mit bis zu 10 % zur globalen
Erwärmung bei. Wer das Klima schützen will, sollte sich – wenn
möglich – für eine schonendere Reiseform entscheiden. Oder
die Projekte von *atmosfair* unterstützen: Flugpassagiere spenden
einen kilometerabhängigen Beitrag für die von ihnen verursachten Emissionen und finanzieren damit Projekte zur Verringerung
des CO_2-Ausstoßes in
Entwicklungsländern
(*www.atmosfair.de*). Auch
der DuMont Reiseverlag
fliegt mit *atmosfair*!

nachdenken • klimabewusst reisen

atmosfair

**Auf dem Land spielt sich das Leben überwie-
gend vor den grasgedeckten Rundhütten ab**

Aus den flachen Makgadikgadi-Salzpfannen ragen
kleine Felsinseln mit spärlichem Bewuchs auf

Wissenswertes
über Botswana

Annäherung an Botswana

Mit einer Fläche von gut 580 000 km^2 und etwas über 2 Mio. Einwohnern ist Botswana eines der am dünnsten besiedelten Länder der Welt – was sich auf die Menschen bezieht, nicht auf die Tiere. Seine riesigen, überwiegend unberührten Landschaften machen den afrikanischen Staat zur attraktivsten und lohnenswertesten Safaridestination des Kontinents. Hier lassen sich Fauna und Flora noch so erleben, wie sie David Livingstone bereits Anfang des 19. Jh. erfahren hat.

Das Binnenland Botswana liegt im Zentrum des südlichen Afrikas, umgeben von Namibia im Westen und Norden, Sambia im Nordosten, Simbabwe im Osten und Südafrika im Süden. Seinen Besuchern bietet es eine Vielfalt schöner Ziele: vom berühmten Feuchtgebiet des Okavango Delta mit dem Moremi Game Reserve bis zur lebensfeindlichen Kalahari, von den riesigen, silbrigglänzenden Makgadikgadi-Salzpfannen und den unendlich erscheinenden Grasebenen, in die während der Regenzeit Tausende von Zebras migrieren, bis zum Chobe National Park mit seinen gewaltigen Elefantenherden. Von dort ist es nur ein Katzensprung zu den weltberühmten Viktoriafällen in Simbabwe und Sambia.

Als Botswana 1966 seine Unabhängigkeit proklamierte, war es eines der ärmsten Länder der Welt. Seither hat sich viel verändert. In praktisch allen Wirtschaftssektoren ist ein Wachstum zu verzeichnen, die Touristenzahlen steigen ständig, Naturschutz und Wildmanagement sind von immer größerer Bedeutung. Die meisten Einheimischen haben erkannt, dass es sich lohnt, die Natur zu schützen, denn es sind vor allem die intakten Ökosysteme Botswanas, die devisenbringende Besucher aus aller Welt anlocken.

Fast 40 % der Landesfläche stehen unter Schutz, entweder als Nationalpark, als Game Reserve oder als Wildlife Reserve. Bereits in den frühen 1960er-Jahren beschlossen die Batswana, wie die Einwohner genannt werden, ihre traditionellen Jagdgebiete im Okavango Delta zu schützen – das Moremi Game Reserve, benannt nach Häuptling Moremi III., ist ein Meilenstein in der Stammesgeschichte Afrikas. Als Vorreiter fungiert Botswana auch in der Verwaltung einiger seiner Schutzgebiete, die wie beispielsweise das Nata Bird Sanctuary von lokalen Gemeinden gemanagt werden. Damit profitieren die Einheimischen direkt von ihren eigenen Wildgebieten. Das Land meint es ernst mit dem Naturschutz. Nicht zuletzt deshalb wurde ein generelles Jagdverbot verabschiedet, um dem abnehmenden Wildbestand entgegenzuwirken. Internationale Großwildjäger, die bislang viel Geld im Land ließen, erhalten ab dem 1. Januar 2014 keine Abschusserlaubnis mehr. Naturschützer begrüßen das neue Gesetz. Gegner der Wilderei machen diese für den Rückgang des Tierbestands verantwortlich.

Seit seiner Unabhängigkeit hat Botswana eines der am schnellsten wachsenden Pro-Kopf-Einkommen der Welt – zwischen 1967 und 2005 lag das Wirtschaftswachstum fast durchweg bei 9 %. Natürlich muss bei dieser Zahl bedacht werden, dass das Land zuvor extrem unterentwickelt war, doch der eigentliche Grund für diesen kometenhaften Aufstieg ist unter der Erde zu finden: Nach jahrelangen Prospektierungen durch den südafrikanischen Konzern De Beers wurden

1967 gewaltige Diamantenvorkommen entdeckt. Seither ist Botswana der größte Diamantenproduzent der Welt, was dem Land Reichtum und Stabilität gebracht hat.

Da Botswana das Los einer Kolonie erspart blieb, sind seine Bewohner für ihre herzliche, nicht von Rassen- und Stammesdenken beeinflusste Lebensart bekannt. Diese Mentalität hat in den letzten 100 Jahren dazu geführt, dass Botswana heute als einer der friedlichsten Staaten des afrikanischen Kontinents gilt. Besucher erwartet somit ein sehr sicheres Reiseland mit zurückhaltend-freundlichen und hilfsbereiten Menschen.

Touristen kommen hauptsächlich wegen des Tierreichtums in faszinierenden Landschaften nach Botswana. Mit gutem Grund: Das Land bietet die mit Abstand besten Safarimöglichkeiten in ganz Afrika und stellt sogar Klassiker wie Kenia und Tansania in den Schatten. Große, meist nicht durch Zäune voneinander getrennte Schutzgebiete erlauben den Wildtieren, frei durch das weite Land zu ziehen. Safaris lassen sich auf zwei Arten unternehmen. Ein Rundumsorglospaket genießt man auf einer der organisierten Touren mit Rangern, wobei zumeist in privaten, teilweise sehr teuren Lodges übernachtet wird. Es ist aber auch kein Problem, sich einen Geländewagen mit Dachzelt und Campingausstattung zu mieten und alleine auf Pirsch zu gehen. Selbstfahrer sollten über etwas Offroad-Erfahrung, ein GPS-Gerät und die entsprechende Software sowie für alle Fälle über eine gute Karte verfügen, dann steht dem Abenteuer Botswana nichts mehr im Weg. Im ganzen Land gibt es eine Fülle wunderbarer staatlicher und privater Campingplätze in grandioser Landschaft.

Das Hauptverkehrsmittel im Norden des Landes, speziell im Okavango Delta und teilweise auch im Chobe National Park, sind Kleinflugzeuge. Viele der Lodges sind nicht auf Straßen, sondern nur im Rahmen einer Fly-in-Safari erreichbar. Wenn der Pilot beim Anflug auf die kleinen Buschpisten erst einmal Warzenschweine und Elefanten verscheuchen muss, bevor er landen kann, spüren Reisende instinktiv, dass Europa hier nirgendwo ist.

Ein Großteil des Okavango Delta lässt sich nur per Boot erkunden

Steckbrief Botswana

Daten und Fakten

Name: Botswana
Fläche: 581 730 km²
Hauptstadt: Gaborone (ca. 232 000 Einw.)
Amtssprachen: Englisch und Setswana
Einwohner: 2,1 Mio.
Bevölkerungswachstum: 1,45 %
Analphabetenrate: 19 %
Währung: Botswana Pula (BWP)
Zeitzone: MEZ
Landesvorwahl: 00267
Internetkennung: co.bw

Landesflagge: Im Gegensatz zu anderen afrikanischen Flaggen, deren schwarze und rote Streifen blutige Befreiungskriege symbolisieren, dominiert in der Botswana-Fahne ein helles Blau. Es repräsentiert den Himmel sowie Wasser und Regen, die zu Wohlstand führen, und steht für die friedliche Natur der in Botswana lebenden Menschen. Die horizontalen schwarzen und weißen Streifen beziehen sich auf die Hautfarben der Batswana und auf die Harmonie zwischen den ethnischen Gruppen. Somit symbolisiert die Botswana-Flagge das Ideal einer multirassischen Gesellschaft.

Geografie

Im Westen und Norden wird Botswana begrenzt von Namibia, im Nordosten von Sambia, im Osten von Simbabwe und im Süden von Südafrika. Das 581 730 km² große Binnenland (Deutschland: 357 000 km²) verfügt über zahlreiche geografische Superlative. Mit 15 000 km² ist das Okavango Delta das größte Inlandsdelta der Welt und mit 12 000 km² sind die Makgadikgadi Pans die weltweit größten Salzpfannen. Über 84 % der Landesfläche erstreckt sich die wüstenhafte Kalahari, das größte zusammenhängende Sandgebiet der Welt. Und in Botswana wird die kürzeste internationale Grenze des Erdballs gemessen: Auf einer Länge von 700 m hat es Sambia zum Nachbarn.

Mit dem Okavango gibt es einen Fluss, der ins Land hineinfließt, keiner verlässt Botswana. Es gibt keine Gebirge, ein Großteil des Landes besteht aus einer 1000 bis 1200 m hohen, leicht gewellten Ebene. Der höchste Punkt Botswanas liegt in den Otse Mountains auf 1489 m, gefolgt von den Tsodilo Hills mit 1390 m.

Geschichte

Vor 200 000 Jahren siedelten die ersten Menschen in Botswana. Ihre Nachkommen sind die Buschmänner, heute politisch korrekt San genannt. Etwa 200 n. Chr. wanderten die ersten schwarzen Bantu-Stämme aus Zentralafrika ein und vermischten sich mit den San, die sie mit der Viehzucht und der Eisenbearbeitung vertraut machten. In der Eisenzeit migrierten Tswana-Stämme in das heutige Staatsgebiet. Es folgten mehrere Königreiche, die in Great Zimbabwe gipfelten, das im heutigen Simbabwe liegt. Die verheerenden Kriegszüge des aus Südafrika nach Norden vordringenden Zulu-Häuptlings Shaka erschütterten auch Botswana und führten zu umfangreichen Völkerwanderungen. Auf die Zulus folgten die weißen Buren aus der Kap-Provinz. Doch im Gegensatz zu seinen Nachbarn war Botswana nie eine Kolonie, sondern ab 1885 britisches Protektorat. Bechuanaland, wie es damals hieß, stand unter südafrikanischer Verwaltung, bis es 1966 unter dem ersten Präsidenten Sir Seretse Khama die Unabhängigkeit erhielt. Seit 2008 ist sein ältester Sohn, Ian Khama, der vierte demokratisch gewählte Präsident des Landes.

Staat und Politik

Seit 1966 ist die Botswana Democratic Party (BDP) Regierungspartei. Botswana hat das britische Regierungssystem übernommen und war damit eines der wenigen Länder Afrikas, das sich nach seiner Unabhängigkeit demokratisch entwickelte. Seit Jahren gibt es eine aktive, etablierte Opposition, an den Wahlen nehmen zahlreiche Parteien teil.

Das Staatsoberhaupt, der Präsident und die 16 Kabinettminister werden vom 61-köpfigen Nationalparlament (National Assembly of Parliament) gewählt, das gesetzgebende Gewalt hat. Weiterhin gibt es das Haus der Häuptlinge (House of Chiefs) mit 27 Stammesvertretern, die das Nationalparlament in Gesetzen zur Landnutzung beraten und traditionellen Gerichten vorsitzen.

Botswana besteht aus neun Distrikten. Jeder wird von einem Beauftragten verwaltet, der u. a. für die Realisierung der staatlichen Entwicklungsprogramme zuständig ist. Bei der Umsetzung der landesweiten Entwicklungspläne spielt selbst in der modernen Politik das sogenannte Kagisano eine wichtige Rolle, ein Konzept sozialer Harmonie, das die Ideale von Einheit, Frieden und einem Gefühl für Gemeinschaft umfasst.

Wirtschaft und Tourismus

Botswana ist der größte Diamantenproduzent der Welt und bestreitet damit 75 % seines Exporteinkommens. Insgesamt macht der Bergbau rund ein Drittel des Bruttosozialprodukts aus. Neben Diamanten werden Kupfer, Kobalt, Nickel, Kohle, Ätznatron und Gold abgebaut. Bekannt ist Botswana außerdem für die exzellente Qualität seines Rindfleischs, das ursprünglich Platz zwei im Exporteinkommen nach den Erlösen aus dem Bergbau belegte. Mittlerweile bieten der Finanz- und der Produktionssektor aber bessere Einnahmequellen. Letzterer konzentriert sich auf die Weiterverarbeitung von Rohstoffen, z. B. die Veredelung von Rohdiamanten, sowie auf die Herstellung von Pick-ups und Klein-Lkws für den lokalen Markt und den regionalen Export.

Der Tourismus macht etwa 19 % des Bruttoinlandsprodukts aus und ist stark im Wachsen begriffen. 2012 besuchten gut 2,3 Mio. Touristen das Land. Im Norden Botswanas, wo sich die meisten Sehenswürdigkeiten befinden, arbeiten bereits mehr als 40 % der Bevölkerung im Tourismus.

Bevölkerung und Religion

In Botswana leben Menschen verschiedener Stammesherkunft und mit unterschiedlichem ethnischem Hintergrund, die sich dennoch in erster Linie als Batswana sehen. Mit fast 50 % die größte Bevölkerungsgruppe ist die der Tswana, gefolgt von den Bakalanga, die seit über 1000 Jahren den Nordosten und das Zentrum bewohnen.

Botswana hat keine offizielle Staatsreligion. Es gibt über 200 registrierte religiöse Vereinigungen, wobei der christliche Glaube mit über 60 % die meisten Anhänger hat. Das Christentum wird durch Naturreligionen ergänzt. In der Hauptstadt Gaborone leben einige Moslems, Hindus und Buddhisten.

Natur und Umwelt

Botswana ist weltberühmt für seinen Tierreichtum und hat schon viele Naturfilmer zu atemberaubenden Dokumentationen inspiriert, besonders über das Okavango Delta mit dem Moremi Game Reserve. Obwohl das Land zu zwei Dritteln in den Tropen liegt, herrscht ein angenehm trockenes Klima. Dafür ist die rotsandige Kalahari verantwortlich, die mehr als 80 % der Landesfläche bedeckt.

Botswanas Landschaften

Es gibt keine Berge in Botswana und außer dem hügeligen Südosten des Landes finden sich nur im Nordwesten sowie südlich von Gaborone bei Lobatse einige signifikante Erhebungen. In dem insgesamt eher flachen Land überwiegen Busch-, Baum- und Grassavannen, durchsetzt mit Ton- und Salzpfannen. Botswana wird von sechs Großlandschaften charakterisiert.

Tsodilo, Aha und Gcwihaba Hills

Im äußersten Nordwesten, ganz nah an der Grenze zu Namibia, ragen die felsigen **Tsodilo Hills** etwa 400 m aus der Ebene auf. Hier finden sich über 25 000 Jahre alte Felsmalereien der San, der Ureinwohner Botswanas. Die Tsodilo Hills sind der bislang einzige Ort des Landes, der von der UNESCO zum Weltkulturerbe erklärt wurde. Rund 150 km südwestlich davon erstrecken sich die extrem abgelegenen **Aha Hills** und **Gcwihaba Hills,** die nur mit Allradantrieb erreicht werden können. Ein besonderer Anziehungspunkt in dieser Gegend sind die **Gcwihaba Caverns,** gewaltige Tropfsteinhöhlen, früher unter dem Namen **Drotsky's Caverns** bekannt.

Okavango Delta

Nur rund 50 km östlich der Tsodilo Hills stößt man auf den Okavango, der im ostangolanischen Hochland entspringt und Botswanas einziger Fluss ist, der das ganze Jahr hindurch Wasser führt. Er versickert in den flachen Ebenen der trockenen Kalahari und bildet dort das fächerförmige **Okavango Delta,** mit über 15 000 km² das größte Inlandsdelta der Welt. Im nordöstlichen Teil des Okavango Delta liegt das 4872 km² große und ebenfalls wildreiche **Moremi Game Reserve,** einer der touristischen Hauptanziehungspunkte des Landes.

Linyanti Swamp

Große Ähnlichkeit mit dem Okavango Delta hat der nördlich davon gelegene **Linyanti Swamp,** der von den Flüssen Kwando und Linyanti gespeist wird. Das 900 km² umfassende Sumpfgebiet ist charakterisiert durch schmale Wasserwege, von Papyrus gesäumte Lagunen und bis zu 20 m hohe Leberwurstbäume *(Sausage trees)* mit ihren charakteristischen wurstförmigen Früchten. Der Linyanti Swamp liegt im äußersten Nordwesten des 10 600 km² großen **Chobe National Park,** der die höchste Wildkonzentration im südlichen Afrika aufweist.

Makgadikgadi Pans

Die faszinierenden **Makgadikgadi Pans,** riesige Salzpfannen ungefähr 300 km südöstlich des Linyanti Swamp, sind alles, was von einem einst riesigen See übrig geblieben ist. Es gibt zwei Hauptpfannen, die **Sua Pan** und

Leben auf und mit dem Wasser: Okavango Delta

die **Ntwetwe Pan,** sowie zahlreiche kleinere Salzpfannen. Zu den mystischen Orten Afrikas gehört **Kubu Island,** eine etwa 20 m hohe Granitinsel mitten im Nichts der Sua-Salzpfanne. Am Rand der Ntwetwe-Pfanne gedeihen jahrtausendealte Affenbrotbäume, die Baobabs.

Tuli Block

An der Grenze zu Simbabwe im äußersten Osten von Botswana erstreckt sich der **Tuli Block,** der sich landschaftlich sehr vom Rest des Landes unterscheidet. Er besteht aus einer von Trockenflussbetten durchzogenen Grassavanne, über die zahlreiche frei stehende Felsen und Hügel verteilt liegen. Für das überlebensnotwendige Wasser sorgt saisonabhängig der Limpopo River, an dessen Ufern dichte Wälder mit gigantischen Nyalabäumen *(Nyala trees, Mashatu trees),* grünrindigen Chinarindenbäumen *(Fever trees)* und Sesambäumen *(Wild sesame trees)* wachsen. Ein Großteil der Region besteht aus privaten Wildschutzgebieten.

Zu Unrecht ist der Tuli Block touristisch gesehen deutlich unterbewertet, denn die Möglichkeiten zur Wildbeobachtung sind hier ebenso gut wie im Okavango Delta oder im Chobe National Park. In diesem Landstrich leben nicht nur rund 600 Elefanten, sondern auch Löwen, Leoparden, Tüpfelhyänen sowie eine Vielzahl von Antilopen, Giraffen und Zebras. Klippspringer und Klippschliefer kommen in Botswana nur hier vor.

Kalahari

Die **Kalahari** bedeckt einen Großteil Botswanas. Episodische Niederschläge klassifizieren sie nicht als echte Wüste, sondern als Halbwüste – semiarid, wie die Geografen sagen. Die Vegetation besteht hauptsächlich aus Grassavanne, durchsetzt mit Akazienbäumen *(acacias).* Entsprechend harsch sind die Lebensbedingungen, aber die Fauna hat sich angepasst und es gibt hier sogar überraschend viele Tiere. In dieses abgelegene Trockengebiet sollten sich jedoch nur erfahrene Reisende alleine wagen.

17

Tierwelt

Im November 2012 verkündete die botswanische Regierung, dass ab dem 1. Januar 2014 keine Jagdlizenzen mehr ausgegeben werden, d. h., es darf kein Tier mehr gejagt werden. Der Grund hierfür ist der deutliche Rückgang des Wildbestands. Das Nachbarland Sambia folgt nun diesem Beispiel und will ebenfalls ein Jagdverbot erlassen. Die Verordnung betrifft alle Tiere, einschließlich der Big Five. Beide Länder haben erkannt, dass lebendige Tiere wesentlich wertvoller sind als Wandtrophäen, die aus toten Glasaugen in die Wohnzimmer reicher Großwildjäger starren.

Die Big Five

Elefant, Nashorn, Büffel, Löwe und Leopard sind Afrikas Big Five (›Große Fünf‹), eine Bezeichnung, die von den ersten weißen Großwildjägern stammt. Sie bezogen sich damit allerdings nicht auf die Körpergröße der Tiere, sondern auf die Schwierigkeit und Gefahr, sie zu jagen.

Botswana weist die größte Population an **Elefanten** *(elephants)* in Afrika auf. Mehr als 100 000 dieser sanften Riesen leben allein im Chobe National Park, der damit das weltweit beste Gebiet ist, um Afrikanische Elefanten in freier Wildbahn zu beobachten. Im Moremi Game Reserve, im Okavango Delta, in den Makgadikgadi Pans und im Tuli Block findet

Elefant

man ebenfalls größere Elefantentrupps. Insgesamt werden in Botswana rund 130 000 Dickhäuter gezählt, was einem Drittel des weltweiten Bestands entspricht.

Ausgewachsene Bullen wiegen zwischen 4000 und 7000 kg und erreichen eine Schulterhöhe von 3,1 bis 3,4 m. Ungefähr alle drei bis vier Jahre haben Elefanten ein Kalb. Die Familiengruppen werden immer von einem weiblichen Tier geführt. Mit der Geschlechtsreife im Alter von 12 Jahren verlassen männliche Elefanten den Clan, um in Junggesellenherden zu leben. Dominante Bullen haben regelmäßig Kontakt zu ihrer Aufzuchtherde.

Sehr vielfältig ist die Ernährung der Elefanten. Mit ihrem empfindlichen Rüssel sind sie in der Lage, gezielt Blumen oder Früchte von Bäumen zu pflücken. Sie können damit auch Gras ausrupfen oder ganze Pflanzen mit Wurzeln und Knollen aus dem Boden reißen. Um ihre Mahlzeit anschließend sand- und staubfrei zu genießen, werden die Pflanzen vorher am Knie oder Stoßzahn abgeklopft. Die Stoßzähne dienen zwar in erster Linie als Waffen, werden aber beispielsweise auch benutzt, um Bäume zu entrinden oder Wurzeln auszugraben. Elefanten sind für ihren Hang zu Zerstörung vor allem von Bauern gefürchtet, dabei entwurzeln sie nicht nur Bäume, sondern sorgen auch dafür, dass neue nachwachsen: Samen von Marula-, Affenbrot- und Akazienbäumen sowie von Palmen keimen deutlich erfolgreicher, wenn sie einmal durch den Verdauungstrakt der Dickhäuter gewandert sind. Und da Elefanten sehr große Distanzen zurücklegen, wird ihr Dung auch sehr weit verteilt.

Um an Wasser zu gelangen, graben Elefanten oft tiefe Löcher in den Boden, eine Art Brunnen, die dann auch von kleineren Tieren genutzt werden und ihnen helfen, in der Trockenzeit zu überleben. Einzigartig in der Tierwelt ist das Verhalten von Elefanten gegenüber verstorbenen Artgenossen. Diese werden nicht nur mit Erde und Zweigen bedeckt, sondern richtiggehend betrauert. Kommt ein Elefant an den Gebeinen eines Artgenossen vorbei, hält er inne und berührt die Knochen mit seinem Rüssel.

Sowohl das sehr seltene **Spitzmaulnashorn** (*black rhino*) als auch das etwas weiter verbreitete **Breitmaulnashorn** (*white rhino*) sind extrem gefährdet. Schuld daran sind zum einen der in China und Vietnam vorherrschende Irrglaube, das Horn der Tiere besitze Heilkräfte, und zum anderen die Vorliebe jemenitischer Männer für Nashorngriffe an ihren Dolchen. Bei den kriegsähnlichen Zuständen in den Schutzgebieten des südlichen Afrikas kamen Dutzende von Rangern und Wilderern sowie Hunderte von Nashörnern ums Leben. Am schlimmsten sind die Zustände in Südafrika, wo 2012 fast 700 Nashörner Opfer von Wilderern wurden, 49 % mehr als im Vorjahr. Die Halbjahresbilanz war 2013 mit 428 abgeschlachteten Nashörnern noch erschreckender. Da die Anti-Wilderer-Programme in Botswana wesentlich effizienter sind, wurden bereits Tiere umgesiedelt, zuletzt im März 2013. Zusammen mit Rhino Force (www.rhinoforce.co.za) kümmerte sich der exklusive Lodgeverbund &Beyond (www.andbeyond.com) um den Transport von sechs Breitmaulnashörnern aus dem südafrikanischen Phinda Private Game Reserve ins Okavango Delta.

Mit durchschnittlich 1200 kg Lebendgewicht ist das hauptsächlich buschfressende, männliche Spitzmaulnashorn etwas kleiner als sein breitmäuliger, grasfressender Artgenosse, der bis zu 2000 kg auf die Waage bringen kann. Rekordverdächtig ist auch die Kopulationsdauer bei Nashornbullen. Der Akt zieht sich oft über mehr als 30 Minuten hin, was eventuell zu dem Mythos beigetragen hat, dass dem Horn aphrodisische Kräfte zugeschrieben werden.

Gefährlicher als sie aussehen sind die **Büffel** (*buffalo*), die sich allerdings oft heimtückisch von hinten nähern und ohne Vorwarnung angreifen. In Botswana kommen Büffel hauptsächlich im wasserreichen Norden des Landes vor. Große Herden leben im Linyanti Swamp und im Okavango Delta. Die Tiere werden bis zu 140 cm hoch und wiegen ca. 700 kg. Als Lebensraum bevorzugen Büffel gut bewässerte Savanne, sind aber auch in bewaldeten Gebieten zu finden. Sie brauchen

regelmäßigen Zugang zu Wasser, in dem sie oft auch schwimmen. Solange sie innerhalb einer durchmischten Herde sind, verhalten sich Büffel meist sehr friedlich. Kleine Gruppen von Junggesellen und alte Bullen hingegen können sehr aggressiv und unberechenbar sein. Die jährliche Migration der Büffel ähnelt der der Elefanten. Während der Regenzeit, also ab Dezember, verteilen sie sich in kleineren Gruppen in den Mopanewäldern und den trockeneren Regionen der Kalahari. Sobald die Trockenzeit beginnt, formen sie wieder größere Herden und finden sich entlang der Flüsse Chobe, Kwando und Linyanti

Breitmaulnashorn

Büffel

Tipp: Auf Safari in Botswana – was, wann und wo?

Für Tierbeobachtungen eignet sich Botswana ganzjährig als Reiseziel, selbst in der Regenzeit, denn dann finden sich Tausende von Flamingos, Pelikanen und Zebras in den mit Wasser gefüllten Salzpfannen ein. Für viele Besucher die Hauptattraktion sind jedoch die Großsäuger. Zu den in Botswana heimischen großen Raubtieren gehören Löwe, Leopard, Gepard, Wildhund und Tüpfelhyäne. Auch Geparden und Wildhunde kommen in großer Zahl vor, mehr als in irgendeinem anderen afrikanischen Land. Elefanten und Büffel ziehen auf der Suche nach Wasser überall herum, Nashörner findet man vor allem in den privaten Wildreservaten im Moremi Game Reserve sowie am Rand der Makgadikgadi Pans, die sich um die Einführung gefährdeter Tiere aus den Nachbarstaaten bemühen. Antilopen gibt es überall in großer Zahl.

Obwohl Botswana riesige zusammenhängende Schutzgebiete aufweist, sind auch hier die historischen Migrationsrouten der Großsäuger an manchen Stellen unterbrochen. Elefanten, Büffel, Zebras, Gnus und Kuhantilopen bewegten sich noch vor 150 Jahren instinktiv auf festgelegten Routen, um das Übergrasen bestimmter Regionen zu vermeiden. Mit der Errichtung der Seuchenzäune in den 1970er-Jahren wurden diese Pfade blockiert und teilweise verhungerten und verdursteten in der Nähe dieser Barrieren Hunderttausende von Tieren, hauptsächlich Gnus.

Auch wenn diese Migrationen abgenommen haben, können Besucher zu bestimmten Zeiten immer noch daran teilhaben – es ist ein absolut faszinierendes Erlebnis, so viele Tiere auf einmal zu sehen. Mit Beginn der Regenzeit wandern riesige Trupps von Gnus und Zebras von ihren Hauptwasserstellen am Okavango, Chobe und Linyanti Richtung Süden in die offenen Ebenen der Kalahari und zu Beginn der Trockenzeit wieder zurück. Elefanten- und Büffelherden sammeln sich in kleineren Gruppen und ziehen nach Süden und Osten, um im Mai wieder ins Okavango Delta und in den Chobe National Park zurückzukehren. Zu Beginn der Regenzeit kommen Tausende von Zebras vom Boteti River am Rand der Salzpfannen in die Makgadikgadi und Nxai Pans – ein herrlicher Anblick. Die Gnus folgen ähnlichen Migrationsmustern, beide Tierarten leben oft eng zusammen.

Jahreszeiten
Trockenzeit: April–Okt.
Regenzeit: Nov.–März.

Die besten Reisezeiten nach Regionen
Chobe National Park: Direkt am Chobe River liegt die optimale Tierbeobachtungszeit zwischen Juli und Oktober. Im Savuti Marsh finden sich zwar das ganze Jahr über viele Tiere ein, doch die beste Zeit ist zwischen März und Mai sowie im November nach Beginn der Regenzeit, wenn die Zebra- und Gnuherden durchziehen. Im Linyanti Swamp gelten die gleichen Verteilungsmuster wie an der Chobe Riverfront – am meisten Tiere sieht man gegen Ende der Trockenzeit zwischen Juli und Oktober.
Okavango Delta mit Moremi Game Reserve: Dadurch, dass es im Okavango Delta ganzjährig Wasser gibt, ist die Wildfrequenz ganzjährig prima. Am schönsten ist es allerdings zur Trockenzeit, wenn viele Tiere aus der Kalahari hierher ziehen, um an den Gewässern zu trinken. In besonders wasserreichen Gebieten kann man Elefanten dabei beobachten wie sie beim Schwimmen ihren Rüssel als Schnorchel benutzen – ein ungewöhnliches Fotomotiv.
Makgadikgadi-Nxai National Park: Im Nxai Pan National Park sieht man am meisten Tiere zwischen Dezember und März, manchmal auch bis in den Mai und Juni hinein, wenn die Pfannen mit Wasser gefüllt sind. Die Makgadikgadi Pans sind von Dezember bis April ein hervorragendes Beobachtungsgebiet, vor allem für große Zebra- und Gnuher-

den. Genau das Gegenteil trifft auf die West-grenze des Nationalparks mit dem Boteti River zu, hier findet man die größte Wildkonzentration am Ende der Trockenzeit zwischen August und Anfang November.

Saisonale Highlights

Wer Botswana erstmalig besucht und möglichst viele Tiere sehen möchte, sollte unbedingt in der Trockenzeit kommen. Dann sind Löwe & Co. leichter zu erspähen, da sie sich nicht in der dichten Vegetation verstecken können.

Febr.–April: Die meisten Grasfresser sind gesund und satt. Dies ist die beste Zeit zur Beobachtung von Springböcken und Oryxantilopen, die sich in den fossilen, mit kurzem Gras bewachsenen Ebenen der Kalahari aufhalten.

Mai/Juni: Diese Monate stellen die wohl beste Reisezeit sowohl für Botswana als auch für den Rest des südlichen Afrikas dar. Sehr gut, um den Savuti Marsh und das Okavango Delta zu besuchen.

Juli/Aug.: Leoparden sind in dieser Zeit besonders gut zu sehen, da sie im Zwielicht auf die Jagd gehen. Später im Jahr warten sie oft bis in die Dunkelheit hinein, bevor sie auf die Jagd gehen.

Sept./Okt.: Elefanten und Büffel versammeln sich in diesen Monaten zu spektakulär großen Herden. Man sieht sehr viele Löwen, die sich an den Wasserstellen konzentrieren.

Nov.: Kurz vor der Regenzeit herrscht absolute Nebensaison in Botswana. Die Preise sind viel günstiger, es gibt weniger Besucher und das Wild ist noch reichlich vorhanden. Tagsüber kann es allerdings mörderisch heiß werden.

Dez./Jan.: Krokodile finden sich auf den exponierten Sandbänken der Flüsse ein und brüten ihre Eier aus. Die ersten Tierbabys kommen bereits im November auf die Welt, gefolgt vom Rest der Säugetiere im Verlauf der Regenzeit.

und im Okavango Delta ein. Ihnen folgen Löwen, zu deren Lieblingsspeise sie gehören.

Der **Löwe** *(lion)* ist Afrikas größtes Raubtier und gilt als König der Tiere, obwohl er die meiste Zeit des Tages (bis zu 23 Stunden) schlafend verbringt – und Besucher ihn meist auch so erleben. Trotzdem führt er nach wie vor die Safarihitliste an, vielleicht weil sein Brüllen zu den beeindruckendsten Soundkulissen Afrikas gehört.

Löwen jagen alleine oder im Rudel und fast immer nachts. Ihre Hauptbeutetiere sind die großen Grasfresser wie Büffel, Gnu, Oryx und Zebra, aber auf ihrer Fressliste stehen auch Schwarzfersenantilopen, Steinböcke und sogar Stachelschweine. Die Jagd wird fast immer von weiblichen Löwen erledigt, doch zuerst fressen die dominanten Männchen. Bei Futtermangel wird auch Aas nicht verschmäht. Männchen können eine Schulterhöhe von bis zu 1,20 m und ein Gewicht von bis zu 220 kg erreichen. Nach drei Jahren sind männliche Löwen ausgewachsen und suchen sich ein eigenes Rudel. Zunächst fordern sie das führende Männchen heraus. Wenn der Kampf gewonnen wird, töten sie alle Jungtiere, um nur ihre Gene zu erhalten. Weibchen, die auf diese Weise ihre Jungen verlieren, sind sofort wieder empfangsbereit. Löwen sind sehr sozial und leben in Rudeln zwischen fünf und 20 Tieren in Revieren, die zwischen 20 und 200 km² groß sind. Sie kommen in ganz Botswana vor, besonders häufig jedoch im Norden des Landes in den Ge-

Löwe

Leopard

Elefantenspitzmaus

Büffelwebervogel

bieten Chobe, Linyanti, Kwando und Okavango. Auch in den Makgadikgadi Pans und in der Kalahari leben Löwen, hier allerdings aufgrund der geringeren Menge von Beutetieren in kleineren Rudeln mit riesigen Revieren. Im Norden ist es genau umgekehrt. Die Rudel sind teilweise so groß, dass sie Jagd auf junge Elefanten machen, um an genügend Fleisch zu gelangen.

Die attraktivste Großkatze im südlichen Afrika ist zweifelsohne der **Leopard** *(leopard)*, und die Chancen die gefleckte Schönheit live zu erleben, sind vor allem im Okavango Delta und im Tuli Block sehr gut. Auch die Flusswälder am Chobe River und am Linyanti/Kwando River sind beliebte Aufenthaltsorte von Leoparden. Dort liegen sie meist auf den tieferen Ästen großer Bäume. Leoparden werden bis zu 90 kg schwer, 1,80 m lang und 75 cm hoch. Männchen und Weibchen kommen nur zur Fortpflanzung zusammen. Die Jungen, meist ein oder zwei Stück, verbleiben bis zu zwei Jahre lang bei der Mutter, wobei sich mehrere Weibchen einen Lebensraum teilen können. Männchen wiederum haben zumeist größere Reviere, in denen mehrere Weibchen leben. Aufgrund seiner Fähigkeit, sich ›unsichtbar‹ zu machen, hat der Leopard trotz der Begehrtkeit seiner Haut überlebt. Er jagt nachts und nicht selten nahe menschlicher Siedlungen, wo er gerne Hunde, Hauskatzen und Geflügel erbeutet. In freier Wildbahn ernährt er sich hauptsächlich von kleineren Antilopen, die er in die Bäume hievt, um sie vor Aasfressern zu schützen. Leoparden lassen sich praktisch nie von Pirschfahrzeugen stören, ob sie nun jagen, sich ausruhen, fressen oder kopulieren, d. h., dass Sichtungen fast garantiert sind.

Die Little Five

Wesentlich unbekannter, aber nicht minder interessant sind die ›Kleinen Fünf‹, so genannt, weil ihr Name mit den Big Five in Verbindung steht. Da gibt es zum einen die süße **Elefantenspitzmaus** *(elephant shrew)*, ein Insektenfresser mit langer Nase, der tatsächlich näher mit dem Elefanten als mit der Maus verwandt ist.

Der **Büffelwebervogel** *(buffalo weaver bird)* lebt zusammen mit seinen Artgenossen in riesigen Gemeinschaftsnestern und ist mit bis zu 24 cm Körperlänge der Größte seiner Spezies.

Ziemlich groß ist auch der **Nashornkäfer** *(rhino beetle),* der mehr als 6 cm lang werden kann. Männchen und Weibchen besitzen eine martialisch aussehende Körperpanzerung, aber nur die männlichen Exemplare verfügen über das für den Namen verantwortliche Horn, mit dem sie sich gegen gleichgeschlechtliche Konkurrenten wehren oder nach Essbarem graben. In Relation zu ihrem Körpergewicht gehören Nashornkäfer zu den stärksten Tieren der Welt.

Die **Leopardenschildkröten** *(leopard tortoise)* haben sehr schöne individuelle Panzerzeichnungen. Sie ernähren sich hauptsächlich von Gras – was ihnen sehr gut zu bekommen scheint, denn sie werden bis zu 100 Jahre alt. Mit bis zu 70 cm Länge und bis 54 kg Gewicht sind sie die größten Schildkröten Afrikas.

Das kleinste Mitglied der Little Five ist der **Ameisenlöwe** *(antlion),* die Larve eines Fluginsekts namens Ameisenjungfer, die es auf durchschnittlich 1,5 cm Länge bringt. Um seine Ernährung zu sichern, geht der Ameisenlöwe nicht auf die Jagd, sondern wartet es sich im Zentrum eines selbst gegrabenen Sandtrichters gemütlich. Regelmäßig rutscht ihm dort seine Leibspeise, Ameisen, vor die Kieferzangen, mit deren Saugkanal er sie praktisch auslutscht.

Weitere Raubkatzen

Der **Gepard** *(cheetah)* wird immer mal wieder mit dem Leopard verwechselt, obwohl er eigentlich ganz anders aussieht und auch keine ›richtige‹ Katze ist: Seine Krallen lassen sich, wie bei einem Hund, nicht zurückziehen. Sie geben ihm Bodenhaftung auf seinen kurzen schnellen Sprints, bei denen er bis zu 112 km/Std. erreicht. Der Gepard ist außerdem kleiner, länger, fast windhundähnlich und nicht so kräftig wie ein Leopard. Sein Fell trägt Punkte, keine Rosetten, er hat schwarze ›Tränenmarken‹ unter den Augen und einen über-

Nashornkäfer

Leopardenschildkröte

Ameisenlöwe

Gepard

Wüstenluchs

Serval

proportional kleinen Kopf. Der Gepard lebt in offenem Grasland und jagt hauptsächlich Schwarzfersenantilopen, Ducker, Steinböckchen und Springböcke. Zu gelegentlichen Beutetieren gehören auch junge Gnus, Halbmondantilopen, Zebras, Warzenschweine, Kleinsäuger wie Hasen sowie große Vögel. Meist jagen die Geparden tagsüber, damit ihnen die anderen, meist nachtaktiven Raubtiere ihre Beute nicht streitig machen. Die agilen Sprinter sind fast immer alleine in der Savanne unterwegs oder man sieht Muttertiere mit ihren Jungen. Geparden werden bis zu 60 kg schwer, 2 m lang und etwa 80 cm hoch. In dicht besiedelten Gebieten verlieren sie ihre Beute häufig an Löwen oder Tüpfelhyänen. Deswegen liegt ihr idealer Lebensraum in den Gebieten der Salzpfannen von Nxai und Makgadikgadi sowie in der zentralen Kalahari. Dort gibt es auch noch große Springbockherden in der Savanne.

Ein ebenfalls wunderschönes Tier ist der **Wüstenluchs** (desert lynx), auch **Karakal** genannt, der etwa 45 cm hoch wird und ausgewachsen zwischen 12 und 20 kg wiegt. Er ähnelt dem europäischen Luchs, hat aber ein rotbraunes Fell, einen beigefarbenen Unterbauch und lange schwarze Haarpinsel an den Ohren. Karakale sind zumeist Einzelgänger, die nachts auf Beutesuche gehen. Sie jagen Kleinsäuger, Vögel und junge Haustiere. Wie Leoparden pirschen sie sich an ihre Beute heran und springen diese im letzten Moment mit einem gewaltigen Satz an. Luchse wurden schon dabei beobachtet, wie sie Vögel im Flug erwischt haben.

Der sehr scheue **Serval** (serval) ist eine weniger bekannte Katze, die auf Distanz oft mit jungen Geparden oder gar mit Leoparden verwechselt wird. Sie hat lange Beine, einen kleinen Kopf, einen kurzen Schwanz und schwarze Flecken, die am Hals in Streifen übergehen. An den großen Ohren finden sich weiße Balken. Die Männchen und Weibchen leben in getrennten Revieren, die sich jedoch überlappen. Der Serval jagt nachts, hauptsächlich Ratten und andere Nager sowie Vögel, Schlangen und Echsen. Er wird etwa 60 cm groß und 9 bis 18 kg schwer. Servale sind vor allem im Okavango Delta und am Linyanti River zu Hause.

Die am weitesten verbreitete Raubkatze in Afrika ist die etwa 90 cm lange und durchschnittlich 5 kg schwere **Afrikanische Wildkatze** *(african wild cat),* die oft mit einer gewöhnlichen Hauskatze verwechselt wird. Ihre Beine sind jedoch deutlich länger und ihre Ohren sind an der Rückseite kräftig rotbraun, orange oder kastanienfarbig, während Hauskatzen und Mischlinge an dieser Stelle entweder braunes oder schwarzes Fell haben. Allerdings ist die Afrikanische Wildkatze der Urahn der Hauskatze, die vor rund 6000 Jahren in Ägypten domestiziert wurde. Die größte Gefahr für ihren Fortbestand ist die Vermischung zwischen Wild- und Hauskatzen. Hauptnahrung der Wildkatze sind Mäuse, Ratten und andere Kleinsäuger. Auch ein gelegentlicher Vogel wird nicht verschmäht.

Nur im Okavango Delta findet man die gefleckte **Zibetkatze** *(african civet),* deren auffällige Gesichtsmarkierung an Waschbären erinnert. Das kräftige Tier wird etwa 1,5 m lang und 16 kg schwer. Erstaunlich ist, dass es vor allem giftige Beutetiere verspeist, die andere Raubtiere vermeiden, beispielsweise Tausendfüßler, Kröten und sogar Puffottern.

Ebenfalls gefleckt, aber deutlich kleiner ist die **Ginsterkatze** *(genet).* Der Einzelgänger hat eine spitze Schnauze, große, runde Ohren und ernährt sich von kleinen Säugetieren.

Flusspferde

Das auf den ersten Blick eher gemütlich wirkende **Flusspferd** *(hippopotamus)* ist für die meisten tödlichen Konfrontationen zwischen Mensch und Tier in Afrika verantwortlich. Wer den zwischen 1500 und 2000 kg schweren und bis zu 150 cm hohen Kolossen in die Quere kommt, wird im Pferdegalopp niedergetrampelt. Immer wieder wird auch berichtet, dass die aggressiven Tiere Boote angreifen, die sich ihnen nähern – ein Flusspferd kann mit seinen Zähnen gut und gerne ein Kanu in der Mitte durchbeißen. Tagsüber halten sich Flusspferde meist im Wasser auf. Sobald sich in der Dämmerung die Hitze legt, kommen sie an Land, um zu grasen.

Afrikanische Wildkatze

Ginsterkatze

Flusspferd

Erdmännchen

Erdhörnchen

Klippschliefer

Kleinsäuger

In Bodenhöhe entdecken aufmerksame Besucher manchmal die tagaktiven **Zebra- und Fuchsmangusten** (*banded mongoose* und *yellow mongoose*). Während Fuchsmangusten Einzelgänger sind, leben Zebramangusten in Clans von bis zu 40 Tieren und können sich daher erfolgreicher gegen Angreifer wehren. Sie wurden schon dabei beobachtet, wie sie einen Raubvogel in einen Baum verfolgt haben, um einen erbeuteten Artgenossen zu befreien. Die Mangusten leben in unterirdischen Bauten und ernähren sich zumeist von Insekten. Zieht man Jungtiere von Hand auf, werden sie zu anhänglichen Haustieren.

Das gilt auch für die putzigen, 45 cm langen und 600 bis 900 g leichten **Erdmännchen** *(suricate),* die sozialsten Säugetiere der Welt. In Botswana besteht sogar die Möglichkeit, eine Wanderung in ihrer Begleitung zu unternehmen (s. S. 204) – die aufrecht gehenden Menschen übernehmen dann die Rolle der Wächter. Erdmännchen haben Dutzende verschiedener Warntöne, die zwischen Angreifern aus der Luft und vom Boden differenzieren.

Erdhörnchen *(cape ground squirrel)* sind die einzige Hörnchenart im südlichen Afrika, die in Gruppen mit bis zu 30 Individuen zusammenleben. Um sich vor der Sonne zu schützen, benutzen sie ihre Schwänze wie Sonnenschirme. Nähert sich eine Schlange dem Bau, führt eines der Erdhörnchen mit seinem Schwanz schlangenartige Bewegungen aus, wodurch das Reptil abgelenkt wird und sich meist zurückzieht.

Die gelbbraunen **Baumhörnchen** *(tree squirrel)* leben, wie der Name schon andeutet, im Buschland auf Bäumen. Ihre schrillen Warnschreie sind weithin zu hören und für Menschen ein gutes Hilfsmittel, um Raubtiere und -vögel zu erspähen.

Ein skurriler Zeitgenosse, dem man meist in der Dämmerung begegnet, ist der **Springhase** *(springhare).* Eigentlich ähnelt er eher einem Känguru als einem Hasen, denn er hat lange, kräftige Hinterbeine und kurze Vorderbeine, mit denen er sich aufrecht hüpfend fortbewegt. Der Springhase erreicht eine Länge von 40 cm und ein Gewicht von etwa 3 bis 4 kg.

Die murmeltiergroßen, erstaunlicherweise genetisch eng mit den Elefanten verwandten **Klippschliefer** *(rock dassie)* bringen es nur auf ein Gewicht von 3 bis 4,5 kg, sind aber wilde Kämpfer. Es wurden schon Männchen dabei beobachtet, wie sie während einer Auseinandersetzung 8 m tief auf einen Felsen stürzten und dort unbeirrt weiterkämpften. Ähnlich wie die Erdmännchen stellen sie Wächter ab, die aufpassen, wenn der Rest der Gruppe auf Nahrungssuche geht.

Viele Tiere werden erst aktiv, sobald es dunkel und kühler wird. Dazu gehört auch der **Honigdachs** *(honey badger),* der ein silbern-weiß-schwarzes Fellkleid besitzt. Er lebt alleine oder paarweise und kann schnell und tief graben, um Maulwürfe und andere kleine Säuger zu erbeuten. Er klettert auch auf Bäume, wo er – wie sein Name sagt – nach Honigwaben sucht. Manchmal reißt er die Rinde von Bäumen ab, um an darunter lebende Reptilien zu gelangen.

Das weit verbreitete, 40 bis 60 kg schwere **Erdferkel** *(antbear* oder *aardvark)* ist weder mit Schweinen noch – wie der englische Name vermuten lässt – mit Bären verwandt. Es ist das einzige Exemplar einer Tierart, die ansonsten komplett ausgestorben ist: der Röhrenzähner *(Tubulidentata).* Die Schnauze des Erdferkels ist länglich, es hat riesige Ohren und seine Hinterläufe sind erheblich besser ausgeprägt als die Vorderläufe. Verspeist werden am liebsten Ameisen und Termiten, die es mit seiner langen Nase wittert und mit seinen kräftigen Klauen ausgräbt.

Definitiv eines der seltsamsten und zugleich eines der seltensten Säugetiere ganz Afrikas ist das **Steppenschuppentier** *(cape pangolin).* Der Körper des etwas über 1 m langen und bis zu 18 kg schweren Tiers ist mit braunen, sich überlappenden panzerartigen Schuppen bedeckt, nur Gesicht, Stirn, Bauch und die Innenseite der Beine sind ungeschützt. Im Falle eines Angriffs rollt sich das Steppenschuppentier daher zu einem Ball zusammen. Es ernährt sich von Ameisen und Termiten, die es mit seiner empfindlichen

Honigdachs

Erdferkel

Steppenschuppentier

Tüpfelhyäne

Schabrackenhyäne

Erdwolf

Nase aufstöbert. Dann steckt es seine 25 cm lange und mit klebrigem Speichel bedeckte Zunge in die Tunnels und zieht sie blitzschnell ins Maul zurück. Der Sand, der dabei in den muskulösen Magen des Steppenschuppentiers gelangt, hilft ihm bei der Verdauung. Das Steppenschuppentier bewegt sich auf den Hinterbeinen, mit der Nase nahe am Boden. Vorderläufe und Schwanz berühren die Erde nur gelegentlich, um die Balance zu halten.

Hyänen, Wildhunde und Schakale

Tüpfelhyänen (spotted hyaena) wurden früher im Biologieunterricht oft als feige Aasfresser dargestellt, sind in Wirklichkeit jedoch hervorragende Jäger, die sich beim Kampf um Beute oder bei der Verteidigung ihrer Jungen ohne zu zögern mit einem Löwen einlassen. Gelegentlich reißen Tüpfelhyänen, die etwa 90 cm hoch und bis zu 70 kg schwer werden, sogar Büffel, Elen- und die wegen ihrer spitzen Hörner sehr gefährlichen Oryxantilopen. Geschwindigkeiten von 60 km/Std. halten Tüpfelhyänen ohne Weiteres gut 3 km lang durch. Sie sind außerdem sehr mobil: Es ist nichts Ungewöhnliches für sie, 70 km pro Nacht zurückzulegen. Das Verhalten einer Hyäne ist sehr wechselhaft. An einem Tag geht sie allein auf Aassuche, dann wieder jagt sie mit drei Artgenossen oder vertreibt mit einer noch größeren Truppe ein Löwenrudel. Aufgrund ihrer Anpassungsfähigkeit bezeichnen viele Naturforscher die Tüpfelhyänen deshalb als die wahren Könige Afrikas. Mit ihren Kiefern – die kräftigsten im Tierreich – können sie selbst massive Knochen wie Nüsse knacken, um an das nahrhafte Mark heranzukommen. Das heisere ›Lachen‹ der Hyänen gehört zu den typischen Geräuschen im afrikanischen Busch. Gute Beobachtungsmöglichkeiten bieten sich im Tuli Block und im Okavango Delta, aber Vorsicht: Beim Campen möglichst nahe am Feuer sitzen und nicht mit dem Rücken zum Busch – Tüpfelhyänen kennen keine Zurückhaltung, wenn es ums Fressen geht.

Die mit 75 bis 85 cm kleinere und mit 40 bis 47 kg leichtere **Schabrackenhyäne** (brown hyaena) ist kein so guter Jäger und daher mehr auf Aas oder andere Futterquellen wie Wüstenmelonen und Straußeneier angewiesen. In den trockenen Gebieten der Kalahari, wo sie in Rudeln von zwei bis zehn Tieren leben, sind Schabrackenhyänen die dominanten Raubtiere. Der beste Platz für Sichtungen in Botswana ist Jack's Camp (s. S. 199).

Zur Familie der Hyänen gehört auch der durchschnittlich 9 kg schwere **Erdwolf** (aardwolf). Er ernährt sich von Termiten, die er mit seiner langen, breiten Zunge von den Termitenbauten ableckt. Etwa eine Viertelmillion davon vermag er pro Nacht zu vertilgen und lässt sich auch nicht vom hochwirksamen Gift der Soldatentermiten stören – durch seine Verwandtschaft mit den Hyänen ist sein Magen auch auf schwierige Nahrungsmittel bestens eingestellt. Wenn es kalt wird, verbringt der Erdwolf lange inaktive Perioden in seinem Bau etwa 1 m unter der Erde, wo die Temperatur nie unter 12 °C fällt.

Der **Wild- oder Hyänenhund** (cape hunting dog, painted dog oder wild dog) ist das gefährdetste Säugetier Afrikas. Er hat ein braun-schwarz-weiß geflecktes Fell, eine schlanke Figur, lange Beine, große, runde Ohren und einen geraden Rücken. Sein Leben spielt sich in Rudeln von rund zehn Tieren ab, wobei es jeweils ein dominantes Pärchen gibt. Wildhunde sind tagsüber aktiv und hetzen ihre Beute gemeinsam zu Tode. Die besten Chancen, Wildhunde zu beobachten, bieten das Okavango Delta bzw. das südafrikanische Madikwe Game Reserve an der Grenze zu Botswana.

Der **Schabrackenschakal** (black-backed jackal) kommt in ganz Botswana in großer Zahl vor. Sein Fell ist rötlichgelb mit einem charakteristischen silberschwarzen Sattel. Die Tiere ernähren sich von Insekten, Aas, kleineren Säugern bis zur Größe eines Baby-Impalas oder von Beeren und halten sich am liebsten in trockeneren offenen Gebieten auf.

Auf Botswanas äußersten Norden beschränkt ist der nachtaktive **Streifenschakal** (side-striped jackal), erkennbar an seinem grauen Fellkleid und seiner weißen Schwanz-

Wildhund

Schabrackenschakal

Streifenschakal

Löffelhund

Buschschwein

Stachelschwein

spitze. Die Ohren sind kleiner als die des Schabrackenschakals und im Gegensatz zu diesem bevorzugt der Streifenschakal als Lebensraum bewaldete Gebiete und die Flussdeltas von Chobe und Okavango.

Noch etwas kleiner sind die hübschen **Löffelhunde** *(bat-eared fox)*, die durch ihre riesigen Ohren herausstechen. Sie leben im Süden Botswanas in der Kalahari.

Busch-, Stachel- und Warzenschweine

Das **Buschschwein** *(bushpig)* lebt in den ständig wasserführenden Flussniederungen im Norden Botswanas, wo es sich im hohen Gras verbergen kann. Mit etwa 60 kg ist es genauso schwer wie das häufiger vorkommende Warzenschwein. Buschschweine sind Allesfresser und verspeisen neben Knollen, Wurzeln und Früchten auch Eidechsen, Insekten, Vogeleier und kleine Wirbeltiere. Achtung: Das Buschschwein ist ähnlich angriffslustig wie das europäische Wildschwein.

Das **Stachelschwein** *(porcupine)* ist ebenfalls ein guter Gräber, aber ein strikter Vegetarier. Seine schwarz-weißen Stacheln, die man oft im Busch findet, sind sehr dekorativ. Da sich das Stachelschwein tagsüber versteckt hält, sieht man es nur selten.

Im Gegensatz dazu ist das **Warzenschwein** *(warthog)* bei Helligkeit unterwegs und daher häufiger zu beobachten. Gute Chancen bestehen vor allem bei großer Hitze an Schlammlöchern, in denen sie sich gerne suhlen. Am auffälligsten sind die gewaltigen Hauer der Warzenschweine, wobei die kleineren des Unterkiefers die gefährlicheren sind, da sie beim Fressen ständig von den oberen Hauern geschliffen werden. Seinen Namen hat das Tier von den beiden Warzen unterhalb der Augen, die ihm ein drolliges Aussehen verleihen. Sehr unterhaltsam ist es auch, den Warzenschweinen beim Fressen zuzusehen, dabei knien sie nämlich auf ihren Vorderläufen. Und noch lustiger wird es, wenn eine Mutter mit ihren Jungtieren flüchtet und die dünnen Schwänze dabei senkrecht wie Funkantennen in die Höhe ragen – sie dienen als Orientierung im hohen Gras für nachfolgende Flüchtlinge. Das Warzenschwein ist ein ausdauernder und mutiger Kämpfer. Seine Hauptgegner sind Löwen und Leoparden, die vorsichtshalber lieber unerfahrene Jungtiere als ausgewachsene kampferprobte Exemplare angreifen. Die Männchen der Allesfresser sind knapp 70 cm hoch und 80 kg schwer, Weibchen wiegen bis zu 57 kg und werden bis zu 60 cm groß.

Affen

Die einzigen beiden in Botswana vorkommenden Affenarten sind Bärenpaviane und Grünmeerkatzen. Während **Grünmeerkatzen** *(vervet monkey)* nur an Gewässern leben, sind Paviane im ganzen Land zu Hause. Hochinteressant bei den 4 bis 6 kg schweren Grünmeerkatzen ist die primitive Vorform einer Sprache. Die Affen besitzen variierende Warngeräusche für verschiedene Raubtiere. So wie das Wort ›Schlange‹ bei uns ein bestimmtes Bild suggeriert, gibt es einen speziellen Warnschrei, der bei den Affen das Gleiche bewirkt. Während die Primaten beim Schlangenwarnruf sofort ihre nähere Umgebung absuchen, gehen sie beim Adlerwarnruf augenblicklich in Deckung und sehen in den Himmel. Wie alle Sprachen unterliegt auch diese Kommunikationsform einem Lernprozess: Beispielsweise benutzen junge Affen anfangs den Adlerwarnschrei auch dann, wenn sie einen Singvogel erblicken oder wenn ein Blatt vom Baum fällt.

Mit 1,5 m Größe einschließlich Schwanz sind die **Bärenpaviane** *(chacma baboon)* nach dem Menschen die größten Primaten im südlichen Afrika. Wie die Menschen fühlen sie sich in den verschiedensten Ökosystemen zu Hause. Zwischen 30 und 40 Tiere leben unter Leitung eines Männchens in einem Clan zusammen. Ihre Nahrung besteht in erster Linie aus Früchten, Insekten und Wurzelknollen. Wenn sich die Gelegenheit bietet, erlegt der Pavian allerdings auch kleinere Säugetiere und Vögel.

Giraffen und Zebras

Ein in jeder Hinsicht herausragender Bewohner Botswanas ist das größte Landsäugetier,

Warzenschwein

Grünmeerkatze

Bärenpavian

Giraffe

Zebra

Schwarzfersenantilope

die **Giraffe** (giraffe). Männchen werden bis zu 5 m, Weibchen bis zu 4 m hoch, ihr Gewicht liegt zwischen 800 und 1200 kg. Giraffen ernähren sich fast ausschließlich von den Blättern der Dornakazie. Mit ihrer guten Nase erschnüffelt die Giraffe die jungen Triebe, die sie exklusiv für sich hat, weil kein anderes Tier an die Zweige herankommt. Dank ihres langen Halses können Giraffen im Savannengelände auch besser nach potenziellen Angreifern Ausschau halten. Starrt eine Gruppe von ihnen gebannt in eine bestimmte Richtung, sind garantiert Löwen in der Nähe, ihre Hauptfeinde. Jungtiere fallen oft auch Hyänen zum Opfer, obwohl die Muttertiere ihre Kleinen mit heftigen Fußtritten verteidigen. Die Jungtiere der Giraffen werden im Stehen geboren und rühmen sich damit der höchsten ›Geburtsfallhöhe‹ aller Säuger. Ein kompliziertes System von Ventilen in den Adern ermöglicht der Giraffe zu trinken, ohne dass ihr das Blut in den Kopf schießt und zu einem Hirnschlag führt.

Nicht wegzudenken aus der afrikanischen Savannen- und Berglandschaft sind die attraktiven Zebras, von denen in Botswana zwei Arten vorkommen: das **Steppenzebra** (Burchell's zebra) und das deutlich seltenere **Bergzebra** (Hartmann's zebra). Bei beiden Arten fungiert das Streifenmuster als eindeutiges Identifizierungsmerkmal, quasi als Fingerabdruck. Jedes Muster ist anders, und neugeborene Fohlen werden von ihren Müttern einige Tage lang von der Herde abgeschirmt, damit sie sich an die individuelle Färbung ihres Nachwuchses gewöhnen können. Interessant ist auch, dass die Zeichnung auf beiden Körperseiten jeweils verschieden ist.

Antilopen

Am häufigsten werden Botswana-Besucher den Springbock und die **Schwarzfersenantilope** bzw. **Impala** beobachten können. Die widerstandsfähigen Tiere versammeln sich meist in großen Herden und überleben selbst auf ausgelaugtem Agrarland, allerdings machen sie auch anderen, weniger anpassungsfähigen Antilopen den Lebensraum streitig, sodass ihre Bestände in einigen Gebieten durch Jagd unter Kontrolle gehalten werden müssen. Zu erkennen ist die Schwarzfersenantilope an ihrem rotbraunen Fell, dem weißen Bauch und einem schwarzen Band, das sich vom Rumpf über die Oberschenkel zieht. Charakteristisch ist auch das tiefe Röhren brünftiger Männchen, das man von solch eleganten Tieren kaum erwarten würde. Hörner tragen übrigens nur die männlichen Exemplare der Schwarzfersenantilopen.

Gerne mit der Impala verwechselt wird der **Springbock** *(springbok),* der ebenfalls in größeren Herden lebt. Er hat zwar ungefähr die gleiche Größe, unterscheidet sich jedoch durch die Färbung seines Fells: zimtbraune Oberseite, breiter, dunkelbrauner Seitenstreifen und weißer Bauch. Bei den Springböcken tragen sowohl die Weibchen als auch die Männchen Hörner. Vor der Ankunft der ersten Weißen zogen Herden von Hunderttausenden von Springböcken durch die Savannen des südlichen Afrikas. Heute konzentrieren sich die großen Gruppen auf die Kalahari und umfassen selten mehr als 1000 Tiere. Im Gegensatz zum Impala können Springböcke ganzjährig Lämmer bekommen. Ist die Saison trocken, wird ein Junges pro Jahr geboren, sind die Futterbedingungen ideal, sind es zwei. Um Feinde wie Hyänen oder Löffelhunde abzuschütteln, die sich jeweils auf ein Beutetier konzentrieren, haben die Springböcke eine besondere, aber recht unsoziale Taktik entwickelt: Sie springen hoch in die Luft, halten den Kopf nach unten, drücken ihren Rücken durch und stellen die weißen Haare ihres Bauchs auf. Die am höchsten und weitesten springenden Tiere werden von den Jägern üblicherweise außer Acht gelassen, sie fokussieren lieber auf ein schwächeres Mitglied der Herde.

Auch das **Streifengnu** *(blue wildebeest)* lebte einst in riesigen Herden im südlichen Afrika. Sein Bestand hat durch Wilderei, Weidekonkurrenz von Rindern sowie Seuchenzäune, die die Migration verhindern, jedoch drastisch abgenommen. Bei großer Trockenheit sterben die Tiere oft zu Tausenden, weil künstliche Barrieren ihre traditionellen Wege zu den Wasserlöchern versperren. Der beste

Springbock

Ort, um die Migration der Streifengnus zu beobachten, sind die Makgadikgadi Pans im November bzw. Dezember.

Wie die Gnus hat auch die **Rote Kuhantilope** *(red hartebeest)* durch die Errichtung von Zäunen einen Großteil ihres Bestands eingebüßt. Zum Überleben ist sie auf regelmäßige Migration angewiesen. Die Kuhantilope hat wie das Gnu einen nach hinten abfallenden Rücken, der ihren hoppelnden Gang verursacht. Das mag zwar seltsam aussehen, kostet aber erheblich weniger Energie als ein Trab – und in kurzen Sprints können trotzdem Geschwindigkeiten von bis zu 70 km/Std. erreicht werden.

Eng verwandt mit Gnu und Kuhantilope ist die im Norden Botswanas lebende **Halb-**

Streifengnu

Oryxantilope

mondantilope *(tsessebe),* deren Hörnerform für ihren deutschen Namen verantwortlich ist. Sie gilt als eine der schnellsten Antilopen überhaupt.

Die wunderschöne **Oryxantilope** *(gemsbok)* lebt in größeren Herden in den Dünengebieten der Kalahari. Ihre langen und spitzen Hörner dienen bei der Verteidigung als tödliche Waffen, was schon des Öfteren Löwen zum Verhängnis geworden ist.

Mit einem Gewicht zwischen 460 kg bei den Weibchen und 840 kg bei den Männchen ist die **Elenantilope** *(eland)* die größte afrikanische Antilopenart. Wie die Oryxantilope ist auch die Elenantilope hervorragend an das trockene Klima angepasst. Tagsüber kann sie ihre Körpertemperatur erhöhen, um Flüssig-

keitsverlust durch Schwitzen zu vermeiden. Die aufgestaute Hitze wird dann in die kühlere Nachtluft abgegeben. Außerdem grasen die Tiere nachts, weil das Gras durch den Tau dann mehr Feuchtigkeit enthält.

Einen majestätischen Anblick bietet die schwarze **Rappenantilope** *(sable antelope),* die aufgrund ihrer bis zu 120 cm langen, nach hinten geschwungenen Hörner eine beliebte Jagdtrophäe darstellt. Das Tier ist zunächst braun und wird mit zunehmendem Alter immer dunkler. Sein Vorkommen ist auf den Chobe National Park in Botswanas Nordwesten begrenzt.

Die **Pferdeantilope** *(roan antelope)* ähnelt der Rappenantilope, allerdings ist sie größer, heller gefärbt und mit kürzeren Hörnern ausgestattet.

Zu den häufiger vorkommenden Antilopen gehört der **Große Kudu** *(greater kudu).* Die Hörner der Männchen drehen sich spiralförmig nach oben und erreichen Längen von bis zu 1,80 m. Kudus sind berühmt für ihre Sprungkraft. Selbst 2 m hohe Zäune stellen für sie kein Hindernis dar – sie werden aus dem Stand bewältigt.

Der kräftig gebaute **Ellipsenwasserbock** *(waterbuck)* lebt in wasserreichen Gebieten und kommt in Botswana deshalb nur im Chobe National Park vor. Charakteristisch ist der weiße Kreis an seinem Hinterteil, der aussieht, als hätte sich das Tier auf eine frisch gestrichene Klobrille gesetzt. Die Markierung dient bei der Flucht als Orientierung für nachfolgende Herdenmitglieder.

Drei sehr seltene Antilopen – Sitatungas, Moorantilopen und Pukus – leben nur im Linyanti Swamp, am Chobe River sowie im Okavango Delta und sind hervorragend an den sumpfigen Untergrund angepasst. **Sitatungas** *(sitatunga)* haben mit 180 mm die längsten Hufe aller Antilopenarten. Bei der Fortbewegung spreizen sich die beiden Hälften der Hufe, damit die Tiere nicht im weichen Untergrund einsinken. Muss die Antilope auf harten Boden flüchten, wirkt sie ausgesprochen unbeholfen. Das Fell der Sitatunga fühlt sich sehr fettig an, da es mit einer wasserabweisenden Schicht imprägniert ist.

Kudu

Wie Sitatungas flüchten auch die **Moorantilopen** *(red lechwe)* bei Gefahr ins Wasser, wo sie sich im Gegensatz zum Land erstaunlich schnell fortbewegen können. Auf Entfernung könnten sie mit einer Schwarzfersenantilope verwechselt werden, doch sind sie robuster gebaut und haben ein längeres und dickeres Fell.

Pukus *(puku)* kommen nur in einem winzigen Gebiet des Kwando-Linyanti-Chobe-Flusssystems vor. Die kräftigen rotbraunen Tiere sind die am wenigsten erforschte Antilopenart im südlichen Afrika.

Der **Kronenducker** *(common duiker)* gehört zu den am weitesten verbreiteten Antilopen im südlichen Afrika und ist selbst in der Nähe von Wohn- oder landwirtschaftlichen Nutzgebieten zu finden. Sein Lebensraum erstreckt sich über alle Vegetationszonen, von Meereshöhe bis in Höhen von 1800 m. Bei Gefahr taucht der Kronenducker ins Unterholz ab – daher auch sein Name – und bleibt dort zunächst regungslos liegen. Erst wenn Mensch oder Raubtier ganz nahe sind, flüchtet er im Zickzackkurs. Der Kronenducker wird nur etwa 50 cm hoch, Weibchen wiegen 16 bis 21 kg, Männchen 15 bis 18 kg. Nur die Männchen tragen Hörner, die etwa 10 cm lang werden.

Der **Klippspringer** *(klipspringer)* ist ein unglaublich guter Kletterer, den selbst steile Felswände nicht aufhalten. Zwei Merkmale unterscheiden ihn von allen anderen Antilopen: Zum einen sind seine Haare sehr dick und grob und zum anderen innen hohl, fast wie Federkiele. Dieses besondere Fell schützt den Klippspringer bei eventuellen Stürzen und isoliert bei den oft niedrigen Temperaturen in den Bergen. In Botswana kommt das Tier nur im Tuli Block vor.

Die kleinen **Steinböckchen** *(steenbok)* sind im gesamten südlichen Afrika weit verbreitet und werden oft mit den **Bleichböckchen** *(oribi)* verwechselt, die kurz vor dem Aussterben stehen. Allerdings sind die Ohren des Steinböckchens deutlich größer und außerdem haben sie eine schwarze Markierung über der Nase und Drüsen unter den Augen, die wie schwarze Tränen aussehen.

Puku

Kronenducker

Steinböckchen

Krokodil

Ägyptische Kobra

Schwarze Mamba

Krokodile, Schlangen und Skorpione

Krokodile *(crocodile)* leben im Okavango Delta, im Moremi Game Reserve sowie im Chobe River. In den Nachbarländern Sambia und Simbabwe sind die Panzerechsen u. a. im Sambesi River zu finden. Krokodile sind lebende prähistorische Relikte und faszinierend anzuschauen, allerdings sollte man ihnen besser nicht zu nahe kommen. Im Falle eines unerwarteten Angriffs ist die einzige Verteidigungschance, der Echse mit einem spitzen Gegenstand ins Auge zu stechen oder aber die Zunge hochzuziehen, dann nämlich dringt Wasser in ihre Lungen und sie lässt ihre Beute los. Um solche abenteuerlichen Befreiungsversuche von vornherein zu vermeiden, sollte man in den entsprechenden Regionen am besten aufs Baden in natürlichen Gewässern verzichten.

Neben Krokodilen gibt es in Botswana noch 156 weitere Arten von Reptilien und Amphibien, darunter Echsen, Geckos, Warane, Frösche sowie Schlangen – von insgesamt 72 Arten sind 15 gefährlich, die Hälfte davon tödlich. Zu Letzteren zählen die **Ägyptische Kobra** *(Egyptian cobra)*, die **Mosambikanische Spei-Kobra** *(Mozambique spitting cobra)*, die **Schwarze Mamba** *(black mamba)*, die **Puffotter** *(puff adder)* und die **Baumschlange** *(boomslang)*. Allerdings wird die von Schlangen ausgehende Gefahr meist überschätzt, denn in der Regel machen sich die Tiere sofort aus dem Staub, wenn sie die Vibrationen von Fußschritten wahrnehmen. Nur die Puffotter bildet in dieser Hinsicht eine Ausnahme und bleibt liegen, weshalb sie für die meisten tödlichen Bisse in Botswana verantwortlich ist. Wenn man ihr zu nahe kommt, bläht sie sich auf und faucht – also bei Wanderungen durch den Busch immer die Ohren aufhalten und den Blick nach vorne auf den Boden richten.

Skorpione *(scorpions)* findet man am häufigsten im Sandveld der Kalahari, wo sie gerne in Bäumen unter der losen Rinde leben. Ihre Stiche sind extrem schmerzhaft, aber selten wirklich gefährlich. Zur Sicherheit sollte man beim Campen vor dem Anziehen immer zunächst die Schuhe und die Kleidung ausschütteln und Feuerholz nicht gleich in die Hand nehmen, sondern erst mit dem bestiefelten Fuß umdrehen. Nach einem Stich klingen die Symptome normalerweise bereits nach einer Stunde wieder ab. Die beste Behandlungsmethode nach einem Stich ist es, die Stichstelle abzukühlen und ein leichtes Schmerzmittel einzunehmen. Eine radikalere Methode haben die San: Sie fangen den Skorpion, quetschen seine Innereien in ihre Handflächen, vermischen das Ganze und reiben es auf den Stich. Dann doch lieber ein Aspirin.

Vögel

Neben Säugetieren gibt es eine Fülle von Vögeln. Über 550 der 887 für das südliche Afrika gelisteten Arten kommen in Botswana vor, allein 400 davon leben rund um die Hauptstadt Gaborone. Der dortige Vogelclub, der Botswana Bird Club, veranstaltet regelmäßig Beobachtungsspaziergänge ab dem National Museum (s. S. 125). In den kühleren Monaten von April bis September sieht man mehr einheimische Vögel und weniger Winterbesucher aus Europa. Je trockener es ist, desto weniger Vögel zeigen sich. Besonders auffällig ist das natürlich in den Makgadikgadi Pans, vor allem in der Sua Pan im Nordosten. Hier finden sich nach üppigen Regenfällen Millionen von Vögeln ein, vor allem Flamingos, Pelikane und Wildenten. Bleiben die Niederschläge aus, zeigen sich auch keine Vögel.

Neben Farmen, auf denen **Strauße** (ostrich) aufgrund ihres ausgezeichneten cholesterinfreien Fleischs und ihres weichen Leders gezüchtet werden, kommen sie in einigen Teilen des Landes, vor allem in der Kalahari, in freier Wildbahn vor. Mit seinen bis zu 2 m Körpergröße ist der flugunfähige Vogel der größte der Welt. Das Männchen, das löwenähnlich brüllen kann, ist schwarz-weiß gefärbt, das Weibchen eher unscheinbar braun.

Erkennungszeichen des bis zu 125 cm großen **Sekretärs** (secretary bird) sind die schwarzen Federn an seinem hellgrauen Kopf und die orange umrandeten Augen. Der attraktive Vogel ist oft paarweise anzutreffen,

Skorpion

Strauß

Perlhuhn

Riesentrappe

Webervogel

Gelbschnabel-Toko

vor allem in weiten Gras- und Dornbusch-ebenen, wo er Schlangen und andere Reptilien aufspürt, die er mit seinen Füßen und seinem Schnabel attackiert.

Das schöne, sehr häufig vorkommende **Perlhuhn** (helmeted guineafowl) hat einen blauroten Kopf mit einem dunkelbraunen ›Helm‹. An Wasserlöchern finden sich abends oft ganze Scharen dieser knapp 60 cm großen Vögel ein.

Ebenfalls häufig und in ganz Botswana anzutreffen ist der größte flugfähige Vogel der Welt, die **Riesentrappe** (kori bustard), die bis zu 135 cm groß werden kann und in Wald-, Busch- und Grasland zu finden ist. Bei Gefahr flüchtet die Riesentrappe zunächst zu Fuß, erst wenn es gar nicht mehr anders geht, fliegt sie.

Der **Sattelstorch** (saddle-billed stork) ist ein mit 150 cm recht großer Watvogel mit wunderschön rot gefärbtem Schnabel. Er lebt in Wassernähe und ernährt sich von Fröschen und Fischen.

Die auffällig gelben **Masken-Webervögel** (masked weaver) bauen kleine, kugelrunde Nester in Flussnähe, während die unauffällig braun-weißen **Siedel-Webervögel** (sociable weaver) riesige Gemeinschaftsnester in Bäumen anlegen. Beide Vögel werden bis zu 15 cm groß.

Oft sehr nahe wagen sich **Gelbschnabel-und Rotschnabel-Tokos** (yellowbilled hornbill und redbilled hornbill) an wild campende Besucher heran, um ihnen das Frühstücksmüsli streitig zu machen. Die 40 bis 60 cm großen Vögel mit ihren riesigen Schnäbeln sind meist am Boden anzutreffen, wo sie nach Nahrung suchen.

Umwelt und Naturschutz

Botswana hat frühzeitig erkannt, dass nur eine intakte Natur devisenbringende Touristen ins Land lockt. Der Naturschutz genießt höchste Priorität, kollidiert aber immer wieder mit den Interessen der Viehzüchter. Um Farmern und Bauern zu zeigen, dass Wild, sogar Raubtiere, Einkommen erzielen können, werden nachhaltige Projekte mit Beteiligung lokaler Gemeinden staatlich gefördert. Botswana zahlt außerdem hohe Kompensationen für gerissenes Vieh, damit Haustierhalter keine Wildtiere töten.

Exklusivität und Nachhaltigkeit

Im Gegensatz zu anderen Ländern im südlichen Afrika hat sich Botswana dafür entschieden, den exklusiven Individualtourismus zu fördern. Es gibt zahlreiche sehr luxuriöse und teure Lodges, die über die diversen Schutzgebiete des Landes verteilt sind. Private Konzessionäre leasen das Land vom Staat und bauen Unterkünfte, die keine festen Fundamente besitzen und somit jederzeit spurenlos wieder entfernt werden können. Baumaterial wie beispielsweise das Riedgras für die Dächer kommt direkt aus der Umgebung, um lange Transportwege zu vermeiden. Bei Errichtung einer neuen Lodge werden existierende Bäume in den Bau integriert, nicht gefällt. Das Wasser wird wieder aufbereitet und mehr und mehr Lodges nutzen Solarenergie zur Stromgewinnung.

Viehzucht kontra Wildschutz

Das größte Problem für die Umwelt und den Naturschutz ist die extensive Rinderzucht in Botswana. Die rund 3 Mio. Rinder sind eine schwere Belastung für die fragilen Kalahariböden. Etwa ein Fünftel der Landfläche ist bereits ökologisch stark in Mitleidenschaft gezogen, wobei die Überweidung des Graslands das Hauptproblem darstellt – 60 % der Landfläche Botswanas wird zum Grasenlassen von Nutztieren verwendet. Eine weitere Gefahr geht von den zunehmenden Brunnenbohrungen aus. Dabei werden zum einen fossile Wasserreserven angezapft und zum anderen kann bei Übernutzung auch das einmalige Okavango Delta aus dem natürlichen Gleichgewicht geraten.

Der größte und tragischste Eingriff in die Natur war jedoch die Errichtung der Seuchenzäune. Im Jahr 1896 raffte eine verheerende Maul- und Klauenseuche fast den kompletten Rinderbestand des Landes dahin. Wildtiere, vor allem Büffel, wurden für die Epidemie verantwortlich gemacht. Damit diese Gefahr ein für allemal gebannt würde, errichtete man in den 1950er-Jahren die ersten 1,5 m hohen Zäune, die sich über Hunderte von Kilometern entlang der traditionellen Viehtriebrouten kerzengerade durch das Land zogen. Etwa 3500 km (!) sind es bis heute, eine tödliche Falle für Wildtiere, vor allem in Trockenzeiten, wenn der Weg zu den wenigen permanenten Wasserstellen versperrt wird.

Die größten Tragödien fanden während der massiven Dürrezeiten der 1970er- und 1980er-Jahre statt. Hunderttausende von Gnus und Kuhantilopen verließen die praktisch wasserlose Kalahari und machten sich auf den Weg nach Norden. Dort versperrte ihnen der Kuke-Zaun den Weg, der die Rinder der Nordostkalahari vor dem Wild des Okavango Delta ›schützt‹. Einige der Antilopen starben bereits direkt vor Ort, der größere Teil wanderte am Zaun entlang Richtung Osten, Tausende verdursteten. Nur wenige erreichten den engen Korridor am Ende des Zauns, wo es zum Lake Xau geht. Die dort lebenden Farmer sahen die durstigen Antilopen als Konkurrenz für ihr Vieh und töteten sie. 1983, während einer zweiten Dürreperiode, war bei Ankunft der Antilopen auch der Lake Xau bereits ausgetrocknet. Von 250 000 Tieren überlebten nur 15 000. Die Wildzäune sind nach wie vor das größte Problem für den Wildschutz im Land. Hier kollidieren wirtschaftliche Interessen und Naturschutz am offensichtlichsten.

Naturschutz mit allen Mitteln

Ein Problem für das Ökosystem im Chobe National Park ist die Überpopulation an Elefanten. Es sind einfach zu viele für das zur Verfügung stehende Land und die Vegetation ist bereits stark in Mitleidenschaft gezogen. Relokalisierungsprogramme sind zwar sehr teuer, aber deutlich populärer als das kontrollierte Abschießen ganzer Herden (culling). Botswana hat bereits Elefanten nach Mosambik und Angola ›geschickt‹.

Die Wilderei, die in anderen Ländern des südlichen Afrikas, selbst im hochentwickel-

Natur und Umwelt

ten Südafrika, ein großes Problem darstellt, hat Botswana sehr gut im Griff. Neben Nationalpark-Rangern wird auch die Armee zum Wildschutz eingesetzt.

Sowohl nationale als auch internationale Naturschutzorganisationen sind in Botswana aktiv, vor allem in Projekten zum Schutz gefährdeter Tierarten wie Geparden oder Wildhunden. Die wichtigste finanzielle Unterstützerin des Wildmanagements in Botswana ist die Europäische Union – sie ist allerdings auch die größte Abnehmerin botswanischen Freilandrindfleischs.

Schutzgebiete

38 % der Landfläche Botswanas sind in irgendeiner Art und Weise geschützt, entweder durch den Staat oder in privaten Wildreservaten. Die staatlichen Schutzgebiete werden unterschieden in National Parks (NP), Game Reserves (GR), Wildlife Reserves (WR) und Forest Reserves (WR). Nationalparks genießen den höchsten Schutzstatus. Außer der touristischen Nutzung gibt es in dem Gebiet keinerlei andere wirtschaftliche Aktivitäten. Das ist auch der Grund, weshalb sich in den botswanischen Nationalparks nur wenige Lodges befinden und diese meist an der Peripherie der Parks liegen.

Botswana besitzt drei Nationalparks. Der 10 698 km² große **Chobe National Park** ist Botswanas drittgrößtes Naturschutzgebiet und umfasst verschiedene Vegetationstypen und geologische Strukturen. Die Wildbeobachtungsmöglichkeiten sind fantastisch. Für Touristen sind vier Gebiete von Interesse: Chobe Riverfront, Savuti, Nogatsaa und Linyanti Swamp. Bis auf den Chobe River, der die Grenze zu Namibia bildet, ist der Park komplett von anderen Schutzgebieten umgeben, was die Tiere frei migrieren lässt.

Der vor einigen Jahren aus dem Nxai Pan National Park und dem Makgadikgadi Pans National Park zusammengelegte, 6500 km² große **Makgadikgadi-Nxai National Park** ist ein idealer Stopover auf dem Weg von Gaborone zum Okavango Delta. Wenngleich der überwiegende Teil dieses Schutzgebiets aus Grasland besteht und nur rund ein Fünftel

von einer Salzpfanne eingenommen wird, kann man sich hier den wohl besten Eindruck von den lebensfeindlichen Bedingungen dieser Landschaftsform machen – Makgadikgadi bedeutet ›weites, lebloses Land‹. Die 1676 km² große Nxai Pan wurde in den 1970er-Jahren zu einem Schutzgebiet erklärt. 1992 ernannte man das Areal zum Nationalpark und vergrößerte es auf 2578 km², um die Baines' Baobabs einzugliedern. Im Jahr 1992 schließlich wurde der zuvor unabhängige Nationalpark mit dem weiter südlich gelegenen Makgadikgadi Pans National Park verbunden. Der Nxai-Pan-Teil des Nationalparks besteht hauptsächlich aus einer Anzahl fossiler Pfannen, die alle von kurzem, nährstoffreichem Gras bedeckt sind. Es gibt Inseln mit Akazienbäumen, in deren Schatten sich tagsüber oft Tiere aufhalten. Hier findet sich auch die berühmte Affenbrotbaumgruppe Baines's Baobabs, benannt nach dem südafrikanischen Maler Thomas Baines, der sie in einem Gemälde verewigt hat.

Der dritte im Bund der Nationalparks ist der grenzüberschreitende, 37 991 km² große **Kgalagadi Transfrontier Park,** der 1999 von Südafrika und Botswana in einem historischen Akt etabliert wurde. Zum damaligen Zeitpunkt war er das einzige Schutzgebiet dieser Art im südlichen Afrika. Touristen können im Park frei zwischen den beiden Ländern hin und her reisen – wie das Wild.

In den geschützten Game Reserves ist eine kontrollierte kommerzielle Nutzung und Erschließung erlaubt, u. a. Fischen und die Förderung von Diamanten. Die größten Game Reserves befinden sich in der Kalahari. Mit 52 800 km² ist das **Central Kalahari Game Reserve** (CKGR) gleichzeitig das größte Naturschutzgebiet des Landes. Seine Nordgrenze bildet der Kuke-Veterinärzaun, im Süden schließt das 2590 km² große **Khutse Game Reserve** an. Das riesige Kalahari Game Reserve hat drei Eingänge: Khutse im Süden, Matswere im Norden und Xade im Westen.

Darüber hinaus gibt es einige weitere Game Reserves in Botswana. Die Kleineren dienen auch dazu, einheimischen Schulkindern die Natur ihres Landes näherzubringen, beispielsweise das **Maun Game Reserve,** das **Manyelanong Game Reserve** und das **Gaborone Game Reserve.** Im Tuli Block befinden sich das **Tuli Game Reserve** und das **Mashatu Game Reserve,** die dem Wildschutz dienen, aber gleichzeitig privat genutzt werden.

Einen speziellen Status genießt das **Moremi Game Reserve,** das aus permanentem und saisonalem Sumpfland sowie trockenen Landschaften besteht. Es entstand auf dem ehemals königlichen Jagdland der Batswana und wird heute praktisch wie ein Nationalpark von der botswanischen Nationalparkbehörde, dem Department of Wildlife and National Parks, verwaltet. Das 4871 km² große Schutzgebiet umfasst etwa ein Drittel des Okavango Delta und gilt als eine der besten Wildbeobachtungsregionen in Afrika. Es ist komplett von anderen Naturschutzgebieten umgeben, was zaunloses Migrieren des Wildbestands ermöglicht.

Die Forest Reserves werden als Waldschutzgebiete von der Forstbehörde verwaltet und sind bislang nicht touristisch erschlossen. Ihre kommerzielle Nutzung unterliegt jedoch strengen Auflagen, da sie dem Waldschutz und als Pufferzonen zu den Nationalparks dienen. Die bedeutendsten Forest Reserves in Botswana sind das **Maukaelelo Forest Reserve,** das **Kasane Forest Reserve** und das **Kazuma Forest Reserve,** alle im Nordosten um den Chobe National Park herum gelegen.

Zu guter Letzt gibt es noch einige kleinere Schutzgebiete, die Sanctuary genannt und oft nachhaltig von lokalen Gemeinden betrieben werden. Hierzu zählen das **Nata Bird Sanctuary,** das **Khama Rhino Sanctuary** und das **Mokolodi Nature Reserve.**

Nachhaltig reisen

Die Umwelt schützen, die lokale Wirtschaft fördern, intensive Begegnungen ermöglichen, voneinander lernen – nachhaltiger Tourismus übernimmt Verantwortung für Umwelt und Gesellschaft. Die folgenden Webseiten geben Tipps, wie man seine Reise nachhaltig gestalten kann.

www.fairunterwegs.org: Fair reisen anstatt nur verreisen, dafür wirbt der schweizerische Arbeitskreis für Tourismus und Entwicklung. Außerdem ausführliche Infos zu Reiseländern in der ganzen Welt.

www.zukunft-reisen.de: Das Portal des Vereins Ökologischer Tourismus in Europa erklärt, wie man ohne Verzicht umweltverträglich und sozial verantwortlich reisen kann.

www.botswanatourism.co.bw/ecoCertCriteria.php: Die Seite des Fremdenverkehrsamts macht deutlich – für Botswana ist Grün nicht nur eine Farbe, sondern eine Lebensweise. Das Land gilt als Paradebeispiel für nachhaltigen Tourismus *(sustainable tourism)* im südlichen Afrika. V. a. der Naturschutz, grüne Architektur und die Einbindung lokaler Gemeinden in den Tourismus haben höchstes Niveau. Bereits seit 2002 gibt es eine nationale Ökotourismus-Strategie und 2010 führte Botswana Tourism ein ökotouristisches Zertifikationssystem ein, das mehr als 240 Leistungsstandards von Lodges untersucht und klassifiziert. Es gibt drei Ebenen: Grün *(green),* Grün plus *(green+)* sowie Öko *(eco),* das höchste Zertifikationslevel. Eco bedeutet, dass die Unternehmen das ganze Ökospektrum offerieren, u. a. Einbeziehung lokaler Gemeinden, Natur- und Umweltschutz sowie detaillierte Gästeinformationen hierzu. 2013 gab es 15 ökozertifizierte Unternehmen in Botswana, 13 davon mit Eco-Status: Banoka Bush Camp, Chobe Game Lodge, Jao Camp, Kalahari Pleins Camp, Kwetsani Camp, Little Vumbura Camp, Savuti Camp, Xigera Camp, Zafara Camp, Jacana Camp, Meno A Kwena Tented Camp und Mombo Camp. Das Camp Kalahari und das Tubu Tree Camp erhielten Green+- und das Vumbura Plains Camp Green-Status. Unter www.ecotourdirectory.com/ecotours/botswana findet sich eine Liste von Veranstaltern in Botswana, die nachhaltige Reisen in ihrem Angebot haben.

Bergbau und Tourismus sind die wichtigsten Standbeine der Wirtschaft Botswanas. Mit dem erwarteten Rückgang der Diamantenförderung in den nächsten Jahren gewinnt der Fremdenverkehr zunehmend an Bedeutung – damit auch der Naturschutz, denn der wahre Reichtum des Landes ist seine wunderbare Fauna und Flora.

Wirtschaft

Diamonds are not forever

Aufgrund der globalen Rezession sank die Nachfrage nach **Diamanten** aus Botswana in den Jahren 2010/11 erheblich. Die daraufhin eingeschränkte Förderung ließ das prognostizierte Wirtschaftswachstum nicht eintreten, aber bereits 2012 wurden wieder Diamanten im Wert von 5 Mrd. US-$ exportiert, 19,5 % mehr als im Vorjahr. Derzeit werden 75 % des Exporteinkommens durch die Diamantenförderung erzielt.

Der temporäre Einbruch war auch eine ernüchternde Erinnerung daran, dass Diamanten endlich sind: Geologen rechnen damit, dass Botswana in etwa 20 Jahren keine Diamanten mehr haben wird. Daher baut die Regierung bereits jetzt vor. Während anfangs die Rohdiamanten exportiert wurden, gibt es seit 2012 in der Nähe des Flughafens von Gaborone die sogenannte **Diamond City,** wo die edlen Kristalle geschnitten und poliert werden. Die Sortierung von Rohdiamanten wurde Ende 2013 von London komplett nach Gaborone verlegt.

Als 1967 erstmals Diamanten entdeckt wurden, handelte der damalige botswanische Präsident Seretse Khama einen geschickten 50/50-Deal mit dem südafrikanischen Diamantenkonzern De Beers aus. Anstatt nur Steuergelder aus der Diamantenförderung zu erzielen, hatte Botswana eine direkte Beteiligung am Verkaufserlös der Steine. **Debswana** heißt das Joint-Venture-Unternehmen, das

heute der größte Diamantenproduzent der Welt ist. Allein 2006 wurden in den vier großen Diamantenminen Orapa, Jwaneng, Letlhakane und Damtshaa 34,3 Mio. Karat abgebaut. Den Anfang machte 1971 die **Orapa Diamond Mine,** 1977 kam die **Letlhakane Mine** hinzu. Zu diesem Zeitpunkt war Orapa bereits eine der größten Diamantenminen der Welt, wurde jedoch 1982 von der **Jwaneng Mine** abgelöst. Die jüngste Diamantenmine Botswanas ist die im Jahr 2003 offiziell eröffnete **Damtshaa Mine** 220 km westlich von Francistown.

Derzeit ist Botswana für ein Fünftel der Weltproduktion von Diamanten verantwortlich. Dank der edlen Steine wuchs die innere Stabilität des Landes und nicht zuletzt das Pro-Kopf-Einkommen: von unter 80 US-$ im Jahr 1966, als Botswana zu den 20 ärmsten Ländern der Welt gehörte, auf ca. 6500 US-$ heute. Damit ist Botswana eines der reichsten nicht ölfördernden Länder auf dem afrikanischen Kontinent.

Zu den anderen wichtigen Bodenschätzen zählen Gold, Kupfer, Kobalt und Nickel, Ätznatron (soda ash) sowie Kohle. **Gold** wurde 1886 östlich von Francistown entdeckt. Nach einer Förderpause stieg man aufgrund des deutlich gestiegenen Goldpreises 2003 wieder in das Geschäft ein und reaktivierte die Mine. **Kupfer** und **Nickel** werden im äußersten Osten Botswanas in Selebi-Phikwe abgebaut und weiterverarbeitet. Die dortige Mine hat bislang zwar nicht zu einem höheren staatlichen Einkommen beigetragen, generiert aber zahlreiche Arbeitsplätze. Mit der Produktion von **Ätznatron** wurde 1991 in den Makgadikgadi Pans, genauer in der Sua Pan begonnen. Jährlich werden rund 350 000 t abgebaut. Verwendung findet Ätznatron in Reinigungsmitteln, in der Metallverarbeitung, in der Glasproduktion und in der Chemieindustrie. Trotz regelmäßiger Überflutungen der Salzpfannen und trotz der Preisschwankungen am Weltmarkt lohnt sich das Mammutprojekt nach wie vor. Umfangreiche Vorkommen an **Kohle** gibt es in der Gegend um Serule. Der fossile Brennstoff wird seit 2013 dazu genutzt, das 2 Mrd. US-$ teure, riesige Kraftwerk in Mmamabua zu betreiben, um der Stromknappheit im südlichen Afrika entgegenzuwirken.

Tierzucht

Rinder haben in der Geschichte und Kultur Botswanas schon immer eine große Rolle gespielt. Noch heute gilt der Besitz von Vieh in vielen ländlichen Gemeinden als Zeichen von Wohlstand – der soziale Status eines Mannes wird an der Zahl seiner Rinder gemessen. Auf einen Einwohner in Botswana kommen zwei Rinder, was wiederum zur Überweidung des fragilen Graslands geführt hat.

Botswana produziert exzellentes Freiland-Rindfleisch, das hauptsächlich aus der Gegend von Ghanzi kommt. Die größte Fleischfabrik des Landes findet sich in Lobatse, von dort aus organisiert die **Botswana Meat Commission** alle Fleischexporte. Hauptabnehmer ist die Europäische Union.

In Botswana gab es bislang weder Fälle von Rinderwahnsinn noch von Maul- und Klauenseuche oder anderen Rinderkrankheiten. Damit das so bleibt, wurden **Veterinärzäune** *(veterinary fences)* errichtet, die sich Hunderte von Kilometern durchs ganze Land ziehen. Dem Rindvieh tut es gut, aber dafür verdursten nun viele Wildtiere wie Gnus oder Zebras, weil ihre natürlichen Migrationsrouten unterbrochen sind. Besucher im Norden Botswanas werden auf der Straße immer wieder Tore passieren. Hier müssen die Autos durch ein betoniertes Becken mit einer Flüssigkeit fahren, die eventuelle Krankheitserreger auf den Reifen abtötet. Außerdem muss man alle (!) Schuhe auf einer getränkten Matte abstreifen – am besten zwei Paar bereitlegen und die anderen im Koffer lassen.

Zunehmender Bedeutung erfreuen sich auch die Farmen, auf denen **Wild** oder **Strauße** gezüchtet werden. Ihr Fleisch erfreut sich vor allem in Europa großer Beliebtheit. Darüber hinaus gibt es im Okavango Delta einige **Fisch- und Krokodilfarmen,** die überwiegend für den Export produzieren.

Landwirtschaft

Aufgrund des harschen Klimas und der schlechten Böden gibt es in Botswana praktisch keine wirtschaftlich bedeutende Agrarwirtschaft. Nur entlang des Chobe River und im Limpopo Valley des Tuli Block werden erfolgreich **Weizen, Baumwolle, Gemüse, Bananen** und **Zitrusfrüchte** angebaut. In der Gegend um Pandamatenga wachsen **Sonnenblumen** und **Getreide.**

Die meisten Grundnahrungsmittel werden aus den Nachbarländern, vor allem aus Südafrika, importiert. Insgesamt sind nur 0,61 % des botswanischen Staatsgebiets landwirtschaftlich nutzbar und nur 0,02 % der Landfläche sind permanent kultiviert, wovon lediglich 25 km² künstlich bewässert werden. Allerdings betreibt fast die gesamte ländliche Bevölkerung Subsistenzlandwirtschaft und baut Mais und Hirse für den Eigenbedarf an.

Produktionssektor

Um der Abhängigkeit von Diamanten entgegenzuwirken und um mehr Arbeitsplätze für Batswana zu schaffen, förderte die Regierung Investitionen im Produktionssektor. Anreize waren temporäre Steuerbefreiungen, finanzielle Unterstützung sowie weitreichende Steuererleichterungen. Das Vorgehen hatte Erfolg: Von Anfang der 1990er-Jahre bis 2008 wuchs der Sektor rapide an und verzeichnete noch 2009 ein Wachstum von 8 %. Trotz der weltweiten Wirtschaftskrise kann Botswana nach wie vor geringfügige jährliche Steigerungen aufweisen, während die Nachbarländer allesamt wirtschaftliche Einbußen hinnehmen müssen.

Wirtschaft, Soziales und aktuelle Politik

Lokal produziert werden polierte Diamanten, Metall- und elektrische Produkte, Plastik, Chemikalien, Impfstoffe, Seife, Schuhe, Baumaterialien, Nahrungsmittel und Getränke. Außerdem gibt es einige Fabriken, in denen Lkws und Busse für den lokalen Markt gefertigt werden.

Tourismus

Eine der Haupteinkommensquellen für Botswana ist der Tourismus, der jährlich mehr an Bedeutung gewinnt. 2012 kamen 2,37 Mio. Touristen ins Land, Tendenz steigend. Etwa 80 % der Besucher kommen aus den Nachbarländern (vor allem aus Südafrika), ca.10 % aus Europa (vor allem aus Großbritannien, gefolgt von Deutschland, der Schweiz, Holland und Österreich) und weitere fast 10 % aus den USA, wo Botswana sehr geschickt als sicheres Safariziel vermarktet wird.

Während im Jahr 2011 noch rund 18 500 Menschen im Tourismus arbeiteten, waren es 2012 bereits 20 500, ein Plus von 9,8 %. Besonders viele sind im Norden des Landes beschäftigt, wo bereits 40 % der Bevölkerung am Fremdenverkehr teilhaben, mit steigender Tendenz.

Um Botswanas fast unberührte Natur zu erhalten, propagiert der Staat eine Politik des hochpreisigen Individualtourismus. Somit mag das Land zwar teurer sein als klassische Safariziele wie Kenia oder Tansania, aber dafür sind die Natur- und die Tiererfahrungen erheblich intensiver, da insgesamt deutlich weniger Besucher unterwegs sind.

Zukunftsprognosen

Die Weltbank positionierte Botswana an sechster Stelle unter den Ländern südlich der Sahara, die von der Krise in der Eurozone negativ beeinflusst werden könnten. Weltweit sind rund 45 Länder wirtschaftlich von den fallenden Rohstoffpreisen bedroht. Sofern die Rohstoffpreise zwischen 2013 und 2015 um 20 % fallen, verliert Botswanas Wirtschaft ca. 0,6 Prozentpunkte. Für 2013 prognostizierte die Global Economic Prospects (GEP) der Weltbank ein Wirtschaftswachstum Botswanas von 4,1 %.

Soziales

Arm und Reich

Ein Problem im Land ist die nach wie vor ungleiche Verteilung des Einkommens. Jeder vierte Erwerbsfähige ist arbeitslos, bei Jugendlichen wird dieser Prozentsatz noch übertroffen. Die offiziellen Arbeitslosenzahlen liegen bei rund 24 %, doch inoffizielle Schätzungen gehen von fast 40 % aus. Die Schere

Etwa ein Drittel der botswanischen Bevölkerung lebt unter der Armutsgrenze, vor allem in den ländlichen Gebieten

zwischen wenigen Reichen und vielen Armen öffnet sich mehr und mehr. Ungefähr ein Drittel der Bevölkerung Botswanas lebt unterhalb der Armutsgrenze, das heißt von weniger als 1,25 US-$ täglich. Hoffnungsträger Nr. 1 ist der Tourismus.

Gesundheitswesen

Bis zur Kolonialzeit waren allein die traditionellen Heiler für die medizinische Versorgung im Land zuständig. Sie wurden dann zunehmend von den Missionaren unterstützt, die allerdings nicht selten selbst Opfer tropischer Krankheiten wurden.

Seit der Unabhängigkeit hat die Regierung eine flächendeckende medizinische Versorgung etabliert, die überdies kostenlos ist. Mit ihren mobilen Kliniken können Krankenpfleger und Ärzte praktisch alle Menschen im Land erreichen. Außerdem gibt es im ganzen

Wirtschaft, Soziales und aktuelle Politik

Land verteilt gut 250 Health Centres (›Gesundheitszentren‹) sowie insgesamt 17 Krankenhäuser. Das hört sich fortschrittlich an, doch müssen sich 3200 Einwohner einen Arzt bzw. 400 Bewohner einen Krankenpfleger teilen. Kein Wunder, dass das staatliche Gesundheitssystem hoffnungslos überlastet ist und wohlhabendere Batswana auf die Privatkliniken ausweichen, die es in jeder größeren Stadt gibt.

Eines der größten Probleme, mit denen das Land zu kämpfen hat, ist die Aids-Epidemie – mit etwa 25 % nach Südafrika die zweithöchste der Welt. Antiretrovirale Arznei wird vollständig vom Staat subventioniert und kostenlos an Infizierte abgegeben. Vor allem die Infektion von ungeborenen Babys durch infizierte Mütter konnte durch Aufklärung und Medikamentenvergabe deutlich reduziert werden.

Bedingt durch die hohe Aids-Infektionsrate ist auch die Zahl der Tuberkuloseerkrankungen stark gestiegen. Im Norden kommt es vermehrt zu Bilharziose und im ganzen Land ist der Hepatitis-B-Virus weit verbreitet. Das stark salzhaltige Trinkwasser verursacht viele Fälle von Bluthochdruck.

Erziehung

Botswanas Schulsystem folgt einem Zehnjahreszyklus und bietet sowohl akademische als auch praktische Fächer. Im Alter von sechs Jahren beginnt man mit der Grundschule *(primary school)*. Nach sieben Jahren ist die *junior secondary school* erreicht. Am Ende der siebten Klasse *(standard 7)*, mit etwa 15 Jahren, werden Prüfungen abgehalten. Hier entscheidet es sich, ob es mit der technischen Hochschule *(technical college)* weitergeht oder aber mit der *senior secondary school,* deren Abschluss (Botswana General Certificate of Education) dem deutschen Abitur entspricht. Dieses eröffnet den Weg in die Universität.

In Botswana besteht Schulpflicht für die ersten sieben Jahre bis zum Ende der Grundschule, doch vor allem Kinder, die in abgelegenen Gegenden leben, können ihr nicht nachkommen. Immerhin haben über 90 % der Schulpflichtigen Zugang zu den Grundschulen. Über 60 % besuchen ein weiterführendes Institut.

Sowohl die schulische als auch die universitäre Ausbildung sind gut und werden staatlich gefördert. Bis zum Ende der Grundschule müssen keine Gebühren bezahlt werden, danach werden ca. 95 % der Ausbildungskosten vom Staat getragen. Daher liegt die Analphabetenrate in Botswana im Vergleich zu seinen Nachbarländern mit ca. 20 % auf einem sehr niedrigen Niveau – etwa 80 % aller Menschen über 15 Jahre können lesen und schreiben.

1982 wurde in Gaborone die Universität von Botswana gegründet, die rund 20 000 Abgänger jährlich zählt. Viele Studenten erhalten staatliche Stipendien, um sich im Ausland weiterzubilden. Unterrichtssprachen sind Englisch und Setswana.

Aktuelle Politik

Aufgrund seines exzellenten Wirtschaftswachstums und seiner politischen Stabilität seit der Unabhängigkeit war Botswana in der Lage, Aufruhr, Kämpfe und Proteste wie in den Nachbarländern Rhodesien (heute Simbabwe und Sambia), South West Africa (heute Namibia) und Südafrika zu vermeiden. Sein relativer Wohlstand ließ Botswana außerdem besser gewappnet sein, um der weltweiten Rezession von 2009 zu trotzen. Zwar schloss man zunächst zwei der vier Diamantenminen im Land, doch ein Jahr später waren sie bereits wieder in Betrieb.

Für den Außenhandel hilfreich ist die Zugehörigkeit des Landes zur Zollunion des südlichen Afrikas, der **Southern African Customs Union (SACU),** die das Land eng an die Wirtschaftsmacht Südafrika anbindet. Botswanas geeinte, friedliche, aufstrebende und demokratische Nation mit einer modernen Wirtschaft, unterstützt von einer perfekten Infrastruktur mit Straßen, Eisenbahnen, Telekommunikation, Wasser- und Elektrizitätsversorgung, ist nach wie vor einer der Vorzeigestaaten Afrikas.

Geschichte

Bereits vor etwa 25 000 Jahren war das heutige Botswana von Buschmännern, den San, besiedelt. Sie wurden vor rund 1500 Jahren von aus
dem Norden einwandernden Bantu-Stämmen in abgelegene Regionen
der Kalahari verdrängt. Zwischen 1885 und 1966 war Bechuanaland britisches Protektorat und erlangte 1966 seine volle Unabhängigkeit.

Besiedlung des Landes

Die San – Botswanas Ureinwohner

Archäologische Funde und Felsmalereien in
den Tsodilo Hills deuten darauf hin, dass die
nomadischen **San** schon seit fast 100 000
Jahren im Gebiet des heutigen Botswana leben. Viele ihrer Gemälde haben vermutlich
eine tiefere Bedeutung und hängen eng mit
dem spirituellen Glauben der Buschmänner
zusammen, doch eine akkurate Deutung ist
bis heute nicht gelungen (s. S. 72). Neuere
Aufzeichnungen belegen, dass die San Kupfer aus versteckten Minen in der Kalahari besaßen und dieses gegen Eisen tauschten.

Die Khoi – die ersten Farmer Botswanas

Der gleichen Volksgruppe wie die San ent-
stammen die halbnomadischen oder sess-
haften **Khoi,** die bereits 200 v. Chr. Tiere do-
mestizierten. Früher wurde angenommen,
dass sie ihr erstes Vieh von den aus Norden
einwandernden Bantu-Stämmen (s. rechts)
akquiriert hatten. Schafknochenfunde auf dem
Gebiet des heutigen Botswana datieren aber
bereits 3000 Jahre zurück. Da die Bantu-
Stämme erst um 500 n. Chr. in das Gebiet der
Khoisan einwanderten, wie Botswanas Ureinwohner zusammenfassend genannt werden, müssen die Khoi ihr Vieh schon früher
erhalten haben, wahrscheinlich aus Ostafrika.
  Am Toromoja River und am Boteti River in
Botswana siedelte um 1200 eine Gruppe von

Khoi, die **Bateti** genannt wurde. Sie züchte-
ten Rinder mit langen Hörnern, Schafe und
Ziegen, um Milch, Fleisch und Leder zu gewinnen, ernährten sich aber auch von Fisch,
Zebras und anderen Tieren, die sie in Gräben
am Flussufer fingen. Ergänzt wurde ihre Nahrung durch Pflanzen, beispielsweise Wasser-
lilien. Die Bateti hielten sich San-Diener, die
für sie jagten und Essen sammelten. Mit den
Menschen, die im Nordwesten in Maun und
im Südosten lebten, tauschten sie gelegentlich Lederhäute und Elfenbein gegen Eisen-
werkzeuge, Kupfer und Tabak.

Bantu-Stämme aus dem Norden

Die Khoisan waren ein friedliches Volk, das in
Harmonie mit der Natur lebte. Sie hatten
keine Chance gegen die dominanteren, sozial organisierten **Bantu-Stämme,** die vor über
1500 Jahren aus dem Kongobecken einwanderten. Jene San, die nicht rechtzeitig flüchten konnten, wurden entweder getötet oder
versklavt.
  Die Bantu-Stämme brachten ihre Fertigkeiten mit: Töpferei, Viehzucht und Eisenver-
arbeitung. Während die Bantu-Stämme den
Übergang in die Eisenzeit markierten, waren
die von den Eindringlingen in die unwirtlichen
Regionen der Kalahari vertriebenen Khoisan
kulturell noch in der Steinzeit verhaftet.
  Trotz der Bantu-Dominanz hielt sich die
Sprache der Khoi erstaunlich lange. Bis ins
19. Jh. hinein wurde von den Menschen am
Boteti River noch immer Khoi gesprochen,

Geschichte

Eins mit dem Land: die San, Botswanas Ureinwohner

was die Theorie unterstützt, dass dort Gemeinden viele Jahrhunderte lang friedlich mit- und nebeneinander gelebt haben. Es gibt auch Hinweise, vor allem in der Sprache und Physiognomie der Menschen, auf die Vermischung beider Volksgruppen.

Batswana

Vor ca. 1000 Jahren entstanden nahe dem heutigen Palapye die ersten Stammesgebiete der **Batswana** mit einer Klassenstruktur. Um 1200 entwickelte sich eine größere Macht, die ihre Hauptstadt **Mmamagwa** auf dem **Mapungubwe Hill** am Zusammenfluss von Shashe und Limpopo etablierte, im heutigen Mashatu Game Reserve.

Klimatische Veränderungen hatten dramatische Folgen für die sogenannte Mapungubwe-Kultur und die Hügelgemeinde. Mangels ausreichender Regenfälle konnte der Stamm an diesem Ort nicht mehr länger Landwirtschaft betreiben und Vieh halten und zog daher Ende des 13. Jh. vom Limpopo Valley nach Nordosten. Mit der Emigration

verlagerte sich auch das Handelszentrum und so entstand im heutigen Simbabwe ein neues Machtzentrum. Die Hauptstadt **Great Zimbabwe** war berühmt für ihren Palast, dessen gewaltige Natursteinwände aus über 900 000 Quadern bestanden. Die Great-Zimbabwe-Kultur weitete ihren Einfluss zunächst über ganz Ostbotswana aus, doch politische Unruhen führten sie um 1450 ihrem Untergang entgegen.

Die ersten Städte

Es folgte eine sehr friedliche Zeitperiode. Doch es war die Ruhe vor dem Sturm. Die verschiedenen Stämme etablierten sich in den jeweiligen Regionen. Die letzte Volksgruppe, die im 17. Jh. in das Gebiet des heutigen Botswana einwanderte, waren die **Sothos,** ein südafrikanischer Stamm. In dieser Zeit entstanden auch die ersten größeren Städte mit bis zu 15 000 Einwohnern.

Im frühen 19. Jh. waren alle fruchtbaren Regionen im südlichen Afrika von verschiedenen Stämmen besiedelt. Unter den Bewohnern kam es zu ersten kriegerischen Auseinandersetzungen, da jeder am natürlichen Reichtum des Landes teilhaben wollte. Elfenbein- und Sklavenhandel boomten.

Difaqane-Kriege

Das Zeitalter des ›Zermalmens‹

Die Auseinandersetzungen zwischen den Stämmen führten zu den **Difaqane-Kriegen** (*difaqane* = ›zerquetschen‹, ›zermalmen‹), die im frühen 19. Jh. fast das gesamte südliche Afrika, einschließlich Botswana, erfassten und nahezu 20 Jahre lang andauerten.

Ausgangspunkt der in Wellen voranschreitenden Kämpfe war Südafrikas heutige KwaZulu/Natal-Provinz, wo im Jahr 1816 der Zulu-Monarch **Shaka** den Thron übernommen und eine Reihe von Expansionskriegen begonnen hatte, um seine Machtbasis zu erweitern. Der gewaltsame Vormarsch von Shaka verursachte einen Dominoeffekt, als die von ihm angegriffenen Stämme nach Norden flohen und ihrerseits wieder andere Stammesgebiete eroberten. Unzählige Menschen verloren dabei ihr Leben, Vieh wurde gestohlen oder abgeschlachtet, das Land teilweise niedergebrannt und unbewohnbar gemacht. Die Überlebenden verstreuten sich über das heutige Sambia sowie Simbabwe, Mosambik und Angola.

Völkerverschiebungen gen Norden

Eine der bekanntesten durch die Kriege verursachten Migrationen war die von König **Mzilikazi,** einem ehemaligen General unter Shaka, der 1822 mit seinem Stamm der Ndebele von Südafrika über Botswana nach Bulawayo in Simbabwe zog, wo sie sich niederließen und noch heute leben. Der Auslöser für diese Odyssee war ein Streit zwischen Mzilikazi und Shaka, bei dem es um Weidegebiete für Rinder ging. Mzilikazi fiel in Ungnade und musste mit rund 300 Gefolgsleuten nach Norden fliehen. Unterwegs schlossen sich dem starken Führer mehr und mehr Menschen an.

Zunächst ließen sie sich in den südafrikanischen Magaliesbergen nieder, wo Mzilikazi 1826 die Amandebele-Nation (Ndebele-Nation) gründete. 1830 kontrollierte er das gesamte Land zwischen den Flüssen Vaal und Ngotwane. Nach Auseinandersetzungen mit den burischen Voortrekkern (s. u.) musste die Gemeinschaft 1836 jedoch erneut fliehen. Mzilikazi führte sein Volk ins heutige Botswana, wo er die dort lebenden Batswana richtiggehend vor sich hertrieb. Vier Jahre lang zog er eine blutige Spur der Zerstörung durch Botswana, bis er sich 1840 in Bulawayo in Simbabwe niederließ.

Die Batswana kehrten nach und nach in ihre Heimatorte zurück und bauten ihre Gemeinden wieder auf. Allerdings sollte es Jahrzehnte dauern, bis sie ihre alte Stärke wiedererlangt hatten.

Der Große Treck der Buren

1836 befand sich das Zulu-Empire von Shaka in seiner Blütezeit. Genau zu diesem Zeitpunkt verließen etwa 20 000 burische Voortrekker das südafrikanische Kap, um der britischen Vormundschaft zu entgehen. Auf ihrem Weg von der Küste ins Landesinnere vertrieben auch sie viele schwarze Stämme.

Die ersten Weißen, hauptsächlich Holländer und Deutsche, landeten am 6. April 1652 mit drei Schiffen an der Stelle, wo heute Kapstadt liegt. Im Auftrag der **Holländisch-Ostindischen Handelsgesellschaft** (Vereenigde Oostindische Compagnie, VOC) sollten sie dort eine Versorgungsstelle für ihre Schiffe einrichten, von einer Kolonie war nicht die Rede. Im Laufe der Zeit entwickelten die weißen **Buren** (vom holländischen Wort für ›Bauern‹) ihre eigene Sprache, das Afrikaans, die einzige afrikanische Sprache germanischen Ursprungs, und vermischten sich mit den Einheimischen. Sie betrachteten sich als weißer Stamm Afrikas.

Auf der Suche nach besserem Weideland drangen einzelne um 1740 erstmals tiefer ins Landesinnere vor. Sie wurden **Trekburen** *(trek boers)* genannt. Je weiter sie sich von Kapstadt und der ›Zivilisation‹ entfernten, desto mehr passte sich ihr Lebensstil dem der Einheimischen an, sowohl in puncto Kleidung und Hausbau als auch in ihren sozialen Beziehungen.

1795 übernahmen die Engländer am Kap die Macht, doch 25 Jahre später waren noch immer 90 % der weißen Bevölkerung holländischer oder deutscher Abstammung. Mit der Abschaffung der Sklaverei 1834 entzogen die Engländer den Buren die Lebensgrundlage, die auf der Ausbeutung kostenloser Arbeitskräfte basierte. Die Unzufriedenheit wuchs. Auch weil am Kap zunehmend Englisch gesprochen wurde, das nur wenige Buren verstanden. Der Frust gipfelte in einer wahren Völkerwanderung, dem **Großen Treck.** Die an ihm beteiligten Buren wurden **Voortrekker** genannt, im Gegensatz zu den Kap-Buren, die in ihrer Heimat blieben und sich mit den Engländern arrangierten.

Die Voortrekker wollten tief im Landesinnern neue, unabhängige Buren-Republiken gründen. Hunderte schlossen sich dem Großen Treck an, der weniger eine Migration als eine politische Bewegung war. Während die bereits im Landesinnern lebenden Trekburen Steuern an die englische Kap-Regierung zahlten, erkannten die Voortrekker die Kolonialmacht nicht an. Liberale Ideen waren ihnen fremd. Sie reisten mit dem Alten Testament und sahen sich als Gottgesandte in einem heidnischen Land. Ihre neue Gesellschaft sollte streng nach Rassen getrennt sein. Und dank ihrer Feuerwaffen und Pferde hatten sie klare Vorteile gegenüber den afrikanischen Völkern, die wenig erfolgreich versuchten, ihr Land mit Speeren zu verteidigen. Das musste auch Ndebele-Häuptling Mzilikazi erfahren, der nach heftigen Auseinandersetzungen mit den Voortrekkern ins heutige Botswana flüchtete. 1852 etablierten die Voortrekker ihre Buren-Republik schließlich im heutigen Südafrika, Transvaal genannt.

Kolonialzeit

Missionare

1808 entsandte die **London Missionary Society** (LMS) ihren ersten Vertreter, **William Edwards,** nach Kanye südlich des heutigen Gaborone. Aber erst als **Robert Moffat** 1821 eine permanente Missionsstation im südafrikanischen Kuruman etablierte, begann sich das Christentum in Botswana auszubreiten. Forscher und Händler erschlossen die lohnenswerten Elfenbeinrouten und brachten so ihren christlichen Glauben mit.

1841 kam der schottische Missionar **David Livingstone** nach Kuruman und hatte innerhalb eines Jahres den Batswana-Stamm der Bakwena besucht. Nach seiner Heirat mit Moffats Tochter Mary 1845 ließen sie sich in Kolobeng nahe dem heutigen Gaborone nieder, wo sie gemeinsam mit den Bakwena lebten. Livingstone gründete die erste Missionsstation und -schule auf botswanischem Boden und organisierte von dieser Basis aus viele seiner Forschungsreisen.

Händler und Abenteurer

Neben den Missionaren waren die ersten Europäer, die nach Botswana kamen, Jäger, Forscher und Abenteurer. Schon zur damaligen Zeit war das Reisen in Botswana sehr teuer. Die jährlichen Kosten lagen bei rund 600 englischen Pfund, eine Summe, für die ein Soldat 30 Jahre lang arbeiten musste. Die Reisenden mussten also zu Geld kommen, und was lag näher, als sich am lukrativen Handel mit Elfenbein zu beteiligen.

Elfenbein war zu diesem Zeitpunkt Botswanas wertvollste Ressource. Ein Stoßzahn konnte für nur einen Schilling bei den Einheimischen erworben und für sechs Pfund weiterverkauft werden. Aber auch die zentralbotswanischen Stämme gelangten auf diese Weise zu Wohlstand, wenngleich sie ihren Gewinn vor allem dazu verwendeten, um sich Waffen zu kaufen. Das Land war zu diesem Zeitpunkt weitgehend besiedelt, und um das Überleben zu sichern, mussten die einzelnen Machtbereiche verteidigt werden.

Immer wieder aufflackernde Scharmützel und die Widrigkeiten der Natur brachten die europäischen Händler und Siedler nicht davon ab, in hölzernen, von Pferden oder Ochsen gezogenen Planwagen durchs Land zu ziehen. Viele Tiere verdursteten, weil zwi-

Cecil John Rhodes

Wie kaum ein anderer Europäer hat Cecil John Rhodes Geschichte und Grenzverläufe im südlichen Afrika beeinflusst. Und er ist der einzige, der gleich zwei afrikanischen Staaten seinen Namen gab. Simbabwe war bis zur Unabhängigkeit Süd- und Sambia einst Nord-Rhodesien.

Cecil John Rhodes, am 5. Juli 1853 in England geboren, war ein kränklicher Junge. Mit 17 Jahren schickten ihn seine Eltern nach Südafrika auf die Farm seines Bruders in Natal, wo er sich von einer Lungentuberkulose erholen sollte. Dem jungen Mann bereitete das Farmleben jedoch keine Freude – er wollte mehr.

Im südafrikanischen Kimberley waren 1866 große Diamantenvorkommen entdeckt worden. Rhodes begann mit Anteilen an Minen zu handeln und verdiente so viel Geld, dass er bereits mit 19 Jahren finanziell unabhängig war. Mit diesem Kapital reiste er 1872 zurück nach England, um in Oxford zu studieren. Acht Jahre lang pendelte er zwischen dem Studium in England und seinen Geschäften in Südafrika hin und her. Bereits während seines Studiums gründete er die De Beers Diamond Mining Company, um die Aktivitäten in den Minen zu kontrollieren. 1881 beendete er sein Studium und konnte dank seiner guten Kontakte britisches Kapital lockermachen. Ende der 1880er-Jahre besaßen nur noch zwei Männer Claims in Kimberley: Barney Barnato – und Cecil Rhodes. 1888 wurde Barnato für die sensationelle Summe von 5,3 Mio. englische Pfund von Rhodes ausgezahlt.

Parallel zu seinem wirtschaftlichen Erfolg war Rhodes auch politisch aktiv. 1890 avancierte er zum Premierminister der Kapkolonie und beherrschte dadurch mehr oder weniger das gesamte südliche Afrika. Seinen Geschäften tat das keinen Abbruch: 1891 gehörten seinem Unternehmen De Beers 90 % aller Diamantenminen nicht nur des südlichen Afrikas, sondern weltweit. Rhodes hatte unermessliche Reichtümer angehäuft, und sein Traum war es, Afrika von Kapstadt bis Kairo britisch werden zu lassen. Das Instrument dazu sollte eine Bahnlinie sein, die den Kontinent von Süd nach Nord durchquerte.

Seine riesigen Gewinne im Diamantenhandel konnte er mit den Goldvorkommen im Transvaal nicht wiederholen. Etwas zu spät erkannte er die gewaltigen Ausmaße der Edelmetallminen, andere waren schneller. Um mehr Einfluss zu bekommen, plante er in der Buren-Republik einen Putsch, der jedoch fehlschlug. Seiner politischen Karriere in Südafrika schadete das erstaunlicherweise nicht, denn 1898 wurde er erneut ins Parlament der Kapkolonie gewählt. Nur sein Traum eines britischen Empire in ganz Afrika blieb unerfüllt. Rhodes starb am 26. März 1902 in seinem Haus in Muizenberg bei Kapstadt. Seine sterblichen Überreste liegen in den Matopo Hills im Südwesten von Simbabwe – in dem Land, das einst seinen Namen trug: Südrhodesien. In seinem Testament vermachte er einen Großteil seines Vermögens der Universität Oxford. Die etwa 3 Mio. Pfund wurden genutzt, um die Rhodes-Stiftung ins Leben zu rufen. Jedes Jahr werden in seinem Namen um die 70 Stipendien vergeben. Die Stipendiaten rekrutieren sich aus den Ländern des Commonwealth, aus Deutschland und den USA. Der wohl berühmteste Rhodes Scholar dürfte der ehemalige US-Präsident Bill Clinton gewesen sein.

Mit Ochsenwagen machte sich David Livingstone auf, das Land zu erkunden

schen zwei Wasserstellen oft mehr als 50 km lagen, die Tagesetappen jedoch selten mehr als 20 km betrugen. Die Menschen starben an verdorbenem Wasser oder an der Schlafkrankheit. Das Vermögen, das nach ihrer Rückkehr in Kapstadt auf die Händler wartete, schien jedoch alle Mühen wert zu sein: Ein Planwagen konnte bis zu 200 Stoßzähne transportieren, war also ca. 1200 Pfund wert.

1866 wurde das Elfenbein als Handelsgut vom Gold abgelöst. Zunächst stieß man in der Nähe von Francistown in Botswana auf das kostbare Edelmetall, das Afrikas ersten Goldrausch auslöste. Ein paar Jahre später folgten noch vielversprechendere Goldfunde in Simbabwe.

Drohender Identitätsverlust

Der koloniale Druck und die burische Bedrohung machte den drei Tswana-Königen Khama, Bathoen und Sebele, die das Gebiet des heutigen Botswanas in unabhängigen Königreichen regierten, große Sorgen und ließ sie eine Allianz bilden. Auch der britische Unternehmer und Politiker **Cecil John Rhodes** (s. S. 51) hatte – nicht ganz uneigennützige –

dersacher: dem Engländer Rhodes, statt der Buren.

Um dieses Dilemma zu lösen, entschlossen sich die drei Tswana-Könige zu einem gewagten politischen Schachzug: Sie reisen nach England, um die britische Regierung zu bitten, das Protektorat nicht an Rhodes und seine British South Africa Company abzugeben. Die Häuptlinge erhielten zwar Unterstützung von einigen Anti-Sklaverei- und Menschenrechtsgruppen, aber nur der misslungene Jameson Raid (s. unten) in den letzten Tagen von 1895 veranlasste die britische Regierung, dem Gesuch stattzugeben und die Zukunft des Landes als Protektorat ohne Einflussnahme zu sichern.

Um der zunehmenden Stärke der Buren im Transvaal entgegenzuwirken, hatte Rhodes einen ›Ausländeraufstand‹ in der Buren-Republik geplant. Einer seiner Verwalter, ein gewisser Dr. **Leander Starr Jameson,** sollte den Coup von Botswana aus anführen. Die Pläne dazu wurden im Fort von Gaborone geschmiedet, nur ein paar Hundert Meter vom heutigen Riverwalk Shopping Centre entfernt. Der am 29. Dezember 1895 durchgeführte **Jameson Raid** scheiterte und resultierte in einer peinlichen Kapitulation der Engländer am 2. Januar 1896. Dass England ein britisches Protektorat dazu genutzt hatte, ein anderes Land zu attackieren, wurde zum internationalen Skandal.

Die Unabhängigkeit des britischen Protektorats Bechuanaland kam ein weiteres Mal in Gefahr, als 1910 die **Südafrikanische Union** gegründet wurde und England sich mit dem Gedanken trug, das Land an Südafrika abzugeben. Aus Angst, ihren Stämmen könne die gleiche Behandlung widerfahren wie den Schwarzen unter dem südafrikanischen Apartheid-Regime, setzten sich die Tswana-Könige erneut zur Wehr und konnten auch dieses Unheil abwenden. Das Protektorat blieb bis zur Unabhängigkeit Botswanas erhalten.

Vom Kap nach Kairo

Cecil Rhodes' Plan, den britischen Einfluss von Kapstadt bis nach Kairo auszudehnen, kulminierte im Bau der **Victoria Falls Bridge**

Bedenken wegen der Buren. Er fürchtete, sie könnten ihm bei seinen Geschäftsinteressen, der Förderung von Gold und Diamanten, im Wege sein. Um ihren Vorwärtsdrang zu bremsen, überzeugte er im März 1885 die britische Regierung davon, Botswana zum britischen Protektorat **Bechuanaland** zu erklären. Das rettete Botswana vor den Buren und stärkte Rhodes in seinem Bestreben, Bechuanaland in ›sein‹ Rhodesien (heute Simbabwe und Sambia) einzugliedern. Die Einwohner Botswanas hatten somit noch immer das gleiche Problem, allerdings mit einem anderen Wi-

Die Brücke

Dort, wo der Sambesi spektakulär 100 m tief in die Batoka-Schlucht donnert, steht eine der berühmtesten und schönsten Brücken der Welt: die Victoria Falls Bridge. Das Meisterwerk der Ingenieurskunst war ein wichtiges Bindeglied in Cecil Rhodes' ambitioniertem Plan, Kapstadt per Eisenbahn mit Kairo zu verbinden.

Als man Cecil Rhodes die Pläne der Brücke über den Sambesi vorlegte, zog dieser mit einem Stift eine Linie durch den Boiling Pot, den ›brodelnden Kessel‹ im Batoka-Canyon am Fuß der Fälle. »Hier möchte ich die Brücke haben. Ich will, dass die Gischt der Fälle auf die Züge sprüht, wenn diese die Brücke überqueren. Ich möchte, dass die Eisenbahn in der Mitte der Brücke stehenbleibt, damit die Passagiere die Großartigkeit der Fälle sehen und in sich aufnehmen können.« Cecil Rhodes starb zwei Jahre vor Baubeginn im Jahr 1904.

Und wie startet man ein solch ambitioniertes Projekt? Mit einer Rakete. Sie sollte eine dünne Schnur vom Süd- zum Nordufer befördern. Beim dritten Versuch klappte es. Danach wurde an das dünne Seil ein dickeres gebunden und hinübergezogen, dann ein Stahlseil, schließlich ein Kabel. Das Ganze noch einmal in Gegenrichtung und die Verbindung war hergestellt. Mittels beider Kabel transportierte man nicht nur kleine Lasten wie Proviant und Werkzeuge über die Schlucht, sondern auch Menschen. Sie wurden in einem Bootsmannsstuhl sitzend über den Canyon gezogen, bekamen jedoch zuvor aus psychologischen Gründen einen Leinensack um Beine und Brust gebunden – und fertig waren die ersten Adrenalinsportler an den Viktoriafällen. Man weiß heute nicht mehr genau, wer diesen Trip zuerst gemacht hat, wahrscheinlich der Chefingenieur, der als absolut furchtlos galt.

Dem Kabelsystem folgte ein erheblich größeres, elektrisch betriebenes mit Stahlkabeln und Stahltürmen, um Baumaterial von bis zu 10 t Gewicht zu transportieren. Unter den von beiden Seiten zur Mitte hin wachsenden Brückenträgern wurden riesige Sicherheitsnetze gespannt. Und obwohl immer wieder Gerüchte kursierten, dass viele Arbeiter beim Bau ums Leben gekommen seien, wurden tatsächlich nur zwei beim gleichen Unfall von einem Eisenträger erschlagen.

Es dauerte nur 14 Monate, bis die von George Andrew Hobson designte Brücke am 11. April 1905 fertiggestellt war – damals das weltweit höchste Bauwerk dieser Art mit einer Bogenspannweite von 156,5 m. Ihren ursprünglichen Namen, Zambezi Bridge, änderte man später in Victoria Falls Bridge.

Am 21. September 1908 überquerte das erste Auto die Brücke. Auf dem Mautticket, das damals noch 20 Schilling kostete, stand *»First motor car to cross Zambezi Bridge«*. Am Steuer saß ein Deutscher, der Abenteurer Paul Graetz, der auf dem Weg von Dar es Salam nach Swakopmund war und damit die erste Ost-West-Durchquerung Afrikas mit einem Motorfahrzeug machte.

Ursprünglich im Besitz der Rhodesia Railways, gehört die Victoria Falls Bridge heute zur Hälfte Simbabwe und zur Hälfte Sambia. Die Brücke wird von beiden Regierungen gemeinsam gewartet. Zum ihrem 100-jährigen Bestehen 2008 beauftragte man ein Team von dänischen Ingenieuren, die die verbleibende Lebensdauer der Brücke ermitteln sollten. Das Ergebnis konnte sich sehen lassen: Mit entsprechender Wartung werde sie problemlos weitere 100 Jahre überdauern, hieß es in dem Bericht. Dennoch wurde die Brücke 2005 für ein Jahr geschlossen, um Stahlverstärkungen anzubringen. Schwer beladene Lkws hatten zu beunruhigend heftigen Vibrationen geführt. Nach einer Investition von 1,7 Mio. US-Dollar wurde die Victoria Falls Bridge 2006 wieder für den Verkehr eröffnet. Alle sechs bis acht Jahre wird sie neu gestrichen, dabei werden in sieben bis acht Monaten gut 6800 l Farbe verbraucht.

Reguläre Züge verkehren heute nicht mehr über die Brücke. Aber nostalgisch angehauchte Dampflokfans kommen trotzdem auf ihre Kosten. Sie können, in einem historischen Speisewagen sitzend, täglich zwischen dem Victoria-Falls-Bahnhof in Sim-

babwe und Livingstone in Sambia hin- und herfahren. Auch der südafrikanische Luxuszug Rovos Rail passiert auf seiner großen Afrikatour die Brücke – ein von allen Passagieren geschätztes Highlight der Fahrt.

Die Victoria Falls Bridge ist nach den Wasserfällen die zweitgrößte Attraktion dieser Region. Adrenalinsüchtige können sich am Bungee-Seil 111 m in die Tiefe stürzen. 2010 wurden auf der Nordseite der Brücke eine Aussichtsplattform, ein Restaurant, eine Bar und ein Besucherzentrum eröffnet. Die jüngste Touristenattraktion ist eine interaktive Brückentour, bei der kleine Gruppen, gesichert durch Klettergurte, unter der Brücke hindurchgeführt werden. Die Paviane praktizieren das gurtfrei schon seit der Einweihung des Bauwerks, wenn sie mal eben von Sambia nach Simbabwe – oder umgekehrt – spazieren wollen.

Eine der berühmtesten Brücken der Welt: die Victoria Falls Bridge am Sambesi

(s. S. 54) über den Sambesi zwischen dem heutigen Simbabwe und Sambia, damals Süd- und Nordrhodesien. Baubeginn war im Juli 1904, komplettiert wurde die Stahlkonstruktion bereits knapp ein Jahr später im April 1905. Die Kosten der Brücke lagen 1905 bei 72 000 englischen Pfund, heutzutage würde eine vergleichbare Konstruktion rund 20 Mio. Pfund kosten.

Der Erste Weltkrieg im südlichen Afrika

Im Ersten Weltkrieg verlor Deutschland seine beiden afrikanischen Kolonien Deutsch-Südwestafrika (das heutige Namibia) und Deutsch-Ostafrika (das heutige Tansania). Deutsche Soldaten waren von Deutsch-Ostafrika aus weit in britisch regierte Gebiete vorgedrungen und hatten die Unionstruppen immer wieder besiegt. Zwischenzeitlich endete der Erste Weltkrieg mit der Kapitulation der Deutschen am 11. November 1918. Die deutschen Afrikatruppen erfuhren davon erst mit einiger Verzögerung. Erst drei Tage nach der offiziellen Kapitulation in Europa endete der Erste Weltkrieg auch in Nordrhodesien, dem heutigen Sambia. **Paul Emil von Lettow-Vorbeck,** der einzige unbesiegte deutsche General, und der einzige, der erfolgreich britischen Boden erobert hatte, ergab sich am 14. November 1918 um 7.30 Uhr, nachdem er vom Ausgang des Krieges erfahren hatte. Von Lettow-Vorbeck wurde als Löwe von Afrika bekannt (s. S. 58).

Der Weg in die Unabhängigkeit

Das britische Protektorat

Großbritannien verwaltete Bechuanaland 70 Jahre lang, sowohl durch den Englisch-Burischen Krieg (Anglo-Boer War) als auch durch zwei Weltkriege. Doch irgendwann waren es die Briten leid, weiter Geld in das Protektorat zu stecken. Hauptauslöser hierfür waren die zunehmenden Probleme mit **Seretse Kha-**

ma, dem Prinzregenten der Bangwato, der 1948 durch seine Hochzeit mit der Engländerin Ruth Williams eine internationale Krise auslöste (s. unten). Zwar konnte sich die englische Regierung noch dazu durchringen, Bechuanaland vor der Apartheid-Politik Südafrikas zu schützen und das Gebiet nicht an die Südafrikanische Union abzutreten, doch was weiterhin mit dem Protektorat geschehen sollte, war zunächst unklar. Die Briten waren so wenig an Bechuanaland interessiert, dass die ›Kolonie‹ von Mafikeng in Südafrika aus verwaltet wurde – was sie zu einem der wenigen Staaten auf der Welt machte, dessen Hauptstadt außerhalb seiner Landesgrenzen lag.

Sir **Charles Rey,** Protektoratsverwalter der frühen 1930er-Jahre, versuchte Bechuanaland fortschrittlicher zu gestalten und eine Hauptstadt zu etablieren – ohne Erfolg. Erst 30 Jahre später, nach der Unabhängigkeit, sollte ein Ort bestimmt werden, an dem die Hauptstadt Gaborone erbaut wurde.

Die umstrittene Khama-Hochzeit

Eine der bekanntesten Episoden der botswanischen Geschichte jener Zeit ist die internationale Kampagne gegen die Hochzeit von Seretse Khama und **Ruth Williams.** Die beiden lernten sich kurz nach dem Zweiten Weltkrieg in London kennen, wo Khama studierte. Als er kundtat, die Engländerin zu heiraten, protestierte seine Familie aufs Heftigste – es war Tradition, dass die Frau eines Häuptlings eine von den Stammesführern ausgewählte Motswana sein musste. Auch die Engländer waren strikt gegen die Verbindung, da sie fürchteten, damit die Regierungen in Rhodesien und vor allem in Südafrika zu provozieren: Die Apartheid-Regierungen beider Staaten stellten gemischtrassige Verbindungen unter Strafe. Vor allem an einem guten Verhältnis mit Südafrika war England gelegen, das mit dem Land gerade über einen Plutonium-Deal verhandelte.

Trotz aller Widerstände heirateten Khama und Williams am 29. September 1948. Um das Paar zu trennen, wurde Seretse Khama zu einem offiziellen Staatsbesuch nach England eingeladen. Als er zu seiner Ehefrau in seine afrikanische Heimat zurückkehren wollte, verweigerte man ihm die Einreise. Ruth folgte ihrem Mann nach London, wo beide fünf Jahre lang im Exil lebten. 1956 erhielten sie die Erlaubnis, nach Botswana zurückzukehren, doch zuvor musste Seretse Khama sowohl seine als auch die Ansprüche seiner Kinder auf den Thron abtreten. Dieser Verzicht ermöglichte ihm eine politische Karriere. Kurz nach seiner triumphalen Rückkehr wurde er mit der Gründung einer politischen Partei aktiv. Sein Hauptziel war es, das Land unabhängig zu machen. Seretse Khama wurde später zum ersten Präsidenten Botswanas gewählt und von der Queen geadelt. Er lebte mit seiner Frau Ruth in Botswana, wo sie schließlich von seiner Familie und dem gesamten Volk akzeptiert wurde.

Unabhängigkeit

In den 1960er-Jahren förderte England den Weg von Bechuanaland in die Unabhängigkeit, indem das Protektorat zunächst eine Verfassung bekam. 1960 wurde die erste politische Organisation des Landes gegründet, die **Bechuanaland People's Party (BPP)**, von der sich wenig später die **Botswana Independence Party (BIP)** absplitterte. Beide Parteien hatten radikale Programme, die u. a. die sofortige Unabhängigkeit des Protektorats forderten, die Abschaffung des Häuptlingsstatus, die Nationalisierung von Land und die Entfernung von Weißen aus dem öffentlichen Dienst. Mit finanzieller Unterstützung von nationalistischen Bewegungen in Ghana und Tansania nahm die Popularität der BPP vor allem im Osten Botswanas rapide zu.

Seretse Khama erkannte die Gefahr, die von den beiden Parteien für den friedlichen Übergang in die Demokratie ausging, und gründete zusammen mit fünf Gleichgesinnten – Ketumile Masire, A. M. Tsoebebe, Moutlakagola Nwako, Tsheko Tsheko und Goareng Mosinyi – die **Botswana Democratic Party (BDP)**. Im Wahlkampf traten sie für einen geordneten und friedlichen Übergang in die Unabhängigkeit unter demokratischen Vorzei-

chen ein. Alle Gründungsmitglieder waren erfahrene, gebildete Männer mit guten Kontakten im ganzen Land, sowohl unter Intellektuellen als auch in den ländlichen Gemeinden.

Vor allem die enge, nicht von Konkurrenzdenken belastete Partnerschaft zwischen Seretse Khama, dem Präsidenten der Partei, und Ketumile Masire, ihrem Generalsekretär, verhalf der BDP zu einem starken Stand. In den Oppositionsparteien waren Grabenkämpfe an der Tagesordnung. Die zukünftige Wählerschaft fühlte sich mehr und mehr mit der BDP verbunden, zumal viele Menschen Angst hatten, eine radikale Regierung könne Südafrika herausfordern, das immer noch Hunger auf das Nachbarland hatte.

1963 verabschiedete die britische Regierung eine Finanzspritze von 10 Mio. Pfund, um den Übergang in die Unabhängigkeit zu ermöglichen. Zwei Jahre später vollzogen sich in Bechuanaland die ersten demokratischen Wahlen, die erstaunlich friedlich verliefen. Die BDP gewann 28 von 31 Sitzen im Parlament und am 3. März 1965 wurde Seretse Khama der erste Premierminister des neuen Landes. Von diesem Zeitpunkt an konnte sich das Protektorat selbst regieren, bis am 30. September 1966 die Unabhängigkeit erklärt, die **Republik Botswana** ausgerufen und Khama zum Präsidenten erklärt wurde.

Botswana nach der Unabhängigkeit

Der erste Staatspräsident, Seretse Khama, erbte ein armes Land. 1966 lebten ca. 550 000 Menschen in Botswana, die meisten davon Analphabeten. Hinzu kam eine verheerende Dürre. Anfänglich unterstützte Großbritannien die Regierung des neuen Landes, doch schon ein Jahr später wurden in Orapa die ersten Diamanten entdeckt und bereits sechs Jahre nach der Unabhängigkeit war Botswana auch finanziell unabhängig.

Politischer Drahtseilakt

Durch den Bürgerkrieg in Rhodesien während der 1970er-Jahre sowie Apartheid-Regierun-

Der Löwe von Afrika

Der Erste Weltkrieg endete nicht in Europa und auch nicht am 11. November 1918. Erst am 14. November kapitulierte der letzte – und einzige unbesiegte – deutsche General, und nochmals 11 Tage dauerte es, bis er sich den Engländern im heutigen Sambia ergab. Mit seiner Armee von etwa 14 000 Mann hielt Paul Emil von Lettow-Vorbeck bis zu zehn Mal so viele alliierte Soldaten jahrelang zum Narren.

Obwohl wesentlich weniger bekannt, wird der deutsche General Paul Emil von Lettow-Vorbeck (1870–1964) häufig mit Lawrence von Arabien verglichen. Wie jener galt auch er als exzellenter Guerillakämpfer. Im Laufe seiner Dienstzeit war von Lettow-Vorbeck in China, Südwestafrika und Deutsch-Ostafrika stationiert. Unter dem Brandenburger Tor in Berlin bejubelten ihn die Menschen, als er 1919 aus Afrika zurückkehrte.

Die Aufgabe des Generals in Deutsch-Ostafrika bestand darin, möglichst viele alliierte Truppen zu binden, um den Kriegsverlauf in Europa positiv zu beeinflussen. 1914 kämpfte er mit der deutschen Schutztruppe in Südwestafrika (dem heutigen Namibia), bis er im November 1914 Kommandant von Deutsch-Ostafrika (dem heutigen Tansania) wurde. Etwa vier Jahre lang standen ihm und seinen nie mehr als 14 000 Mann – 3000 deutsche Soldaten und 11 000 einheimische Askaris – zwischen 130 000 und 300 000 britische, belgische und portugiesische Truppen gegenüber. Von dem vor Südafrika gesunkenen deutschen Kriegsschiff SMS Königsberg übernahm er Truppen sowie die Kanonen, die er zu Artilleriewaffen umbauen ließ.

Im August 1914 griff von Lettow-Vorbeck die britische Eisenbahn in Kenia an. Drei Monate später landete eine aus englischen und indischen Truppen bestehende Invasionsarmee in Tanga Bay, dem nördlichsten Seehafen der deutschen Kolonie, um Deutsch-Ost-

afrika zu erobern. Der General zog seine Soldaten vermeintlich zurück, wollte die Briten und Inder jedoch nur weiter ins Landesinnere locken. Seine Finte hatte Erfolg: Die feindlichen Soldaten gerieten ins Kreuzfeuer der Deutschen und zogen sich wieder an die Küste zurück. Dabei erbeutete von Lettow-Vorbeck moderne Waffen und Munition.

In den nächsten Jahren griffen er, seine Soldaten und die preußisch ausgebildeten Askaris immer wieder nahezu ungehindert die britischen Kolonien Kenia und Rhodesien an. Sie zerstörten Forts, Eisenbahngleise und -waggons. Mit jedem Angriff wurden die Askaris selbstbewusster und erfahrener.

Im März 1916 erhielt der südafrikanische Kommandant Jan Smuts die Aufgabe, das Vorbeck-Problem zu lösen. Smuts war im Englisch-Burischen Krieg (1899–1902) selbst Gegner der Briten gewesen, diente aber nun unter der Kolonialmacht. Mit 45 000 Mann startete er seinen Feldzug in Südafrika und war dabei ebenso erfolglos wie die Briten.

1917 erhöhten die Alliierten den Druck auf den General. Trotz verschiedener Attacken von Kenia, Rhodesien, Kongo und Mosambik aus unternahm von Lettow-Vorbeck bis 1918 weitere Angriffe auf rhodesische Forts und nahm eines nach dem anderen ein. Vermutlich wäre diese Siegesserie noch lange so weitergegangen, hätte von Lettow-Vorbeck nicht am 11. November 1918 durch einen britischen Gefangenen vom Waffenstillstand in

Europa erfahren. Am 25. November ergab er sich in Mbaala, dem heutigen Sambia.

1935 bot Adolf Hitler von Lettow-Vorbeck den Botschafterposten in England an, doch der eigenwillige Ex-General gab deutlich zu verstehen, er habe mit den Nazis nichts am Hut. Dass er diese Gehorsamsverweigerung überlebte, ist nur seiner Beliebtheit im Volk zu verdanken. Allerdings befand er sich danach beruflich und gesellschaftlich auf dem Abstellgleis und lebte in ärmlichen Verhältnissen. Als sein ehemaliger Gegner Jan Smuts nach dem Ende des Zweiten Weltkriegs hiervon erfuhr, organisierte er mit weiteren britischen und südafrikanischen Offizieren eine kleine Pension für von Lettow-Vorbeck, so sehr respektierten die Alliierten den einstigen Feind.

Mit dem deutschen Wirtschaftsboom in den 1950er-Jahren gelangte von Lettow-Vorbeck wieder zu etwas Wohlstand. Zeit seines Lebens setzte er sich dafür ein, seinen Askaris den noch ausstehenden Sold zu bezahlen. Doch erst in seinem Todesjahr 1964 beschloss der Deutsche Bundestag, die überlebenden Askaris zu entlohnen. Von den 350 Veteranen konnte nur noch eine Handvoll die Ausweispapiere vorweisen, die sie 1918 vom General erhalten hatten. Andere hatten Stücke ihrer alten Uniform dabei. Da hatte der deutsche Bankier, der das Geld verteilen sollte, eine zündende Idee: Jeder Veteran bekam einen Besenstil in die Hand gedrückt und wurde auf Deutsch angewiesen, das ›Gewehr‹ zu präsentieren – was alle in absolut perfekter Art und Weise taten.

General Paul von Lettow-Vorbeck starb am 9. März 1964 mit fast 94 Jahren in Hamburg. Er wurde mit militärischen Ehren bestattet. Neben Vertretern der Bundesregierung und der Bundeswehr waren auch einige seiner Askaris bei dem Begräbnis anwesend, um ihm die letzte Ehre zu erweisen.

Von seinen Gegnern gehasst, von seinen Askaris geliebt: P. E. von Lettow-Vorbeck

Geschichte

gen in Südwest- und Südafrika war Botswanas politische Position recht heikel. Flüchtlinge aus den Nachbarländern wurden aufgenommen, aber Botswana weigerte sich, eine Basis für Freiheitskämpfer zu werden. Diese Neutralität wurde oft auf die Probe gestellt, u. a. im Februar 1978, als rhodesische Soldaten über die Grenze kamen und in Lesoma 15 botswanische Soldaten töteten, die sie für Freiheitskämpfer hielten.

1980 erlangte Simbabwe, das ehemalige Südrhodesien, die Unabhängigkeit. Im gleichen Jahr starb Sir Seretse Khama. Wie in der Verfassung vorgesehen, wurde er von seinem Stellvertreter, Sir **Ketumile Masire,** als Präsident ersetzt. Masire wurde mehrfach wiedergewählt und blieb bis 1998 im Amt.

Die größte Herausforderung für Ketumile Masire in seiner Regierungszeit war das Verhältnis zu Südafrika. Im Nachbarland kämpfte der **African National Congress (ANC)** gegen das Apartheidregime. Wie Seretse Khama auch, beherbergte Masire zwar Flüchtlinge, erlaubte dem in Südafrika verbotenen ANC aber nicht, Stützpunkte für Freiheitskämpfer in Botswana zu errichten. Ein Drahtseilakt, denn einerseits galt es gegen die Apartheid anzugehen und andererseits war man wirtschaftlich, vor allem technologisch, völlig abhängig vom großen Nachbarn. 1981 wurde die Situation kurz haarig, als die damalige Sowjetunion, die ebenfalls den ANC unterstützte, der **Botswana Defence Force (BDF)** Waffenlieferungen anbot, die diese jedoch ablehnte. Ab 1986 wurde die botswanische Armee von den USA und Großbritannien beliefert, was eine Invasion Südafrikas in Botswana verhinderte.

Konflikte mit den Nachbarn

An der Ostgrenze Botswanas waren die Beziehungen zu Simbabwes Präsident **Robert Mugabe** eher gespannt als freundlich. Mit seiner berüchtigten Elitetruppe, der Fünften Brigade, terrorisierte er zwischen 1981 und 1988 die Opposition im Matabeleland, eine an Botswana grenzende Provinz Simbabwes. Flüchtlinge von dort strömten ins Land, im März folgte der Oppositionsführer Joshua

Nkomo, der gleich darauf nach London ins Exil ging. Mit der Begründung, in den botswanischen Flüchtlingslagern befänden sich Terroristen, lieferten sich simbabwische Soldaten Grenzgefechte mit der BDF.

In den späten 1980er-Jahren drangen immer wieder südafrikanische Truppen nach Botswana ein, um ANC-Anhänger zu eliminieren. Zwei Mal wurden Büros des ANC in Gaborone gestürmt. Erst mit der Unabhängigkeit Namibias 1990 und mit der Freilassung von Nelson Mandela im selben Jahr wurde es politisch ruhiger.

1992 flackerte ein Grenzkonflikt mit Namibia wegen einer winzigen Insel im Chobe Ri-

ver auf. Der Streit um das Eiland, in Botswana Sedudu und in Namibia Kasikili genannt, schaffte es bis zum Internationalen Gerichtshof in Den Haag, der 1999 eine salomonische Entscheidung traf: Die Insel sei zwar botswanisches Staatsgebiet, doch Wildbeobachtungsboote aus Namibia dürften ohne Grenzformalitäten dort anlegen.

Für eine größere Unruhe im Land sorgte die Verlautbarung Namibias, den Okavango River bei Rundu ›anzuzapfen‹ – was dem Okavango Delta sozusagen das Wasser abgraben würde. Noch ist keine Entscheidung über das Projekt gefallen, die Besorgnis in Botswana bleibt.

Botswana heute

Von 1998 bis 2008 regierte **Festus Mogae** das Land. Ihm folgte **Ian Khama,** Seretse Khamas ältester Sohn, ins Amt. Er wurde an der britischen Militärakademie Sandhurst ausgebildet und trat dann der Botswana Defence Force (BDF) bei. In den späten 1980er-Jahren avancierte er zu deren Kommandant. Die größten Herausforderungen für die derzeitige Regierungspartei BDP und ihren Präsidenten Ian Khama bis zu den Wahlen 2014 sind die Bekämpfung der Aids-Epidemie, die Diversifizierung der Wirtschaft weg von den Diamanten und die bessere Verteilung des vorhandenen Reichtums.

Am 1. April 2008 wurde Ian Khama offiziell ins Präsidentenamt eingeführt

Zeittafel

25 000 – 1000 v. Chr.	Die San leben über ganz Botswana verteilt und lassen Artefakte und Felsmalereien als Zeitzeugen zurück.
1000 – 1200	Bantu-Stämme wandern aus dem Norden ein und verdrängen die San. Im Hügelland bilden sich die ersten Stammesfürstentümer. Mapungubwe Hill wird das wichtigste politische Zentrum im Land.
15. – 18. Jh.	Der Stamm der Bakgalagadi siedelt sich im westlichen Transvaal (Südafrika) und im östlichen Botswana an. Die Batswana migrieren westwärts in Botswana und bevölkern das fruchtbare Land.
1816	Shaka besteigt den Zulu-Thron in Südafrika.
1820	Beginn der Difaqane-Stammeskriege.
1841	David Livingstone ist der erste Missionar in Botswana.
1866/67	In Botswana wird Gold entdeckt. Europäische Goldsucher kommen ins Land. Der Bergbau beginnt.
1885	England erklärt Bechuanaland (Botswana) zu seinem Protektorat.
1895	Die Häuptlinge Khama, Bathoen und Sebele reisen nach England, um den Transfer des Protektorats an Cecil Rhodes zu verhindern.
1904/05	Die Victoria Falls Bridge wird gebaut.
1959	Der Kupferabbau beginnt.
1962/63	Gründung der Botswana Democratic Party (BDP) mit Seretse Khama als ihrem Vorsitzenden. Der Bau der Hauptstadt Gaborone beginnt.
1966	Bechuanaland erlangt die volle Unabhängigkeit und wird zur Republik Botswana mit Sir Seretse Khama als erstem Präsidenten.
1967	In Orapa werden Diamanten entdeckt.
1980	Sir Seretse Khama stirbt. Sein Nachfolger wird Sir Ketumile Masire.
1995	Die Regierung siedelt zwangsweise Tausende von San in permanente Siedlungen außerhalb des Central Kalahari Game Reserve um.

Botswana wird zum ersten Internationalen Finanzservicezentrum auf dem afrikanischen Festland. Masire tritt zurück und Festus Mogae wird Botswanas dritter Präsident. Aufgrund der Aids-Epidemie fällt die Lebenserwartung von 61 (1993) auf 47 Jahre.	**1998**
Sedudu Island wird vom Internationalen Gerichtshof in Den Haag als botswanisches Staatsgebiet bestätigt.	**2000**
Debswana, Botswanas Diamantenminen-Gigant, stellt seinen 6000 Arbeitern freie Aids-Medikamente zur Verfügung. 38,5 % aller Erwachsenen im Land haben Aids.	**2001**
Botswanas höchster Gerichtshof entscheidet, dass die San wieder in ihrem Stammesgebiet im Central Kalahari Game Reserve leben und jagen dürfen. Die Regierung akzeptiert das nur zögerlich.	**2006**
Die UN erlaubt vier afrikanischen Ländern – Südafrika, Namibia, Simbabwe und Botswana – nach einem 18-jährigen Verbot einmalig, 60 t Elfenbein an Japan zu verkaufen.	**2007**
Ian Khama, Sir Seretse Khamas ältester Sohn, wird Botswanas vierter Präsident.	**2008**
Die Regierungspartei BDP gewinnt die Wahlen und Präsident Khama bleibt bis 2014 Präsident.	**2009**
Wegen der Zwangsumsiedlung der San ruft die Menschenrechtsgruppe Survival International zu einem Boykott botswanischer Diamanten auf.	**2010**
Scheitern der Koalitionsverhandlungen dreier Oppositionsparteien, die die BDP herausfordern wollen. Botswana und Namibia linken sich in ein 14 000 km langes, unterirdisches Kabelsystem ein, das sie mit schnelleren und günstigeren Internetverbindungen versorgt.	**2012**
In Botswana wird ein riesiger Diamant mit 101,7 Karat gefunden, der bei einer Sothebys-Auktion in Genf 26,7 Mio. US-$ einbringt.	**2013**
Seit dem 1. Januar werden keine Jagdlizenzen mehr vergeben. Das Nachbarland Sambia folgt diesem Beispiel und erlässt ebenfalls ein Jagdverbot.	**2014**

Gesellschaft und Alltagskultur

In Botswana leben Menschen verschiedenster Stämme friedlich nebeneinander. Da das Land nie kolonisiert wurde, ist das National- und Selbstbewusstsein der Bevölkerung sehr ausgeprägt. Die Einwohner, ob schwarz oder weiß, sehen sich in ersten Linie als Batswana und erst in zweiter Linie einer ethnischen Gruppe zugehörig.

Ethnische Vielfalt der Batswana

Etwas über 2 Mio. Menschen verschiedenster Herkunft und Stammeszugehörigkeit leben in Botswana, trotzdem gibt es in der Bevölkerung einen bemerkenswerten Zusammenhalt. Die ethnische Vielfalt im Land ist im ersten Moment etwas verwirrend. Immer wieder haben stärkere Stämme schwächere besiegt und vertrieben, was zu dem Flickenteppich der Ethnien im Land beitrug.

Tswana und Bakalanga

Die größte ethnische Gruppe im Land ist die der **Tswana,** die gut 75 % der Bevölkerung ausmacht und sich auf zahlreiche Untergruppen und Siedlungsgebiete verteilt. Die zahlenmäßig größte Gruppe bilden hingegen die **Bakwena** (›Krokodilmenschen‹), die sich in und um Molepolole konzentrieren. Die **Bangwaketsi** haben ihren Lebensraum in Lobatse und Kanye und die **Bangwato** siedeln in Palapye sowie Serowe, von wo auch die Familie des derzeitigen Präsidenten Ian Khama stammt. Der größte Teil des Tswana-Volks lebt allerdings im benachbarten Südafrika. Für die traditionell lebenden Tswana ist der Besitz von Rindern extrem wichtig, denn durch die Anzahl der in einer Familie befindlichen Tiere wird die soziale Stellung bestimmt. Übrigens: Wie unschwer zu erkennen ist, leitet sich vom Stammesnamen der Tswana die Bezeichnung Batswana ab, der Name des botswanischen Volks. Ihre Sprache Setswana ist neben der Amtssprache Englisch die wichtigste Verkehrssprache in Botswana.

Mit ca. 11 % bilden die seit über 1000 Jahren im Nordosten und im Zentrum siedelnden **Bakalanga** oder Kalanga die zweitgrößte ethnische Gruppe im Land. Sie waren ursprünglich im Hochland von Simbabwe ansässig und sind mit den dort noch immer lebenden Shona verwandt. Während der Ndebele-Invasion zur Zeit der Difaqane-Kriege (s. S. 49) flüchteten sie ins heutige Ostbotswana, die Region um Francistown. Von den Tswana unterscheiden sie sich dadurch, dass sie Ackerbau statt Viehzucht betreiben, also Bauern sind. Vieh wird nur zu Opferzwecken und als Zahlungsmittel für den Brautpreis *(lobola)* gehalten. Status und Macht symbolisiert bei den Bakalanga der Besitz von Land.

Weitere ethnische Gruppen

Botswanas erste Siedler, die **San** (›Buschmänner‹), lebten einst zurückgezogen und fernab von Dörfern in den unwirtlichsten Gebieten, wo sie ihren Lebensstil als Jäger und Sammler bis in die Gegenwart erhalten konnten. Die San waren perfekt an das harsche Wüstenklima angepasst, doch in den frühen 1980er-Jahren begann die Regierung damit, die letzten nomadisierenden Familien gegen deren Willen in die ›Zivilisation‹ zu integrieren. Heute sind viele San auf Hilfsprogramme der Regierung angewiesen (s. S. 66).

An den Wasserläufen des Okavango und Chobe leben eng beieinander die Flussstämme der **Bayei, Basubiya** und **Hambukushu.**

Alle drei Ethnien wanderten um 1600 aus Namibia und Angola ins heutige Botswana ein. Die letzte Gruppe, 4000 Menschen, floh 1969 vor dem Bürgerkrieg in Angola nach Botswana. Eine historische Verbindung zu anderen Stämmen in Botswana besteht nicht, doch untereinander gibt es viele Ähnlichkeiten. Ihre Sitten und Gebräuche sind praktisch identisch und in jedem Stamm wird jeweils der Sohn der ältesten Schwester des Häuptlings neuer Häuptling.

Als **Bakgalagadi** oder Kgalagadi werden Menschen verschiedener Herkunft bezeichnet, die in der Kalahari leben. Jede der fünf Hauptgruppen siedelt in einer anderen Region. Alle haben sie eigene Stammesnamen und Sitten, und alle sprechen verschiedene Sprachen, die jedoch auf den gemeinsamen Sprachstamm Sotho zurückgehen, eine eigene Sprache und kein Setswana-Dialekt. Die **Bakgwatheng** siedeln im Osten der Kalahari am Rand der Wüste, wo es noch genügend Niederschläge gibt, um Ackerbau zu betreiben. Außerdem halten sie kleine Herden von Rindern, Schafen und Ziegen, bauen Eisen ab und bearbeiten es. Die **Bangologa** und **Babolaongwe** pflegen nach wie vor eine nomadisierende Lebensweise, besitzen jedoch große Herden von Schafen und Ziegen sowie ein paar Rinder, die sie als Tauschobjekte nutzen. Die anderen beiden, ebenfalls nomadisierenden Gruppen sind die **Baphaleng** und die **Bashaga.**

Im Norden Botswanas, rund um den Lake Ngami, lebt ein namibischer Stamm, die **Herero.** Die Mitglieder dieser Splittergruppe flohen großteils zwischen 1904 und 1905 vor der deutschen Kolonialmacht in Namibia. Wie in ihrer Heimat tragen die Frauen das traditionelle wilhelminische Kleid der ehemaligen Kolonisten, eine ›Erfindung‹ der sittenstrengen Emma Hahn, die den deutschen Männern – vor allem ihrem eigenen – den Anblick nackter Brüste ersparen wollte. Nachdem sie den Hererofrauen das Nähen beigebracht hatte, kopierten diese die stoffgewaltigen Kleider, allerdings mit einem afrikanischen Touch: helle, kräftige Farben für das Gewand und eine Kopfbedeckung mit zwei Zipfeln,

die die Hörner eines Kalbs symbolisieren sollen. Obwohl die Bekleidung schwer und völlig unpraktisch ist, vor allem in den heißen afrikanischen Sommern, sieht man sie vor allem in Maun noch recht häufig.

Neben den schwarzen Stämmen gibt es eine beträchtliche Anzahl weißer Batswana, Nachkommen der ersten Missionare, Farmer und Händler, die sich vor über 100 Jahren im Land niedergelassen haben.

Riten und Gebräuche

So vielfältig die Ethnien in Botswana sind, so vielfältig präsentieren sich auch die Riten und Gebräuche. Beinahe jeder Stamm pflegt bestimmte Traditionen, die von Generation zu Generation weitergegeben werden.

Der Kgosi – Häuptling der Häuptlinge

Die verschiedenen Tswana-Stämme werden jeweils von einem König, der absolute Autorität genießt, regiert, dem **Kgosi.** Ihm unterstellt sind die Häuptlinge und Unterhäuptlinge sowie ein Ältestenrat, die den normalen Stammesmitgliedern vorstehen. Den niedrigsten sozialen Stand hatten früher die Leibeigenen, quasi Sklaven, Malata genannt. Der Kgosi ist nicht nur ein spiritueller Führer, sondern fungiert auch als Richter. In seinen Entscheidungen wird er von einem Regierungsrat unterstützt. Die königliche Würde des Kgosi wird weitervererbt, was bedeutende Familiendynastien entstehen lässt. Der Kgosi hat seine Residenz immer im Zentrum einer Siedlung und neben seinem Haus steht immer die Kgotla (s. S. 68). Nur der Kgosi darf sich mit einem Leopardenfell schmücken, ein Zeichen höchster königlicher Würde.

Zwar haben sich die Aufgabenbereiche und der Einfluss des Kgosi inzwischen stark gewandelt, doch in traditionellen, dörflichen Gemeinschaften hat er noch immer das Sagen. Und in der Hauptstadt gibt es sogar einen Häuptlingsrat, der beratend an wichtigen Staats- und Regierungsfragen beteiligt ist. Die Mitglieder des sogenannten **House of**

Die San – von der Steinzeit in die Gegenwart

Die Ureinwohner des südlichen Afrikas, die San, waren der botswanischen Regierung aufgrund ihrer Lebensweise als Jäger und Sammler immer ein Dorn im Auge. Obwohl ihnen das Oberste Gericht im Jahr 2006 das Recht bestätigte, auf ihrem angestammten Land im Central Kalahari Game Reserve zu leben und zu jagen, kommt es nach wie vor zu Repressalien.

Seit Jahrtausenden wird das südliche Afrika von den San bevölkert und noch heute leben rund 100 000 Buschmänner über Botswana, Namibia und Südafrika verteilt. Mit Ankunft der schwarzen Bantu-Stämme aus dem Norden Afrikas (s. S. 47) und den ersten Europäern aus dem Süden wurden die San mehr und mehr marginalisiert, was sich bis heute nicht geändert hat – ihr nomadischer Lebensstil gilt als Herumtreiberei und wird öffentlich verurteilt, obwohl er Teil einer jahrtausendealten Kultur ist.

Anfang 2013 nahmen paramilitärische Sicherheitskräfte drei San-Kinder fest, weil sie im Besitz von Antilopenfleisch waren, und im März 2013 wurden die von einem San gesammelten Früchte und Beeren beschlagnahmt, mit der Begründung, es handele sich um Nahrung für Tiere und nicht für Menschen. Dabei sind die San auf diese Lebensmittel angewiesen, um ihre Familien zu ernähren. Die Vorgehensweise der Regierung legt den Schluss nahe, dass die Einschüchterungspolitik gegenüber den Ureinwohnern in eine neue Phase geht. Beschwerden der San über Belästigungen, Repressalien und Verhaftungen durch die Regierung nehmen aktuell wieder zu.

Nach dem positiven Ausgang der Gerichtsverhandlung 2006, angestrengt durch eine Gruppe von 159 aus dem Central Kalahari Game Reserve vertriebener San unter Mithilfe von Survival International (www.survivalinternational.org), wurde dieser Gruppe die Rückkehr ins Reservat gewährt. Alle anderen San, die unerlaubt ins Reservat zurückgegangen waren, wurden von Rangern schikaniert, geschlagen oder gar kopfunter aufgehängt und schließlich von der Polizei verhaftet.

Zwar gibt es inzwischen einen Erlass, dass die 2500 ursprünglich im Central Kalahari Game Reserve lebenden San in ihren angestammten Lebensraum zurückkehren dürfen, doch wurde ihnen bislang keine Jagderlaubnis ausgestellt. Ein weiteres Problem stellt das ab Anfang 2014 geltende generelle Jagdverbot in Botswana dar. Für die Buschmänner bedeutet das entweder Hungern oder Umsiedeln, denn die Armutsprogramme der Regierung kommen nur jenen zugute, die sich freiwillig in die Lager außerhalb des Naturschutzgebiets begeben – von den San Orte des Todes genannt, weil sie dort in erster Linie Alkoholismus, Depressionen und Krankheiten wie Tuberkulose oder Aids erwartet. Von den 1997, 2002 und 2005 aus dem Reservat vertriebenen 2500 Buschleuten lebt die Mehrheit daher außerhalb dieser von der Regierung errichteten Unterkünfte.

Es dauerte bis 2011, bis das Recht der San auf Zugang zu Wasser im Central Kalahari Game Reserve von Botswanas Berufungsgericht anerkannt wurde. Die Brunnen wurden von einem Privatunternehmen gebohrt – von der britischen Firma Gem Diamonds, die 2007 die Förderrechte für Diamanten im Reservat für 35 Mio. US-Dollar von der südafrikanischen De-Beers-Gruppe erworben hatte, da sich der größte Diamantenkonzern der Welt nicht auf einen Konflikt mit den Ureinwohnern einlassen wollte.

Fraglos hat eine Diamantenmine in einem Naturschutzgebiet negativere Auswirkungen auf die Umwelt als ein paar Hundert traditionell, im Einklang mit der Natur lebende San. Aktuell gibt es Diskussionen, ob die auf dem Land der San geförderten Diamanten Konfliktsteine *(blood diamonds)* sind oder nicht. Die botswanische Regierung beharrt darauf, die Steine seinen ›menschenrechtlich‹ sauber. Solange das angestammte Land der San aber keine Lebensgrundlage bietet und sie nicht dorthin zurückkehren können, ist es ih-

nen auch nicht möglich, eine Fördererlaubnis zu erteilen und von dem Deal zu profitieren.

Dabei sah es vor der zweiten Vertreibungswelle 2002 sehr positiv für die San aus. Die Regierung hatte damals einen Plan ausgearbeitet, der eine Art Biosphärenreservat für das Central Kalahari Game Reserve vorsah. In diesem Gebiet hätten die San mit ihrer traditionellen Lebensweise für ein natürliches Gleichgewicht gesorgt. Es bleibt zu hoffen, dass der alte Plan – quasi als Ausgleich für die Diamantenförderung auf dem Land der San – wieder revitalisiert wird.

Ausflüge mit San in den Busch, wie sie von einigen Lodges angeboten werden (s. S. 200), bleiben unvergesslich und sind für die Ureinwohner eine Chance, ihre Kultur zu erhalten.

Flüchtige Behausungen gehören zum nomadischen Lebensstil der San

Gesellschaft und Alltagskultur

Chiefs leben mietfrei im Regierungsviertel von Gaborone und werden, wie Beamte, vom Staat bezahlt.

Kgotla – eine frühe Vorstufe der Demokratie

Das Tswana-Wort **Kgotla** bezeichnet sowohl einen durch Mauern oder Zaunpfähle geschützten Versammlungsort in einer dörflichen Siedlung als auch das, was sich dort abspielt, also eine Art Ratsversammlung. In dieser Mischung aus Amtsgericht und Rathaus werden Gesetze erlassen und Verträge abgeschlossen. Ein ständig brennendes Feuer wärmt Besucher und heißt sie willkommen. Nur Frauen und die rechtlosen Malata dürfen die Kgotla nicht betreten.

Bei den Versammlungen sind freie Meinungsäußerungen nicht nur möglich, sondern erwünscht. Und der Kgosi darf ungestraft kritisiert werden. Es ist sogar möglich, dass er von seinem Stamm abgewählt wird, wenn seine Entscheidungen zu unpopulär werden. All dies sind eindeutige Hinweise dafür, dass die Tswana bereits seit über 1000 Jahren eine Art Männer-Demokratie pflegen. Die Bedeutung der dörflichen Kgotla hat sich bis heute kaum verändert.

Bodenrecht – von Stammes- zu Kronland

Der Kgosi war auch für die Verteilung von Land zuständig. Einmal übertragen, konnte man den Besitz schwerlich wieder wegnehmen. Wer allerdings seine Heimat verließ, verlor damit auch seinen Grund und Boden, der in den Besitz der Dorfgemeinschaft überging. Als die Briten das Gebiet des heutigen Botswanas zum Protektorat Bechuanaland erklärten, zogen sie Grenzen, die vorher nicht existierten. Außerdem erklärten sie das Land zum Besitz der britischen Krone, zum sogenannten **Crown Land,** und behandelten es wie ihr Eigentum. Häufig wurde Kronland auch an europäische Siedler verkauft, die dann dort ihre Farmen errichteten, wie im Tuli Block und im Ghanzi Block geschehen. Mit der Unabhängigkeit Botswanas wurde das britische Kron- zum botswanischen Staatsland. Die Verteilung der Grundstücke wird heutzutage durch den **Tribal Land Act** geregelt.

Initiationsriten – der Weg zum Mann

Wie in vielen anderen Stämmen Afrikas gab es früher auch bei den Tswana eine Beschneidungszeremonie, die den Übergang vom Kind zum Mann symbolisierte. In 5- bis 10-jährigem Abstand mussten sich alle 13- bis 18-jährigen Batswana-Jungen dieser nicht ungefährlichen und schmerzhaften Prozedur unterziehen. Nicht selten wurde die Vorhaut mit Speeren entfernt, was zu Infektionen und manchmal auch zum Tod führte. Weitere Opfer forderten die traditionell nachfolgenden Kriegs- und Jagdspiele. Heute gibt es nur noch bei den in Mochudi lebenden Bakgatla eine modernisierte, medizinisch kontrollierte Variante dieses Initiationsritus.

Regenmacherkulte

Typisch für trockene Länder mit traditionell geprägten Gesellschaften sind die jährlichen Zeremonien des Regenmachens. Immer, wenn die Zeit zum Pflanzen kommt, bitten sowohl der Kgosi als auch der traditionelle Heiler eines Tswana-Dorfs die Geister der Ahnen, die **Badimo,** um Regen. Dann wird eine schwarze Kuh als Opfer dargebracht und ihr Blut wird mit verschiedenen Kräutern vermischt. Später versprizt man das Blut über dem ausgemergelten Boden. Wenn es daraufhin nicht in den nächsten Tagen zu regnen beginnt, geht man davon aus, dass die Badimo schlecht gelaunt waren und weitere Tieropfer benötigen.

Eine etwas andere Regenmacherzeremonie praktizieren die Bakalanga. Sie glauben an **Mwali,** den Sohn Gottes, der in der Lage ist, die Badimo freundlich zu stimmen. Heiler, die spirituell mit Mwali in Verbindung stehen, leben außerhalb der Dörfer in Höhlen. Wenn die Stammesmitglieder bei großer Trockenheit Hilfe brauchen, besuchen sie mit Opfergaben für Mwali den Heiler, der daraufhin in Trance durch ein Feuer tanzt. Diese Zeremonie kann nicht nur Dürren, sondern auch Krankheiten und Unfälle verhindern.

Ahnenkult

Vor allem für die San, aber auch für andere ethnische Gruppen Botswanas ist es völlig normal, mit verstorbenen Ahnen Kontakt zu pflegen. Medium sind hierbei die Heiler und ein durch Tanz, Musik und Rauch initiierter Trancezustand.

Naturglaube

Wie die Christen beten auch die Tswana nur einen Gott an, **Modimo** genannt, der – wie der Christengott – die Welt erschaffen hat und als ihre stärkste Macht verehrt wird. Modimo wird allerdings nicht als Figur oder Gestalt angesehen, sondern als allgegenwärtige Energie. Diese Kraft erhält Unterstützung von den Geistern der Ahnen, den leicht reizbaren **Badimo,** die es ständig zu beschwichtigen gilt. Im Leben eines traditionellen Tswana werden die Badimo für alles, was passiert, verantwortlich gemacht. Als Mittelsmann zwischen seinen Untergebenen und den Badimo fungiert der Kgosi.

Ähnlich wie im Voodoo-Glauben gibt es bei den Tswana bestimmte Personen, die angeblich das Schicksal von Individuen beeinflussen können, die **Baloi.** Sie werden oft dafür bezahlt, andere Menschen zu verhexen, sei es aus Neid oder Rache. Jeder Baloi hat seine eigenen Rezepte, um Menschen zu schaden. Wie beim Voodoo ist seine Hexerei wirksamer, wenn er etwas von seinem Opfer besitzt, z. B. Haare, Urin, Fäkalien oder nur den Sand eines Fußabdrucks. Die Handlungen eines Baloi können nur durch einen Heiler, den **Ngaka,** wieder rückgängig gemacht oder gemildert werden. Was rational denkende Europäer als möglicherweise primitiv empfinden, bestimmt den Alltag in Botswana. Die traditionellen Heiler arbeiten übrigens heute eng mit modernen Medizinern zusammen, auch im Hinblick auf die Bekämpfung von Aids.

Sprache

Setswana ist die am weitesten verbreitete Sprache im Land. Alle wichtigen Stämme, zusammen rund 70 % der Bevölkerung, verstehen und sprechen sie. Die dialektalen Unterschiede sind nicht so groß, als dass sie zu Verständnisschwierigkeiten führen würden. Die offizielle Amts- und Geschäftssprache Botswanas ist jedoch **Englisch,** das fast jeder im Land versteht, spricht und schreibt.

Neben Setswana gibt es noch neun weitere **Bantu-Sprachen** im Land: Tswapong (einige Tausend Sprecher), Kagalagadi (35 000), Birwa (10 000), Kalanga (160 000), Mbukushu (12 000), Herero (31 000), Ndbele (10 000), Yeyi (27 000) und Subiya (12 000). In einigen ländlichen Gemeinden wird auch **Afrikaans** verstanden, da viele Batswana als Gastarbeiter in südafrikanischen Minen arbeiten, wo eher Afrikaans als Englisch gesprochen wird.

Einige San beherrschen noch die jahrtausendealten **Klicksprachen,** von denen es in Botswana 13 verschiedene gibt: !Xoo (4000 Sprecher), =/Hua (1000–1500), //Gana (1000), /Anda (1000), Ksoe (1700–2000), Deti (wenige Hundert), Nama (200–1000), Ganadi (wenige Hundert), Shua (19 000), //Gwi (800), Ju/'Hoansi (4000–8000), Naro (8000) und =/Kx'au//' (3000). Wer sich jetzt ob der Schreibweise wundert: Die Symbole stehen für die verschiedenen Klicklaute. Forscher nehmen an, dass es sich bei den Klicksprachen um die Urform der menschlichen Sprache handelt.

Religion

David Livingstone brachte Mitte des 19. Jh. das **Christentum** nach Botswana, das heute die offizielle Religion im Land ist und von etwa 60 % der Bevölkerung praktiziert wird. Etwa 29 % der Christen sind Protestanten, gefolgt von Katholiken, Mitgliedern der zionistischen Kirche Südafrikas, Lutheranern, Anglikanern, Methodisten sowie unabhängigen, aber christlich geprägten afrikanischen Kirchen (11,8 %), die aber nach wie vor ihre Traditionen bewahren. Am meisten Anhänger hat die zionistische christliche Kirche, deren Mitglieder an dem silbernen Stern, der an einem Stück Filz hängt, erkennbar sind. Der erste Motswana, der zum Christentum konvertierte, war Sechele I., der Häuptling der

Gesellschaft und Alltagskultur

Bakwena – eine wohl mehr politische als spirituelle Entscheidung, um britisches Wohlwollen und Unterstützung zu erlangen.

Regional unterschiedlich wird das Christentum durch **Naturreligionen** ergänzt. Es gibt außerdem einige **Moslems** in Botswana, die ca. 1 % der Bevölkerung ausmachen und vor allem zu Zeiten des Protektorats aus Asien immigrierten. In Gaborone gibt es ein Meditationszentrum der **Buddhisten.** Im Gegensatz zu anderen Ländern Afrikas leben die Angehörigen der verschiedenen Religionsgruppen friedlich mit- und nebeneinander.

Frauen in Botswana

Historisch begann die botswanische Frauenemanzipation bereits im 19. Jh. Durch Rinderpest und Dürren verloren fast alle Familien ihre Lebensgrundlage und ein Großteil der männlichen Bevölkerung musste sich als Wanderarbeiter in südafrikanischen Minen verdingen. Die Frauen blieben in ihren Dörfern und waren praktisch auf sich alleine gestellt.

Doch in der patriarchalisch ausgerichteten Tswana-Gesellschaft hat es das weibliche Geschlecht schwer. Daran vermochten bislang auch das enorme Wirtschaftswachstum des Landes und eine deutlich verbesserte Schulausbildung nichts zu ändern. Selbst im modernen Botswana sind Frauen, vor allem in verantwortlichen Positionen, Männern gegenüber benachteiligt und verdienen z. B. weniger als ihre männlichen Kollegen. Zwar brechen die traditionellen Rollen allmählich auf, aber bis zur Gleichberechtigung – oder einem weiblichen Regierungschef – dürfte noch einige Zeit vergehen.

In den Missionsschulen werden die Kinder von Nonnen unterrichtet

Feste und Veranstaltungen

Zwei der größten traditionellen Tanzveranstaltungen sind das im August stattfindende **Kuru Dance Festival** (www.kuru.co.bw) außerhalb von Ghanzi sowie das **Domboshaba Dance Festival** in Francistown, das im Oktober gefeiert wird. Ersteres wird vom Kuru D'Kar Trust organisiert, der sich die Förderung der San-Kultur zur Aufgabe gemacht hat. Die Treuhandgesellschaft promotet auch San-Malereien talentierter Künstler.

Kostenlose Karnevalsatmosphäre bietet das **Maitisong Festival** (www.maitisong.org) in Gaborone, das jährlich im März bzw. April organisiert wird. Es treten Sänger und Tänzer sowohl aus Botswana als auch aus anderen afrikanischen Ländern auf. Neun Tage lang kann man Anfängern und Profis bei ihren Straßenshows zusehen. Ansonsten finden im

Maitisong Cultural Centre regelmäßig Veranstaltungen aller Art statt – Pop-, Jazz- und Rockkonzerte, Chorabende, Darbietungen traditioneller und kontemporärer Musik, Theater- und Tanzvorstellungen etc.

Ebenfalls im März ist Gaborone Austragungsort des **Autumn Music Festival** mit Konzerten kontemporärer, afrikanischer Jazzmusik von Interpreten wie Hugh Masekela. Im späten April bietet das zweitägige **Maun Festival** Liveentertainment von afrikanischer Musik bis zu Paraden, Dichterlesungen, Tanz, Theater und visuellen Künsten. Beim Festival in Maun wird Geld für Schulen gesammelt und die reiche Kultur Nordwestbotswanas zelebriert. Beim **Tjilenje (Ngwao Boswa) Cultural Festival,** das jedes Jahr im Mai in Nlapkhwane im Nordosten Botswanas stattfindet, gibt es traditionelle Ballspiele, Tanz und lokale Speisen.

Mitte Juni wird im südlichen Afrika das harte Offroad-Rennen **Toyota 1000 Desert Race** veranstaltet. Für Autos, Motorräder und Quadbikes gibt es verschiedene Strecken, die immer auch durch Botswana führen. An etwa 25 Wegpunkten können Zuschauer die Action hautnah erleben. Beschaulicher geht es im Juli beim **National Music Eisteddford Festival** zu. In Selebi-Phikwe treffen sich Chöre aus ganz Botswana zu einem Wettstreit. Am dritten Wochenende im Juli wird der **President's Day,** der ›Tag des Präsidenten‹ gefeiert – vier Tage Ferien, in denen viele Batswana in ihre Heimatorte zurückkehren, um dort gemeinsam zu tanzen und zu singen.

Kunst und Kultur

Die ersten Künstler des Landes, die San, hinterließen vor Tausenden von Jahren ihre Malereien und Gravuren auf den Felsen und in den Höhlen des Landes. Zu den lohnenswerten Botswana-Souvenirs zählen Holzschnitzereien, Lederartikel und bunt bedruckte Stoffe. In den letzten Jahren hat die Filmindustrie Botswanas faszinierende Landschaften als Drehort entdeckt.

Architektur

Die frühen Dörfer der Ureinwohner, der sesshaft gewordenen San, waren von einer kreisförmigen Dornenhecke eingefasst. Im Zentrum befanden sich von Dornen umgebene Einfriedungen, **Bomas,** in denen das Vieh lebte. Die Khoi selbst wohnten in domartigen Rundhütten, die aus mit Matten bedeckten, halbrund gebogenen, flexiblen Holzpfählen errichtet waren. Diese Behausungen konnten zerlegt und mitgenommen werden, wenn sich der Clan auf die Suche nach neuen Weidegründen oder Wasser machte.

Tswana-Dörfer wurden bevorzugt an Hügeln oder Gewässern angelegt. Die traditionelle Hausform war rund, das Baumaterial bestand aus Lehm und das Dach wurde mit Gras gedeckt. Erst die Europäer führten rechteckige Häuser ein. Diese gelten in der heutigen Zeit als Zeichen des Wohlstands.

Heute werden Ziegel aus Lehm in Formen hergestellt und in der Sonne getrocknet. Diese werden wie Backsteine zum Hausbau verwendet. Nach wie vor ist es in ländlichen Gebieten üblich, die Außenwände und Böden im Haus mit Kuhdung zu verputzen. In den feuchten Dung werden oft Symbole oder Muster eingeritzt. Beigemischte Pigmente sorgen für Variationen in den Hausfarben.

In den modernen Orten Botswanas lässt sich heute gut der Übergang von traditionell zu modern nachvollziehen. Mehr und mehr Wellblechdächer ersetzen Gras und statt Lehm und Holz kommen Zement und Fenster in Stahlrahmen zum Einsatz. Aus der englischen Protektoratszeit blieben einige Kolonialbauten erhalten.

Malerei

Felsmalereien

Botswanas bedeutendster Kunstschatz liegt völlig abgelegen im Nordwesten des Landes. Die **Felsmalereien von Tsodilo** (s. S. 256) dokumentieren auf faszinierende Weise Tausende von Jahren menschlicher Zivilisation und gehören zu den wichtigsten und beeindruckendsten Freiluftgalerien der ganzen Welt. Sowohl in puncto Stil als auch in puncto Motive sind sie mit keinen anderen Kunstwerken dieser Art im südlichen Afrika zu vergleichen. Vermutlich lebten ihre Erschaffer, die San, so isoliert, dass kaum ein Austausch mit anderen Stämmen vonstattenging. Die heute dort beheimateten San glauben, dass ihr Gott Gaoxa die Malereien geschaffen hat, nicht ihre Vorfahren.

Die über 4500 Felsmalereien schmücken 400 verschiedene Stellen in einem Gebiet von rund 10 km² und bilden damit die weltweit dichteste Konzentration von Felskunstwerken. Zumeist befinden sie sich unter kaum geschützten Felsvorsprüngen und an schwer erreichbaren Felskanten, oft mit spektakulä-

ren Aussichten auf die umliegende Wüstenlandschaft – kein üblicher Platz für Rock Art.
In den Motopo Hills von Simbabwe beispielsweise oder in den südafrikanischen
Drakensbergen wurden Felsmalereien ausschließlich unter geschützten Felsüberhängen und in Höhlen angefertigt.

Im Vergleich zu den afrikanischen Nachbarländern sind die Gemälde von Tsodilo wesentlich schematischer und bergen eine Fülle
an vermutlich Trancezustände symbolisie-
renden geometrischen Mustern. Auch handelt es sich meist um isolierte Motive, während anderswo im südlichen Afrika in der Regel größere Kompositionen zu sehen sind.

Den Schwerpunkt der gemalten Tiere bilden die großen Grasfresser wie Elenantilopen, Nashörner und Giraffen, da sie wichtige
Bestandteile der Traditionen und des Glau-
bens der San waren. Die Bilder zeigen wunderbar die Form und die spirituelle Ausstrah-
lung eines jeden Tiers. Aber es sind auch Elefanten oder Löwen zu sehen, und teilweise
hat man den Eindruck, Reiter auf Pferden zu
erkennen. Dabei kann es sich eigentlich nur
um die Griqua aus Südafrika handeln, die frü-
hesten bekannten Reiter im südlichen Afrika,
die in den 1850er-Jahren zur Elfenbeinjagd in
diese Region kamen. Relativ neuzeitlich sind
auch die Darstellungen von Haustieren, von
denen es wesentlich mehr gibt als in anderen
San-Galerien im südlichen Afrika.

Sofern menschliche Figuren dargestellt
sind, handelt es sich meist um schematisch
gezeichnete Männer mit erigierten Penissen.
Das wird mit den Trancezuständen assozi-
iert, in die die San durch rhythmisches Atmen gelangten. In fortgesetztem Trancestadium er-
blickten die Künstler dann seltsame Tierfigu-
ren, halb Mensch, halb Tier, die sie ebenfalls
zu Stein brachten.

In Tsodilo sind weiße und rote Gemälde zu
finden. Um Erstere zu kreieren, wurde der lokale kreideähnliche Kalkstein (calcrete) verwendet. Das rote Pigment gewann man aus
Hämatit, der in der Hügellandschaft vorkommt. Das Gestein wurde im Feuer erhitzt,
um es zu brechen und an das rote Pigment
zu kommen. Durch Erhitzen konnte das oxi-

dierte Eisen noch intensiver gefärbt werden.
Wie die Farbe anschließend fixiert wurde, ist
nicht klar. Auf alle Fälle verband sich das rote
Oxid mit der Felswand, auf die es aufgetra-
gen wurde. Zur Verwendung kamen auch
Malutensilien wie Pflanzensäfte, Blut und hei-
ßes Fett.

Moderne Kunst

Auch heute besitzt Botswana eine kleine,
aber aktive Kunstszene, die international geschätzt ist.

Ein zu weltweitem Ruhm gelangter botswanischer Künstler ist **Isaac Chibua,** der sowohl Bilder malt als auch Skulpturen anfer-
tigt. Ebenfalls einen Namen gemacht hat sich
Reginald Bakwena, der die Kunstszene des
Landes aktiv mitgestaltet. Er wurde u. a. zum
Koordinator des Thapong Visual Arts Centre
in Gaborone ernannt und organisiert Kunst-
workshops in der Hauptstadt.

Kunsthandwerk

Korbflechterei

Die Körbe aus Botswana sind für ihre Qualität bekannt. Sie gehören zu den besten der
Welt und werden global exportiert. Die meisten Korbflechter sind Frauen der Stämme
Hambukushu und Bayei aus der Okavango-
Region. Als Rohmaterialien dienen die Blätter der Mokolwane-Palme, die Färbemittel
sind natürlichen Ursprungs. Viele Muster
spiegeln die traditionelle Lebensweise und
die Umwelt der Flechterinnen wider. Sie zeigen symbolische Darstellungen der Natur
und der Wildtiere, aber auch abstrakte geometrische Muster.

Das National Museum in Gaborone (s. S.
125) veranstaltet jährlich die National Basket
Exhibition, wo einige der besten Körbe des
Jahres ausgestellt werden. Sehr schöne
Korbwaren erhält man bei Botswanacraft in
Gaborone (s. S. 132).

Töpferei

Obwohl nur noch in wenigen botswanischen
Haushalten traditionelle Tontöpfe Verwen-

Das Kunsthandwerk hat eine lange Tradition in Botswana, vor allem die Korbflechterei

dung finden, wird die Töpferei kommerziell in Kleinunternehmen betrieben. Jeder Hersteller hat sein eigenes Design, entweder traditionell oder modern. Es werden hauptsächlich Töpfe, Tassen, Teller und Vasen aus rotem Ton hergestellt, die gebrannt und bunt bemalt werden.

Die Handwerkskunst der Töpferei beschränkt sich nicht auf eine bestimmte Region in Botswana. Bei Gaborone – in Thamaga, Gabane und Notwane – gibt es drei Betriebe, die schon seit vielen Jahren erfolgreich im Geschäft sind. Andere bekannte Töpfereien sind die von Maun, Serowe und Kanye.

Holzschnitzerei

Die Holzschnitzerei ist eine typische Männerarbeit und wird im ganzen Land betrieben. Jeder Schnitzer hat eine eigene Stilrichtung und spezielle Produkte im Angebot, darunter menschliche und tierische Figuren, Spazierstöcke, Stühle, Musikinstrumente, Möbel oder Küchenutensilien wie Schüsseln, Teller und Mörser.

Bekannt sind insbesondere die Arbeiten der Holzschnitzer von Gantsi Craft (s. S. 321) außerhalb von Ghanzi, wo in erster Linie Masken und Figuren hergestellt werden. Viele der botswanischen Holzarten kommen bei der Holzschnitzerei zum Einsatz, vor allem jedoch Akazien- und Eisenholz.

Weberei

Obwohl die Weberei eigentlich nicht zu den traditionellen Handwerksformen der ethnischen Gruppen Botswanas zählt, haben sich in den letzten Jahren einige Weberkooperativen etabliert, die qualitativ hochwertige Stoffe aus Wolle und Baumwolle herstellen. Die Farben sind meist afrikanisch-kräftig, die Muster entweder abstrakt oder konkret, beispielsweise werden gerne Szenen aus dem dörflichen Leben dargestellt. Am bekanntesten sind die Lentswe-la-Oodi-Weavers, die ihre Werkstatt etwas außerhalb von Gaborone haben (s. S. 140) und überwiegend Wandbehänge, Jacken, Bett- und Tischdecken herstellen.

Lederarbeiten

Die Fülle an Tierhäuten ließ traditionelle Batswana schon früh zu diesem Rohmaterial greifen, um daraus Kleidung, Decken, Schlafmatten, Taschen etc. herzustellen. Obwohl im Alltag Stofftextilien inzwischen jene aus Leder abgelöst haben, wird dieses Handwerk nach wie vor betrieben, vor allem um den Souvenirmarkt zu befriedigen. Es gibt zahlreiche kleine Handwerksbetriebe sowie ein paar kommerzielle Lederfabriken, die Handtaschen, Gürtel, Schuhe und viele andere Produkte produzieren. Pilane Leatherworks außerhalb von Mochudi (s. S. 141) ist eine beliebte Fabrik mit Shop, die besichtigt werden kann.

San-Kunsthandwerk

Schon die Vorfahren der Ureinwohner Botswanas haben bei ihren Felsmalereien ein natürliches Kunstverständnis bewiesen. Heute produzieren die San ebenfalls einzigartige Handwerksstücke, sowohl traditionelle Werkzeuge wie Pfeil und Bogen, Grabstöcke, Feuerhölzer oder lederne Schultertaschen, in denen sie einst ihre Nahrung sammelten, als auch Musikinstrumente.

Sehr schön sind auch die feinen Perlenarbeiten (beadwork) der San. Aus Straußeneierschalen fertigen die Buschmänner Halsketten, Armreife, Ohrringe, Kopfbänder und andere dekorative Dinge. Gute Orte, um San-Kunsthandwerk zu kaufen, sind Botswanacraft in Gaborone (s. S. 132) und Gantsi Craft in Ghanzi (s. S. 321).

Darstellende Künste

Folklore

Die Batswana haben eine reiche Tradition an Gedichten sowie tänzerischer und musikalischer Folklore, die über Generationen weitergegeben wurden und auch im modernen Leben noch eine bedeutende Rolle spielen. Viele Feste und Zeremonien beginnen mit den Lesungen eines **Mooki,** der in seinen von Musik begleiteten Gedichten allerhand Themen abarbeitet: Lobpreisungen ehrwürdiger

Häuptlinge und anderer Personen, Rinder, Liebe, Schönheit und das Leben im Allgemeinen. Eine Art traditioneller Rap.

Traditionelle Musik und Tanz haben in Botswana in den letzten Jahren eine Renaissance erlebt und werden inzwischen sogar in Schulen gelehrt. Die verschiedenen Stämme des Landes bereicherten die einheimische Folklore. Farbenfrohe, energetische Tänze werden in Begleitung von Gesängen, Trommelschlägen, Fußrasseln, Pfeifen und Klatschen vorgeführt. Sie sind in ihrer Art einzigartig im südlichen Afrika, rhythmisch und expressiv, da sie oft auch zum Erzählen von Geschichten oder zu Heilzwecken eingesetzt werden.

Einer dieser Tänze ist der **Trance Dance** der San, der zu einem religiösen Ritual gehört, bei dem Kranke geheilt werden sollen. Die Hambukushu haben einen ähnlichen Tanz, der dem gleichen Zweck dient, den **Njangura.** Er wird nachts vor Publikum praktiziert und kann zwischen drei und acht Stunden dauern.

Eine gelungene Jagd feiern die San mit dem **Hunting and Gathering Dance.** Diesen ›Jagd- und Sammlertanz‹ haben die Tswana-Gruppen von den San übernommen, setzen ihn jedoch als **Rain Dance** (›Regentanz‹) ein.

Der bekannteste Tanz Botswanas ist der **Dikoma,** in dem der lokale Kgosi bzw. die Regierung gelobt werden. Die beste Gelegenheit, um all diese Tänze live zu erleben, ist das Kuru Dance Festival (s. S. 71).

Moderne Musik

Auch die moderne **Folkmusik** nutzt nach wie vor die traditionellen Musikinstrumente wie Trommeln, Tanzschellen, Pfeifen, Flöten und Fingerklaviere (die auch ein beliebtes Mitbringsel sind). Der bekannteste Vertreter dieser Musikrichtung ist Ndingo Johwa, ein Mitglied des Kalanga-Stamms.

Aus den Townships Südafrikas kommt der äußerst populäre **Kwaito,** eine Art afrikanischer Hip-Hop. Hier ist Odirile Sento der bekannteste lokale Interpret. Fans des **Reggae** orientieren sich an dem verstorbenen südafrikanischen Star Lucky Dube.

Literatur und Film

Literatur

Wie andere afrikanische Länder besitzt auch Botswana einer reiche orale Literatur. Gedichte, Erzählungen und Lieder wurden über Jahrhunderte nur mündlich von Generation zu Generation weitergegeben. Erst mit der Kolonialzeit begannen die schriftlichen Aufzeichnungen zum Land.

Der wohl bekannteste Reiseschriftsteller, der Botswana beschrieben hat, war **David Livingstone** (1813–73). Erst 1958 erschien sein berühmtes Werk auch in deutscher Übersetzung: »Missionsreise und Forschung in Südafrika«.

Auch die jüngere Literatur ist ursprünglich englischsprachig und stammt meist von Autoren, die nicht aus Botswana stammen. Zu ihnen gehören die farbige Südafrikanerin **Bessie Head** (1937–86). Als Tochter eines schwarzen Vaters und einer weißen Mutter wurde sie im Apartheid-Südafrika geboren und zog später nach Botswana, wo sie einige sozialkritische Werke verfasste, die den harten Alltag afrikanischer Frauen aufzeigen.

Der in Simbabwe geborene britische Autor **Alexander McCall Smith** (*1948) wurde berühmt durch seine Detektivserie um Mma Ramotswe, »No. 1 Ladies' Detective Agency« und hat mittlerweile gut 15 Mio. Bücher in 43 Sprachen verkauft. Seine botswanische Detektivserie wurde auch verfilmt (s. unten).

Film

Der erste internationale, im Land gedrehte Streifen war **»The No. 1 Ladies' Detective Agency«,** der auf den Bestsellern von Alexander McCall Smith basiert (s. o.). BBC und HBO nahmen sich der Verfilmung an, die im Jahr 2011 in einer deutschen Synchronfassung erstmals auf ARTE ausgestrahlt wurde. Der 109-minütige Pilotfilm trägt den Namen »Eine Detektivin für Botswana« und wurde gefolgt von den Streifen »Eine Spur aus Gold«, »Mambas und Buschtee«, »Das afrikanische Herz«, »Eine Frage der Moral«, »Schönheit und Tugend« sowie »Ein wahrer Diamant«.

Essen und Trinken

Vegetarier haben es nicht ganz einfach in Botswana. In den Restaurants und Lodges gibt es meist Rind oder Wild – von Kudu über Elenantilope, Springbock und Strauß bis zu Gnu. Begleitet wird das Mahl von lokal gebrautem Bier oder aus Südafrika importierten Weinen.

Wo essen?

Botswana besitzt nur sehr wenige gute Restaurants, die vor allem in der Hauptstadt Gaborone zu finden sind. In fast allen anderen Orten und selbst entlang der Hauptrouten muss man sich zumeist mit Fastfood oder Sandwiches aus Schnellrestaurants begnügen (z. B. der südafrikanischen Wimpys-Kette), in denen die Qualität fast immer genauso mies ist wie der Service. Das Kontrastprogramm bieten die exklusiven Lodges: Egal wie abgelegen sie liegen, werden hier exzellente Gourmetspeisen, zubereitet von Chefköchen aus Europa oder Südafrika, kredenzt.

Für Selbstfahrer, die nicht in den Lodges absteigen, ist die bessere Alternative eindeutig Selberkochen. Seinen Proviant kann man in Supermarktketten wie Spar, Woolworths Choppies und Shoprite aufstocken. In Gaborone gibt es moderne Einkaufszentren, gut sortierte Supermärkte finden sich in Lobatse, Mahalapye, Palapye, Selebi-Phikwe, Francistown und Maun. 80 % von dem, was in Botswana konsumiert wird, ist importiert, hauptsächlich aus Südafrika. Daher liegen die Lebenshaltungskosten höher als in den Nachbarländern.

Was essen?

Von einem botswanischen Nationalgericht zu sprechen ist aufgrund der ethnischen Vielfalt im Land unmöglich. Das, was die Menschen essen, ist natürlich davon abhängig, wo sie leben. Dort, wo genügend Niederschläge fallen, wird in erster Linie Hirse angebaut. Diese wird zu einem Mehl gemahlen und mit kochendem Wasser oder saurer Milch gemixt. Dadurch entsteht eine Paste, **Bogobe** genannt, die dünn und mit Zucker als Frühstück gegessen oder angedickt, in der Konsistenz von Kartoffelbrei, als Lunch oder Dinner serviert wird. Dazu gibt es Fleisch *(seswa)* und Tomaten *(moro)* oder getrockneten Fisch *(salted dried fish)*. Zur Herstellung von Bogobe wird oft auch Maismehl aus Südafrika benutzt, da Mais im botswanischen Klima nicht so gut gedeiht. Dieses Grundnahrungsmittel heißt in Sambia *nshima,* in Simbabwe *sadza* und in Südafrika *mealie pap.*

Auf den Speisekarten sehr einfacher Restaurants steht zumeist einheimische Kost wie **Seswa** oder **Chotlo,** ein stark gesalzenes Fleischgericht entweder mit Rind oder Ziege. Das Fleisch wird zerkleinert und in einem gusseisernen, dreibeinigen Topf *(potjie)* gegart. Auch dazu gibt es in der Regel Bogobe.

Ebenfalls populär ist **Serobe,** weich gekochte Innereien von Ziege, Schaf oder Rind.

Brotmehl wird ebenso importiert wie Maismehl. Gebacken werden vor allem **Matemekwane** (Klöße), **Diphapahtha** (Fladenbrot) sowie **Magwinya,** krapfenähnliche Fettkuchen.

Obwohl Botswana angeblich das beste **Freiland-Rindfleisch** der Welt produziert, gibt es im Land selbst nur wenige Orte, wo es in Spitzenqualität serviert wird – das meiste geht in den Export. Mit Ausnahme eines exzellenten Steakrestaurants in Gaborone (s. S. 131) bekommt man gutes Rindfleisch eigentlich nur in den luxuriösen Lodges serviert.

Eine kulinarische Mutprobe sind die raupenähnlichen **Mopane-Würmer,** die von den Blättern der gleichnamigen Bäume gesammelt und dann geröstet, gekocht oder gebraten werden. Wer sich zum Verzehr der Tierchen überwinden kann, wird vom nussigen Geschmack positiv überrascht sein.

Getränke

Das traditionelle botswanische Bier, **Chibuku** (benannt nach der Marke des kommerziell erhältlichen Getränks) oder **Bojalwa,** ist trüb und mehlig und wird aus Mais oder Hirse gebraut. Es schmeckt sehr sauer und hat die Konsistenz eines dünnen Breis, also nichts von dem, was bayerische Bierliebhaber entzücken wird. Auf dem Land wird das Bier in großen Tongefäßen gelagert und zum Trinken in kleine, ausgehöhlte Kürbisse geschüttet. Außerdem kann man es wie Milch in Tetrapacks kaufen, allerdings nur in den inoffiziellen Township-Kneipen, den *shebeens.*

Ein Trost für Fans des Gerstensafts: Überall im Land bekommt man auch ›richtiges‹ und gutes lokales **Bier** wie St. Louis oder das nach dem deutschen Reinheitsgebot gebrau-

te Windhoek Lager. Vielerorts findet man das ebenfalls nach deutschem Reinheitsgebot gebraute Hansa Pilsener aus Namibia. Wer unbedingt Kopfschmerzen haben möchte, probiert die südafrikanischen ›Chemiebiere‹ Castle, Amstel oder Black Label. In Simbabwe trinkt man das einheimische Zambezi Lager und in Sambia das Mosi – beide haben nicht nur coole Etiketten mit den Viktoriafällen, sondern schmecken auch recht gut.

Die in Botswana und seinen Nachbarländern verkauften **Weine** kommen ausschließlich aus Südafrika. Ihre Qualität ist hervorragend, doch die Preise sind eher gehoben. Im Okavango Delta, in der Region Makgadikgadi und im Ngamiland wird ein höllisch starker Palmwein *(lala palm wine)* aus dem fermentierten Saft der Palmen destilliert. Sein lokaler Name ist **Muchema.** Um an den Saft zu kommen, werden die Palmen entrindet, was dazu führt, dass sie absterben. Ein anderer traditioneller und vor allem ›steifer‹ Botswana-Drink ist **Kgadi,** destilliert aus braunem Zucker, Pilzen oder Früchten.

An nicht-alkoholischen Getränken wird vor Ort Fanta und Coca-Cola produziert. Milch gibt es auch in fermentierter, saurer Form, dann heißt sie **Madila. Ginger Beer** ist ein Ingwerbier, das entgegen seinem Namen alkoholfrei ist und meist privat hergestellt wird.

Süffige Bierkonkurrenz aus dem Nachbarland Simbabwe: Zambezi Lager

Kulinarisches Lexikon

Wurst, Fleisch und Strauß

biltong	Trockenfleisch, das u. a. von Rind, Springbock oder Strauß stammt, ähnlich dem amerikanischen Jerky, aber viel besser im Geschmack
bobotie	Hackfleisch-Curry, mit einem Eierpudding darüber und auf Gelbwurzreis serviert
boerewors	Bauernwurst; sehr würzige, spiralförmig aufgewickelte Bratwürste, die zu jeder südafrikanischen Grillparty unbedingt dazugehören
braaivleis	Grillfleisch
frikkadel	Frikadelle
ostrich	Strauß
pofadde	Würste aus Innereien vom Wild
sosatie	mariniertes Lammfleisch mit getrockneten Früchten, auf Holzspießen gereicht, gegrillt
venison	Wildfleisch

Fisch und Meeresfrüchte

crayfish	Kap-Languste
hake	Stockfisch
kingklip	Lengfisch aus der Familie der Dorsche
kob	Kabeljau
oysters	Austern
perlemon	Abalone oder Meerohren
snoek	Barracuda
yellowtale	gelbflossiger Fisch, gern zum Grillen verwendet

Obst, Gemüse, Salate

brinjal	Aubergine
Cape gooseberry	nach Tomate und Erdbeere schmeckende, kleine gelbe Stachelbeere
grenadilla	Passionsfrucht
mealie	Maiskolben
slaphakskeentjes	Zwiebeln in einer sauren Soße aus gegarten Zwiebeln, Zucker, Essig, Senf und Sahne
sousboontjes	rote Bohnen in Sherry-Senf-Vinaigrette
waterblommetjie	eine Art Seerose; sie wird im Frühjahr geerntet und für Suppen oder Bredies verwendet

Eintöpfe und eine Teigtasche

bredie	Langsam gegartes Eintopfgericht mit Hammelfleisch, Kartoffeln, Zwiebeln und Gemüse
breyani	Gericht mit Fisch, Fleisch und Geflügel, Reis sowie Linsen
pie	Eintopfgericht, mit Teig bedeckt und in einer feuerfesten Form im Ofen gebacken
samoosas	dreieckige, frittierte Teigtaschen, vegetarisch oder mit Fleisch gefüllt

Soßen und Beilagen

atjar	malaiische Variante des Chutney mit ganzen Fruchtstücken, zu Fleischgerichten

blatjang	fruchtig-scharfe Soße mit Fruchtstückchen, Knoblauch und Chili, zu Fleischgerichten
chakalaka	scharf-würzige Soße zu mealie pap
chips	Pommes frites; da nur einmal frittiert, sind sie recht fettig
chutney	Gemüse/Früchte-Mischung zum ›Entschärfen‹ von Currys
geelrys	Reis mit Rosinen, Beilage zu verschiedenen Gerichten
ingera	afrikanisches Fladenbrot
mealie bread	Maisbrot
mealie pap	Maisbrei, Grundnahrungsmittel der schwarzen Bevölkerung des Landes
pickles	in Essig eingelegtes Gemüse
welbebloontjes	Stockbrot; ausgerollter Teig wird um frische Holzstöckchen gewickelt und über dem Grill gegart, als Beilage oder mit Honig oder Zucker als Nachspeise beim Braai

Süßes

koeksisters	klebrig-süßes, sehr beliebtes Kringel-Gebäck
melktart	burischer Käsekuchen in Blätterteig, mit Zimt bestreut
rusk	granithartes Gebäck, nur gut eingeweicht essen, wird oft zum Frühstück gereicht

vetkoek	Traditionsgericht der Afrikaner, in heißem Öl ausgebackener Teig, süß mit Honig oder Sirup gefüllt, aber auch salzig mit Hackfleisch

Gewürzmischungen

garam masala	indische Gewürzmischung, meist mit Fenchelsamen, Kümmel, Koriander und Kardamom
peri-peri	Piri-Piri; rote Chilischoten, gemahlen und in Olivenöl konserviert, sehr scharf!
sambal	zerkleinertes Obst oder Gemüse, eingelegt mit Essig und scharfen Gewürzen, zu Kap-malaiischen Gerichten gereicht

Einige Begriffe rund ums Essen und Trinken

bottle store	Laden für alkoholische Getränke
braai	Grillfeier
diner	klassisches amerikanisches Hamburger-Restaurant im Stil der 1950er-Jahre mit viel Chrom und Neon
dumpie	kleine Bierflasche
farmstall	Laden, der an der Straße farmfrische Produkte verkauft
potjie	gusseiserner Topf mit drei Füßen, der in die heiße Glut gestellt wird
rooibos	Teebuschart aus den Cederbergen

Einmal erlebt und unvergessen: die Sonnenuntergänge im Okavango Delta

Wissenswertes
für die Reise

Informationsquellen

Infos im Internet

Allgemeine Infos zu Botswana

www.info.bw: Eine fast vollständige Liste aller Websites in Botswana sowie Wettervorhersagen für die größeren Städte im Land.

www.botswanatourism.co.bw: Die offizielle Website von Botswana Tourism. Viele interessante Tipps und Vorstellung der verschiedenen Regionen mit Aktivitäten.

www.botswanatourism.de: Seite der deutschen Repräsentanz von Botswana Tourism.

www.botswanatourismus.us: Die botswanische Tourismusseite für die USA und Kanada verbindet direkt mit botswanischen Tourveranstaltern.

www.discover-botswana.com: Informative Seite mit ausführlichen Übernachtungstipps.

www.expertafrica.com: Ausführliche Infoseiten auf Englisch zu Botswana.

www.banknotesinfo.com/BOTSWANA: So sehen die Banknoten in Botswana aus.

Unterwegs in Botswana

www.namibia-forum.ch: Obwohl sie Namibia-Forum heißt, bietet diese Webseite auch sehr viele wertvolle und vor allem aktuelle Tipps zu Botswana – erstellt von Reisenden, die gerade im Land unterwegs gewesen sind. Man kann Fragen stellen und seine eigenen Fotos und Erfahrungen veröffentlichen. Ein Muss für alle Selbstfahrer im südlichen Afrika.

http://tracks4africa.co.za: Essenzielle Website für all jene, die mit einem gemieteten Geländewagen in Botswana unterwegs sind.

www.botswana.co.za: Tipps für Selbstfahrer auf Englisch.

www.birdlifebotswana.org.bw: Diese Internetseite wendet sich an alle Vogelfreunde, die auf ihrer Reise nicht nur die Big Five, sondern auch Botswanas gefiederte Tiere entdecken möchten.

www.capeunionmart.co.za, www.capestorm.co.za: Hier kann man Safarikleidung und -ausrüstung bestellen.

Sambia und Simbabwe

www.zambiatourism.com: Webseite des Touristenbüros von Sambia.

www.postzambia.com: Unabhängige Nachrichten über Sambia und Wetterinfos.

www.zimbabwetourism.co.zw: Die offizielle Seite des Touristenbüros von Simbabwe.

www.victoriafalls-guide.net: Englischsprachiger Online-Reiseführer für Victoria Falls.

www.elephantswalk.com: Shopping- und Künstlerdorf in Victoria Falls.

www.victoriafallsbridge.com: Adrenalinfördernde Aktivitäten auf der berühmten Brücke über den Sambesi.

Touristenbüros

... in Deutschland

Botswana Tourism Organisation
Karl-Marx-Allee 91a, 10243 Berlin
Tel. 030 42 02 84 64,
www.botswanatourism.de
Das Büro in Berlin ist auch zuständig für Österreich und die Schweiz.

... in Botswana

Botswana Tourism Organisation
Gaborone
Tel. 039 131 11
www.botswanatourism.co.bw
Tipps auf der Website, aber kein öffentliches Touristenbüro für Laufkundschaft.

Diplomatische Vertretungen

... in Deutschland

Konsulat von Botswana
Bregenzer Straße 1, 10707 Berlin
Tel. 030 39 37 31 47
http://botsuana.botschaft-berlin.net
Konsulat von Botswana
Steinhöft 5–7, 20459 Hamburg

Tel. 040 732 61 91, Mo, Mi 11–13 Uhr
Auch zuständig für die Schweiz.
Konsulat von Botswana
Theresienhoehe 12, 80339 München
Tel. 089 83 93 07 23 23

... in Österreich
Konsulat von Botswana
Linke Wienzeile 4, 1060 Wien
Tel. 01 587 96 16, Mo, Mi 9–13 Uhr

... in Belgien
Botschaft von Botswana
Ave. de Tervuren 169, 1150 Brüssel
Tel. 0032 2 735 20 70
www.botswana-brussels.com

... in Botswana
Deutsche Botschaft
Segoditshane Way, Broadhurst Mall
Professional House, Gaborone
Tel. 039 531 43, 037 049 00
www.gaborone.diplo.de
Mo–Fr 9–12 Uhr oder nach Vereinbarung.
Österreichisches Konsulat
Block B 3, Fairground Holdings Park
Gaborone, Tel. 039 515 14, 26 38

Karten

Es gibt einige sehr gute Karten zu Botswana. Die beste Empfehlung ist die vom Autor bevorzugte Papierkarte **Tracks4AfricaBotswana** (17,90 €) in Kombination mit dem jährlich aktualisierten **Tracks4Africa-GPS-Paket Botswana** (15,50 €). Beide wurden zur ergänzenden Verwendung konzipiert. Die Papierkarte im Maßstab 1 : 1 000 000 ist die größte verfügbare für Botswana und ermöglicht eine perfekte Routenplanung, da sie u. a. Reisezeiten und Distanzen nennt. Was in der Karte eingezeichnet ist, findet sich auch auf den GPS-Karten: ausführliche Infos über Campingplätze, Attraktionen und Öffnungszeiten der Grenzen, eine Karte des Kgalagadi Transfrontier Park, detaillierte Karten von Moremi, Gaborone, Maun, Kasane und Savuti, alle Orte mit Touristeninformationen. Die Straßen, Wege, POIs (*points of interest* = wichtige Orte, z. B. Tankstelle, Polizei, Unterkunft) wie auch die Distanzen und Zeitinformationen reflektieren die Erfahrungen von Hunderten von Mitgliedern der Tracks4Africa-Gemeinde. Jede eingezeichnete Straße wurde mehrfach mit GPS aufgezeichnet und immer wieder verifiziert. Wer zusätzlich zur Papierkarte die GPS-Version verwendet, braucht nicht umständlich die Koordinaten aus der Karte zu lesen, denn jeder Punkt auf der Papier- ist auch in der GPS-Karte vorhanden. Letztere listet 33 396 Straßenkilometer und 4380 POIs auf. Jedes Jahr im Mai gibt es ein Gratis-Update. Die Daten werden heruntergeladen (Windows 8,7 MB, Mac 8,5 MB). Die GPS-Version läuft auf allen Garmin-Geräten, die Karten darstellen können, z. B. Nüvi, Colorado, Oregon, Montana, eTrex und Zumo. Achtung: Auf Ge-

Plug in and go – GPS leicht gemacht
Wer sich davor scheut, ellenlange GPS-Daten in den Computer einzutippen oder Daten downzuloaden, für den hat Tracks4Africa etwas Besonderes im Programm: Für 82 € gibt es alle 16 GPS-Einzelkarten für Afrika auf einer Speicherkarte, einzeln gekauft würden alle Karten mehr als doppelt so viel kosten. Die kleine Speicherkarte wird einfach nur in das Garmin-Navigationsgerät geschoben – und schon geht's los. Wer oft im südlichen Afrika unterwegs ist oder seinen Botswana-Trip mit einem Besuch in den Nachbarländern verbinden möchte, für den lohnt sich die Investition auf alle Fälle: Auf der Micro-SD-Karte **Traveller's Africa** sind 717 775 km Routen und 119 717 POIs gespeichert. Die jährliche Aktualisierung kostet 15 €. Infos unter www.tracks4africa.ch.

räten von anderen Anbietern, u. a. TomTom, Falk, Medion, Apple iOS und Android, funktionieren die Karten nicht. Bezugsadresse: i-cons, Christoph Aeschlimann, Distelweg 7, 3012 Bern, Schweiz, www.tracks4africa.ch, Versand aus der Schweiz und Deutschland.

Nicht-Garmin-Besitzer können die GPS-Daten ihrer geplanten Reiseroute manuell in ihre Geräte eingeben. Hierzu bieten sich die auf Satellitenfotos basierenden Shell-Botswana-Karten von Veronica Roodt an. Die **Shell Tourist Map of Botswana** besteht aus einer Übersichtskarte im Maßstab 1 : 1 750 000 mit 19 Detailkarten auf der Rückseite sowie über 300 GPS-Koordinaten. Außerdem gibt es vier detaillierte Landkarten zu einzelnen Regionen mit GPS-Daten zu allen Routen und Wegpunkten *(waypoints):* Moremi Game Reserve, Chobe National Park, Kgalagadi Transfrontier Park, Okavango Delta und Linyanti. Weitere Infos: www.botswana-maps.co.za, www.africa-maps.co.za. Die Karten können online oder vor Ort in Buchläden und Souvenirshops gekauft werden und kosten jeweils ca. 10 €.

Gut zur Übersicht geeignet ist die **Globetrotter Travel Map Botswana** im Maßstab 1 : 1 750 000 von New Holland Publishers. Sie ist in Buchläden in Südafrika und Botswana für knapp 9 € erhältlich oder kann bestellt werden bei www.mapstudio.co.za.

Lesetipps

Unterhaltung

Head, Bessie: Sternenwende (1997), Maru (1998), Orangen und Zitronen. Geschichten von Zärtlichkeit und Macht (1999), RegenWolkenZeit (2000), Göttingen. Die farbige Südafrikanerin Bessie Head lebte lange in Botswana und beschreibt das Land intensiv und sozialkritisch, aber trotzdem nicht langweilig.
McCall Smith, Alexander: Ein Krokodil für Mma Ramotswe. Der erste Fall der No. 1 Ladies' Detective Agency (1999), Ein Gentleman

für Mma Ramotswe (2000), Ein Koch für Mma Ramotswe (2001), Keine Konkurrenz für Mma Ramotswe (2002), Ein Fallschirm für Mma Ramotswe (2003), Ein Kürbis für Mma Ramotswe (2004), Blaue Schuhe für eine Kobra (2006), Der Gecko und das Unglücksbett (2007), Mma Ramotswe und der verschollene Bruder (2008), Übles Spiel mit Mma Ramotswe (2009), The Double Comfort Safari Club (2010, engl.), The Saturday Big Tent Wedding Party (2011, engl.), The Limpopo Academy of Private Detection (2012, engl.). Die Serie des britischen Autors um die vollschlanke Motswana-Frau Precious Ramotswe, die erste weibliche Detektivin im Land, bietet eine wunderbare Einstimmung auf Botswana.
Owens, Mark und Delia: Der Ruf der Kalahari, München 1987. Das junge Forscherpaar lebte sieben Jahre in der Kalahari und berichtet anschaulich und spannend darüber. Derzeit nur antiquarisch erhältlich. Die englische Fassung, Cry of the Kalahari, London 1994, gibt es in Buchläden im Land zu kaufen.
Van der Post, Laurens: Das dunkle Auge Afrikas (1994), Die verlorene Welt der Kalahari (1995), Das Herz des kleinen Jägers (1995), Wenn Stern auf Stern aus der Milchstraße fällt (1995), Durchs große Durstland müsst ihr zieh'n (1996), Der Jäger und der Wal (1998), Zürich. Einer der großen Schriftsteller Südafrikas beschreibt sehr anschaulich und poetisch das Leben in Afrika.

Hintergrundinfos

Ansperger, Franz: Politische Geschichte Afrikas im 20. Jahrhundert, München 1992. Ein gutes Hintergrundwerk zur jüngeren Geschichte des südlichen Afrikas.
Ki-Zerbo, Joseph: Die Geschichte Schwarz-Afrikas, Frankfurt 1981. Noch ein Werk auf Deutsch zur Geschichte der Region.
Pakenham, Thomas: The Scramble for Africa, New York 1992. Das beste Buch zur Geschichte des südlichen Afrikas, leider nur auf Englisch.

Botswana als Reiseziel

Mit dem Okavango Delta, dem Tuli Block, dem Chobe National Park und der Kalahari bietet Botswana die mit Abstand besten Möglichkeiten für Tierbeobachtung in Afrika und schlägt sogar klassische Safariziele wie Kenia und Tansania. Trotz ausgedehnter Wildnisregionen und geringer Bevölkerungsdichte verfügt das Land über eine gute Infrastruktur, was das Reisen recht einfach gestaltet.

Wie rumkommen?

Mit öffentlichen Verkehrsmitteln sind die Naturschönheiten des Landes nicht zu erschließen, weswegen man sich entweder einer geführten Tour anschließen oder aber ein Auto mieten sollte. Im Gegensatz zu Europa werden vierradgetriebene Fahrzeuge in Botswana ›artgerecht‹ eingesetzt. Der Sand der Kalahari und die Sand- bzw. Lehmpisten im Okavango Delta und im Chobe National Park sind sowieso nur allradangetrieben zu schaffen.

Vorschläge für Reiserouten

Botswana wird von Europa aus nicht direkt angeflogen und Mietwagen sind in Gaborone und Maun deutlich teurer als im namibischen Windhoek oder im südafrikanischen Johannesburg. Die ideale Selbstfahrertour startet daher in Johannesburg und führt durch Botswana nach Windhoek.

Von **Johannesburg** geht es über den **Tuli Block** in den Norden Botswanas, zunächst zu den **Makgadikgadi Pans** und dann weiter nach **Maun**. Von hier aus lassen sich prima das **Moremi Game Reserve** und das **Okavango Delta** erkunden. Weniger als zwei Tage benötigt man anschließend für die letzte Etappe nach **Windhoek**.

Eine Alternative ist **Windhoek** als Start- und Endpunkt der Tour. Über das **Moremi Game Reserve** und das **Okavango Delta** geht es nach Norden in den **Chobe National Park**. Es folgt ein Abstecher zu den **Victoria Falls** an der Grenze von Sambia und Simbabwe, bevor es über **Kasane** und **Maun** nach **Windhoek** zurückgeht.

Ebenfalls gut drei Wochen nimmt ein Geländewagentrip in die **Kalahari** in Anspruch. Dafür empfiehlt sich der Flug nach Kapstadt. Endpunkt dieses Trips wäre dann auch wieder Windhoek in Namibia.

Für fortgeschrittene und abenteuerlustige Wiederholungstäter empfehlen sich ab Maun Abstecher zu den **Gcwihaba (Drotsky's) Caverns** und den **Tsodilo Hills**. Hierfür sollte etwa eine Woche extra eingeplant werden.

Tipps für die Reiseorganisation

Viele Erstbesucher schließen sich einer organisierten Tour an. Die einzelnen Ziele im Land werden dann meist mit Kleinflugzeugen angeflogen, vor Ort geht es mit Geländewagen weiter. Kombinierte Trips mit Okavango Delta, Chobe National Park und Victoria Falls dauern meist 10 bis 14 Tage.

Veranstalter in Europa

Unzählige Veranstalter bieten Reisen ins südliche Afrika und nach Botswana an, z. B. **Jacana Tours GmbH:** Willibaldstr. 27, 80689 München, Tel. 089 580 80 41, www.jacana.de. **Hauser Exkursionen:** Marienstr. 17, 80331 München, Tel. 089 23 50 06 30, www.hauserexkursionen.de.

Bwana Tucke-Tucke Touren: Asternweg 4, 25551 Hohenlockstedt, Tel. 04826 52 08, www.bwana.de.

Karawane Reisen: Postfach 909, 71609 Ludwigsburg, Tel. 07141 284 80, www.karawane.de.

Lernidee Erlebnisreisen: Eisenacher Str. 11, 10777 Berlin, Tel. 030 786 00 00, www.lernidee.de.

Reiseservice Afrika: Bauseweinallee 4 a, 81247 München, Tel. 089 811 90 15, www.reiseservice-africa.de.

afrika tours individuell: Belgradstr. 9, 80796 München, Tel. 089 32 72 92 88, www.afrika-tours.de.

Swiss African Travel Service: Dammstr. 27, 8702 Zollikon, Tel. 044 451 40 51, www.swissafrican.ch.

Private Safaris: Geroldstr. 20, 8010 Zürich, Tel. 044 386 46 46, www.privatesafaris.ch.

Boomerang Reisen: Taborstr. 43, 1020 Wien, Tel. 01 212 54 55, www.afrika-reise.com.

Jedek Reisen: Döblinger Hauptstr. 23–25, 1190 Wien, Tel. 01 369 66 02, www.jedek-reisen.at.

Auf der Website **www.botswanatourism.de** findet man weitere Reiseveranstalter.

Veranstalter vor Ort

Einige dieser Unternehmen – Desert & Delta Safaris, Wilderness Safaris, Sanctuary Retreats und &Beyond – bieten keinen von Europa aus zugänglichen Online-Buchungsservice. Interessierte wenden sich zu Hause an ihr Reisebüro oder ihren Veranstalter und buchen dort die gewünschte Lodge oder Safari. Zur vorherigen Inspiration dienen die sehr gut gemachten Websites der Unternehmen.

Cross Country Air Safaris: Juliane Beckmann, Pretoria, Südafrika, Tel. 0027 12 460 37 40, www.airsafaris.co.za. Seit drei Jahrzehnten Organisation von Flugsafaris in alle Regionen des südlichen Afrikas, in Botswana vor allem ins Okavango Delta, in den Tuli Block und zu den Salzpfannen. Alle Safaris können individuell gebucht werden. Je nach Budget werden dann auch die Übernachtungen in den Lodges zusammengestellt. Im Angebot sind auch Selbstfahrertouren ohne Flugzeug. Es gibt praktisch keinen Platz im südlichen Afrika, den Cross Country Safaris nicht kennt.

That's Africa: Woodstock, Kapstadt, Südafrika, Tel. 0027 21 404 69 00, www.thatsafrica.com. Das Team arbeitet hochwertige Touren für anspruchsvolle Individualreisende aus, inkl. Hotels, Lodges und Restaurants. Alles aus einer Hand und auf Deutsch.

Africa Adventure: Plettenberg Bay, Südafrika, Tel. 0027 44 533 52 11, www.africa-adventure.de. Ob in der Luft, über Land oder auf dem Wasser, dieser Veranstalter bietet für jedes Element den passenden Untersatz – Safaris im Jeep, Kleinbus, Flugzeug oder *mokoro,* dem traditionellen Einbaum, durch das Okavango Delta mit einem deutschsprachigen Führer. Auch Touren für Selbstfahrer.

Desert & Delta Safaris: Sir Seretse Khama Av., Gaborone, Tel. 0686 12 43, www.desertdelta.com. Ist im Besitz verschiedener luxuriöser Lodges, macht aber auch Flugsafaris.

Wilderness Safaris: 1 Mathiba Rd., Maun, Buchung über Johannesburg, Südafrika, unter Tel. 0027 11 807 18 00, www.wilderness-safaris.com. Seit 1983 einer der besten Lodge- und Safarianbieter in Afrika.

Sanctuary Retreats: Buchung über Johannesburg, Südafrika, unter Tel. 0027 11 438 46 50, www.sanctuaryretreats.com.

&Beyond (früher CC Africa): Buchung über Johannesburg, Südafrika, unter Tel. 0027 11 809 44 41, www.andbeyond.com.

Zu Besuch in den Nationalparks

Die Eintrittsgebühren können direkt an den Parkeingängen bezahlt werden. Am besten hat man den entsprechenden Geldbetrag passend dabei. Weitere Zahlstellen sind die Büros des **Department of Wildlife and National Parks (DWNP)** in Gaborone, Tsabong, Ghanzi, Kang, Letlhakane, Maun, Kasane und Francistown (Adressen in den Reisekapiteln). Theoretisch kann die Zahlung mit einer VISA-Kreditkarte geleistet werden, doch oft funk-

Solche Furten sind nur während der Trockenzeit passierbar

tionieren die Kreditkartenmaschinen nicht. Dann muss bar bezahlt werden, entweder in Pula, US-Dollar, Rand oder Euro. Die Umtauschkurse sind allerdings nicht so gut.

Selbstfahrer, die in den Nationalparks auf Campingplätzen übernachten wollen, müssen diese im Voraus reservieren (s. S. 100).

Reisen mit Kindern

Aufgrund der langen Fahrstrecken meist abseits befestigter Straßen könnte ein Trip mit kleineren Kindern recht anstrengend werden. Auch die potenzielle Malariagefahr im Norden des Landes ist für viele Eltern ein Grund, nicht mit ihren Kids auf Safari nach Botswana zu gehen. Andererseits bleiben die Tierbegegnungen unvergesslich – Biologieunterricht live. Einzigartig sind auch das Zusammentreffen mit Buschmännern, ein Spaziergang mit Erdmännchen oder ein Elefantenritt.

Beim Campen müssen Eltern besonders gut aufpassen. Kinder sollten im Busch nie alleine herumlaufen, da sie eine verführerisch leichte Beute für Löwen, Leoparden und vor allem Tüpfelhyänen darstellen. Nicht zu vergessen die Schlangen und Skorpione, die sich gerne unter Steinen verstecken.

Buschsafaris mit Ranger im offenen Geländewagen sind meist erst ab 6 Jahren möglich. Einige Lodges akzeptieren keine Gäste unter 12 Jahren, andere bieten spezielle Kinderprogramme an.

Reisen mit Handicap

Botswana ist für Menschen mit Behinderung durchaus bereisbar. Viele Unterkünfte bieten behindertengerechte Zimmer. Leider gibt es noch keine entsprechend ausgestatteten Geländewagen für Selbstfahrer, dafür bieten einige Veranstalter Reisen in Fahrzeugen mit hydraulischem Rollstuhllift. Tipps für behindertenfreundliches Reisen weltweit bietet u. a. die Website von Gordon Rattray, **www.abletravel.com.** Behindertenfreundliche Veranstalter sind z. B. **Africa Insight,** Gaborone, Botswana, Tel. 072 65 43 23, www.africaninsight.com, und **Endeavour Safaris,** Kapstadt, Südafrika, www.endeavour-safaris.com.

Einreise- und Zollbestimmungen

... für Botswana

Deutsche, Österreicher und Schweizer erhalten ein kostenloses Touristenvisum bei der Einreise an den Flughäfen Gaborone, Francistown, Kasane und Maun sowie an allen übrigen Grenzstationen (s. S. 97). Die Aufenthaltsdauer ist auf 90 Tage pro Kalenderjahr beschränkt. Der Reisepass muss bei der Einreise noch mindestens sechs Monate gültig sein und mindestens zwei freie Seiten aufweisen. Kinder benötigen unabhängig vom Alter ein eigenes Reisedokument.

Wer mit einem Auto nach Botswana einreist, muss ein Formular ausfüllen, in dem die Passdaten aufgelistet werden. Zusätzlich müssen die Fahrer ihre Fahrzeugdaten in ein Logbuch eintragen. Tipp: einen schwarzen Stift dabeihaben, denn diese sind rar und man darf die Formulare nur in dieser Farbe ausfüllen. Falls einem das Auto nicht selbst gehört, was fast immer der Fall ist, muss man unbedingt die Grenzpapiere vom Vermieter bzw. Besitzer des Autos mitführen, die den Fahrer autorisieren, den Wagen temporär auszuführen. Je nach Hubraum wird noch eine Straßensteuer *(road tax)* von 110 bis 160 Pula fällig. Diese muss entweder in bar oder mit einer VISA-Kreditkarte bezahlt werden. Andere Währungen und Karten werden nicht akzeptiert.

Eingeführt werden dürfen pro Person 200 Zigaretten oder 20 Zigarren oder 250 g Tabak, 1 l Spirituosen, 2 l Wein und 50 ml Parfüm. Botswana ist Mitglied der über 100 Jahre alten Zollunion mit Südafrika, Namibia, Lesotho und Swaziland. Zwischen diesen Ländern fallen keine Zollgebühren an. Eigentlich müssen bei der Einreise alle elektronischen Geräte und Kameras deklariert werden, nur dann ist eine problemlose Ausfuhr gewährleistet. In der Realität wird diese Vorschrift jedoch sehr lasch gehandhabt und nur selten überprüft.

... für Südafrika

Kein Visum erforderlich. Die Aufenthaltsdauer beträgt 90 Tage. Der Reisepass muss noch mindestens 30 Tage gültig sein und bei der Einreise noch mindestens zwei freie Seiten haben. Kinder benötigen ein eigenes Reisedokument. Für Selbstfahrer entstehen keine zusätzlichen Kosten.

... für Namibia

Kein Visum erforderlich. Die Aufenthaltsdauer beträgt 90 Tage. Der Reisepass muss noch mindestens sechs Monate gültig sein und mindestens zwei freie Seiten aufweisen. Kinder benötigen ein eigenes Reisedokument. Selbstfahrer müssen bei der Einreise eine Straßensteuer von 250 N-$ pro Fahrzeug bezahlen. Südafrikanische Rand werden akzeptiert.

... für Sambia

Deutsche, Österreicher und Schweizer benötigen ein gebührenpflichtiges Visum, das bei der Einreise an allen Grenzen erteilt wird und 90 Tage gültig ist. Die Kosten – eine Einreise 50 US-$, zwei Einreisen 80 US-$ – müssen in bar, US-Dollar oder Euro, beglichen werden. Bei der Einreise muss der Reisepass noch mindestens sechs Monate gültig sein. Kinder benötigen ein eigenes Reisedokument.

Selbstfahrer haben eine CO_2-Steuer *(carbon tax)* zu bezahlen, die 200 Kwacha pro Auto kostet und nur in Kwacha oder in bar entrichtet werden kann. Manchmal wird auch in die Papiere gestempelt, dass der Betrag bei der Ausreise zu bezahlen ist – einfacher ist es jedoch, dies sofort zu erledigen. Für die Straßensteuer werden 10 US-$ bzw. die entsprechende Summe in Euro fällig.

... für Simbabwe

Deutsche, Österreicher und Schweizer benötigen ein gebührenpflichtiges Visum, das bei der Einreise an allen Grenzen erteilt wird und 30 Tage gültig ist. Die Kosten – eine Einreise

30 €, zwei Einreisen 45 € – müssen in bar und in Devisen bezahlt werden. Reisepässe müssen bei der Einreise noch mindestens 30 Tage gültig sein. Kinder benötigen ein eigenes Reisedokument. Selbstfahrer zahlen je nach Hubraum eine Straßensteuer von 20 bis 45 €, die in Euro, US-Dollar oder Rand bezahlt werden kann. In Simbabwe kann es nach wie vor zu Engpässen bei der Spritversorgung kommen. Der in diesem Buch beschriebene Exkurs über Simbabwe zu den Victoria Falls ist jedoch unproblematisch. Am besten auf dem Hinweg in Botswana volltanken und dann wieder auf dem Rückweg in Sambia.

Anreise

... mit dem Flugzeug

Europäische Fluglinien fliegen die botswanische Hauptstadt Gaborone nicht direkt an. Die beste Verbindung besteht über Johannesburg in Südafrika. Täglich landen am OR Tambo Airport in Johannesburg Flugzeuge von Lufthansa (www.lufthansa.com), British Airways (www.britishairways.com), South African Airways (www.flysaa.com), Swiss (www.swiss.com), KLM (www.klm.com) und Emirates (www.emirates.com). Von Johannesburg aus gibt es mehrmals täglich Verbindungen nach Gaborone sowie regelmäßig nach Maun und Kasane mit Air Botswana (www.airbotswana.co.bw), Comair (www.comair.co.za) und South African Airways (www.flysaa.com). Auch von Windhoek aus wird Botswana regelmäßig angeflogen.

Die Flugzeit von Mitteleuropa nach Johannesburg bzw. Windhoek beträgt 10 Std., nach Kapstadt 12 Std. Von Johannesburg bzw. Kapstadt sind es etwa 2 Std. bis Maun oder Gaborone. Reisebüros bieten vor allem in der Nebensaison günstige Flüge um die 700 € nach Johannesburg an. Die Flüge von Südafrika bzw. Namibia nach Botswana sind mit rund 350 € vergleichsweise teuer.

... mit dem Bus

Zwischen Johannesburg und Gaborone verkehren täglich Fernbusse. Eine gute Firma mit sicheren Fahrzeugen ist **Intercape Mainliner.** Online-Reservierungen sind möglich unter www.intercape.co.za (tgl. ab Johannesburg 14.30 Uhr, ca. 21 Uhr Ankunft in Gaborone, 270–350 Rand einfach). Eine Alternative ist **Mahube Express,** der den Vorteil hat, dass man mit ihm nach Maun oder Kasane weiterreisen kann. Auch hier kann das Ticket online reserviert werden unter www.mahube-express.com (tgl. 16 Uhr ab Johannesburg, ca. 21 Uhr in Gaborone, 270–350 Rand einfach).

Unterwegs im Land

... mit dem Flugzeug

Kleinflugzeuge sind eines der wichtigsten Verkehrsmittel in Botswana, da sich viele Gebiete, besonders im Okavango Delta, am Chobe River und im Tuli Block, nur auf dem Luftweg erschließen lassen. Es gibt zahlreiche Chartergesellschaften, vor allem in Maun, aber auch in Gaborone, Francistown und Kasane. Bezahlt wird für das gesamte Flugzeug und nach Flugstunden. Daher ist es um einiges günstiger, sich zu einer Kleingruppe zusammenzufinden und gemeinsam ein Flugzeug zu chartern. Bei einer voll belegten Maschine, die je nach Größe für bis zu acht Passagiere Platz hat, kostet z. B. die Strecke Maun–Kasane ca. 300 € pro Person. Das Gepäck in den kleinen, ein- oder zweimotorigen Flugzeugen ist strikt auf 10 kg pro Person limitiert. Ist die Maschine voll belegt, bleibt Übergepäck zurück. Man sollte sich daher auf das Nötigste beschränken und statt eines sperrigen Koffers eine Tragetasche mitnehmen, die in den kleinen Gepäckabteilen der Flugzeuge leichter verstaut werden kann.
www.airbotswana.co.bw: Website der nationalen Fluggesellschaft Air Botswana mit Online-Buchungsmöglichkeiten.

www.kalahariair.co.bw: Das 1968 in Gaborone etablierte Unternehmen ist der größte Anbieter von Charterflügen in Botswana. Die zweimotorigen Flugzeuge fliegen alle Flugplätze und -pisten im südlichen Afrika an.

www.mackair.com: Mack Air ist seit 1994 im Norden Botswanas aktiv und operiert von Maun aus. Im Okavango Delta ist Mack Air auf Camp-Flugtransfers spezialisiert.

www.moremiair.com: Ebenfalls in Maun stationiert, besitzt Moremi Air sieben Kleinflugzeuge, sowohl ein- als auch zweimotorig. Eines davon ist permanent in Kasane stationiert, von wo beispielsweise Flugtransfers ins sambische Livingstone angeboten werden.

www.wilderness-air.com: Wilderness Air, zuvor Sefofane Air Charters, fliegt seit über 20 Jahren im südlichen Afrika und verfrachtet etwa 75 000 Passagiere pro Jahr in abgelegene Busch-Camps.

www.airsafaris.co.za: Maßgeschneiderte Flugsafaris im südlichen Afrika mit jahrzehntelanger Erfahrung offeriert Cross Country Air Safaris, die vom südafrikanischen Pretoria aus operieren.

... mit dem Mietwagen

Wer Botswana auf eigene Faust unter die vier Räder nehmen möchte, muss sich bereits vor Reiseantritt über seine Route Gedanken machen, denn es ist um einiges günstiger, einen entsprechend ausgerüsteten Geländewagen in den Nachbarländern Namibia oder Südafrika anzumieten als in Botswana, wobei die Preise in Johannesburg nochmals etwas niedriger sind als in Windhoek. Außerdem ist die Auswahl in diesen beiden Städten viel größer als in Gaborone oder Maun. Bei einer solchen grenzüberschreitenden Tour empfiehlt es sich dann natürlich, einen Flug von Europa nach Johannesburg oder Windhoek zu buchen. Ein Großteil der Autoverleiher bietet die Möglichkeit, den Wagen beispielsweise in Südafrika anzumieten und in Namibia abzugeben. Hierfür wird zusätzlich zur Tagesgebühr eine Ein-

wegmiete erhoben, die bei umgerechnet ca. 300 € liegt. Der Preis für 1 l Benzin oder Diesel beträgt derzeit etwa 10 Pula.

Botswanas Straßennetz umfasst insgesamt 18 482 km, doch nur etwa ein Viertel davon ist geteert, was das Land zu einem Geländewagen-Paradies macht. Sobald man abseits befestigter Strecken unterwegs ist, wird ein 4x4 notwendig. Reisenden mit einem normalen Pkw bleibt ein Großteil der faszinierenden Landschaften verschlossen.

Alle 4x4 werden mit folgender Campingausstattung vermietet: (Dach-)Zelt, Matratzen, Campingtisch und -stühle, komplettes Küchenset, Gaskocher und -licht, zwei Gasflaschen, Grillset, Wasserkanister, staubfreie Box und – ganz wichtig für das kalte Bier oder den gekühlten Sauvignon Blanc mitten im Busch – ein 12-Volt-Kühlschrank mit Gefrierfach.

Ein ideales Geländefahrzeug für Anfänger ist der Suzuki Jimny (43–86 €/Tag). Der kleine Wagen ist im Gelände sehr kompetent, allerdings gibt es ihn nicht mit Dach-, sondern nur mit frei aufstellbarem Zelt zu mieten. Landestypisch und noch relativ günstig sind die Isuzu-, Nissan- oder Toyota-Pick-ups (70–160 €/Tag). Etwas mehr kosten der Land Rover Defender (95–200 €) und der Toyota Landcruiser (90–190 €), ebenfalls inkl. Dachzelt und Campingausrüstung. Zu den Tageskosten kommt noch eine Eigenbeteiligung für die Vollkaskoversicherung dazu, die durch zusätzliche tägliche Zahlungen vermindert werden kann. Die Vermieter verlangen dafür eine Kreditkartenkaution. Aufgrund der Hitze empfiehlt es sich, ein Auto mit Klimaanlage zu nehmen.

Reisende mit wenig Englischkenntnissen sollten das gewünschte Fahrzeug bereits in Deutschland anmieten und bezahlen. Bei der Abholung müssen unbedingt alle Tipps unter ›Zustandsprüfung‹ (s. S. 94) beherzigt werden. Ist man mit seinem Mietwagen nicht zufrieden, kann man nach der Rückkehr in

Deutschland Regressansprüche beim Reiseveranstalter geltend machen. Bei einer Direktmiete im südlichen Afrika ist das ein Ding der Unmöglichkeit.

4x4-Vermieter in Südafrika und Namibia
Auf der Website **www.drivesouthafrica.co.za/4x4-hire/botswana** sind diverse 4x4-Vermieter aufgelistet, die Geländewagen mit und ohne Ausrüstung in Gaborone, Maun und Kasane vermieten. Weitere 4x4-Vermieter finden sich unter **www.natron.net/autos.htm.**
Avis 4x4: www.avis.co.za. Große Auswahl an guten Geländewagen mit Campingausrüstung, GPS und Landkarten. Filialen in Johannesburg, Kapstadt, Windhoek International Airport, Windhoek City, Lüderitz, Walvis Bay, Swakopmund und Tsumeb.
Asco Car Hire: 195 Manduma Ndemufayo Av., Windhoek, Namibia, Tel. 00264 61 37 72 00, www.ascocarhire.com. Der größte Geländewagen-Verleiher im südlichen Afrika hat u. a. Suzuki Jimnys im Angebot. Website auch auf Deutsch, Vermietung von Ausrüstung.
Camping Car Hire: 36 Joule St., Windhoek, Namibia, Tel. 00264 61 23 77 56, www.camping-carhire.com. Ein weiterer deutschsprachiger Vermieter von Pkws und Geländewagen. Einweisung ins Geländefahren, Service im ganzen Land, auch Vermietung von Nissan-Geländewagen.
Kwenda Safaris: Johannesburg, Südafrika, Tel. 0027 44 533 57 17, in Deutschland 08856 936 77 20, www.kwenda.co.za. Land Rover mit Vollausstattung, Fahrzeugrückgabe in Windhoek möglich, Website auf Deutsch.
Britz: Johannesburg, Südafrika, Tel. 0027 11 396 18 60, www.britz.co.za. Toyota Hilux in verschiedenen Ausstattungsvarianten sowie viertürige Jeep Wrangler 2,8 l-Diesel. Büros in Kapstadt, Johannesburg und Windhoek. 24-Stunden-Pannenservice oder Ersatzfahrzeug in Botswana.
Bushtrackers: Johannesburg, Südafrika, Tel. 0027 11 465 57 00, www.bushtrackers.co.za.

Toyota Hilux Doppelkabiner, Hilux Safari-Camper, Fortuner, Landcruiser Standard & Camper.
Drive Africa: Kapstadt, Südafrika, Tel. 0027 21 447 11 44, www.driveafrica.co.za. Nissan- und Toyota-Geländewagen.
Off Road Africa: Kapstadt, Südafrika, Tel. 0027 21 794 08 06, www.offroadafrica.com. Voll ausgestattete Land Rover Defender und Toyota Hilux.
B-mobile Car Rental: Windhoek, Namibia, Tel. 00264 61 30 00 44, www.b-mobilecarrental.com. Hilux-Doppelkabiner, Toyota Landcruiser und Land Rover Defender.
Nature Wheels Safaris: 2 Storch St., Windhoek, Namibia, Tel. 00264 61 23 96 43, www.nature-wheels.com. Jeep Wrangler.
Buffalo 4x4 & Camper Hire: Johannesburg, Südafrika, Tel. 0027 11 021 03 85, www.buffalo.co.za. Voll ausgestattete, etwas ältere, dafür günstigere Allradfahrzeuge.

Autoverleiher in Botswana
Normale Pkws und Geländewagen gibt es – etwa 25 % teurer als in Südafrika oder Namibia – auch in Botswana zu mieten bei:
Budget Car Rental: Gaborone, Francistown und Maun Airports, www.budget.co.za.
Avis Car Rental: Gaborone, Francistown, Kasane und Maun Airports, www.avis.co.za.
Europcar: Gaborone Airport, www.europcar.co.za.
Self Drive Adventures: Maun, Tel. 068 637 55, www.selfdriveadventures.com. Voll ausgestattete Toyota Landcruiser mit Campingausstattung, Satellitentelefon und GPS. Außerdem 24-h-Pannenservice. Die Autos können mit oder ohne Guide gemietet werden. Als besonderen Service bietet Self Drive Adventures Routenplanung und Campingplatzbuchung an.
Maun Self Drive 4x4: Maun, Tel. 068 628 75, http://maunselfdrive4x4.webs.com. Das Unternehmen bietet voll ausgestattete, klassische Toyota Landcruiser und Land Rover De-

fender an. Ohne Kilometerbegrenzung und ebenfalls mit Pannenservice.

Zustandsprüfung

Egal was für ein Auto angemietet wird: Ganz wichtig ist der Zustand des Wagens. Grundsätzlich sollte kein Fahrzeug infrage kommen, das älter als drei Jahre ist. Durch die rauen Straßenverhältnisse in Botswana altert ein Mietwagen, der ohnehin eine hohe jährliche Kilometerleistung erbringen muss, extrem schnell, wird unzuverlässig und anfällig für Schäden.

Auf den ersten Blick erkennen lässt sich die Qualität der Reifen. Sind diese bereits stark abgefahren und ist eine längere Tour geplant, sollte unbedingt darauf bestanden werden, dass die Reifen erneuert werden. Ganz wichtig ist auch die Qualität des Reservereifens und des Wagenhebers. Sind diese überhaupt vorhanden und funktionsbereit? Wo befinden sie sich? Informieren Sie sich vor Beginn Ihrer Tour beim Autovermieter in jedem Fall über den optimalen Reifendruck für Ihr Fahrzeug bei unterschiedlichen Straßenverhältnissen, um ärgerliche und unnötige Reifenpannen zu vermeiden. Für ein beladenes Allradfahrzeug empfehlen sich 2,5 bar auf Teerstraßen, 1,8 bar auf Schotterstraßen, 1,5 bar in felsigem Gelände und bis zu 0,8 bar im tiefen Sand, da der Reifen durch weniger Luft mehr Grip bekommt und elastischer wird – was ihn allerdings auch verletzlicher macht, wenn spitze Steine überfahren werden. Für einen kleinen Aufpreis sollte man einen Kompressor für das Aufpumpen der Reifen mit anmieten. Wer einmal versucht hat, einen Autoreifen mit einer Handluftpumpe bei 45 °C mit Luft zu füllen, weiß, warum.

Der nächste Schritt bei der Wagenprüfung: Weist die Windschutzscheibe bereits kleinere Schäden auf? Dann kann davon ausgegangen werden, dass ihr der nächste vom Vordermann aufgewirbelte Stein den Rest gibt. Und Glasschäden sind bei den Mietwagen-

versicherungen meist ausgenommen, ebenso wie beschädigte Reifen.

Genauer betrachten sollte man auch die Unterseite des Wagens, da fast jeder Vermieter Unterbodenschäden in Rechnung stellt. Die Entscheidung für einen kleineren und günstigeren Pkw kann am Ende der Reise ein teures Erwachen mit sich bringen, da bei den Straßenverhältnissen in Botswana Schäden an der Unterseite eines normal hohen Pkws praktisch nicht zu vermeiden sind. Allein aus diesem Grund empfiehlt es sich, ein größeres und höhergelegtes Fahrzeug anzumieten. Hinzu kommt der Sicherheitsaspekt. Auch unter Tag queren viele Wildtiere die Fahrbahn und in einem größeren Fahrzeug ist man bei eventuellen Zusammenstößen wesentlich besser geschützt.

Versicherungen und Sicherheit

Empfohlen wird eine Vollkaskoversicherung mit Eigenbeteiligung bei Totalschaden. Vor der Übernahme des Fahrzeugs ist es daher sehr wichtig, jeden Schaden und Kratzer am Auto in einem Zustandsprotokoll aufzulisten, damit es später nicht zu Diskussionen mit dem Vermieter kommt.

Da die Diebstahl- und Hijack-Rate in Botswana, vor allem jedoch in Namibia und Südafrika recht hoch ist, werden Mietfahrzeuge aufgrund hoher Prämien oft nicht oder nur gegen Aufpreis diebstahlversichert. Einige Vermieter geben ihren Kunden eine Lenkradkralle mit, andere rüsten teurere Fahrzeuge mit Wegfahrsperren und Alarmanlagen aus, die man sich vor Fahrtantritt genau erklären lassen sollte. Ob man das Risiko eingeht oder eine Versicherung abschließt, muss jeder für sich entscheiden.

Unterwegs sollten bestimmte Verhaltensregeln beachtet werden: unter keinen Umständen Tramper mitnehmen. Wer anhält und aussteigt, sollte das Auto immer abschließen, auch wenn es sich nur um wenige Minuten handelt. Nichts sichtbar im Wagen liegen lassen. Außerhalb geschlossener Ortschaften sollte man nachts nicht mehr in einem Fahrzeug unterwegs sein, um der Gefahr eines Wildunfalls aus dem Weg zu gehen.

Pannenhilfe
Man sollte unbedingt darauf achten, dass der Vermieter auch an Sonn- und Feiertagen einen möglichst kostenlosen 24-Stunden-Pannendienst anbietet und über ein eigenes Abschleppfahrzeug verfügt. Denn wer möchte schon gerne nach einem Unfall tagelang in einer abgelegenen Gegend auf Hilfe warten müssen? Am sichersten ist es daher, zusammen mit dem Wagen ein Satellitentelefon anzumieten, da dann überall im Land Hilfe angefordert werden kann – die Reise wird dadurch deutlich entspannter. Für den Fall des Falles sollten aber unbedingt genügend Trinkwasser und Proviant zur Ausrüstung gehören. Optimalerweise kann der Vermieter auch einen Ersatzwagen stellen.

Infos für Selbstfahrer

Verkehrsregeln

Ein internationaler Führerschein muss immer mitgeführt werden. In Botswana herrscht Linksverkehr, desgleichen in Südafrika, Namibia, Sambia und Simbabwe. Dennoch gilt: rechts vor links.

Ein Handy am Ohr wird genauso streng geahndet wie Fahren ohne Sicherheitsgurt. Außerhalb geschlossener Ortschaften kontrolliert die Polizei häufig die Geschwindigkeit mit Radarpistolen. Die Tempolimits betragen 120 km/h außerhalb von Orten, 100 km/h kurz vor Orten, 60 km/h auf den Durchfahrtsstraßen in Städten und Dörfern bzw. 30 km/h in bebauten Gebieten. Strafen für Geschwindigkeitsübertretungen sind sofort in bar und in Pula zu entrichten. 10 km/h mehr als die erlaubte Geschwindigkeit belasten die Reisekasse bereits mit 300 Pula. Wenn nötig, wer-

den Verkehrssünder von der Polizei gar zum nächsten Geldautomaten eskortiert. Entgegen anderslautenden Berichten gibt sich die Polizei in Botswana – und in den Nachbarländern – gelegentlich auch mit einem kleineren als dem geforderten Betrag zufrieden, dafür bekommt man dann keine Quittung.

Geländewagen-Fahrtipps

Auf sandigem Untergrund fährt es sich wesentlich leichter, wenn der Reifendruck zuvor auf etwa 0,8 bar reduziert wurde. Bei älteren Geländewagen mit manuellen Freilaufnaben darauf achten, dass diese im Offroad-Betrieb auf ›Lock‹ stehen, bei neueren Fahrzeugen geht das automatisch oder per Knopfdruck im Cockpit. Im Sand in bereits existierenden Spuren fahren und das Lenkrad nicht verkrampft festhalten, dann sucht sich der Wagen seinen idealen Weg durch die Spuren. Falls man einzusanden droht, kein Gas mehr geben, damit sich der Wagen nicht bis zu den Achsen eingräbt. Ansonsten im Sand immer zügig fahren und erst anhalten, wenn der Untergrund wieder fester wird. Morgens ist Sand übrigens immer tragfähiger als nachmittags, wenn ihn die Sonne ausgetrocknet hat.

Bei Schlamm verhält man sich ähnlich wie bei Sand: zügig Gas geben und nicht anhalten. Die Pisten auf und in der Nähe der Salzpfannen sind schon nach leichten Niederschlägen absolut unpassierbar.

Auf felsigem Untergrund sollten die Reifen Straßenluftdruck haben. Bei starkem Gefälle mit dem ersten Kriechgang im Untersetzungsgetriebe und wenig Gas fahren. Um Aufsetzer zu vermeiden, sollte der Beifahrer einweisen.

Flüsse nur dann queren, wenn sie nicht zu tief sind – bei Unsicherheit also erst einmal abwarten, wie andere Fahrzeuge durchkommen. Zu Beginn der Regenzeit bergen überschwemmte Pisten im Okavango Delta und im Moremi Game Reserve zusätzliche Überraschungen in Form von Krokodilen und

Flusspferden. Es bietet sich definitiv nicht an, den Fluss zu durchwaten, um zu checken, wie tief das Wasser ist. Ist die Wassertiefe in Ordnung, den niedrigsten Kriechgang wählen und langsam, aber mit gleichmäßigem Gasgeben durchfahren. Die Luftzufuhr muss immer deutlich über dem Wasserspiegel liegen, damit der Motor kein Wasser ansaugt. Deshalb montieren viele Verleiher einen Ansaugschnorchel an ihre Mietwagen, das sind die schwarzen Plastikungetüme, die aus der Motorhaube nach oben führen.

Zwischen März und Juni, also direkt nach der Regenzeit, wächst überall auf den Pisten Gras. Beim Fahren bläst es die Samen vor den Kühler, abgerissenes Gras bleibt unter dem Fahrzeug hängen, der Motor erwärmt sich mehr und das trockene Gras kann sich am oft glühend heißen Auspuff entzünden und den Geländewagen samt Inhalt abfackeln. Also etwa alle 10 bis 15 km anhalten und den Wagen kontrollieren, vor allem in Auspuffnähe. Abhilfe schaffen die dichten Gaze-Netzstoffe, die auch vor Zeltfenstern angebracht werden. Sie lassen, wenn sie vor den Kühler gespannt werden, kühlende Luft durch, aber keine Grassamen. Wichtig: immer die Temperaturanzeige im Auge behalten.

Zu guter Letzt die Fauna im Land: Tierische Probleme bereiten in Einzelfällen eigentlich nur Elefanten, alle anderen Tiere flüchten in der Regel vor dem Motorengeräusch. Bei den meisten Konfrontationen mit Elefanten handelt es sich um Scheinangriffe, sogenannte *mock charges,* die sich aber auf Novizen im dünnen Blechkleid trotzdem ziemlich adrenalinfördernd auswirken können. Im Zweifelsfall Rückwärtsgang einlegen und langsam zurücksetzen, um die Situation zu entschärfen.

Idealerweise fährt man schwierige, abgelegene Offroad-Strecken im Konvoi, also zusammen mit einem anderen Geländewagen. Im Falle einer Panne oder wenn man feststeckt, kann man sich gegenseitig helfen.

Grenzübergänge

Als Selbstfahrer sollte man genügend Zeit für die Grenzübergänge einplanen. Die Formalitäten können bis zu zwei Stunden dauern. Unbedingt daran denken, dass es zwei Kontrollpunkte gibt, Ein- und Ausreise. Wer also knapp ankommt, schafft vielleicht eine Station, steht aber dann im Niemandsland vor der bereits geschlossenen anderen Grenze. Insgesamt gibt es 27 Grenzübergänge zwischen Botswana und seinen Nachbarländern. Hinweis: Öffnungszeiten werden in Afrika generell sehr unverbindlich gehandhabt.

Botswana–Südafrika
Pont Drift–Mashatu: 8–16 Uhr (unpassierbar, wenn der Limpopo überflutet ist, die Seilbahn transportiert nur Fußgänger)

Platjan: 8–16 Uhr (unpassierbar, wenn der Limpopo überflutet ist)
Zanzibar: 8–16 Uhr (unpassierbar, wenn der Limpopo überflutet ist)
Martin's Drift–Groblersbrug: 8–18 Uhr
Parr's Halt–Stockpoort: 8–16 Uhr
Sikwane–Derdepoort: 6–19 Uhr (der kleinste Grenzübergang, Favorit des Autors)
Tlokweng Gate–Kopfontein: 6–24 Uhr
Ramotswa–Swartkopfontein: 6–22 Uhr
Pioneer Gate–Skilpadshek: 6–24 Uhr
Ramatlabama: 6–22 Uhr
Pitsane Molopo–Makgobistad: 7–16 Uhr
Bray: 7–16 Uhr
Makopong: 8–16 Uhr
McCarthy's Rest: 6–18 Uhr
Middlepits: 7.30–16 Uhr
Bokspits–Gemsbok: 8–16.30 Uhr
Two Rivers–Twee Rivieren: 7.30–16 Uhr

Botswana–Namibia
Mamuno–Buitepos (Trans-Kalahari-Highway): 7–18 Uhr
Muhembo–Shakawe: 6–18 Uhr
Ngoma Bridge: 7–18 Uhr
Impalila Island: 7–18 Uhr

Botswana–Sambia
Kazungula Ferry: 6–18 Uhr (dies ist mit Abstand der abenteuerlichste und ›afrikanischste‹ Grenzübergang, bei dem es mit einer Fähre über den Sambesi geht)

Botswana–Simbabwe
Kazungula Road: 6–18 Uhr
Pandamatenga: 8–16 Uhr
Maitengwe: 6–18 Uhr
Ramokgwebana–Plum Tree: 7–20 Uhr
Matsiloje–Mphoengs: 6–18 Uhr

Solche Geländewagen werden von den Fixern der Kazungula-Fähre nicht jeden Tag durch die Grenzformalitäten geschleust

Botswana ist ein Traumland zum Campen, am besten im sicheren Dachzelt auf einem Geländewagen. Zumindest zwischendurch sollte man sich eine der wunderbaren Lodges gönnen, die es an den schönsten Stellen des Landes gibt. In Ballungsgebieten finden sich teils komfortable, aber immer langweilige Hotels. Pensionen, B & Bs und Guesthouses sind im Kommen, aber bei Weitem noch nicht so verbreitet wie in Namibia oder Südafrika.

Die Preise in diesem Reiseführer beziehen sich auf Standard-Doppelzimmer in der Hochsaison mit Frühstück bzw. auf einen Stellplatz für zwei Personen. Bei den Lodges enthalten die Preise praktisch immer alle angebotenen Aktivitäten wie Pirschfahrten, Mokoro-Trips oder Fußsafaris.

Hochsaison ist in Botswana während der Oster- und Weihnachtszeit und in den trockenen Monaten von Juni bis September.

Hotels

Nur in Städten bzw. größeren Orten gibt es Hotels, die in erster Linie für Geschäftsreisende und nicht für Touristen errichtet wurden. Unter vier Sternen sind sie oft in einem erbarmungswürdigen Zustand. Stadthotels kosten umgerechnet zwischen 50 und 90 €.

Die besonderen Lodgetipps des Autors
Jack's Camp und **San Camp,** Makgadikgadi Pans, s. S. 199
Savute under Canvas und **Ngoma Safari Lodge,** Chobe National Park, s. S. 275, 278
Little Mombo Camp, Okavango Delta, s. S. 246
Mashatu Camp, Tuli Block, s. S. 171
Kalahari Plains Camp, Central Kalahari Game Reserve, s. S. 330
River Club, Livingstone, Sambia, s. S. 314
Victoria Falls Safari Club, Victoria Falls, Simbabwe, s. S. 293
Madikwe River Lodge, Madikwe Game Reserve, Südafrika, s. S. 147

Pensionen, B & Bs und Guesthouses

Pensionen, B & Bs und Guesthouses beschränken sich auf Ortschaften und sind dort meist ausgeschildert. In der Regel handelt es sich um sehr einfache Unterkünfte, für die man pro Doppelzimmer zwischen 40 und 70 € bezahlt.

Spektakulär im Luxus – und im Preis: das Abu Camp im Okavango Delta

Lodges

Die teilweise märchenhaft schönen Lodges in Botswanas Nationalparks sind fast durchweg sündhaft teuer. Für eine Übernachtung im Doppelzimmer einschließlich Vollpension berappt man hier gut und gerne 600 bis 900 € pro Person. Doch mindestens einmal während seines Urlaubs sollte man sich einen solchen Luxus gönnen – einfach sich ganz auf die Erfahrung konzentrieren und nicht fragen, wie der eiskalte Gin Tonic in Ihre Hand gelangt ist. Während Sie im Okavango Delta unter einem 3000 Jahre alten Affenbrotbaum

sitzen und genüsslich an Ihrem Drink nippen, geht die Sonne in einem fast halluzinogenen Farbenrausch hinter einer Herde Elefanten unter. Der aufgewirbelte Staub schimmert goldgelb im Gegenlicht. Etwas früher am Nachmittag sahen Sie Ihren ersten Löwen-Kill und nun fragen Sie einen Ranger mit offensichtlich enzyklopädischem Wissen, wie sich Leoparden von Geparden unterscheiden. Später, nach einem Gourmetessen, begleitet von erlesenen Weinen, kuscheln Sie sich in frisch riechende Bettlaken aus ägyptischer Baumwolle. Und nun hören sie Flusspferde prusten, Elefanten trompeten und

Löwen brüllen. Busch-Surround-Sound live – ein unvergessliches Erlebnis.

Camping

In Botswana gibt es eine stattliche Zahl von Campingplätzen, teils staatlich, teils privat geführt, aber zumeist mit einem sehr guten Standard. In den Nationalparks darf grundsätzlich nur auf ausgeschilderten und vorgebuchten Plätzen übernachtet werden. Außerhalb der Schutzgebiete sollte man Landbesitzer oder Dorfvorsteher fragen, wo man sein Auto für eine Nacht abstellen darf. Die Preise für eine Übernachtung für zwei Personen rangieren zwischen 5 und 25 € pro Nacht.

... in Nationalparks

Generell gilt in Botswana die Politik des *high-revenue-, low-volume*-Tourismus (hohe Einkünfte, geringe Touristenzahlen), was die Anzahl der in Nationalparks zur Verfügung stehenden Campingplätze limitiert. Dies hat zur Folge, dass alle staatlichen Plätze bei den Büros des **Department of Wildlife and National Parks (DWNP)** vorgebucht werden müssen. Normalerweise reserviert man Stellplätze in den nördlichen Parks (Chobe, Moremi, Nxai Pan, Makgadikgadi Pans) in Maun und die südlichen Parks (Central Kalahari, Kgalagadi) in Gaborone: zentrale Buchung Tel. 039 714 05, dwnp@gov.bw; Büro in Gaborone, Queen's Rd., Tel. 031 807 74; Büro in Maun, Kubu St., Tel. 068 612 65; alle Mo–Sa und meist auch Fei 7.30–12.45, 13.45–16.30, So 7.30–12 Uhr. Online-Buchungen funktionieren nicht immer und kosten etwas mehr.

2009 begann die Privatisierung einiger der staatlichen Campingplätze, die daraufhin teils schön hergerichtet wurden. Die Buchungen dieser Plätze werden von vier Unternehmen gehandhabt: **Big Foot Safaris,** Tel. 039 533 60, www.bigfoottours.co.bw (Kubu Island/Lekhubu, Letiahau, Piper, Sunday, Passarge & Motopi in der Kalahari); **Xomae Group,** Tel.

Wer romantisches Campen liebt, kommt in Botswana garantiert auf seine Kosten

068 622 21, www.xomaesites.com (Third Bridge & Nxai Pan); **Kwalate Safaris**, Tel. 068 614 48, kwalatesafari@gmail.com (Ihaha, Xakanaxa & South Gate); **SKL Camps** (Tel. 068 653 36, 33 69, www.sklcamps.com (Savuti, Linyanti, Kumaga & Khwai). Um das System zu vereinfachen, besteht die Möglichkeit, bestimmte Campingplätze online zu buchen unter **www.simplybotswana.com**.

... auf die ›wilde‹ Art

Bei der Wahl eines Stellplatzes in der freien Natur gibt es einiges zu beachten. Was wie ein Pfad durch den Busch aussieht, ist nicht zu empfehlen, denn hier können nachts alle möglichen Tiere unterwegs sein. Auch sollte man genügend Abstand zu Wasserlöchern halten, da nachts oft Tiere zum Trinken kommen. Völlig out sind trockene Flussbetten – plötzliche Überschwemmungen *(flash floods)*, die ihren Ursprung oft in weit entfernten Unwettern haben, können das Fahrzeug wegspülen und zur Todesfalle werden. Bei einem Gewitter sollte das Zelt nicht der höchste Punkt in der Landschaft sein und in sumpfigen Gebieten sollte man nicht in Niederungen campen, wo sich morgens und abends meist feuchter Nebel sammelt. Generell gilt, rechtzeitig einen Platz für die Nacht zu suchen, damit man noch bei Tageslicht die Umgegend inspizieren kann.

Feuer gehören zu einem Camp unbedingt dazu. Schutz vor Löwen und Hyänen bieten die Flammen allerdings nicht, das funktioniert nur in Hollywoodfilmen. Entweder man bringt gekauftes Holz mit oder sammelt vor Ort abgestorbenes Holz – vor dem Aufheben unbedingt mit einem Stock umdrehen, um zu sehen, ob sich Skorpione oder Schlangen darunter verbergen. Vor der Abreise die rußgeschwärzten Steine und die Asche vergraben. Als Toilette gräbt man ein etwa 10 cm tiefes Loch (in dieser Tiefe funktioniert das Kompostieren), das Klopapier verbrennt man nach Gebrauch. Nie in Flüssen bzw. Quellen Kleidung, Geschirr oder sich selbst waschen, da das Wasser von Menschen und Tieren zum Trinken benutzt wird. Immer jeglichen Abfall mitnehmen, das gilt natürlich auch für Übernachtungen in Nationalparks.

Camping-Buchungsservice für Selbstfahrer
Auf einer selbst organisierten Campingtour von Südafrika bzw. Namibia über Botswana zu den Victoria Falls in Simbabwe und Sambia hat man bis zu acht verschiedene Ansprechpartner und Zahlungsadressen für die Nationalpark-Eintrittsgebühren und die Campingplätze. Der Aufwand, einen solchen Trip zusammenzustellen, ist also sehr hoch. Da man überdies bereits elf Monate im Voraus buchen kann, sind viele Plätze schnell voll. Um die Organisation einer Campingtour auf eigene Faust zu erleichtern, haben sich einige Veranstalter darauf spezialisiert, regelmäßig die Campingplätze nach Stornierungen abzufragen. Man schickt lediglich die ungefähre Reiseroute, die Reisepassnummer, das Ablaufdatum des Reisepasses und sein Geburtsdatum zu. Sodann werden freie Campingplätze recherchiert und gebucht. Die Kosten für diesen Service richten sich nach dem Aufwand, bewegen sich aber üblicherweise zwischen 15 und 75 € – eine lohnende Investition, denn man spart sehr viel Zeit und Arbeit.

Bei den folgenden zwei Reiseveranstaltern kann die Korrespondenz auf Deutsch erfolgen: **Come-Along Safari,** www.come-along-safari.com, und **Bwana Tucke Tucke,** www.bwana.de/einzelbuchungen-und-permit-besorgungen.html. Nur Englisch wird bei **Travel Wild Africa,** www.travelwildafrica.com, gesprochen.

Im Gegensatz zu Südafrika und Namibia ist der Tourismus in Botswana nicht sehr weit entwickelt. Das Land bietet zwar hervorragende Safarimöglichkeiten, aber nur wenig andere Outdoor-Aktivitäten, zumindest nicht für Individualreisende. Bei 99 % des Angebots muss man Gast einer Lodge oder Mitglied einer Reisegruppe sein, um beispielsweise an Bootstrips in einem traditionellen Einbaum *(mokoro)*, Pferde- und Elefantentouren oder Buschwanderungen teilzunehmen. Ganz anders in den Nachbarländern Namibia und Südafrika, wo es ausgeschilderte Wanderwege, gewartete 4x4-Trails, Möglichkeiten zum Felsklettern, Heißluftballonfahrten, Höhlenwanderungen, alle Arten von Wassersport etc. gibt.

Buschwanderungen

Die von vielen Lodges angebotenen Buschsafaris zu Fuß sind eine aufregende Möglichkeit, die Fauna und Flora Botswanas aus nächster Nähe kennenzulernen. Eine solche Wanderung empfiehlt sich jedoch nur mit einem erfahrenen Führer – man ist zu Fuß deutlich verwundbarer als in einem Wagen, selbst wenn es sich dabei um einen offenen Land Rover handelt. Man sollte nur mit Guides losgehen, die bewaffnet sind und mit der Waffe auch umgehen können. Weitere Informationen über Safaris zu Fuß finden sich in den Reisekapiteln.

Geländewagenfahren

Im südlichen Afrika hat sich das Geländewagenfahren *(4x4ing* oder *off-roading)* in den letzten Jahren zu einem richtiggehenden Lifestyle entwickelt. Langsam über scheinbar unüberwindliche Objekte zu kriechen oder sich durch dicken Schlamm zu wühlen wird immer mehr zur beliebten Freizeitbeschäftigung. Inzwischen gibt es viele Anbieter, die auf Privatland Geländewagenstrecken unterschiedlicher Schwierigkeitsgrade eingerichtet haben und dort auch Kurse anbieten, z. B. **www. hennops.co.za, www.saadventure.co.za.**

Golf

Im Vergleich zu den Nachbarländern sind die Möglichkeiten für Golfer in Botswana ziemlich einschränkt. Die Website **www.simply botswana.com** gibt unter ›Activities‹ und ›Golfing‹ genaue Beschreibungen der botswanischen Plätze. Touristen können für rund 10 US-$ pro Tag Mitglied in den jeweiligen Golfclubs werden. Hinzu kommen die Greenfees von 3 bzw. 6 US-$ für 9 bzw. 18-Loch-Plätze. Die Ausrüstung kann vor Ort gemietet werden.

Der älteste Golfclub des Landes mit 18 anspruchsvollen Löchern befindet sich im Zentrum von **Gaborone** (www.ggc.co.bw). 15 km nordöstlich des Zentrums lädt der zum Phakalane Golf Estate Hotel (www.phakalane.co. bw) gehörige 18-Loch-Platz zu einem Spiel inmitten des afrikanischen Buschs ein. Der Wettbewerbsplatz ist der mit Abstand beste im ganzen Land.

Der 9-Loch-Golfplatz **Jwaneng** (Tel. 077 30 65 33) liegt etwa 160 km westlich von Gaborone auf dem Gelände der Debswana-Mine, in deren Besitz er ist. Mit seinen gigantischen Bäumen, die eine natürliche Barriere darstellen, und einem kleinen Wasserlauf, der umspielt werden muss, gilt er als schwierigster im Land.

Weitere Clubplätze befinden sich in **Lobatse** (Tel. 072 17 80 79, 9 Loch), ca. 75 km südlich von Gaborone, in **Francistown** (9 Loch, kein Gras) im Nordosten Botswanas sowie 147 km südlich davon in **Selebi-Phikwe** (18 Loch). Der Golfplatz in **Kasane** (9 Loch) auf dem Gelände der Mowana Safari Lodge am Ufer des Chobe River darf nur von Hotelgäs-

Nur für Könner: Pferdesafaris in Botswana

ten bespielt werden. Wer einen Abstecher nach Sambia macht, kann in **Livingstone** (www.livingstonegolf.com) den zweitältesten Golfplatz des Landes bespielen. Er wurde 1908 etabliert und 2006 wiedereröffnet.

Rafting, Bungee-Jumping & mehr

Einer der weltbesten – und abenteuerlichsten – Flüsse für Raftingtrips ist der Sambesi, den man auf einem Abstecher zu den Victoria Falls in Sambia bzw. Simbabwe besuchen kann. In den beiden Orten Victoria Falls und Livingstone, den Adrenalinzentren im südlichen Afrika, findet man unzählige Anbieter, die diesen Trip organisieren. Im Angebot sind auch Bungee-Sprünge von der Brücke über

den Sambesi, Badeausflüge zum Devil's Pool direkt am Rand der Wasserfälle, Abseiling und vieles mehr. Die Webseiten **www.adven turezonevicfalls.com**, **www.shearwatervic toriafalls.com**, **www.safpar.com**, **www.n sandman.iway.na** und **www.bunduadven tures.com** geben Auskunft über das Angebot und die Preise.

Reiten

Die natürlichste Art, auf Safari zu gehen, ist auf dem Pferderücken. Die vor allem im Okavango Delta und im Tuli Block angebotenen, meist mehrtägigen Reitsafaris empfehlen sich jedoch nur für erfahrene Reiter. Eine der besten Adressen für organisierte Pferdesafaris in Botswana ist **www.africanhorseback.com**.

Kunsthandwerk

Typisch botswanisches Kunsthandwerk wird von Straßenhändlern oder – deutlich teurer – in den Souvenirshops der Hotels und Lodges angeboten. Besonders schöne Mitbringsel sind die aus Palmblättern handgewobenen **Körbe** sowie **Schmuck aus Straußeneierschalen,** den die San produzieren. Die Websites der beiden Kunsthandwerksläden Botswanacraft in Gaborone (www.botswana craft.bw) und Gantsi Craft in Ghanzi (www. gantsicraft.com) geben einen guten Überblick darüber, was Botswana an hochwertigen Souvenirs zu bieten hat.

In Livingstone (Sambia) und in Victoria Falls (Simbabwe) findet man unzählige Souvenirshops mit einer Riesenauswahl. Hier empfehlen sich vor allem die **Schnitzereien.** Ein skurriles Andenken, das in Victoria Falls verkauft wird, sind die alten Simbabwe-Dollar-Scheine mit Denominationen in Milliardenhöhe – Erinnerungen an die galoppierende Inflation, bevor 2013 die Landeswährung aufgegeben wurde.

Diamanten

Erst seit 2013 können Diamanten bei autorisierten Händlern an den Flugplätzen von Gaborone, Kasane und Maun erworben werden. Während zuvor alle Steine zur Weiterverarbeitung exportiert wurden, bleiben die Rohdiamanten nun zum Teil im Land, wo man sie sortiert und poliert. Es existiert ein striktes Zertifikationssystem, das Käufer über die Herkunft und den Wert der Steine informiert. In Zukunft will man Touristen nicht nur bearbeitete lose Diamanten verkaufen, sondern auch lokal inspirierte und vor Ort produzierte Schmuckstücke.

Handeln

In allen Ländern des südlichen Afrikas ist es normal und wird erwartet, dass man feilscht. Also nie den erstgenannten Preis zahlen, zumindest bei Ständen auf der Straße und in Märkten. In den Läden sind die Preise allerdings fix.

Aus den Eierschalen von Straußen werden kleine Schmuckperlen angefertigt

Alkohol

Praktisch alle Restaurants und Unterkünfte schenken Alkohol aus. Es gibt vor allem Bier aus Namibia und Wein aus Südafrika. Die Weinlisten der Lodges konkurrieren teilweise mit den besten Gourmettempeln der Welt. Alkohol für Selbstversorger ist wie in Namibia und Südafrika nur in speziellen lizensierten *bottle shops* käuflich zu erwerben.

Ausgehen

Bei Einheimischen am beliebtesten sind die Casinos in den Hotels der drei großen Städte Gaborone, Francistown und Maun. Ansonsten bieten sich nur die Hotelbars zum abendlichen Ausgehen an. Ein Nachtleben wie in den Hauptstädten der Nachbarländer gibt es in Botswana nicht.

Fotografieren

Botswana ist ein Paradies für Tierfotografen. Um jedoch Suchbilder zu vermeiden, sollte man mindestens ein 300-mm-Objektiv besitzen. Die beste Zeit zum Fotografieren ist früh am Morgen, kurz nach Sonnenaufgang, bzw. – noch besser – der späte Nachmittag kurz vor Sonnenuntergang. Dann sind die Farben wunderschön und die Sicht meist klar. Wer vom Safariwagen aus fotografiert, sollte etwas Weiches zum Unterlegen für die Kamera dabeihaben. Manche Lodges halten für solche Fälle mit Bohnen gefüllte Säckchen *(bean bags)* bereit.

Menschen bitte nur ablichten, wenn sie ihre Zustimmung dazu gegeben haben. Das Fotografieren und Filmen von Militäranlagen und -fahrzeugen, Soldaten, Polizisten, VIPs, Grenzen und offiziellen Gebäuden ist verboten, darauf sollte unbedingt geachtet werden. Auf keinen Fall darf man Felszeichnungen be-

rühren oder mit Wasser auffrischen, um besseres Fotomaterial zu bekommen, da sie durch Schweiß und Wasser zerstört werden.

Genügend Speicherkarten *(memory cards)* und Batterien mitnehmen, da diese in Botswana oft schwierig zu finden und teuer sind. Wer kein Laptop mitführt, um die Fotos herunterzuladen, kann sie auch auf einem externen Speicher *(storage device)* sichern, den es bis zu 80 GB gibt. Wichtig: Ladegerät nicht vergessen. Praktisch alle Lodges, auch die sehr abgelegenen, bieten Ladestationen für ihre Gäste.

Frauen allein unterwegs

Frauen reisen in Botswana relativ unbelästigt und genießen auch ohne einen Mann an ihrer Seite Respekt. Am besten Jeans und T-Shirts ohne großen Ausschnitt tragen, damit Männer die für sie eventuell zu freizügige Bekleidung nicht missverstehen. Ansonsten gelten normale Regeln wie nachts nicht alleine Auto zu fahren oder keine Anhalter mitzunehmen. Für ledige Frauen empfiehlt sich ein ›Ehering‹ an der linken Hand.

Maße und Gewichte

Botswana hat wie Deutschland, Österreich und die Schweiz das metrische System.

Öffnungszeiten

Die meisten Geschäfte in Botswana sind unter der Woche zwischen 8.30 und 17 Uhr und an Samstagen von 9 bis 13 Uhr geöffnet. In entlegeneren Gebieten haben die Shops am Abend oft etwas länger offen, schließen dafür aber meist über die Mittagszeit. Offizielle Ämter sind montags bis freitags von 7.30 bis 12.30 und von 13.45 bis 16.30 Uhr geöffnet.

United Colours of Botswana: der farbenprächtige Karminspint (*carmine bee eater*)

Rauchen

Die Nichtrauchergesetze werden etwas weniger streng gehandhabt wie in Südafrika. In den Lodges gibt es Raucherecken, auf Pirsch mit Rangern herrscht Rauchverbot.

Schwule und Lesben

Die botswanische, simbabwische und vor allem die sambische Rechtsprechung stellt homosexuelle ›Handlungen‹ unter Strafe. Da gleichgeschlechtliche Partnerschaften in allen drei Ländern gesellschaftlich nicht toleriert sind, wird Paaren in der Öffentlichkeit ein zurückhaltendes Verhalten empfohlen. Namibia ist etwas toleranter und Südafrika hat seit 1994 eine der liberalsten Verfassungen der Welt, die u. a. Homoehen legalisiert.

Sprache

Es ist ein Zeichen von Respekt, wenn man als Besucher zumindest ein paar Wörter Setswana beherrscht (s. S. 114). Außerdem sprechen die Menschen in abgelegenen Gebieten nur ganz wenig oder gar kein Englisch, sodass ein paar Brocken Setswana ganz hilfreich sind. Zwar werden in Botswana insgesamt 26 verschiedene Sprachen gesprochen, doch die allermeisten Menschen im Land können Setswana zumindest verstehen, das neben Englisch die zweite offizielle Landessprache ist.

Wer nach dem Weg fragt, sollte sich entsprechend der einheimischen Sitte zunächst höflichkeitshalber nach dem Befinden der angesprochenen Person erkundigen. Einen Mann spricht man in Botswana mit ›Rra‹ an, eine Frau mit ›Mma‹.

Zeit

Botswana liegt in der Zeitzone der Central African Time (CAT). Während der mitteleuropäischen Sommerzeit (MESZ) gibt es gar keine Zeitverschiebung, im europäischen Winter muss man die Uhr lediglich eine Stunde vorstellen.

Reisekasse und Reisebudget

Währungen und Kurse

... in Botswana

Die Währung in Botswana ist der Pula (BWP), der sich in 100 Thebe unterteilt. In der lokalen Tswana-Sprache heißt Pula ›Regen‹, und da dieser sehr rar ist, bedeutet Pula auch ›Segen‹. Thebe heißt übersetzt ›Schutzschild‹. Es gibt Geldscheine im Wert von 10 (grün), 20 (rot), 50 (braun), 100 (blau) und 200 (lila) Pula sowie Münzen in den Nominationen 1, 2 und 5 Pula sowie 5, 10, 25 und 50 Thebe.

Der Pula ist eine der stabilsten Währungen Afrikas. Im Juli 2013 lag der Umtauschkurs bei 1 € = 11,3 BWP, 1 CHF = 9,2 BWP. Der aktuelle Kurs findet sich unter www.oanda.com.

... in den Nachbarländern

Sambia hat Anfang 2013 eine Währungsreform durchgeführt. Zwar heißt die neue Währung immer noch Kwacha (ZMW), doch wurde der Wert der bisher im Umlauf befindlichen Banknoten durch 1000 geteilt, d. h., es wurden jeweils drei Nullen am Ende entfernt. Seither gibt es neue Banknoten und Münzen, die alten Zahlungsmittel verloren am 30. Juni 2013 ihre Gültigkeit. Kurs: 1 € = 6,8 ZMW, 1 CHF = 5,5 ZMW (Juli 2013).

In **Simbabwe** sind der südafrikanische Rand (ZAR) und der US-Dollar (US-$) die offiziellen Zahlungsmittel, die auch von Geldautomaten ausgegeben werden. Im Umlauf ist nur Papier-, kein Münzgeld – es wird entweder auf- oder abgerundet oder man bekommt statt Kleingeld ein Tütchen mit Erdnüssen. Kurs: 1 € = 13,3 ZAR = 1,3 US-$, 1 CHF = 10,9 ZAR = 1,07 US-$ (Juli 2013).

In **Namibia** ist der Namibia-Dollar (N-$) direkt an den südafrikanischen Rand (ZAR) gekoppelt, d. h., er steigt und fällt mit diesem im Verhältnis 1 : 1. Rand werden überall in Namibia, auch in Münzform, akzeptiert. Kurs: 1 € = 13,3 N-$, 1 CHF = 10,9 N-$ (Juli 2013).

Südafrika hat als Landeswährung den Rand (ZAR), der in Papier- und Münzform im Umlauf ist. Kurs: 1 € = 13,3 ZAR, 1 CHF = 10,9 ZAR (Juli 2013).

Geldbeschaffung

Es gibt sieben große Bankhäuser in Botswana sowie Wechselstuben. Banken sind üblicherweise montags bis freitags 8.30 bis 15.30 Uhr und samstags 8.30 bis 10.45 Uhr geöffnet.

Mit Kredit- oder EC-Karte und PIN-Nummer kann sowohl in Botswana als auch in den Nachbarländern an vielen Bankautomaten (ATMs) Bares gezogen werden. Fast überall kann man auch mit Kreditkarte bezahlen, wobei die VISA Card die beliebteste ist. Achtung: In Simbabwe werden nur VISA-Karten akzeptiert!

Südafrikanische Rand, US-Dollar und Euro werden mancherorts in Botswana, z. B. an Tankstellen, in Restaurants und Hotels, als Zahlungsmittel angenommen, allerdings zu einem schlechteren Kurs als dem banküblichen. Fremdwährungen tauscht man daher am besten bei der Ankunft am Flughafen oder direkt an der Grenze in Pula um.

Sperrung von EC- und Kreditkarten bei Verlust oder Diebstahl*:

0049-116 116

oder 0049-30 4050 4050
(* Gilt nur, wenn das ausstellende Geldinstitut angeschlossen ist, Übersicht: www.sperr-notruf.de)
Weitere Sperrnummern:
- MasterCard: 0049-69-79 33 19 10
- VISA: 0049-69-79 33 19 10
- American Express: 0049-69-97 97 2000
- Diners Club: 0049-69-66 16 61 23
Bitte halten Sie Ihre Kreditkartennummer, Kontonummer und Bankleitzahl bereit!

Preisniveau

Botswana hat sich nie als Billigreiseziel vermarktet. Das Preisniveau liegt auf europäischem Niveau und damit höher als in den Nachbarländern Südafrika und Namibia, aber niedriger als in Sambia und Simbabwe. Simbabwe ist nochmal ungefähr 20 % billiger als Sambia.

Im Restaurant: Essen in einem günstigen, einfachen Lokal 40 Pula; Drei-Gänge-Dinner für zwei Personen in einem mittelpreisigen Restaurant 200 Pula; Burger mit Pommes und Coke im Fast-Food-Restaurant 42 Pula; 0,5 l einheimisches Bier 9 Pula; 0,33 l importiertes Bier 12 Pula; Cappuccino 15 Pula; 0,33 l Coke oder Pepsi 6 Pula; 0,33 l Wasser 4,50 Pula.

Im Laden: 1 l Milch 11 Pula; 500 g frisches Weißbrot 7 Pula; 1 kg Reis 10 Pula; 12 Eier 14 Pula; 1 kg lokaler Käse 40 Pula; 1 kg Hühnerbrust 35 Pula; 1 kg Tomaten 15 Pula; 1 kg Kartoffeln 15 Pula; 1 Salatkopf 10 Pula; 1 kg Äpfel 16 Pula; 1 kg Orangen 12 Pula; 1,5 l Wasser 10 Pula; 1 Flasche Wein mittlere Preisklasse 45 Pula; 0,33 l importiertes Bier 9 Pula; 1 Schachtel Zigaretten 25 Pula.

Spartipps

Kurz vor der Regenzeit ist absolute Nebensaison in Botswana. Das Klima eignet sich noch zum Reisen, aber die Preise sind viel günstiger. Am besten die jeweiligen Websites der Unterkünfte nach den günstigsten Angeboten (manchmal auch Last Minute) durchsuchen. Für Einzelreisende gibt es meist Einzelzimmer, sodass man nicht den Preis für ein Doppelzimmer zahlen muss. Kinderermäßigung bietet praktisch jede Unterkunft.

Trinkgeld

In Restaurants ist ein Trinkgeld von 10 % auf den Rechnungspreis üblich. Einem Ranger, der die Pirschfahrten in den privaten Lodges leitet, sollte man pro Tag und Pärchen umgerechnet ca. 10 € geben.

Am günstigsten isst man in den zahlreichen Fast-Food-Läden

Reisezeit und Klima

Botswana hat ein semiarides Klima mit heißen Sommern von Dezember bis März und kühlen, trockenen Wintern zwischen Juli und August. Dezember und Januar sind die heißesten Monate, in denen die Durchschnittstemperaturen um die 40 °C liegen. Im Winter herrschen tagsüber moderate 20 bis 25 °C, doch nachts können die Temperaturen bis auf 3 bis 8 °C sinken und in der Kalahari sogar unter den Gefrierpunkt fallen.

Im Südsommer ist Regenzeit in Botswana, aber die Niederschläge fallen unberechenbar und von Gebiet zu Gebiet unterschiedlich. Jede Region hat daher ihre beste Reisezeit, die in den jeweiligen Reisekapiteln näher erläutert wird.

Von den Temperaturen her haben die Nachbarländer Sambia und Simbabwe ein mit Botswana vergleichbares Klima. Das ganze Jahr über ist es heiß und nur während des Südwinters im Juni und Juli kühlt es nachts ein wenig ab. Die beste Reisezeit für die Victoria Falls hängt ganz davon ab, wie man dieses Naturschauspiel erleben möchte. Gegen Ende der Trockenzeit im November und auch noch im Dezember führen die Fälle am wenigsten Wasser. Dann sind Spaziergänge bis an den Rand möglich und die sonst vom Wasser bedeckten spektakulären Klippen vollständig zu sehen. Sobald die *rainy season* im Februar/März ihrem Ende entgegengeht, schwellen die Fälle wieder kräftig an und führen im April das meiste Wasser. Die Gischt kann dann allerdings so hoch spritzen, dass man die Fälle in ihrer Gesamtheit nur von einem Flugzeug aus erfassen kann.

Was sollte in den Koffer?

Tagsüber genügen immer T-Shirt und Shorts. Für kühle Abende empfehlen sich leichte Pullover und lange Hosen. Wer im Südwinter unterwegs ist, sollte auch einen Fleece und evtl. eine Jacke einpacken. Ein Hut und eine Sonnencreme mit hohem Lichtschutzfaktor sind immer angeraten. Wer campt und im Busch herumläuft, sollte feste, knöchelhohe Schuhe tragen. Zum Autofahren genügen Sandalen. Selbst in den teuren Lodges geht es am Abend recht leger zu, nur Shorts sind out. Empfehlenswert ist ein Fernglas für die Wildbeobachtung. Auch eine Stirnlampe schadet nicht, sollte der Generator einmal ausfallen.

Klimadaten Gaborone

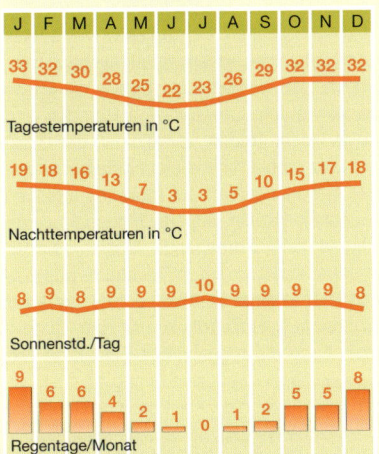

	J	F	M	A	M	J	J	A	S	O	N	D
Tagestemperaturen in °C	33	32	30	28	25	22	23	26	29	32	32	32
Nachttemperaturen in °C	19	18	16	13	7	3	3	5	10	15	17	18
Sonnenstd./Tag	8	9	8	9	9	9	10	9	9	9	9	8
Regentage/Monat	9	6	6	4	2	1	0	1	2	5	5	8

Elektrizität

Die Stromspannung beträgt 220/240 Volt. Es werden sowohl 2-polige als auch 3-polige Stecker verwendet. Sofern Adapter benötigt werden, liegen sie in Hotels und Lodges bereit. Zur Sicherheit sollte man jedoch von daheim einen Universaladapter mitbringen.

Die Lodges sind oft nicht an das Stromnetz angeschlossen. Sie erzeugen ihre Elektrizität per Sonnenenergie oder Stromaggregat. Beide können oft keine Föns betreiben.

Gesundheit und Sicherheit

Gesundheit

Vorsorge

Für Botswana sind keine Impfungen vorgeschrieben oder notwendig. Sambia steht seit 2011 auf der Liste der Gelbfieberländer. Wer von einem der Nachbarländer nach Sambia ein- oder von dort wieder in einen der angrenzenden Staaten ausreist, muss eine gelbe Impfkarte mitführen und eine Impfung gegen Gelbfieber nachweisen. Kontrolliert wird das allerdings nur sehr lasch. Botswana ist vor allem in den nördlichen Regionen Malariagebiet. Weitere Informationen finden sich auf folgenden Websites: Auswärtiges Amt, **www.auswaertiges-amt.de,** die Reisemedizin, **www.die-reisemedizin.de,** Fit for travel, **www.fit-for-travel.de.**

Reiseapotheke

Wer über Johannesburg oder Windhoek anreist, wird in diesen Städten hervorragend sortierte Apotheken auf europäischem Niveau vorfinden. Aber auch in den wichtigen Städten Botswanas und im sambischen Livingstone gibt es eine gute Arzneimittelversorgung. Abseits der Hauptzentren kann man jedoch keine Medikamente kaufen. Selbstfahrer, die in abgelegene Gebiete reisen, sollten daher unbedingt eine Reiseapotheke mitführen. Darin enthalten sein sollten: antiseptische Tücher oder Seife in einer Plastikbox, Antihistamin-Tabletten gegen allergische Beschwerden, Antiseptikum (z. B. Jod), Aspirin oder Paracetamol, Blasenpflaster für Fußsafaris, Insektenspray, Lippenbalsam mit Sonnenschutzfaktor, Malaria-Prophylaxe (z. B. Malarone), Feuchtigkeitscreme, Pflaster und sterile Verbände, Sonnenschutz, Brandpflaster, Antibiotika (z. B. Norfloxacin oder Ciprofloxacin), antibiotische Augentropfen, sterile Spritzen (falls man in ein kleines Krankenhaus muss), starkes Schmerzmittel (z. B. Codeine Phosphate, hilft auch bei starkem Durchfall), Pinzette, Wasserdesinfektionstabletten, Er-

satzbrille oder -kontaktlinsen, spezielle Medikamente für chronisch Kranke.

Krankenversicherungsschutz

Um bei einem medizinischen Notfall nicht auf den Kosten sitzenzubleiben, empfiehlt sich der Abschluss einer Reisekrankenversicherung mit Rückholdienst. Im Krankheitsfall zahlt man beim Arzt oder im Krankenhaus bar oder per Kreditkarte und rechnet zu Hause mit der Krankenversicherung ab. Die Behandlung chronischer Krankheiten ist zumeist nicht erstattungsfähig.

Gesundheitsgefahren

Das **Leitungswasser** ist fast überall in Botswana sicher zu genießen. Im Zweifelsfall sollte man fragen oder Mineralwasser kaufen, das es in fast jedem Laden und Supermarkt zu kaufen gibt.

Während der Regenzeit ist **Malaria** im Okavango Delta und an den Victoria Falls ein Problem. Die Prophylaxe mittels starker Kombinationspräparate ist umstritten, weil sie keinen 100%igen Schutz bietet und zum Teil erhebliche Nebenwirkungen verursacht. Sollte trotz einer Vorbeugung Malaria ausbrechen, ist die Krankheit außerdem schwieriger zu diagnostizieren und zu heilen. Viel besser ist es daher, den sogenannten mechanischen Schutz anzuwenden, d. h. bereits die Stiche zu vermeiden: Langärmelige Hemden und lange Hosen tragen, vor allem in der Dämmerung, wobei helle Kleidungsfarben weniger Anziehungskraft auf Moskitos ausüben als dunkle Farben. Außerhalb geschlossener Räume helfen brennende Moskitospiralen *(moskito coils),* im Innern Teebaum- oder Lavendelöl in einer Duftlampe bzw. ein paar Tropfen auf der Bettdecke und den Glühbirnen. Auch die regelmäßige Einnahme von Knoblauchpillen reduziert Stiche, da die Moskitos den Geruch der Haut dann nicht mögen. Die gleiche Wirkung haben Anti-Insektenmittel. Nachts sollte man unter einem Moskitonetz schlafen. Wer sich gegen die Prophylaxe entscheidet, sollte etwa zehn Tage bis sechs Monate nach seiner Rückkehr aus einem gefährdeten Gebiet auf Symptome wie Gliederschmerzen, Schnupfen, Erkältung, Fieber etc. achten. Treten diese auf, sofort ein Tropeninstitut konsultieren und Malariaverdacht äußern, damit sehr schnell Gegenmaßnahmen eingeleitet werden können. Innerhalb von 48 Stunden nach dem Eintreten der ersten Symptome ist Malaria problemlos zu heilen. Grundsätzlich sollte jedoch jeder Tourist vor der Reise das Malariarisiko zusammen mit seinem Hausarzt erwägen. In botswanischen, namibischen und südafrikanischen Apotheken kann man einen Malaria-Selbsttest kaufen, was die zeitaufwendigen und teuren Bluttests im Krankenhaus erspart. Fällt der Test unterwegs positiv aus, nimmt man die beigefügten Tabletten ein und konsultiert sofort nach der Reise einen Arzt.

Bilharziose (*bilharzia*) wird durch einen Parasiten übertragen, der im Wasser lebt und Darm, Blase sowie andere Organe von Säugetieren und Menschen befallen kann. Die Symptome zeigen sich nach etwa sechs Wochen, eingeleitet durch eine gewisse Lethargie und Schwäche nach zwei bis drei Wochen. Bei Blut im Stuhl oder Urin unbedingt einen Arzt aufsuchen! Die Krankheit ist dann leicht und schnell heilbar. Bilharziose-Gefahr besteht nur im äußersten Nordwesten Botswanas und dort auch nur in der Nähe von menschlichen Siedlungen. Um sich vor der Krankheit zu schützen, sollte man weder Wasser aus Gewässern stromabwärts von Ansiedlungen trinken noch darin baden oder sich damit waschen.

Die **Schlafkrankheit** (*sleeping sickness*) wird durch einen Parasiten verursacht, der auf Menschen durch den Stich einer infizierten Tsetsefliege übertragen wird. Das Insekt ist etwas größer als eine Stubenfliege und sieht aus wie eine Pferdebremse. Aufgrund ihrer festen Körper lassen sich die Insekten nur mit Schwierigkeit zerquetschen. Nicht jeder der schmerzhaften Stiche führt zum Ausbruch der Krankheit. Sollte die Stelle aller-

Kostenlose Aids-Tests sind eines der Mittel, um gegen die Epidemie anzugehen

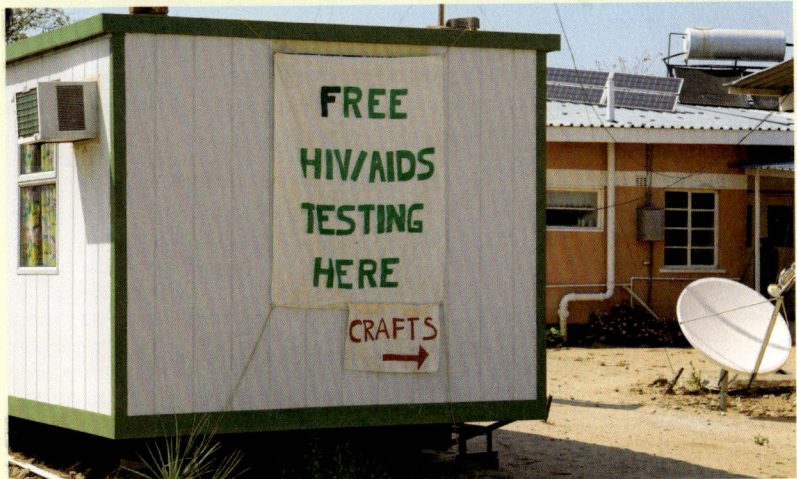

dings anfangen sich zu entzünden oder sollten Symptome wie Lymphknotenschwellungen und starke Kopfschmerzen auftreten, muss ein Arzt aufgesucht werden. Wie Bilharziose kommt auch die Schlafkrankheit nur im äußersten Nordwesten Botswanas vor und ist selbst dort durch häufiges Sprühen von Insektiziden äußerst selten. Zur Vorbeugung schützt man sich mit den gleichen Mitteln wie gegen Moskitos.

Ärztliche Versorgung

Botswana gilt als eines der medizinisch bestausgestatteten Länder südlich der Sahara. Die ärztliche Versorgung in staatlichen Krankenhäusern ist im ganzen Land gut, doch für Touristen empfehlen sich die Privatkliniken:
Bokamoso Hospital: Mmopane Block, Gaborone, Tel. 036 940 00, www.bokamosohospital.org. Das größte private Krankenhaus Botswanas.
Life Gaborone Private Hospital: Segoditshane Rd., Mica Way, Gaborone, Tel. 036 856 00, www.lifehealthcare.co.za. Ein weiteres Privatkrankenhaus, das von einem südafrikanischen Unternehmen gemanagt wird.
Tati River Clinic/Riverside Hospital: Baines Av., Ecke Khama Av., Francistown, Tel. 024 125 18, www.botswanariversidehospital.com. Privatkrankenhaus mit 24-Std.-Notdienst.
Delta Medical Centre: Tshekotseko Rd., Old Mall, Maun, Tel. 068 614 11 www.deltamedicalcentre.org. Moderne Privatklinik.

Sicherheit

Botswana ist ein relativ sicheres Reiseland. Vorsicht sollte man nur abends in Gaborone, Francistown und Maun walten lassen: Besser ohne Schmuck und Handtasche ins Restaurant gehen oder mit dem Mietwagen bzw. Taxi vorfahren und dabei Fenster und Türen gut verschlossen halten. Diebstähle und Raubdelikte gegen Touristen, besonders Einzelreisende, nehmen vor allem in Maun zu. Von abendlichen oder gar nächtlichen Spaziergängen ist generell abzuraten. Das Gleiche gilt für Überlandfahrten in der Dunkelheit. Neben erhöhter Gefährdung durch kriminelle Übergriffe besteht das Risiko eines Verkehrsunfalls wegen unbeleuchteter Fahrzeuge oder Tieren auf der Straße. Zu jeder Tageszeit ist Vorsicht bei den kleinen, unbewirtschafteten Rastplätzen an Landstraßen angebracht, wo es wiederholt zu Überfällen auf Touristen kommt. Zivilisten dürfen in Botswana keine militärisch aussehende Kleidung tragen.

Verhaltenstipps: Die Menschen um einen herum im Auge behalten, fixieren und anlächeln. Nicht als unbeholfener Tourist auffallen, wenn man durch eine Stadt läuft, stattdessen zuvor eine Route festlegen und unterwegs nicht ständig in den Stadtplan starren. Wenn man sich verlaufen hat, ins nächste Café oder Geschäft gehen und dort nach dem Weg fragen. Wertgegenstände nicht für jeden sichtbar tragen, sondern in einer zusammengeknüllten Plastiktüte oder einem kleinen Rucksack. Falls es wirklich zu einem Überfall kommt, sollte man ein oder zwei Zehn-Pula-Scheine lose in der Tasche haben und diese widerstandslos herausgeben, zumeist rennen die Täter damit sofort weg.

In Simbabwe hat die schwierige politische, wirtschaftliche und soziale Lage der Bevölkerung zu einem Anstieg der Kriminalität geführt. Hier sollten beim Autofahren auch tagsüber die Fenster geschlossen und die Türen von innen verriegelt sein.

Internet

Internetcafés gibt es in fast allen urbanen Zentren Botswanas. Der Zugang kostet etwa 2 €/Std. Die meisten Hotels und Lodges sowie viele Restaurants und Cafés verfügen über WLAN-Hotspots. Whatsapp-Nachrichten und E-Mails können somit auch ohne SIM-Karte empfangen werden.

Post

Der staatliche Postservice liegt in den Händen von Botswana Post, www.botspost.co.bw, die selbst in den abgelegensten Ortschaften eine Filiale besitzt. Die Öffnungszeiten sind in der Regel montags bis freitags 8.15 bis 12.45 und 14 bis 16 sowie samstags 8.30 bis 11.30 Uhr. Die Schneckenpost ist langsam, aber zuverlässig und günstig. Ansichtskarten bzw. Briefe nach Europa kosten per Luftpost 4,50 Pula.

Telefonieren

Botswana verfügt über eines der besten Telekommunikationssysteme in Afrika. Von fast jedem Telefon kann weltweit telefoniert werden, allerdings sind die Gespräche – auch innerhalb des Landes – recht teuer. Für Ortsgespräche bezahlt man 0,30 Pula, ein Anruf innerhalb des Landes kostet 0,50 Pula pro Minute und ein Überseetelefonat je nach Uhrzeit zwischen 1,60 und 2,20 Pula pro Minute (Hotels berechnen meist einen ordentlichen Aufschlag). In fast allen Dörfern gibt es öffentliche Telefone, die entweder mit Münzen oder Telefonkarten (erhältlich in vielen Shops und auf den Postämtern) funktionieren.

In Botswana gibt es drei Handy-Netzanbieter: Mascom Wireless (www.mascom.co.bw), der mit dem südafrikanischen Anbieter MTN kooperiert, Orange Botswana (www.orange.co.bw), der von France Telecom unterstützt wird, sowie Be Mobile (www.bemobile.co.bw), eine Schwesterfirma des Festnetzanbieters BTC (www.btc.bw). Um mit dem eigenen Handy vor Ort günstige Gespräche führen zu können, besorgt man sich bei einem der einheimischen Netzanbieter eine Prepaid-SIM-Karte.

Internationale Telefonvorwahlen: Botswana 00267, Deutschland 0049, Österreich 0043, Schweiz 0041.

Radio und Fernsehen

Botswana hat eine Reihe von Radiosendern, die allerdings nur in der Nähe von größeren Städten funktionieren. Es gibt die beiden staatlichen Stationen Radio Botswana 1 (RB1) und Radio Botswana 2 (RB2) sowie die unabhängigen Sender Duma FM, Gabz FM und Yarona FM.

Botswana TV wurde im Jahr 2000 etabliert und gehört, wie die beiden staatlichen Radiosender, zum Department of Information and Broadcasting. Fast alle Menschen mit Fernseher in Botswana sind mit dem südafrikanischen Satellitennetzwerk von Multichoice (www.dstv.co.za) verbunden.

Zeitungen

Die meistgelesenen Zeitungen in Botswana sind der »Botswana Guardian« und »Mmegi« (›Der Reporter‹). Einmal wöchentlich am Montag erscheint »Monitor«, eine Schwesterpublikation von Mmegi. Zu den weiteren in Botswana publizierten Zeitungen gehören »The Botswana Gazette«, »Midweek Sun« sowie die staatliche, kostenlose Tageszeitung »Daily News«.

Links zu allen Zeitungen Botswanas finden sich unter www.onlinenewspapers.com/botswana.htm.

Sprachführer Setswana

Aussprache

Setswana ist relativ leicht zu lesen und wird praktisch so gesprochen, wie es geschrieben wird. Einige Ausnahmen: Ein ›g‹ wird wie ›ch‹ gesprochen, das ›r‹ wird gerollt, das ›th‹ wird nicht wie im Englischen, sondern als ›t‹ ausgesprochen und ›sh‹ wird nicht als ›sch‹, sondern als ›s‹ gesprochen.

Allgemeines

Guten Morgen/Tag/Abend!	Dumela Mma (bei einer Frau)/dumela Rra (bei einem Mann)
Hallo!	Dumela!
Gute Nacht!	Bôrôko!
Schlafen Sie gut!	Robala sentle.
Auf Wiedersehen (sagt der, der bleibt)!	Tsamaya sentle!
Auf Wiedersehen (sagt der, der geht)!	Sala sentle!
Entschuldigung!	Intshwarele!
mein Mann	monna wa me
meine Frau	mosadi wa me
bitte	tswêê-tswêê
Danke!	Kealeboga/tankie!
ja/nein	ee/nya
Wie bitte?	Bua gape/ipoeletse?
Wann?	Leng?
Wie?	Jang?
Wo?	Kae?
Wer?	Mang?
Was?	Eng?

Unterwegs

Auto	koloi
Geländewagen	four by four
Tankstelle	petroleum seteisene
Benzin	lookwane/peterolo
Straße	tsela
Piste	pata
Brücke	borogo
Abzweigung	foroko
Norden	bokone
Süden	borwa
Osten	botlhabatsatsi
Westen	bophirima tsatsi
rechts	moja
links	molema
geradeaus	tlhamalala
Auskunft	kitso
geöffnet	go butswe
geschlossen	go tswetswe
Telefon	mogala
Computer	sebala makgolo

Zeit

Stunde	oura
Tag	letsatsi
Nacht	bosigo
Woche	beke
Monat	kgwedi
Jahr	ngwaga
heute	gompieno
gestern	maabane
morgen	ka mosô
jetzt	jaanong
wieder	gapê
morgens	mo mosong
mittags	motshegare
abends	maitseboa
früher	otle ka nako
später	kgantele
Montag	mosupologo
Dienstag	labobedi
Mittwoch	laboraro
Donnerstag	labone
Freitag	labotlhano
Samstag	lamatlhatso
Sonntag	sontaga
Feiertag	letsatsi la boitapoloso

Notfall

Hilfe!	Nthuse!
Polizei	lepodisi
Arzt	ngaka
Krankenhaus	sepatela
Unfall	Kotsi
Schmerz	botlhoko
krank	iwala

| Panne | senyegile |
| Notfall | thuso ya potlako |

Übernachten

Unterkunft	boroko
Zimmer	kamore
Toilette	thoelete/ntlwana
Dusche	botlhapelo
mit Frühstück	dijo tsa mo mosong
Halbpension	halfboard
Campingplatz	kampa

Einkaufen

Geschäft	lebentlele/shopo
Markt	mmaraka
Kreditkarte	karata
Geld	madi
Geldautomat	sebala makgolo/ATM
Lebensmittel	dijo
Fleisch	nama
Feuerholz	dikgong

Bier	bojalwa
kaufen	reka
bezahlen	duela

Zahlen

1	nngwe	17	lesomesupa
2	pedi	18	lesomeropedi
3	tharo	19	lesomero-bongwe
4	nne		
5	tlhano	20	masomepedi
6	thataro	21	masomepe-dinngwe
7	supa		
8	robedi	30	masometharo
9	robongwe	40	masomenne
10	some/lesome	50	masometlhano
11	lesomenngwe	60	masomethataro
12	lesomepedi	70	masomesupa
13	lesomeraro	80	masomeropedi
14	lesomenne	90	masomero-bongwe
15	lesometlhano		
16	lesomethataro	100	lekgolo

Die wichtigsten Sätze

Wo kommen Sie her?	O tswa kae?
Ich komme aus D/A/CH.	Ke tswa Germany/ Austria/ Switzerland.
Wie geht es Ihnen?	O tsogile?
Mir geht es gut.	Ke tsogile.
Was möchten Sie?	O batlang?
Ich möchte …	Ke batla …
Kommen Sie herein!	Tsena!
Setz dich hierhin!	Dula fa!
Sprechen Sie Setswana/Englisch?	A o bua setswana/ sekgowa?
Ich spreche nur Englisch.	Ke bua Seenglish.
Sprich langsam.	Bua ka bonya.
Ich verstehe.	Ke a tlhaloganya.
Ich verstehe nicht.	Ga ke tlhaloganye.
Wie heißen Sie?	Leina la gago e mang?
Mein Name ist …	Leina la me ke …
Wo ist …?	E kae …?

Ich fahre nach …	Ke a tsamaya …
Wie komme ich nach …?	Wa tswa ke …?
Ist das die Straße nach …?	A ke yone tsela e e yang kwa …?
Ist diese Strecke passierbar?	A tsela e e ka fetega?
Gibt es Benzin in …?	A gona le lookwane kwa …?
Sind die Läden in … offen?	A mabentlele a butswe kwa …?
Darf ich hier campen?	A ke ka thibelela fa?
Ich brauche Hilfe!	Ke kopa thuso!
Lass mich in Ruhe!	Ntlogele!
Wo ist die Toilette?	Ntlwana ya boiti-ketso e kae?
Ich bin krank.	Kea lwala.
Ruf die Polizei!	Bitsa mapodisi!
Wie viel kostet das?	E ke bokae?
Ich kaufe es.	Ke tla e reka.

Sprachführer Englisch

Allgemeines

Guten Morgen!	Good morning!
Guten Tag!	Good afternoon!
Guten Abend!	Good evening!
Auf Wiedersehen!	Good bye!
Entschuldigung!	Excuse me/sorry!
hallo/grüß dich	hello
bitte	you're welcome/ please
danke	thank you
ja/nein	yes/no
Wie bitte?	Pardon?
Wann?	When?
Wie?	How?

Unterwegs

Haltestelle	stop
Bus	bus
Auto	car
Geländewagen	four-wheel drive
Kleinbus	minivan
Wohnmobil	camper
Ausfahrt/-gang	exit
Tankstelle	petrol station
Benzin	petrol/fuel
rechts	right
links	left
geradeaus	straight ahead/ straight on
Auskunft	information
Telefon	telephone
Postamt	post office
Busbahnhof	bus station
Bahnhof	railway station
Flughafen	airport
Gepäck	luggage
Stadtplan	city map
alle Richtungen	all directions
Hauptstraße	main road
Eingang	entrance
geöffnet	open
geschlossen	closed
Kirche	church
Museum	museum
Brücke	bridge
Platz	place/square
Autobahn	motorway
einspurige Straße	single track road
Piste	track

Zeit

3 Uhr (morgens)	3 a.m.
15 Uhr (nachmittags)	3 p.m.
Stunde	hour
Tag/Woche	day/week
Monat	month
Jahr	year
heute	today
gestern	yesterday
morgen	tomorrow
morgens	in the morning
mittags	at noon
abends	in the evening
früh	early
spät	late
Montag	Monday
Dienstag	Tuesday
Mittwoch	Wednesday
Donnerstag	Thursday
Freitag	Friday
Samstag	Saturday
Sonntag	Sunday
Feiertag	public holiday
Winter	winter
Frühling	spring
Sommer	summer
Herbst	autumn

Notfall

Hilfe!	Help!
Polizei	police
Arzt	doctor
Zahnarzt	dentist
Apotheke	pharmacy
Krankenhaus	hospital
Unfall	accident
Schmerzen	pain
Panne	breakdown
Rettungswagen	ambulance
Notfall	emergency

Übernachten

Hotel	hotel
Pension	guesthouse
Einzelzimmer	single room
Doppelzimmer	double room
mit Bad	with bathroom
mit WC	ensuite
Toilette	toilet
Dusche	shower
mit Frühstück	with breakfast
Halbpension	half board
Rechnung	bill

Einkaufen

Geschäft	shop
Markt	market
Kreditkarte	credit card
Geld	money
Geldautomat	cash machine
Bäckerei	bakery
Lebensmittel	food

teuer/billig	expensive/cheap
Größe	size
bezahlen	to pay

Zahlen

1	one	17	seventeen
2	two	18	eighteen
3	three	19	nineteen
4	four	20	twenty
5	five	21	twenty-one
6	six	30	thirty
7	seven	40	fourty
8	eight	50	fifty
9	nine	60	sixty
10	ten	70	seventy
11	eleven	80	eighty
12	twelve	90	ninety
13	thirteen	100	one hundred
14	fourteen	150	one hundred and fifty
15	fifteen		
16	sixteen	1000	a thousand

Die wichtigsten Sätze

Allgemeines

Sprechen Sie Deutsch?	Do you speak German?
Ich verstehe nicht.	I do not understand.
Ich spreche kein Englisch.	I do not speak English.
Ich heiße …	My name is …
Wie heißt Du/ heißen Sie?	What's your name?
Wie geht's?	How are you?
Danke, gut.	Thanks, fine.
Wie viel Uhr ist es?	What's the time?
Bis bald (später).	See you soon (later).

Unterwegs

Wie komme ich zu/nach …?	How do I get to …?
Wo ist bitte …	Sorry, where is …?
Könnten Sie mir bitte … zeigen?	Could you please show me …?

Notfall

Können Sie mir bitte helfen?	Could you please help me?
Ich brauche einen Arzt.	I need a doctor.
Hier tut es weh.	Here I feel pain.

Übernachten

Haben Sie ein freies Zimmer?	Do you have any vacancies?
Wie viel kostet das Zimmer pro Nacht?	How much is a room per night?
Ich habe ein Zimmer bestellt.	I have booked a room.

Einkaufen

Wie viel kostet …?	How much is …?
Ich brauche …	I need …
Wann öffnet / schließt …?	When does … open/ … close?

Die landestypischen Einbäume, die Mekoros, werden von sogenannten Stakern durch das Gewässerlabyrinth des Okavango Delta gesteuert

Unterwegs in Botswana

Im Zentrum von Gaborone prägen zahlreiche moderne Gebäude das Gesicht der jungen Stadt

Kapitel 1

Gaborone und der Südosten

Botswanas Hauptstadt Gaborone gehört zu den am schnellsten wachsenden Städten Afrikas. Erst Ende der 1960er-Jahre begann sich das einstige Dorf zu entwickeln, in dem sich seither mehr als 500 000 Menschen ansiedelten. Dadurch, dass die Stadt so jung ist, hat sie keinen historischen Kern bzw. typisch afrikanischen Charakter und entsprechend wenig Sehenswürdigkeiten. Dafür bieten sich in den Einkaufszentren nahezu unbeschränkte Shoppingmöglichkeiten, von denen insbesondere Selbstfahrer profitieren, die sich hier mit Proviant versorgen können. Auch Souvenirs lassen sich hier problemlos einkaufen – sei es im Thapong Visual Arts Centre in der City oder in den Kunsthandwerksdörfern der Umgebung: Kolobeng, Thamaga, Oodi und Mochudi. Hier gibt es alles, was heimischen Wohnzimmern einen afrikanischen Touch verpasst.

Da keine Airline direkte Flugverbindungen von Europa nach Botswana unterhält und es nur wenige – teure – Mietwagen in Gaborone gibt, beginnen viele Besucher ihre Reise im südafrikanischen Johannesburg, das lediglich 275 km südöstlich der botswanischen Hauptstadt liegt und auf einer guten Straße leicht in einem halben Tag zu erreichen ist. Um sich ›tierisch‹ auf Botswanas Fauna einzustimmen, empfehlen sich jedoch ein oder zwei Übernachtungen im südafrikanischen Madikwe Game Reserve unmittelbar an der Grenze zu Botswana. Das private Wildreservat ist malariafrei und nur einen Leopardensprung von Gaborone entfernt. Aber auch die Umgebung der Hauptstadt ermöglicht Erstkontakte mit der botswanischen Fauna. Sowohl im Gaborone Game Reserve als auch im Mokolodi Game Reserve tummeln sich ordentlich Großsäuger.

Gaborone und der Südosten

Sehenswert

1 **Mokolodi Nature Reserve:** Das stadtnahe Wildreservat bietet botswanische Fauna quasi vor der Haustüre. In dem 50 km² großen Schutzgebiet im Süden der Hauptstadt tummeln sich Elefanten, Nashörner, Zebras, Elen- und Kuhantilopen, Kudus, Impalas und Warzenschweine sowie ein zahmer Gepard (s. S. 135).

2 **Thamaga:** Das Kunsthandwerksdorf ca. 40 km westlich von Gaborone ist für seine qualitativ hochwertige Töpferkunst berühmt (s. S. 139).

Madikwe Game Reserve: In dem privaten Reservat an der südafrikanisch-botswanischen Grenze kann man sich auf die botswanische Fauna einstimmen. Das Highlight ist der große Wildhundbestand (s. S. 145).

Schöne Routen

Kgale Hill: Der Hügel dominiert die Hauptstadt. Drei Wanderwege führen in jeweils etwa einer Stunde nach oben – die steile Rusty's Route, der etwas längere Transfeldt Trail und ein Pfad über den Sattel zum Cross Kopje (s. S. 129).

Rundfahrt durchs Hügelland westlich von Gaborone: Ein schöner Halbtagesausflug führt in die pittoreske Landschaft westlich der Hauptstadt, wo man u. a. die Kunsthandwerksdörfer Kolobeng und Thamaga besuchen kann (s. S. 138).

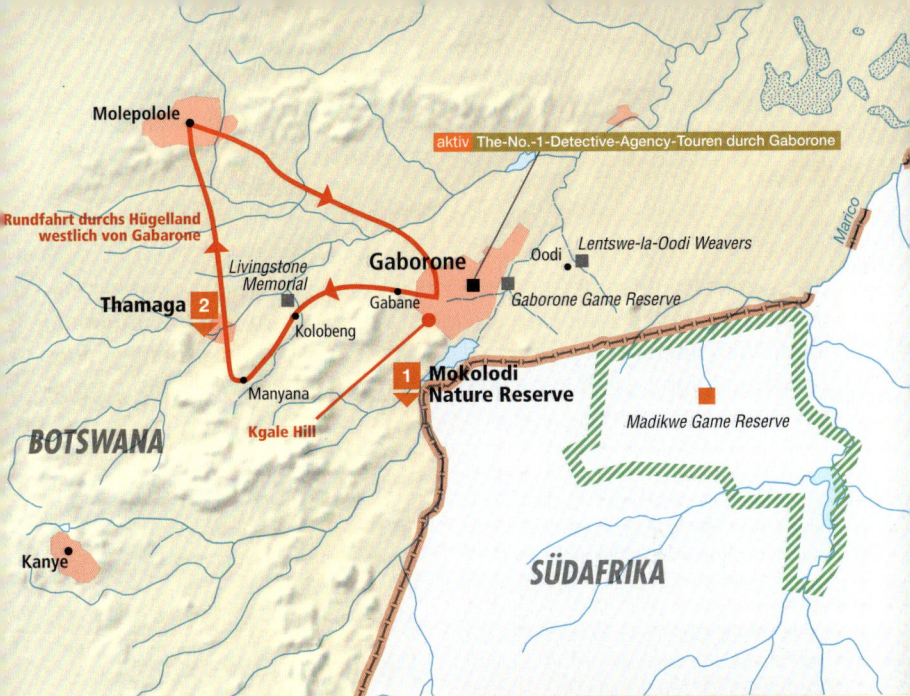

Molepolole

aktiv The-No.-1-Detective-Agency-Touren durch Gaborone

Rundfahrt durchs Hügelland
westlich von Gaborone

Livingstone
Memorial

Gaborone

Oodi   Lentswe-la-Oodi Weavers

Thamaga **2**

Gabane

Gaborone Game Reserve

Kolobeng

Marico

Manyana

1 Mokolodi
Nature Reserve

Kgale Hill

Madikwe Game Reserve

BOTSWANA

Kanye

SÜDAFRIKA

Meine Tipps

Gaborone Game Reserve: Das 5,5 km²
große Naturschutzgebiet bietet stadtnah Zebras, Elen- und Kuhantilopen, Kudus, Warzenschweine und Impalas (s. S. 128).

Bestes Steak im Land: Botswana-Freiland-
rind in exzellenter Qualität gibt es in Gaborones Beef Baron Grill im Grand Palm Permont
Walmont (s. S. 131).

Livingstone Memorial am Kolobeng River:
Das in den 1840er-Jahren erbaute Haus des
berühmten englischen Forschers und Entde-
ckers findet sich 40 km westlich von Gaborone (s. S. 138).

Lentswe-la-Oodi Weavers im Dorf Oodi:
Etwa 20 km nördlich von Gaborone an der
Straße nach Francistown kann man eine Weberei besichtigen und bunt bedruckte, traditionelle Stoffe kaufen (s. S. 140).

aktiv unterwegs

**The-No.-1-Detective-Agency-Touren durch
Gaborone:** Die Bücher von Alexander McCall
Smith haben Botswana, Gaborone sowie die
fiktive Heldin, die einzige weibliche Detektivin im Land, Mma Ramotswe, weltberühmt
gemacht. Eine sehr populäre BBC-Fernseh-
serie folgte. Auf einer organisierten Tour kann
man die Schauplätze von Buch und Film besuchen (s. S. 134).

Gaborone ▶ 2, L 13

Botswanas Hauptstadt Gaborone ist eine junge, rasant wachsende Metropole. Touristen benutzen sie meist nur als Durchgangsstation auf ihrem Weg nach Norden, obwohl die Stadt und ihre Umgebung einiges zu bieten haben – von gut ausgestatteten Shopping Malls bis zu interessanten Naturparks.

Die sichere Wasserversorgung durch den Ngotwane River veranlasste Häuptling Gaborone in den 1880er-Jahren, sich mit seinem Stamm der Batlokwa an der Stelle der später nach ihm benannten Stadt niederzulassen. Bis Anfang der 1960er-Jahre bestand die Siedlung aus kaum mehr als 1000 Häusern. Der Aufschwung kam 1964, als die außerhalb des Landes, im südafrikanischen Mafikeng gelegene Verwaltung des Protektorats noch vor der Unabhängigkeit Botswanas nach Gaborone verlegt wurde. Ausschlaggebend für die Wahl des Orts war neben der Wasserversorgung auch die Nähe zur bereits existierenden Bahnlinie von Südafrika nach Simbabwe, dem früheren Südrhodesien.

1968 wurde Gabs, wie **Gaborone** liebevoll von Einheimischen genannt wird, zur Stadt deklariert und wächst seither rapide. Anfänglich vergrößerte sich die Siedlung – für afrikanische Verhältnisse überaus geplant – in konzentrischen Kreisen um die alten Gebäude. Doch schon bald wurde wild dazugebaut, was zu dem heute recht verwirrenden Straßennetz beiträgt. Die Stadt besitzt einige moderne Hotels, Kinos, Restaurants und Nachtclubs, aber keinen historischen Stadtkern, der zum Bummeln einladen würde. Dafür gilt Gaborone mit seiner großen Zahl von Shopping Malls als Einkaufsparadies der Region, mit mehr Ladenfläche pro Einwohner als jede andere Stadt der Welt. Das Durchstreifen der Einkaufszentren, in denen man auch eine Menge trendiger Boutiquen, Restaurants und Coffee Shops findet, ersetzt in Gaborone den Stadtspaziergang. Verglichen mit anderen afrikanischen Hauptstädten ist Gaborone übrigens sehr sicher und diesbezüglich wohl nur noch mit Windhoek in Namibia vergleichbar.

Regierungsviertel

Cityplan: S. 126/127
Den Mittelpunkt Gaborones bildet das Regierungsviertel, das sich östlich der Hauptverkehrsader, dem Nelson Mandela Drive, erstreckt. Im Zentrum dieser sogenannten **Government Enclave** findet sich ein gepflasterter Platz mit einer **Statue von Sir Seretse Khama** [1], dem ersten Präsidenten Botswanas. Außerdem erhebt sich hier ein **Kriegerdenkmal**, das an die Batswana erinnert, die ihr Leben für das britische Empire gegeben haben.

Etwas westlich des Platzes, umgeben von weiteren hohen Regierungsgebäuden, steht die **National Assembly** [2], das Haus der Nationalversammlung.

Geschäftsviertel

Cityplan: S. 126/127
Östlich der Government Enclave erstreckt sich entlang der Queens Road die riesige **Main Mall** [1] (s. S. 129), Gaborones ältestes Einkaufszentrum aus den 1960er-Jahren, welches das Zentrum des modernen Geschäfts-

viertels bildet. Gegenüber liegt die **Town Hall** 4, wo der Bürgermeister residiert und andere städtische Büros untergebracht sind. In der **Bibliothek** 5 daneben gibt es viele Bücher zur Geschichte, Kultur und zu den Menschen Botswanas.

Der **Three Chiefs Monument Park** 6 erinnert an einen bedeutenden Wendepunkt in der Geschichte Botswanas: Die drei Häuptlinge – Kgosi Khana III. von den Bangwato, Kgosi Sebele I. von den Bakwena und Kgosi Betheon I. von den Bangwaketse – verhandelten erfolgreich mit der britischen Regierung gegen eine Einverleibung ihres Landes in die British South Africa Company von Cecil Rhodes (s. S. 51).

National Museum & Art Gallery 7

Cityplan: S. 126/127

Das 1968 eröffnete **National Museum & Art Gallery** hat es sich zur Aufgabe gemacht, die Natur- und Kulturgeschichte Botswanas zu dokumentieren. Es sind Exponate zur Fauna, Bevölkerung und Geschichte des Landes ausgestellt. Im Innenhof macht eine Art Freilichtmuseum mit dem dörflichen Leben in Botswana vertraut. Überdies zeigt das Museum Kunstgegenstände aus dem Afrika südlich der Sahara.

Die 1975 angegliederte **Kunstgalerie** organisiert regelmäßig Ausstellungen mit Gemälden, Skulpturen, Grafiken und Fotografien nationaler und internationaler Künstler (Independence Av., Tel. 039 746 16, www.botswana-museum.gov.bw, Di–Fr 9–18, Sa, So, Fei 9–17 Uhr, Eintritt frei).

Somarelang Tikologo Ecological Park 8

Cityplan: S. 126/127

In dem kleinen **Somarelang Tikologo Ecological Park,** der von einer Nichtregierungsorganisation betrieben wird, bekommen Besucher einen nachhaltigen Lebensstil präsentiert. Auf dem Gelände finden sich ein Biogarten, das einzige Recyclingzentrum der Stadt, ein Kinderspielplatz und ein sogenannter Green Shop, in dem man Schmuck, Hüte, Matten, Taschen und Kinderspielzeug kaufen kann – alles aus recyceltem Material hergestellt. Im Angebot sind außerdem Wüstenfrüchte, getrocknet oder frisch (South Ring Rd., Ecke Kaunda Rd., Tel. 039 137 09, Facebook ›Somarelang Tikologo‹, Mo–Fr 9–17 Uhr, Eintritt frei).

Tipp: Härte 10

Im südlichen Bereich des Regierungsviertels zieht das zehnstöckige **Orapa House** 3 die Blicke auf sich. Das der Debswana Diamond Company gehörende, moderne Gebäude ist so konstruiert, dass zwar natürliches Tageslicht, aber keine direkte Sonneneinstrahlung nach innen dringen kann – das ist wichtig für die Arbeit, die hier verrichtet wird: Im Orapa House werden die wertvollen Rohdiamanten aus der Kalahari bewertet und sortiert. Über 100 Mio. dieser Edelsteine gehen jährlich durch die erfahrenen Hände von etwa 200 Sortierern, die strengstens überwacht werden. Ebenso viele Sicherheitskräfte sind für Botswanas wertvollstes Gebäude zuständig.

Es ist zwar etwas umständlich, aber wer möchte und etwas Geduld mitbringt, kann sich für einen Besuch und eine geführte Tour im Orapa House anmelden. Für die Genehmigung, die mindestens zehn Tage vor dem beabsichtigten Termin beantragt werden sollte, werden folgende Angaben benötigt: Name, Geschlecht, Alter, Herkunft, Passnummer, Schuhgröße und Name des Arbeitgebers. Das gleiche Prozedere ist erforderlich für eine Minentour, die aber nicht immer genehmigt wird (Nelson Mandela Dr., Ecke Khama Cr., Tel. 039 511 31, 036 142 00, www.debswana.com, immer Mi und Fr kostenlose Touren).

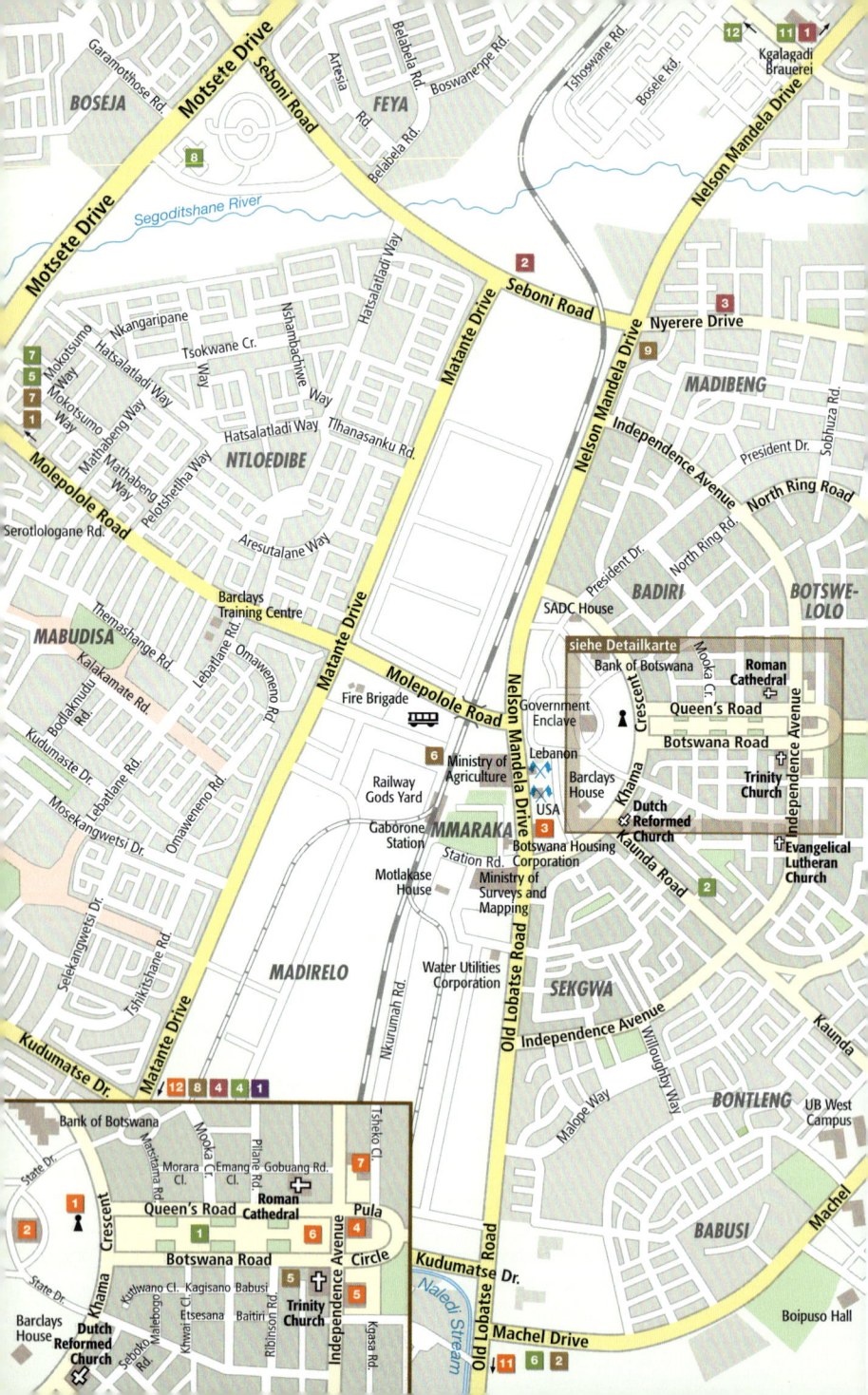

Gaborone

Sehenswert
1 Statue von Sir
   Seretse Khama
2 National Assembly
3 Orapa House
4 Town Hall
5 Bibliothek
6 Three Chiefs
   Monument Park
7 National Museum
   & Art Gallery
8 Somarelang Tikologo
   Ecological Park
9 Gaborone Game Reserve
10 Thapong Visual Arts Centre
11 Gaborone Dam
12 Kgale Hill

Übernachten
1 The Grand Palm Permont
   Walmont
2 Cresta Lodge
3 Oasis Motel
4 Planet Lodges
5 Brackendene Lodge
6 Gaborone Hotel
7 Big Five Lodge
8 Mokolodi Backpackers
9 City Camp

Essen & Trinken
1 Rhapsody's
2 Bull & Bush
3 The Moghul
4 The No. 1 Ladies' Opera
   House

Einkaufen
1 Main Mall
2 African Mall
3 Riverwalk Mall
4 Game City
5 Molapo Crossing
6 Fairgrounds Mall
7 Square Mart
8 Westgate

Fortsetzung S. 128

Gabarone

9 Kagiso Mall	**Abends & Nachts**	**Aktiv**
10 Flohmarkt	1 Maitisong Cultural Centre	1 Afrika Insight
11 Kunsthandwerksmarkt	2 Alliance Française	
12 Botswanacraft	3 Gaborone Sun Hotel	

Gaborone Game Reserve 9

Cityplan: S. 126/127

Das praktisch mitten in der Stadt gelegene, 5,5 km² große **Gaborone Game Reserve** wurde bereits 1988 von der Kalahari Conservation Society gegründet und steht in der Besuchergunst an dritter Stelle aller Wildreservate Botswanas. Es ist ideal geeignet, um dem Stadtleben kurz zu entfliehen und dabei erste Kontakte mit der Fauna des Landes zu knüpfen. Zu sehen sind Zebras, Oryx-, Kuhund Elenantilopen, Kudus, Impalas sowie Warzenschweine. Auch die Vogelbeobachtungsmöglichkeiten sind sehr gut, speziell in dem sumpfigen Marschland rund um die Teiche im Ostteil des Schutzgebiets. Es gibt zwei gut unterhaltene Picknickplätze und einen Wildbeobachtungsstand. Am Eingang erhält man eine detaillierte Karte, auf der alle Wege verzeichnet sind (ca. 1 km östlich des Stadtteils Broadhurst, vom Limpopo Drive ausgeschildert, Tel. 035 844 92, tgl. 6.30–18.30 Uhr, 15 Pula/Pers., 10 Pula/Auto).

Village und Thapong Visual Arts Centre

Cityplan: S. 126/127

Südöstlich des Zentrums schließt ein Stadtteil an, der schlicht **Village** genannt wird. Das ›Dorf‹ entstand im Jahr 1890 und diente eine Zeit lang als Verwaltungszentrum für den südlichen Teil des Bechuanaland-Protektorats. Hier gab es einst ein Fort (1891/92), das erste Postamt der Region, ein Gefängnis und einen Friedhof. Die beiden Letzteren blieben erhalten und können besichtigt werden. Auf dem Friedhof sind u. a. ein paar Grabsteine zu sehen, die Namen der im Anglo-Boer War gefallenen Soldaten tragen.

Im 1902 erbauten, ehemaligen Haus des Richters ist heute das **Thapong Visual Arts Centre** 10 untergebracht. Neben Studios und Ausstellungsräumen junger, aufstrebender Künstler werden hier regelmäßig Workshops, Seminare und Kunstkurse für Kinder veranstaltet (gegenüber der Village Clinic, Tel. 031 617 71, Facebook ›Thapong Visual Arts Centre‹, Mo–Fr 8–13, 14–15 Uhr, Eintritt frei).

Gaborone Dam 11

Cityplan: S. 126/127

Ca. 5 km südlich des Zentrums liegt der **Gaborone Dam,** kurz Gabs Dam genannt. Der Stausee liegt attraktiv inmitten hoher Hügel und dichtem, wildreichem Busch. Seit seiner Erbauung 1963 versorgt er die Hauptstadt mit Wasser vom Ngotwane River und ist ein beliebtes Wochenendziel für die Einwohner von Gaborone. In den Jahren 1965 und 1966 füllte sich der Damm infolge starker Regenfälle komplett auf und lief über. Daraufhin wurde zehn Jahre später die Dammmauer um 8 m erhöht.

Eine Promenade am nördlichen Ufer ist in Planung, aber noch nicht fertiggestellt. Momentan gibt es einen Picknickplatz am Ostufer, den Kalahari Fishing Club (s. S. 133) sowie den Gaborone Yacht Club (s. S. 133), der in der Mitte des Sees auf einer Insel liegt. Hier findet man auch ein Restaurant, eine Bar und einen Swimmingpool, alles mit Blick auf den See. Für Restaurantgäste wurde ein Bootspendelverkehr eingerichtet. Gegen ein Eintrittsgeld von 10 Pula sind übrigens auch Nichtmitglieder willkommen.

Der Gaborone Dam ist sehr fischreich. Es gibt Barsche, Brassen und Barben. Schwimmen sollte man in dem Gewässer allerdings nicht, denn – abgesehen von der Bilharziose-Gefahr – leben einige Krokodile im See.

Kgale Hill 12

Cityplan: S. 126/127

Gaborone wird dominiert vom knapp 1300 m hohen **Kgale Hill** (kgale = der Platz, der ausgetrocknet ist), der sich 7 km südlich der Stadt erhebt. Drei gut markierte Wege führen auf den Hügel, von wo aus man eine schöne Aussicht auf den Gaborone Dam, die City und die größte Shopping Mall der Stadt, Game City, hat – vor allem am späten Nachmittag, wenn sich der Himmel verfärbt, ein tolles Panorama.

Alle drei Wanderwege haben ihren Ausgangspunkt am Quarry-Parkplatz gegenüber der Satellitenstation. Um hierher zu gelangen, fährt man vom Einkaufszentrum Game City (s. rechts) etwa 2 km in südliche Richtung. Der Parkplatz liegt kurz vor der Abzweigung zum St. Josephs College. Achtung: Der Wagen steht hier nicht sicher, also entweder keine Wertsachen im Auto zurücklassen oder einen Parkwächter anheuern, dem man nach (!) der Wanderung etwa 5 Pula bezahlt. Eventuell kann man sein Auto auch am Einkaufszentrum abstellen.

Vom Parkplatz aus quert man über Betontreppen einen Viehzaun. Unmittelbar dahinter weist eine Schautafel die drei Wanderrouten aus. Es gibt zum einen die steile **Rusty's Route**, den etwas längeren **Transfeldt Trail** sowie die Strecke über den Sattel zum **Cross Kopje.** Jeder Weg nimmt etwa eine Stunde in Anspruch. Am Kgale Hill lebt ein Trupp Paviane und ein Pärchen Schwarzer Adler (black eagles) nistet alljährlich in den verwitterten Klippen direkt unter dem Gipfel. Angeblich sollen auf dem Hügel frühmorgens schon Leoparden gesichtet worden sein.

Shopping Malls

Cityplan: S. 126/127

Gaborones urbanes Leben spielt sich in den zahlreichen Einkaufszentren ab, die sich über die ganze Stadt verteilen. Die Shopping Malls haben üblicherweise täglich von 9 bis 18 Uhr geöffnet.

Direkt im Stadtzentrum liegt die **Main Mall** 1 (s. S. 124), die demnächst komplett renoviert werden soll. In der Fußgängerzone dieses Einkaufszentrums findet man ein Postamt, Internetcafés, Banken, Büros, die zentrale Polizeistation von Gaborone, Friseure und natürlich jede Menge Geschäfte. Lizenzierte Straßenverkäufer verkaufen afrikanisches Kunsthandwerk und Klamotten. Das kürzlich renovierte Cresta President Hotel (s. S. 130) liegt praktisch im Zentrum der Mall. Seine Terrasse ist ein beliebter Platz zum Mittagessen und für Drinks.

In Gehweite von der Main Mall liegt die **African Mall** 2, ebenfalls mit einigen Geschäften und mit vielen kleinen Restaurants, die indisches, chinesisches und lokales Essen sowie Fast-Food servieren (Kaunda Rd., Ecke Independence Av., Tel. 031 709 92, Facebook ›African Mall‹).

Relativ neu und im amerikanischen Stil erbaut sind die **Riverwalk Mall** 3 an der Tlokweng Road, die zum botswanisch-südafrikanischen Grenzübergang führt (Tel. 037 001 86), sowie **Game City** 4 am Fuß des Kgale Hill (Tel. 072 26 82 66). Beide Einkaufszentren verfügen über Kinokomplexe, in denen die neuesten Holly- und Bollywood-Streifen gezeigt werden, sowie eine große Fülle von edlen Markenboutiquen, Restaurants und Fast-Food-Filialen, Safari-Ausstattern, Buch- und Musikgeschäften sowie Kunst- und Kunsthandwerksläden. Hier, wie auch in Namibia, wird deutlich, was für einen Einfluss die Wirtschaftsmacht Südafrika in diesen Ländern besitzt: Fast alle Geschäfte, Banken, Tankstellen und viele Tourismusunternehmen haben südafrikanische Besitzer.

Außerdem gibt es in Gaborone noch einige kleinere Shoppingkomplexe mit Läden, Restaurants und Internetcafés, darunter **Molapo Crossing** 5 (Western Bypass/Molopolole Road Junction, Tel. 037 100 00), **Fairgrounds Mall** 6 (Samora Machel Dr., in der Nähe der Cresta Lodge), **Square Mart** 7 (Lobatse Rd., Ecke 4th Commercial St.), **Westgate** 8 (beschilderte Abfahrt von der A 1 zwischen Hatsaladladi St. und Willie Seboni St.) und **Kagiso Mall** 9 (Tsholofelo Park).

Gaborone

Schwerere Lasten trägt man auch in der Hauptstadt gerne auf dem Kopf

Infos

Botswana Tourism Board: Main Mall, Cresta President Hotel, Tel. 039 594 55, www.botswanatourism.bw, Mo–Fr 8–17 Uhr.

Department of Wildlife and National Parks (DWNP): Kgale Millenium Park, gegenüber der City Hall, Tel. 031 807 74.

Im Internet: Die Website http://whatsoningabs.com informiert über Restaurants und aktuelle Veranstaltungen in Gaborone.

Übernachten

Casino Royale ▶ The Grand Palm Permont Walmont 1: Bonnington Farm Rd., Tel. 036 377 77, www.grandpalm.co.za. Eines dieser typischen und überteuerten Fünf-Sterne-Casino-Hotels, wie sie in den 1970er-Jahren in Südafrikas Sun City modern waren – nur ohne den damals dort gebotenen Service. Dafür sind die im Beef Baron Grill servierten Steaks die besten im Land (s. S. 131). DZ 1300–5000 Pula p. P.

In zentraler Lage ▶ Cresta President Hotel 1: Main Mall, Tel. 039 536 31, www.crestahotels.com. Das komfortable Stadthotel in zentraler Lage gehört zur Cresta-Gruppe. 93 Zimmer, Swimmingpool. DZ 1400–1900 Pula mit Frühstück.

Mit schönem Garten ▶ Cresta Lodge 2: Samora Machel Dr., Tel. 039 753 75, www.crestahotels.com. Die ›Lodge‹ mit ihren 158 Zimmern ist die Cresta-Alternative zum President Hotel. Ruhigere Lage in einem schönen Garten mit Pool. Das Innendekor der Zimmer könnte aus jedem Businesshotel der Welt stammen. DZ 980–1200 Pula mit Frühstück.

Nahe der Grenze ▶ Oasis Motel 3: Tlokweng Rd., Tlokweng, 6 km östlich von Gaborone, Tel. 039 283 96, www.oasis-motel.com. Das recht angenehm gestaltete Zwei-Sterne-Motel bietet komfortable Zimmer mit Satelliten-TV. Es liegt an der Strecke vom Hauptgrenzübergang Johannesburg–Gaborone und nur 1,2 km von der Riverwalk Mall entfernt. DZ ab 350 Pula p. P.

Ansprechend ▶ Planet Lodges 4: Southring Rd., Plot 514, Tel. 039 032 95, und Bokaa Rd., Block 3, Tel. 039 101 16, www.planetlodges.com. Untergebracht in zwei sehr schönen Häusern. Komfortabel, sehr gutes Preis-Leistungs-Verhältnis, Restaurant, Pool, Wäsche wird noch am gleichen Tag gewaschen. DZ ab 526 Pula.

Privathaus-Feeling ▶ Brackendene Lodge 5: Tati Rd., Tel. 039 066 51, www.bracken denelodge.com. Mehr B & B als Hotel. Einfache, saubere Zimmer, Restaurant im Haus. DZ ab 450 Pula mit Frühstück, für Selbstversorger ab 380 Pula.

Günstig & sauber ▶ Gaborone Hotel 6: Central Bus Rank, Tel. 039 227 77, www. gaboronehotel.com. Einfaches Casino-Hotel mit 44 Zimmern in der Nähe des Bahnhofs. Etwas laut. DZ ab 425 Pula.

Reetgedeckt ▶ Big Five Lodge 7: Plot 807–815, Mogoditshane, 8 km nordwestlich von Gaborone in Flugplatznähe, Tel. 035 005 00, www.bigfivelodge.com. Übernachtung in reetgedeckten Chalets mit Bad und AC. DZ 400–800 Pula mit Frühstück.

Busch-Feeling ▶ Mokolodi Backpackers 8: Plot 86, Mokolodi, 9 km südlich von Gaborone (vom Lobatse–Gaborone-Highway die Abfahrt zum Mokolodi Game Reserve nehmen, Tel. 071 61 00 36, www.backpackers. co.bw. In idyllischem Busch-Ambiente mit viel Platz, zwei Chalets und vier Schlafsäle. 150–480 Pula p. P.

Camping ▶ City Camp 9: Legolo Rd., Madibeng, Tel. 039 119 12, board@botswana tourism.co.bw. Der einzige Stadtcampingplatz liegt sehr zentral nördlich der City. 50 Pula p. P.

Essen & Trinken

Die besten Steaks ▶ The Beef Baron Grill 1: im Grand Palm Permont Walmont (s. S. 130), Mo–Sa 18.30–22.30 Uhr. Botswana ist weltberühmt für die exzellente Qualität seiner Steaks von Freilandrindern – und hier gibt es die allerbesten im ganzen Land: eine Woche abgehangen und bis zur Perfektion gegrillt. Allerdings wartet man ziemlich lange auf sein Essen. Reservierung empfohlen. Filetsteak 120 Pula.

Fleisch satt ▶ Chatters 2: in der Cresta Lodge (s. S. 130), tgl. Lunch und Dinner. Gutes Restaurant mit Steaks und anderen Gerichten, z. B. Karoo-Lamm. Hauptgerichte um 120 Pula.

Edel-Chinese ▶ Bai Sheng 1: im Grand Palm Permont Walmont (s. S. 130). Mo–Sa 18–22 Uhr. Das Ende 2012 eröffnete Chinese hatte anfangs noch mit Serviceproblemen zu kämpfen, doch das Essen ist – sobald es auf den Tisch kommt – gut. Hauptgerichte um 100 Pula.

Trendy ▶ Rhapsody's 1: Airport Junction Shopping Centre, Shop 45, Tel. 075 46 78 23, 075 90 98 75, www.rhapsodys.co.za, tgl. Frühstück, Lunch und Dinner. Das coole Franchise-Restaurant aus Südafrika hat eine Filiale direkt am Flughafen eröffnet. Bekannt für sein leckeres Beef Espetada, ein 450-g-Rump, gewürzt mit schwarzem Pfeffer und grobem Salz, aufgespießt zwischen Lorbeerblättern und dann über offenem Feuer gegrillt. Auch gute Weinauswahl. Nach Einbruch der Dunkelheit Jazz und Blues live. Beef Espetada 85 Pula.

Steak & Pizza ▶ Bull & Bush 2: vom Mandela Drive in die Legolo Road, Madibeng, Central Business District, dem ›Police‹-Wegweiser folgen, Tel. 039 750 70/71, www.bull andbush.net, tgl. Lunch und Dinner. Seit 1995 werden hier in britischem Pub-Ambiente prima Steaks und Pizzas serviert. Pizzas ab 60 Pula, Steaks 90–120 Pula.

Coole Kette ▶ Primi Piatti 3: in der Riverwalk Mall (s. S. 129), Unit 30, Tel. 037 000 69, www.primi-piatti.com, Mo 11–22.30, Di–So 9–22.30 Uhr. Ein weiteres prima Kettenrestaurant aus Südafrika. Gute Pizzas und Pastas in coolem Ambiente. Pizzas ab 55 Pula, Hauptgerichte 80–120 Pula.

Guter Inder ▶ The Moghul 3: Nyerere Rd., hinter dem Nyerere Shopping Centre, Tel. 039 752 46. Etabliertes indisches Restaurant, das auch Gerichte aus Pakistan und China anbietet. Die Hühnerflügel *(chicken wings)* sind legendär. Hauptgerichte 85 Pula.

Brasilianisch ▶ Rodizio 3: in der Riverwalk Mall (s. S. 129), Tel. 039 244 28/29, www.rodi ziobotswana.co.bw, tgl. Lunch und Dinner. Brasilianisches Restaurant mit All-you-can-eat-Festpreisen und Speisen à la carte. Die Fleischgerichte sind fantastisch. Fr und Sa

Tipp: The No. 1 Ladies' Opera House

Erlebnisgastronomie bietet **The No. 1 Ladies' Opera House** 4 , ein kleines, faszinierendes Theater und Restaurant mit Mma-Ramotswe-Thema (s. S. 134). Selbst ein weißer Pick-up vom Typ, wie ihn die Detektivin in Buch und Film fährt, steht vor der Tür.

In dem Gebäude befand sich früher einmal das Rekrutierzentrum für Kumpel, die in den südafrikanischen Minen arbeiten wollten. Danach war hier eine Autowerkstatt untergebracht, die – passend zur zukünftigen Nutzung – ›Performance Autos‹ hieß, ganz ähnlich der Werkstatt von Mma Ramotswes Ehemann Mr. J. L. B. Matekoni, ›Tlokweng Road Speedy Motors‹. 2008 wurde das Haus mit Unterstützung des Buchautors Alexander McCall Smith zum Theaterrestaurant umgebaut. Seither finden in Botswanas einzigem ›Opernhaus‹ regelmäßig Veranstaltungen statt. Das dazugehörige Restaurant serviert drinnen und draußen kleine Tagesgerichte sowie Frühstück, hausgemachte Suppen, frisch gebackenes Brot und Quiches. Im April 2013 wurde das Opera House vorübergehend geschlossen, weil es Probleme mit der Erneuerung des Mietvertrags gab, daher vorher anrufen und sich nach dem aktuellen Stand der Dinge erkundigen (2 km südlich der Game City Mall in Kgale Siding, hinter der St.-Josephs-Schule, Tel. 072 91 48 76, no1.operahouse@gmail.com, Mo–Fr 12–21 Uhr, Hauptgerichte um 65 Pula).

abends Livemusik. Ein richtig cooler Platz. Neben Primi Piatti die beste Empfehlung in Gabs. All you can eat 139 Pula p. P., Hauptgerichte 80 Pula.

Indisch ▶ Ashoka Palace Indian Restaurant 2 : in der African Mall (s. S. 129), Tel. 031 654 52, Facebook ›Ashoka Palace‹, Mo–Fr 11–15, 18–22.30 Uhr, Sa, So 11.30–15.30, 18–22.30 Uhr. Sehr guter Inder, die Kellner servieren die leckeren Gerichte in traditionellen Outfits. Hauptgerichte 80 Pula.

Asiatisch ▶ 25° East 3 : in der Riverwalk Mall (s. S. 129), Shop 105, Tel. 037 002 35, Mo–Sa Lunch und Dinner. Sehr gute asiatische Küche, v. a. thailändisch und indisch. Importierte und daher teure Weine. Hauptgerichte 65 Pula.

Irische Kneipe ▶ O'Hagans Pub: in der Game City Mall 4 und in der Riverwalk Mall 3 , Tel. 039 109 15, 039 109 56, tgl. Lunch und Dinner. Irischer Pub mit Guinness vom Fass und deftigen Pubgerichten um 60 Pula.

Einkaufen

Shopping Malls ▶ African Mall 2 : s. S. 129. Die afrikanischste Mall der Stadt gibt sich eher bescheiden. Viele Fast-Food-Filialen, farmfrische Produkte. **Riverwalk Mall** 3 : s.

S. 129. Die beste Mall in Gaborone mit coolen Restaurants und Geschäften. **Game City** 4 : s. S. 129. Die größte überdachte Mall in Botswana.

Märkte ▶ Neben der Kagiso Mall (s. S. 129) gibt es einen **Flohmarkt** 10 im Freien. Einen **Kunsthandwerksmarkt** 11 (craft market) findet man kurioserweise im Broadhurst Industrial Area, einem kleinen Industriegebiet, wo das nette Market Café zu einer Pause vom Stöbern einlädt (Nakadi St., Facebook ›The Craft Market‹).

Kunsthandwerk ▶ Botswanacraft 12 : am Western Bypass zwischen Flughafen und Kubu Road, www.botswanacraft.bw, Facebook ›Botswanacraft‹, Mo–Fr 8–18, Sa 8–17, So 9–13 Uhr. Auf Kunst und Kunsthandwerk Botswanas und anderer afrikanischer Länder spezialisiert, gewinnt aber auch immer mehr Bedeutung als Veranstaltungsort.

Abends & Nachts

Jedes Wochenende gibt es in Gaborone Entertainment live – von afrikanischer Musik über traditionelle Tanzvorführungen bis zu Jazz- und Blueskonzerten.

Kultur satt ▶ Maitisong Cultural Centre 1 : Maruapula Way, Tel. 039 718 09, auf dem

Riverwalk Mall – eines von zahlreichen Einkaufszentren in Gaborone

Gelände der Marua Pula Secondary School, Tel. 073 67 18 09, www.maitisong.org, Facebook ›Maitisong Theatre‹. Das wohl populärste und aktivste Veranstaltungszentrum von Gabs, regelmäßig Konzerte, Theater- und Tanzvorführungen. **Alliance Française 2**: Pudulogo Cr., Tel. 039 165 00, www.alliance.org.za/branches/gaborone. Gelegentlich Musikkonzerte. **Botswanacraft 12**: s. S. 132. Ebenfalls manchmal Musikkonzerte.

Spielcasinos ► **Gaborone Sun Hotel 3**: Chuma Dr., Tel. 036 160 00, **The Grand Palm Permont Walmont 1**: s. S. 130. **Gaborone Hotel 6**: s. S. 131.

Aktiv

Angeln ► **Kalahari Fishing Club 11**: Gaborone Dam, Tel. 071 37 92 85.

Segeln & Schwimmen ► **Gaborone Yacht Club 11**: Gaborone Dam, Tel. 071 57 97 07, Facebook ›Gaborone Yacht Club‹. Hier können auch Boote geliehen werden.

Pirschfahrten ► **Mokolodi Nature Reserve:** s. S. 135. In dem ca. 15 km südlich von Gaborone gelegenen Naturschutzgebiet werden verschiedene Touren angeboten, z. B. 2-stündige, auch nächtliche Pirschfahrten im offenen Geländewagen (Erw. 200 Pula, Kin. 100 Pula), geführte Wanderungen mit Nashorngarantie (590 Pula) und Giraffenbeobachtung (490 Pula), geführter Besuch des Reptilienparks (Erw. 25 Pula, Kin. 10 Pula).

Termine

Maitisong Festival (März): (s. S. 71). Das Festival findet in und um Gaborone statt und bietet lokale Livemusik, Paraden, Lesungen, Tanz und Theater. Es zelebriert die reiche Kultur von Nordwest-Botswana. Alle Einkünfte kommen der Förderung lokaler Schulen zugute.

Botswana Day Celebrations (30. Sept.): Der Unabhängigkeitstag wird jedes Jahr mit Musik und Tanz gefeiert.

Verkehr

Flüge: Der Sir Seretse Khama International Airport, Tel. 039 584 40, liegt etwa 15 km nordwestlich der Stadt. Regelmäßige Verbindungen bestehen nach Johannesburg und Kapstadt in Südafrika, Windhoek in Namibia, Livingstone in Sambia sowie in die botswa-

aktiv unterwegs

The-No.-1-Detective-Agency-Touren durch Gaborone

Tour-Infos

Start: Abholung an der jeweiligen Unterkunft der Teilnehmer

Dauer: halb- bis zweitägig

Buchung: Die Original-Detektiv-Tour veranstaltet nur **Africa Insight** **[1]**, Unit 34, Kgale Mews, Gaborone International Finance Park, Tel. 031 601 80, www.africainsight.com.

Kosten: halber Tag zu Fuß 352 Pula bei mind. 6 Teilnehmern bzw. 545 Pula bei mind. 2 Teilnehmern (9–12 Uhr); 1 Tag 946 Pula bei mind. 2 Teilnehmern (9–16.30 Uhr); 2 Tage mit Übernachtung 3262 Pula bei mind. 2 Teilnehmern; die Preise beinhalten je nach Tour Transfer, Fahrt im Minibus, einen professionellen Führer, Lunch, Eintrittsgelder und Unterkunft

Mma Precious Ramotswe, die fiktive Heldin in Alexander McCall Smiths Bestseller »The Number 1 Ladies' Detective Agency«, hat Botswana international berühmt gemacht. Auf einer geführten Tour besucht man u. a. das Filmset, das von dem britischen Regisseur Anthony Mingella errichtet wurde, um die Filme gleichen Namens zu drehen. In einer Stichstraße am Fuß des Kgale Hill errichtete die Produktionsgesellschaft ein Stückchen Vergangenheit: einen Straßenzug, der das frühere, alte Gaborone zeigt, komplett ausgestattet mit Fahrradreparaturwerkstatt, Kolonialwarenhandlung, Metzger, Schönheitssalon und Freiluftrestaurant. Ältere Einwohner der Stadt bestätigten, dass es in Gaborone früher tatsächlich so ausgesehen hat. Auch die Autowerkstatt von Mma Ramotswes Ehemann Mr. J. L. B. Matekoni, ›Tlokweng Road Speedy Motors‹, wurde wunderbar vom Buch in die filmische Wirklichkeit transportiert.

Je nach Länge führen die Mma-Ramotswe-Touren aber auch zu den verschiedenen Lokalitäten, die die Buchserie inspiriert haben, einschließlich des Heimatdorfs der botswanischen Miss Marple, Mochudi. Im dortigen Museum, untergebracht im ehemaligen Schulhaus, erfährt man einiges über die Geschichte der Protagonistin und die Kultur Botswanas. Mittags wird ein authentisches Tswana-Essen serviert. Außerdem geht es zu dem Ort, wo der Autor McCall Smith die ›echte‹ Mma Ramotswe getroffen hat, die Inspiration für seine erfolgreiche Buchserie.

Die halbtägige Tour zu Fuß führt an viele Orte in der City von Gaborone, die Mma Ramotswe in den Büchern aufsucht. Unterwegs liest der Guide die passenden Stellen aus den Büchern vor. Wer die Minibustour bucht, lernt außerdem den Schauplatz von Mma Ramotswes erstem Fall, ihr Lieblingscafé und ihr Haus im Zebra Drive kennen. Dieser Trip ist die Kurzfassung der Tagestour, der vor Mma Ramotswes Haus beginnt. Von hier aus folgt man den Spuren der Detektivin. Es geht zu Tlokweng Road Speedy Motors, dem Haus von J. L. B Matekoni und zum President Hotel, auf dessen Terrasse Mma Ramotswe immer ihren geliebten Rooibostee trinkt.

Es gibt nur einen Veranstalter, Africa Insight, der diese Touren offiziell und mit dem Segen des Autors Alexander McCall Smith – »Eine der wenigen literarischen Touren in Afrika … ich denke, das ist großartig« – durchführen darf. Einige andere Unternehmen in Gaborone veranstalten illegale Touren.

nischen Städte Kasane, Maun und Francistown. Fluginfos unter Tel. 039 145 18, 039 528 12. Es gibt keinen offiziellen Transfer und nur selten Taxis zwischen Flughafen und City, doch die Hotels und Gästehäuser organisieren den Transport für ihre Gäste.

Busse: s. S. 91

Mietwagen: s. S. 92

Obwohl die meisten Botswana-Besucher möglichst schnell zu den touristischen Highlights des Landes im Norden und Nordwesten aufbrechen wollen, gibt es rund um Gaborone einiges zu entdecken – von kleinen Wildreservaten bis zu Kunsthandwerkerdörfern.

Südlich von Gaborone

▶ 2, K/L 13/14

Karte: S. 137

1 Mokolodi Nature Reserve

Knapp 15 km südlich von Gaborone liegt das ca. 30 km^2 große **Mokolodi Nature Reserve,** das 1994 von der Mokolodi Wildlife Foundation etabliert wurde – sowohl als Wildschutzgebiet als auch als Umwelterziehungszentrum, in dem Schulkindern die Bedeutung von Naturschutz nähergebracht wird. Das bewaldete Reservat erstreckt sich in einem weiten Tal zwischen den **Mokolodi Hills** und dem von Leoparden und Stachelschweinen bewohnten **Magic Mountain** und beheimatet eine erstaunlich große Anzahl an Tieren: Elefanten, Nashörner, Giraffen, Zebras, Gnus, Elen-, Oryx- und Kuhantilopen, Strauße, Tüpfelhyänen, massenhaft Impalas sowie eine sehr zahmen Geparden, mit denen man sich fotografieren lassen kann. Außerdem leben hier drei junge Elefanten, die von Mahouts aus Sri Lanka trainiert wurden und mit denen man spazieren gehen kann.

Nur Mitglieder der Friends of Mokolodi (FOM) dürfen mit ihrem eigenen Auto in den Park fahren. Alle anderen müssen die organisierten zweistündigen Pirschfahrten buchen, die von einem Ranger begleitet werden (Erw. 140 Pula, Kin. 70 Pula). Als FOM-Mitglied gibt es außerdem eine 20%ige Ermäßigung auf die Eintrittspreise und die angebotenen Aktivitäten. Für jene, die alle Angebote in Anspruch nehmen wollen, lohnt sich eventuell die Mitgliedschaft für ein Jahr (340 Pula p. P., 845 Pula für Familien mit 2 Erw. und 3 Kin.).

Zu den Aktivitäten gehören selbstverständlich Pirschfahrten, die auch nachts durchgeführt werden. Nashörner und Giraffen bekommt man dabei eigentlich immer zu Gesicht. Berühmt ist Mokolodi für die geführten Wanderungen, die unbedingt im Voraus gebucht werden sollten. Unterwegs bieten sich hervorragende Fotomotive, beispielsweise von einem versteckten Wildbeobachtungssitz direkt an einem Elefantenbadeplatz, wo man den grauen Riesen sehr nahe kommen kann. Es gibt auch geführte Ausritte und einen Schlangenpark. Die abendlichen Safaris können mit einem Busch-Grill-Dinner (bush braai dinner) kombiniert werden.

Für Selbstfahrer existiert ein gut entwickeltes Netz von Pisten zur Wildbeobachtung, wobei einige Strecken ziemlich ausgefahren sind. Ein Geländewagen ist daher sehr empfehlenswert. Im Park gibt es ein Restaurant (Di–So 8–21, So bis 18 Uhr), eine Bar und einen Souvenirshop. Wer nur das Restaurant besucht, zahlt keinen Eintritt. Die meisten Hotels in Gaborone bieten Transfers zum Park an (Tel. 031 619 55, www.mokolodi.com, tgl. 7–18 Uhr, Restaurantgäste werden auch später eingelassen, 70 Pula).

Übernachten

Stadtnahe Wildnis ▶ Mokolodi Nature Reserve: 14 km südlich von Gaborone an der Lobatse Road, Tel. 031 619 55, 031 615 47 (Restaurant), www.mokolodi.com. Wer nicht in Gaborone übernachten, sondern schon et-

Die Umgebung von Gaborone

was Buschluft schnuppern möchte, ist hier richtig. Am grasbewachsenen Steilufer eines von Nashörnern bevorzugten Wasserlochs stehen fünf Chalets für Selbstversorger mit Kühlschrank, Gasherd und Grillplatz. Außerdem gibt es einen Campingplatz mit acht idyllisch gelegenen Stellplätzen, alle mit eigener Spültoilette. Chalets je nach Größe Mo–Fr 680–910 Pula, Sa, So 910–1240 Pula, Camping Erw. 80 Pula, Kin. 45 Pula.

Lion Park Resort **1**

Die in Käfigen zur Schau gestellten Löwen im einstigen St. Clair Lion Park gibt es schon lange nicht mehr. Der recht neue Wasservergnügungspark **Lion Park Resort** 20 km südlich von Gaborone trägt allerdings weiterhin das ›Lion‹ in seinem Namen. Es gibt Swimmingpools, Wasserrutschen, einen Wellenpool und sogar eine 4x4-Strecke (Lobatse Rd., Tel. 073 29 30 00, www.lionpark.co.bw, Do–So 10–19.30 Uhr, Erw. 60 Pula, Kin. 50 Pula).

Otse und Manyelanong Game Reserve

Das Dorf **Otse 2** liegt ca. 50 km südlich von Gaborone an der Straße nach Lobatse. Nördlich vom Ort erhebt sich der **Otse Hill,** mit 1489 m Botswanas höchster Punkt.

In den steilen Klippen oberhalb von Otse erstreckt sich das **Manyelanong Game Reserve 3**. Dieses Naturreservat wurde etabliert, um die gefährdeten Kapgeier zu schützen, die seit über 100 Jahren hier nisten. Die Initiative, sich der prächtigen Raubvögel anzunehmen, kam spät, aber noch rechtzeitig. In der Brutkolonie leben heute wieder etwa 100 der Aasfresser, eine 50%ige Steigerung seit der Gründung des Schutzgebiets. Auch wenn es früher über 300 Paare gab, besitzt Manyelanong damit Botswanas größte Geierkolonie. Das Wildreservat umfasst praktisch den kompletten Berg sowie ein außerhalb davon gelegenes, eingezäuntes Areal, in dem sich die Nistplätze befinden. Dieses Gebiet darf nicht betreten werden, doch der Zugang zum Berg mit seiner Geierkolonie ist möglich. Am besten lassen sich die Vögel von Mai bis August bzw. September beobachten. Um zu dem Reservat zu gelangen, muss man in Otse am Wegweiser ›Moeding College‹ von der Lobatse–Gaborone Road abbiegen. An der folgenden Gabelung geht es rechts und dann in Richtung des hohen, felsigen Hügels. Es gibt weder Campingplätze noch Lodges in dem Gebiet (Tel. 053 371 81, Eintritt frei, Registrierung im Rangerbüro am Eingang nötig).

Lobatse **4**

Die Stadt **Lobatse,** 72 km südlich von Gaborone, hat etwa 80 000 Einwohner und war einst Hauptstadtkandidat, bevor sich die Regierung aufgrund der besseren Wasserversorgung für Gaborone entschied. Lobatse ist nach Häuptling Molebatse benannt und der Standort der **Botswana Meat Commission,** der ›Fleischkommission‹. Sie wurde 1966 etabliert und umfasst ein großes, modernes Schlachthaus, eine Fleischfabrik und eine Gerberei. In Maun und Francistown gibt es Filialen. Von hier gelangt das qualitativ hochwertige botswanische Freilandrind (Botswana Beef) auf Grills in viele Länder der Welt. Der Schlachthof erfüllt strengste EU-Richtlinien und gilt, mit etwa 1800 Schlachtungen am Tag, als größter in Afrika.

Früher war Lobatse das Ziel der Rindertrecks aus dem Norden. Vor allem aus Ghanzi trieben die Farmer ihr schlachtreifes Vieh in einem wochenlangen Marsch durch die Kalahari. Seit der Fertigstellung des Trans-Kalahari-Highway im Jahr 1998 erledigen Lkws den Transport ins Schlachthaus.

In der Nähe von Lobatse befindet sich die Quelle des **Limpopo River,** den sogar schon Rudyard Kipling beschrieb – als große, graugrüne, träge Masse von Wasser, die durch drei Länder fließt, um schließlich in den Indischen Ozean zu münden. Der Fluss bei Lobatse heißt hier noch **Ngotwane River.** Unter diesem Namen bildet er die Grenze zwischen Botswana und Südafrika bis zum **Ngotwane Dam.** Dieser entwässert direkt in den **Gaborone Dam,** von wo der Fluss seine Reise Richtung Südwesten nach **Parr's Halt** fortsetzt. Dort ändert er seinen Namen, wird zum Limpopo River und bildet erneut die nationale Grenze bis zum östlichsten Punkt des

Die Umgebung von Gaborone

Landes, wo Botswana, Südafrika und Simbabwe am Zusammenfluss von Limpopo und Shashe River aufeinandertreffen.

Kanye 5

Das pittoreske Dorf **Kanye** 92 km südwestlich von Gaborone ist das kulturelle Zentrum des Bangwaketsi-Stamms. Es wurde von Häuptling Makaba im späten 18. Jh. als wehrhafte Hügelsiedlung gegründet. Um an die Macht zu kommen, hatte Makaba zuvor seinen eigenen Vater getötet – *kanye* bedeutet in der lokalen Sprache ›zerstören‹ oder ›niederschlagen‹.

Das Dorf wurde oft von diversen Angreifern belagert, u. a. vom berühmt-berüchtigten König Mzilikazi (s. S. 49) auf seiner Migration nach Bulawayo. Auch der deutsche Gangster Jan Bloem versuchte das Dorf einzunehmen. Als Jan Blüm in Thüringen geboren, emigrierte er 1780 in die Kapkolonie. Nachdem er seine Frau ermordet hatte, floh er in die südafrikanische Northern Cape Province, die einzige Provinz des Landes ohne Polizeigewalt. Dort, in der Nähe des heutigen Kimberley, lebte er mit den Korana, einem Khoisan-Unterstamm, der sich von Bloems Lese- und Schreibfertigkeit äußerst beein-

137

Die Umgebung von Gaborone

druckt gezeigt haben soll. Später zog der Deutsche weiter in die Gegend des heutigen Upington in Südafrika, wo er mit einem anderen Korana-Clan lebte. Er heiratete eine Korana-Frau, bald darauf wurde sein erster Sohn, Jan Bloem Jr., geboren. Der stolze Vater avancierte zum Häuptling der Springbok-Korana. Innerhalb von zehn Jahren hatte er sich zu einem professionellen Viehdieb gemausert und war zum reichsten Mann im Norden der gesetzlosen Kapprovinz aufgestiegen. Er kaufte Pferde, Waffen und scharte eine schlagkräftige Kampftruppe um sich. Mit dieser Armee von Korana-Kriegern zog Jan Bloem 1798 nach Botswana, um das Bangwaketsi-Königreich anzugreifen. Der Stamm besaß Kupfer und Elfenbein, auf die es Bloem abgesehen hatte. Makaba hörte rechtzeitig von dem geplanten Angriff des Deutschen und befestigte Kanye mit zusätzlichen Steinmauern. Außerdem ließ er Steinhaufen anlegen. Bloems Armee wurde in einen engen Bergpass gelockt und dort mit Steinbrocken beworfen. In der nachfolgenden Schlacht von Matlhabanelong wurden Jan Bloems Männer fast vollständig aufgerieben. Er selbst überlebte. Aber nicht lange: Bloem flüchtete nach Taung, wo er kurz anhielt, um an einer Quelle zu trinken. Makaba hatte diese vergiften lassen und der kriegerische Deutsche brach tot zusammen.

Daraufhin übernahm sein Sohn, Bloem II., das Amt des Häuptlings und wurde ein mächtiger Militärführer in der Region. Er kämpfte zusammen mit den Tswana gegen die gefürchteten Ndebele-Krieger von Mzilikazi. Die südafrikanische Stadt Bloemfontein ist nach ihm benannt. Zum Zeitpunkt seines Todes 1799 galt er praktisch als Einheimischer. Nur wenige Menschen wussten, dass sein Vater aus Deutschland stammte. Kanye hat über die Jahrhunderte hindurch alle Angreifer abgewehrt und ist heute ein wichtiges und aufstrebendes urbanes Zentrum.

Übernachten

Klein und günstig ▶ **Motse Lodge:** von Lobatse kommend nach der BP-Tankstelle in Kanye rechts abbiegen und 3 km fahren (aus-geschildert), Tel. 054 803 63, www.motse lodge.com. Kleine Anlage mit reetgedeckten Chalets im Rundhausstil. Der dazugehörige Campingplatz ist recht einfach und teuer. DZ 750–910 Pula mit Frühstück, Camping 110 Pula p. P.

Essen & Trinken

Es gibt einige gute, traditionelle Restaurants im Ort, die typische Batswana-Gerichte auf der Speisekarte haben.

Mein Haus ▶ **Ko Gae Café:** in der Main Kanye Mall, Tel. 054 413 23. ›Mein Haus‹ *(ko gae)* serviert, meist zu Livemusik, u. a. das lokal sehr beliebte *seswaa*, gekochtes und zerriebenes Rindfleisch.

Westlich von Gaborone
▶ **2, K/L 12/13**

Karte: S. 137

Gabane 6

Gabane liegt 15 km westlich von Gaborone an der Straße nach Kanye. Aufgrund der Nähe zur Hauptstadt hat sich der Ort schnell entwickelt. Die Siedlung besteht aus einer Mischung moderner Gebäude und traditioneller Tswana-Architektur, die sich durch Wandmalereien auszeichnet.

In Gabane befindet sich, wie auch in Thamaga (s. S. 139), eine Töpferei sowie daneben eine Glasbläserei. Beide Niederlassungen verkaufen teilweise sehr schöne Stücke zu angemessenen Preisen. In unmittelbarer Nachbarschaft liegt ein Zuchtgarten mit einheimischen Pflanzen, die traditionell benutzt werden.

Kolobeng Mission 7

Ca. 5 km nach Gabane überquert die Kanye Road den Kolobeng River. Direkt nach der Brücke führt eine kurze Piste zur **Kolobeng Mission** mit dem **Livingstone Memorial** und den Ruinen von **David Livingstone's House.** Die Missionsstation wurde in den 1840er-Jahren erbaut, ihre Kirche war die erste in Botswana. Hier konvertierte Häuptling Seche-

Für handbemalte Töpfereiprodukte ist Thamaga *the place to be*

le zum christlichen Glauben und wurde getauft. An diesem Ort befand sich auch die erste Schule und das erste Bewässerungsprojekt im Land. Die Grundmauern der Gebäude sind noch zu sehen. Ebenso einige Gräber, u. a. am Flussufer das von Livingstones Tochter Elizabeth.

Manyana und Umgebung 8

Im Ort **Manyana** 40 km südwestlich von Gaborone befindet sich **Livingstone's Tree,** ein 400 Jahre alter Feigenbaum, der oralen Traditionen zufolge gepflanzt wurde, als David Livingstone hier missionarisch tätig war. Unter ihm soll er gepredigt haben. Der Baum hat sich vor mehr als 20 Jahren in drei Teile gespalten, die jedoch einzeln weiterwachsen.

Ganz in der Nähe von Manyana liegt **Mma Sechele's Cave,** in der die Bakwena die erste Frau von Häuptling Sechele versteckten, als die Buren in die Region einfielen. Etwa 500 m nördlich der kleinen Siedlung, an der Straße westlich des Flusses, finden sich einige etwa 1500 Jahre alte **Felszeichnungen.** Im Südosten Botswanas gibt es nur sehr we-

nige davon. Im Stil erinnern sie an Kunstwerke in Simbabwe. Zu sehen sind mittlerweile recht ausgebleichte Giraffen, Oryxantilopen, Elefanten sowie menschliche Figuren. Die Malereien wurden wahrscheinlich von Khoi-Hirten angefertigt und stehen unter Denkmalschutz. Beide Sehenswürdigkeiten sind täglich zu besichtigen und es wird kein Eintrittsgeld verlangt. Die lokalen Guides sind freundlich und hilfsbereit.

2 Thamaga

Ungefähr 12 km nach **Kolobeng** zweigt in **Mmankgodi** eine Straße rechts Richtung **Thamaga** ab, ein Ort, der aufgrund seiner Töpfereiwaren und seines Kunsthandwerks bekannt ist. Im **Botswelelo Centre** findet sich der weit über die Landesgrenzen hinaus bekannte **Thamaga Pottery Shop,** der Gebrauchsgüter allerhöchster Qualität verkauft. Hier werden auch Töpfereiprodukte von Pelegano Village Industries aus Gabane und von den Dinkgwana Potters, die zwischen Kanye und Lobatse ansässig sind, angeboten. Der Workshop kann im Rahmen einer ca. 30-mi-

Die Umgebung von Gaborone

nütigen, kostenlosen Führung besichtigt werden (tgl. 8–17 Uhr).

Jenseits von Thamaga schlängelt sich die Straße durch die Hügel in Richtung Trans-Kalahari-Highway, der sich durch die Wüste ca. 700 km bis nach Namibia zieht (s. S. 333). Von der Kreuzung mit dem Highway sind es nach links 82 km bis Jwaneng, einer der reichsten Diamantenminen der Welt, und weitere 519 km nach Ghanzi. Wer an der Kreuzung rechts abbiegt, gelangt wieder zurück nach Kanye und Lobatse.

Livingstone's Cave 9

41,5 km nördlich von Thamaga, in Richtung Molepolole, ist links von der Straße im Felshang **Livingstone's Cave** zu erkennen. Eine Legende besagt, dass Häuptling Secheles spiritueller Ratgeber verkündete, David Livingstone werde beim Betreten der Höhle sofort tot umfallen. Der englische Forscher nahm die Herausforderung an und überlebte – was Sechele angeblich so beeindruckte, dass er zum christlichen Glauben übertrat. Etwa 700 m nördlich der Höhle stehen die Mauerreste einer Missionsstation.

Molepolole 10

Molepolole liegt 50 km nordwestlich von Gaborone. Für Reisende mit Ziel Kalahari ist dies der letzte Ort, um sich mit allem Notwendigen zu versorgen. 61 km weiter in Richtung Nordwesten ist dann Letlhakeng erreicht, das Tor zur Kalahari.

Die in Molepolole lebenden Menschen gehören zum Stamm der Bakwena, die das Krokodil als Totemsymbol haben – *kwena* bedeutet ›Krokodil‹ in Tswana. An die Missionsgeschichte des Orts erinnern heute der noch erhaltene **Glockenturm** von 1907 und eine alte **Kirche**. Beide befinden sich gegenüber der Abzweigung nach Letlhakeng.

In Molepolole lohnt sich ein Besuch im **Kgosi Sechele I Museum,** das anhand von Ausstellungsstücken und Dokumenten die Geschichte der Bakwena veranschaulicht. Ein Teil der Exponate befindet sich im Freien. Untergebracht ist das Museum im restaurierten Polizeigebäude von 1902. Ausgestellt

sind lokales Kunsthandwerk, historische Fotografien und Gemälde. Es gibt eine kleine Galerie und einen Souvenirshop, der lokale Künstler fördert. Das Museum veranstaltet die jährliche Kweneng-Kunstausstellung, den Kweneng-Schulkunstwettbewerb und das Dithubaruba Kulturfestival (Di–Fr 9–12, 14–16, Sa 11–16 Uhr, Eintritt frei).

Das Museum ist nach dem Häuptling benannt, der die Bakwena zwischen 1833 und 1892 regiert hat. Er machte Molepolole 1864 zu seiner Hauptstadt. Jedes Jahr organisierte Sechele eine Jagdexpedition in die Chobe-Region, um an Elfenbein zu gelangen. Somit wurde Molepolole damals ein wichtiger Handelsposten. Sechele gab der Annexion Botswanas durch die Briten 1885 nicht seinen Segen. 1887 arbeitete die Mehrzahl der erwachsenen Männer in Molepolole an der britischen Eisenbahnlinie, die vom Kap nach Rhodesien führte. Die Abwesenheit der Männer wirkte sich negativ auf das Dorf aus. Es herrschte Hunger, und Sechele hatte keine andere Wahl, als die Essenspakete, die die Briten per Ochsenwagen zu ihm schickten, anzunehmen.

Termine

Dithubaruba Cultural Festival (Anfang Sept.): Jedes Jahr findet dieses Kulturfestival der Bakwena im Kgosi Sechele I Museum statt. Es werden Tänze vorgeführt und es finden Konzerte, Theateraufführungen und Lesungen statt.

Nördlich und östlich von Gaborone ▶ 2, L 12/13

Karte: S. 137

Oodi 11

Im Ort **Oodi**, etwa 20 km nordöstlich von Gaborone, findet man eine Kooperative von Webern, die **Lentswe-la-Oodi-Weavers** (›Die felsigen Hügel von Oodi‹), die Wandbehänge, Tisch- und Bettdecken sowie Tücher aus Karakulwolle mit traditionellen botswanischen Mustern und Motiven anfertigen. Viele Wandteppiche erzählen ganze Geschichten. Das Entwicklungshilfeprojekt wurde bereits 1973 von dem schwedischen Pärchen Ulla und Peder Gowenius ins Leben gerufen, um der Bevölkerung eine Verdienstquelle zu erschließen. Das Weben, Färben und Spinnen wird in Handarbeit erledigt. Die erfolgreiche Firma gehört der lokalen Gemeinde, die alle Gewinne daraus erhält (Mo–Fr 8–16.30, Sa, So 10–16.30 Uhr).

Modipane und Modipe Hill
▶ 2, L 13

2 km südöstlich von Oodi ist **Modipane** 12 am Fuß des **Modipe Hill** erreicht. Die Häuser des Dorfs sind gänzlich aus Lehm erbaut. Etwa auf halber Höhe des Hügels befinden sich einige Steinstrukturen, bei denen es sich um die Überreste eines spät-steinzeitlichen Sotho-Tswana-Dorfs handelt, das zwischen dem 15. und 19. Jh. bewohnt war.

Mochudi 13

Etwa 40 km nördlich von Gaborone zweigt rechts die 5 km lange Zufahrt nach **Mochudi** ab, ein Ort mit gut 30 000 Einwohnern. Sehenswert ist das **Phuthadikobo Museum,** das in einem ehemaligen Schulhaus untergebracht ist. Das Gebäude aus dem Jahr 1921 vereint koloniale und kapholländische Stilelemente. Davor stehen zwei gut erhaltene Ochsenwagen, die zuletzt in den 1970er-Jahren benutzt wurden. Von Bedeutung ist aber vielmehr die Lage des Museums auf dem **Phuthadikobo Hill,** der Heimat der Bakgatla.

Der Hügel diente dem Stamm früher als Ort der Ruhe und spiritueller Heilungen. Hier wie auch auf dem Modipe Hill (s. oben) trafen sich die Bakgatla, um traditionelle Rituale wie beispielsweise das Regenmachen abzuhalten. Das Museum bewahrt die Legenden und Mythen der Bakgatla und erzählt u. a. von einem riesigen Drachen bzw. einer Regenschlange *(kgwanyape),* die in den Hügeln zu Hause ist. Außerdem findet sich im Museum eine faszinierende Sammlung von Fotografien, die von Anthropologen gemacht wurden. Einige der Bilder gehen bis auf das Jahr 1896 zurück. Sie dokumentieren sehr detail-liert die Kultur der Bakgatla und die raschen Veränderungen ihres Lebensstils im Botswana des 20. Jh. Es sind auch viele Artefakte ausgestellt wie beispielsweise Nackenringe der Bakgatla-Frauen aus dem 19. Jh., Initiationstrommeln aus dem 19. Jh. sowie mehrere Bibeln, die Mitgliedern der königlichen Bakgatla-Familie vor über 100 Jahren von Missionaren geschenkt wurden. Angeschlossen an das Museum ist ein Kunsthandwerksladen. Die Aussicht vom Hügel auf das Umland ist grandios (Mo–Fr 8–17, Sa, So 14–17 Uhr, Eintritt frei).

Im alten Teil von Mochudi stehen noch einige traditionelle Wohnanlagen mit Rundhütten und der königlichen *kgotla,* dem traditionellen Platz der Stammesverwaltung. Von hier aus führt ein ausgeschilderter Pfad den Hügel hinauf zum Museum.

Matsieng Footprints 14

Etwa 6 km nördlich vom Mochudi-Abzweig an der A 1 sind die **Matsieng Footprints** ausgeschildert. »Vor langer Zeit, als die Erde weich war, lebte ein Riese in einer dunklen Höhle, in die niemals Sonnenlicht gelangte. Er wohnte an diesem düsteren Platz, bis er seine Leute und Tiere ins Tageslicht führte.« Dies ist eine von mehreren Versionen der Legende des Riesen Matsieng, die von Generation zu Generation weitergegeben wird – noch heute gibt es in Botswana eine starke Erzähltradition.

In einem umzäunten Gebiet finden sich zwei tiefe Löcher im Sandstein, die als Matsiengs Fußabdrücke interpretiert werden, sowie einige Khoisan-Felsgravuren. Die Abdrücke, die sich vor ein paar natürlichen Felsenpools befinden, erinnern in ihrer Form in der Tat an menschliche Füße. Einer weiteren Legende zufolge sollen hier jedoch die Urmenschen aus den Löchern im Fels gekommen sein, gefolgt von allen Tieren der Erde. Dabei haben sie die Fußspuren im Fels hinterlassen, die von Forschern auf ein Alter von rund 3000 Jahren geschätzt werden. Für den Zutritt zum Gelände benötigt man den Verwalter, der sich tagsüber meist in Sichtweite des Tors aufhält und dieses dann gerne aufsperrt.

Von Johannesburg nach Gaborone

Johannesburg ist einer dieser Orte, der sich Besuchern nicht bereitwillig öffnet – er möchte entdeckt werden. Und entgegen aller Gerüchte gibt es in Joburg oder Jozi, wie die Stadt von ihren Bewohnern liebevoll genannt wird, einige interessante und besuchenswerte Ecken.

Johannesburg ▶ 2, O 15/16

Johannesburg ist mit 3,8 Mio. Einwohnern Südafrikas größte Metropole. Je nach Flugplan kann man hier durchaus ein oder zwei Nächte verbringen, bevor es im gemieteten Geländewagen nach Botswana weitergeht. Die urbane Erneuerung Johannesburgs ist faszinierend. Viele der verkommenen Innenstadtbereiche, in denen wunderbare historische Gebäude stehen, wurden in den letzten Jahren revitalisiert. Nun ziehen die Menschen wieder zurück in die City, nachdem sie zuvor in neu entstandene urbane Zentren wie Midrand oder Sandton im Norden ausgewichen waren. Stadtviertel wie Parkhurst, Craighall Park, Parkview, Melville, Parktown North, Linden, Vilakazi Street, Greenside, Norwood und Kensington wirken mit ihren unzähligen Cafés, Restaurants, Gästehäusern und Shops mehr wie kleine Dörfer als wie Teile einer Millionenstadt.

Ein weiteres Markenzeichen der Metropole sind ihre Unmengen von Bäumen. In dem auf 1600 m gelegenen Johannesburg besteht die natürliche Vegetation eigentlich aus Grasland. Seit der Stadtgründung vor mehr als 125 Jahren haben die Einwohner Bäume gepflanzt. Viele Bäume. Bis heute über 10 Mio. Damit sind die nördlichen Stadtteile Johannesburgs der größte von Menschen erschaffene subtropische Wald der Welt. Im Vorlauf zur Fußball-WM 2010 wurden allein im Township-Konglomerat Soweto weitere 200 000 Bäume gepflanzt.

Maboneng Precinct und 44 on Stanley

Auf der Liste der Sehenswürdigkeiten ganz oben stehen zwei der wunderbaren urbanen Erneuerungsprojekte in der City. Östlich des Zentrums liegt das **Maboneng Precinct** mit dem Komplex **Arts on Main.** Die einst heruntergekommenen Gebäude beherbergen nun neben beliebten Penthouse-Apartments und schicken Boutiquehotels auch diverse Restaurants und tolle Läden (286 Fox St., Tel. 00 27 72 880 95 83, www.mabonengprecinct. com, Facebook ›The Maboneng Precinct‹). Im Maboneng Precinct findet jeden Sonntag von 10 bis 15 Uhr sowie, außer im Januar, jeden ersten Donnerstagabend im Monat von 19 bis 23 Uhr der Essens- und Designermarkt **Market on Main** statt, wo man typische Gerichte probieren und Kunst erwerben kann (http://marketonmain.co.za).

Ebenfalls einen Bummel wert sind die revitalisierten Lager- und Fabrikgebäude **44 on Stanley** nördlich des Bahnhofs. Hier wurden die einstigen Backsteinruinen stilsicher und liebevoll in einen Shopping- und Restaurantkomplex im Industrielook verwandelt. Es gibt ein paar tolle Restaurants, Kneipen und Läden (www.44stanley.co.za).

Newtown

Das zentrale Stadtviertel **Newtown** südlich des Bahnhofs erlebt gerade eine Renaissance. Hier lohnt das **Market Theatre** einen Besuch, ein Museumskomplex, der aus dem ehemaligen Obst- und Gemüsemarkt von Jo-

Soweto, das Symbol der Apartheid-Ära, sollte man nur geführt erkunden

burg entstanden ist. In dem Gebäude aus dem Jahr 1913 befinden sich heute das **Bensusan Museum of Photography** sowie das **Museum Africa,** in dem einige der in Botswana gemalten Bilder von Thomas Baines (s. S. 203) hängen (121 Bree St., Tel. 0027 11 833 56 24, Eintritt frei). Und wie der Name bereits andeutet, gibt es hier auch ein Theater (56 Margaret Mcingana, Ecke Wolhuter St., Tel. 0027 11 832 16 41, www.markettheatre. co.za). Wenn man vor dem Market-Theatre-Komplex steht, finden sich links davon, in der Seitenstraße sowie unterhalb der Stadtautobahn-Überführung, die besten Graffitis der Stadt. Hinter dem Market Theatre entsteht derzeit das 1,3-Mrd.-Rand-Projekt **Newtown Junction** mit Geschäften, Büros und einem Boutiquehotel, ein Highlight der innerstädtischen Erneuerung (Miriam Makeba St., Ecke President St., http://newtownjunction).

Soweto

Südafrikas berühmt-berüchtigtes Township-Konglomerat **Soweto** besucht man aus Sicherheitsgründen am besten im Rahmen einer geführten Minibustour. Die Veranstalter (s. S. 145) holen einen an den Hotels ab.

Gold Reef City und Apartheid Museum

Wer sich für die Geschichte des Landes interessiert, sollte den historischen Themenpark **Gold Reef City** besuchen, der das Johannesburg zur Pionierzeit zeigt. Der Vergnügungspark liegt auf dem Gelände einer ehemaligen Mine, die auf einer **Underground Mine Tour** besichtigt werden kann. Als Kumpel auf Zeit darf man dann in 200 m Tiefe durch Schacht Nr. 14 spazieren. Am Ende der Tour wird ein Goldbarren live gegossen. Im Komplex steht u. a. die älteste noch funktionierende Münzpresse der Welt, die der damalige Präsident Paulus Krüger aus Deutschland importierte. Eine rekonstruierte Stadt mit viktorianischen Häusern zeigt eindrucksvoll, wie Johannesburg vor 100 Jahren ausgesehen hat (Shaft 14, Northern Parkway, Ormonde, Tel. 0027 11 248 68 00, tgl. 9.30–17 Uhr, www.goldreefcity.co.za, Erw. 165 Rand, Kin. 100 Rand, Minentour 90 Rand p. P. extra).

Von Johannesburg nach Gaborone

Mit Südafrikas jüngster Vergangenheit befasst sich das gegenüberliegende **Apartheid Museum.** Auf 6000 m² wird in Video- und Fotodokumenten gezeigt, was während dieser Zeit im Land passiert ist. Umso erstaunlicher war der relativ friedliche Übergang zur Demokratie im Jahr 1994 (Northern Parkway, Ecke Gold Reef Rd., Ormonde, Tel. 0027 11 309 47 00, www.apartheidmuseum.org, Di–So 9–17 Uhr, Erw. 65 Rand, Kin. 50 Rand).

Übernachten

Nachhaltiges Boutiquehotel ▶ The Peech Hotel: 61 North St., Melrose, Tel. 0027 11 537 97 97, www.thepeech.co.za. Vom Besitzer James Peech geführte Unterkunft. 16 Zimmer mit Solarstrom, Brauchwassernutzung, Mülltrennung und Bambusböden. Der Luxus kommt aber auch nicht zu kurz – von hochwertiger Bettwäsche bis zum Veuve-Cliquot-Keller ist alles vorhanden. Kostenloses WLAN. DZ ab 1850 Rand mit Frühstück.

Oase der Ruhe ▶ The Parkwood: 72 Worcester Rd., Parkwood, Tel. 0027 11 880 17 48, www.theparkwood.com. In Gehweite zu Rosebank mit seiner herrlichen Shopping Mall und der Gautrain-Bahnstation befindet sich dieses kleine, elegante Boutiquehotel. Zwei Swimmingpools in einem herrlichen Garten. DZ ab 1650 Rand mit Frühstück.

Günstig mit Aussicht ▶ A Room With A View & A Hundred Angels: 1 Tolip St., Ecke 4th Ave., Melville, Tel. 0027 11 482 54 35, www.aroomwithaview.co.za. Beinahe wie ein Märchenschloss wirkt das hoch über dem trendigen Stadtteil Melville thronende Gästehaus mit hohen Zimmern, geräumigen Bädern und teils großen Badewannen. Die Aussicht ist von jedem Zimmer prima. Der Pool erinnert an ein römisches Bad. Kinder dürfen erst ab 12 J. hier wohnen. DZ 990–1320 Rand mit Frühstück.

Kunst am Bau ▶ 12 Decades Johannesburg Art Hotel: 286 Fox St., Maboneng Precinct, Tel. 0027 11 007 01 02, www.12decadeshotel.co.za. Die 12 Zimmer des Kunsthotels wurden von verschiedenen Designern ausgestattet und spiegeln die 125-jährige Architekturgeschichte von Johannesburg wider.

Für die Stadt sehr günstige Preise. DZ 820–900 Rand mit Frühstück.

Essen & Trinken

Mit Olivengarten ▶ Il Giardino d'egli Ulivi: 44 on Stanley, Milpark, Tel. 0027 11 482 49 78, www.ilgiardino.co.za, Facebook ›Il Giardino, Di–So 11.45–21 Uhr. Der Familienbetrieb unterhält das wohl italienischste Restaurant der Stadt. Vom Ambiente bis zur Qualität des Essens ist alles perfekt. Wunderbarer Olivenhain, oft Livemusik. Hauptgerichte und Gourmetpizzas um 100 Rand.

Bistro-Atmosphäre ▶ CNR Café: Buckingham Av., Ecke Rothesay Av., Craighall Park, Tel. 0027 11 880 22 44, www.cnrcafe.co.za, Facebook ›Cnr Cafe Craighall Park‹, Mo–Sa 8–22, So 8–16 Uhr. Bistro-Atmosphäre mit europäischem Touch. Der Besitzer Greig ist fast immer anwesend – wenn er nicht gerade auf seiner Vespa unterwegs ist, um frische Zutaten einzukaufen. Hauptgerichte 90 Rand.

Bäckerei & mehr ▶ Vovo Telo: 4th Av., Cobbles Centre, Parkhurst, Tel. 0027 11 651 59 20, Mo–Sa 7–21.30, So 7–17 Uhr, und 44 Stanley Av., Milpark, Tel. 0027 11 482 41 39, Mo–Sa 7.30–16, So 7.30–15 Uhr, www.vovotelo.co.za. Die Edelbäckerei hat sieben Filialen in Johannesburg. Neben legendären Brotsorten gibt es auch leckere Hauptgerichte. Einer der besten Frühstücksplätze in Jozi. Appetitliche Website. Hauptgerichte um 80 Rand.

Bella Italia ▶ Café Picobella Trattoria: Melville, Tel. 0027 11 482 43 09, www.picobella.co.za. Hier kommen Pizzas und andere delikate italienische Gerichte in einem fast sakralen Ambiente mit Madonnenbildern, Kerzen und schwulstigen Kronleuchtern auf den Tisch. Pizza und Hauptgerichte um 65 Rand.

Bier & Wurst ▶ The Stanley Beer Yard: Tel. 0027 11 482 57 91, 44 on Stanley, Milpark, Facebook ›Stanley Beer Yard‹, Di–Do 15–23, Fr 12–23, Sa 11.30–23, So 11.30–17 Uhr. Herrlich schräg dekorierte, gemütliche Bierbar mit offenem Feuer, Sofas, Sesseln, Holztischen und -bänken. Außen hängt eine Vespa an der Wand, drinnen ausgestopftes gehörntes Getier wie aus der Jägermeister-Werbung. Es gibt Biere von südafrikanischen

Hausbrauereien sowie importierte Sorten. Gourmet-Pub-Gerichte wie Bratwurst- oder Steakbrötchen mit den besten Zutaten. Keine Kreditkarten. Gerichte um 60 Rand.

Studentenkneipe ▶ Ant Café: 11 7th St., Melville, Tel. 0027 11 726 26 14. Was auf den ersten Blick heruntergekommen wirkt, hat Stil. Gemütlich, klein, dunkel, mit Tischen draußen an der Straße und in einem kleinen Innenhof. Dekoriert mit massenhaft Kitsch und Trödel. Tolle Atmosphäre. Keine Kreditkarten. Holzofenpizza um 50 Rand.

Abends & Nachts

Auf Kneipentour ▶ Sowohl die Locations **44 on Stanley** (s. S. 142) mit dem **Stanley Beer Yard** und der **Maboneng Precinct** (s. S. 142) als auch der Stadtteil Melville bieten sich für einen abendlichen Kneipenbesuch an. **Melville** ist so etwas wie das Kreuzberg Johannesburgs. Die Bewohner sind eher alternativ eingestellt und das Leben spielt sich nachts auf der Straße ab, genauer gesagt in der von Kneipen gesäumten 7th Street.

Aktiv

Soweto-Tour ▶ Empfehlenswerte Veranstalter sind u. a. **www.sowetotour.co.za, www. soweto.co.za, www.sowetoguidedtours. co.za** und **www.sowetotours.co.za.**

Verkehr

Flüge: Der OR Tambo Airport liegt östlich des Stadtzentrums. Die hochmoderne Schnellbahn Gautrain, www.gautrain.co.za (135 Rand einfach) verbindet den Flughafen mit Johannesburgs Zentrum und mit der nördlichen Nachbarstadt Pretoria (Tshwane).
Busse: s. S. 91

Von Johannesburg ins Madikwe Game Reserve
▶ 2, O 16–L 13

Von Johannesburg aus gibt es zwei praktikable Möglichkeiten für die Weiterreise Richtung Botswana. Wer mehr Zeit zur Verfügung

hat, fährt von Johannesburg über **Pretoria** (Tshwane, ▶ 2 O/P 15) die **Magaliesberge (▶** 2, N 15) und **Sun City (▶** 2, N 14) in den **Pilanesberg National Park** (www.pilanesberg-game-reserve.co.za, ▶ 2, M/N 14) und von dort über kleine Nebenstraßen weiter ins Madikwe Game Reserve (s. u.).

Ist die Zeit begrenzt, geht es auf der mautpflichtigen N 4 über **Rustenburg (▶** 2, N 15), **Swartruggens (▶** 2, M 15) und **Groot Marico (▶** 2, M 15) nach **Zeerust (▶** 2, L 14). Von dort fährt man auf der R 49 gen Norden Richtung Botswana. Nach 85 km, kurz vor Erreichen der Grenze, geht es durch das Abjarterskop Gate in das Madikwe Game Reserve. Für die ca. 250 km von Johannesburg bis hierher benötigt man nicht mehr als drei bis vier Stunden.

Madikwe Game Reserve
▶ 2, L 13/14

Nach der urbanen Johannesburg-Safari wird es im malariafreien **Madikwe Game Reserve** wilder. 750 km² misst dieses 1991 gegründete Naturschutzgebiet, das in puncto Größe an vierter Stelle in Südafrika steht. Die Elefantendichte wird nur noch von der im Kruger National Park übertroffen.

1993 begann die staatlich unterstützte Operation Phoenix, bei der über einen Zeitraum von sechs Jahren mehr als 8000 Tiere in das Gebiet umgesiedelt wurden. Die ersten Raubtiere setzte man 1996 aus – zuerst Geparden, dann Wildhunde und Hyänen, später Löwen aus dem Etosha National Park in Namibia und dem benachbarten Pilanesberg National Park. 180 Elefanten kamen aus dem Gonarezhou Game Reserve in Simbabwe, wo sie sonst aufgrund einer verheerenden Dürre gestorben wären. Eine echte Erfolgsstory, denn bis heute ist die Population der Dickhäuter im Madikwe Game Reserve auf gut 250 angewachsen. Insgesamt leben 12 000 Tiere in dem Naturschutzgebiet, darunter die Big Five Löwe, Leopard, Nashorn, Elefant und Büffel. Dazu gesellen sich die üblichen Gras- und Buschfresser wie Antilopen,

Zebrastreifen im Busch – allgegenwärtig in Botswana

Zebras und Giraffen. Auch etwa 350 Vogelarten wurden registriert.

Eine Besonderheit sind die zwei Rudel *(packs)* Wildhunde, die extrem gefährdet sind. Clever wie sie sind, haben die Tiere gelernt, ihre Beute in die Zäune zu hetzen, die das Reservat umgeben. Um die *wild dogpacks* aufzuspüren, fahren die Ranger mit ihren Gästen daher oft in Zaunnähe herum. Wildhunde sind die seltensten Raubtiere im südlichen Afrika und sehr sozial. Kämpfe zwischen Artgenossen kommen fast nie vor. Sie haben viel Energie und riesige Jagdgebiete, in denen sie bis zu 35 km täglich zurücklegen. Ihre Beutetiere hetzen sie meist zu Tode.

Das Madikwe Game Reserve befindet sich in Südafrikas North West Province und grenzt im Nordwesten an Botswana, im Süden an die Dwarsberg Mountains und im Osten an den Marico River. Geografisch wird dieser Landschaftstyp, der bis nach Botswana hineinreicht, Sandveld genannt. Er besteht aus mit Inselbergen bestückter Gras- und Buschsavanne, durchsetzt von Akazien und Flusswald. Im Reservat wird nachhaltiger Tourismus praktiziert, d. h., die umliegenden Gemeinden haben am Einkommen, das der Park generiert, teil. Damit verbessern die in dieser Region lebenden Menschen ihre Infrastruktur. Madikwe kann ganzjährig bereist werden. Im Südsommer herrschen Temperaturen zwischen 25 und 40 °C, im Südwinter zwischen 3 und 23 °C (www.madikwe-game-reserve.co.za, Erw. 150 Rand, Kin. 60 Rand).

Übernachten

Im Madikwe Game Reserve gibt es 20 verschiedene Lodges, aber keine Campingplätze. Die Lodges bieten wie fast überall im südlichen Afrika luxuriöse Buschaufenthalte mit

bushcamp.com. Das authentische Camp in Familienbesitz ist eine echte Ökolodge, nachhaltiger Tourismus ist hier nicht nur ein Schlagwort für eine profitable Marketingstrategie. Das von der Lodge ausgebildete Personal stammt aus den an den Park grenzenden Dörfern. Beim Bau wurde so wenig wie möglich in die Natur eingegriffen und so traditionell wie möglich gebaut. Es gibt insgesamt neun recht einfache, erhöht auf Pfählen erbaute Holzhütten auf einem Gelände, das zaunlos in das Reservat übergeht. Die Duschen und Toiletten befinden sich außerhalb der Hütten. Es gibt weder Strom noch fließendes Wasser, das wird von den Angestellten zu den Safariduschen gebracht und auf Holzöfen erwärmt. Die günstigste Unterkunft im Reservat. Preis inkl. zwei Pirschfahrten, Vollpension und Getränke. DZ ab 3600 Rand all inclusive.

Weiterfahrt nach Botswana ▶ 2, L/M 13

Für die Weiterfahrt vom Madikwe Game Reserve nach Botswana gibt es zwei Möglichkeiten: entweder zurück auf die R 49 und über den geschäftigen Hauptgrenzübergang **Kopfontein/Tlokweng Gate** (6–24 Uhr) oder – ein Favorit des Autors – über den winzigen Grenzübergang **Derdepoort–Sikwane** (6–19 Uhr) im Nordosten des Madikwe Game Reserve. Hier haben die Grenzer noch Zeit für ein Pläuschchen, denn es herrscht kaum Verkehr. Von Sikwane sind es 83 km bis Gaborone, vom Kopfontein/Tlokweng Gate 17 km.

Die erste Siedlung, die man durchquert, wenn man auf der gut ausgebauten Schnellstraße vom Grenzübergang Kopfontein/Tlokweng nach Botswana einreist, ist nach 15 km **Tlokweng.** Hier wurde in den frühen 1890er-Jahren ein koloniales Fort gebaut und von hier initiierte Cecil Rhodes (s. S. 51) 1895 den fehlgeschlagenen Putsch gegen die südafrikanische Burenrepublik, der als Jameson Raid bekannt wurde und Auslöser des Englisch-Burischen Kriegs war. Damals stand in Tlokweng nur eine Handvoll Häuser.

Pirschfahrten in offenen Geländewagen. Auf den folgenden Websites sind alle Unterkünfte im Reservat gelistet: www.madikwe-game-reserve.co.za, www.madikwe.net (unter ›Madikwe Specials‹ interessante Sonder- und Last-Minute-Angebote).

Big Five am Fluss ▶ Madikwe River Lodge: S24°41 04/E26°25 37, Tel. 0027 14 778 90 00, www.madikweriverlodge.com. Attraktive Unterkunft mit 16 reetgedeckten, afrikanisch dekorierten Chalets in einem Flusswald. Von den privaten Holzbalkonen überschaut man das Flusstal. Günstigere Last-Minute-Angebote auf der Website. Übers Wochenende muss für mind. zwei Nächte gebucht werden. Preis inkl. zwei Pirschfahrten, Vollpension und Getränke. DZ ab 4420 Rand all inclusive.

Echte Öko-Buschlodge ▶ Mosetlha Bush Camp: genaue Anfahrtsbeschreibung auf der Website, Tel. 0027 11 444 93 45, www.the

Felsige Erhebungen sorgen im Northern Tuli Game
Reserve für perfekte Aussichtspunkte

Kapitel 2

Francistown und der Osten

Über 80 % der Landesfläche wird von der Kalahari eingenommen, die es jedoch nicht ganz schafft, den östlichsten Teil Botswanas zu erreichen. Hier gibt es einen schmalen Streifen Land, der mehr Niederschläge als alle anderen Regionen abbekommt und daher die besten Voraussetzungen für eine erfolgreiche Landwirtschaft bietet. Nicht von ungefähr leben fast 80 % der Bevölkerung in diesem Gebiet, das sich über gut 400 km zwischen Gaborone und Francistown erstreckt.

Für Touristen ist besonders der äußerste Nordosten an der Grenze zu Simbabwe und Südafrika interessant, der sogenannte Tuli Block. Hier liegen einige wunderbare Wildreservate, die noch relativ wenig bekannt und besucht sind. Die meisten Besucher ziehen die berühmteren Safaridestinationen Chobe National Park und Okavango Delta vor, obwohl es der Tuli Block von der Wildbeobachtung her leicht mit diesen Regionen aufnehmen kann. Und das fast immer malariafreie Gebiet liegt nur etwa 530 km vom südafrikanischen Johannesburg entfernt.

Landschaftlich kontrastiert der Tuli Block deutlich mit dem Rest Botswanas. Hier gibt es Felsen, Hügel und Trockenflüsse. Die Lebensader der Region ist der Limpopo River mit seinem dichten Uferwald. Im östlichsten Teil des Tuli Block liegt das Northern Tuli Game Reserve, das größtenteils aus privaten Wildreservaten besteht und sich bis zum Motloutse River zieht. Hier empfiehlt sich eine Lodgebuchung, da sich das Selbstfahren aufgrund ausgedehnter privater Ländereien schwieriger gestaltet als im Rest Botswanas. Von all den geologischen Besonderheiten des Landes gehört Solomon's Wall, eine Basaltwand am Ufer des Motloutse River, zu den faszinierendsten.

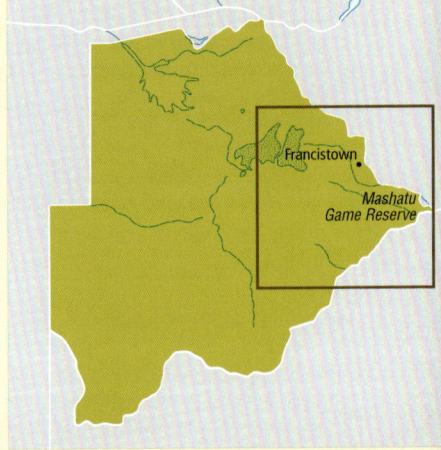

Francistown

Mashatu
Game Reserve

Auf einen Blick

Francistown und der Osten

Sehenswert

3 **Mashatu Game Reserve:** In diesem ca. 460 km² großen Naturreservat lebt mit über 800 Elefanten die größte Dickhäuterpopulation der Welt auf Privatland (s. S. 167).

4 **Mapungubwe National Park:** Namensgeber dieses südafrikanischen Nationalparks war das gleichnamige Königreich, eine alte Zivilisation, die zwischen 1220 und 1290 hier ihre Hauptstadt hatte (s. S. 174).

Lepokole Hills: Die südlichen Ausläufer der simbabwischen Matopo Hills faszinieren durch ihre gewaltigen verwitterten Granitblöcke (s. S. 175)

Schöne Routen

Limpopo-Shashe Transfrontier Conservation Area: Dieses grenzüberschreitende, 4872 km² große Schutzgebiet im Dreiländereck Botswana, Südafrika und Simbabwe erlaubt im Gegensatz zu den botswanischen Nationalparks auch nächtliche Pirschfahrten (s. S. 162).

Pirschfahrten im Northern Tuli Game Reserve: Auf den Pistennetzwerken einiger privater Wildschutzgebiete lassen sich Pirschfahrten mit Leoparden-Garantie in einem offenen Geländewagen unternehmen (s. S. 166).

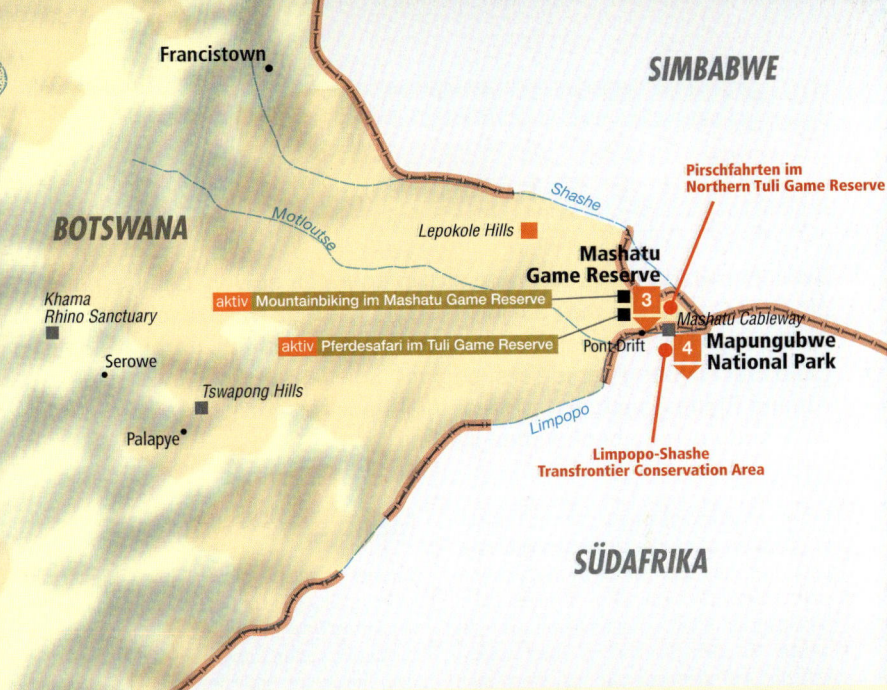

SIMBABWE

BOTSWANA

Francistown

Shashe

Motloutse

Lepokole Hills

**Pirschfahrten im
Northern Tuli Game Reserve**

**Mashatu
Game Reserve**

Khama
Rhino Sanctuary

aktiv Mountainbiking im Mashatu Game Reserve

3

Serowe

aktiv Pferdesafari im Tuli Game Reserve

Pont Drift

Mashatu Cableway

4 **Mapungubwe
National Park**

Tswapong Hills

Palapye

Limpopo

**Limpopo-Shashe
Transfrontier Conservation Area**

SÜDAFRIKA

Meine Tipps

Khama Rhino Sanctuary: Das Schutzgebiet
bietet fantastische Möglichkeiten, den gefährdeten Nashörnern näherzukommen und
sie zu fotografieren (s. S. 153).

Tswapong Hills: Eine der am wenigsten bekannten und erschlossenen Regionen Botswanas (s. S. 155).

Mashatu Cableway: Wenn der Limpopo River Hochwasser führt, gelangen Besucher in
einer Drahtkäfig-Seilbahn ans andere Ufer –
eine spannende Erfahrung, die man sich bei
entsprechender Wetterlage nicht entgehen
lassen sollte (s. S. 163).

aktiv unterwegs

**Mountainbiking im Mashatu Game Re-
serve:** Wo sonst in der Welt führt ein Moun-
tainbike-Guide ein geladenes Gewehr mit
sich (s. S. 168).

Pferdesafari im Tuli Game Reserve: Für
das Wild bilden Reiter und Pferd eine Einheit
– entsprechend neugierig wird der große, eigenartig aussehende Grasfresser beäugt (s.
S. 172).

Von Gaborone nach Francistown

Zwischen Gaborone und Francistown kommen sowohl Landschafts- als auch Großtierfreunde auf ihre Kosten. Wie eine Oase erscheinen die Tswapong Hills mit ihren Wasserfällen und Schluchten, deren touristische Erschließung gerade erst beginnt. Seit Jahren ein Top-Ziel ist das Khama Rhino Sanctuary, wo man nicht nur Nashörner, sondern auch viele andere Tiere beobachten kann.

Die A 1 von Gaborone ins 435 km nordöstlich gelegene Francistown ist zweispurig ausgebaut. Trotzdem oder gerade deshalb ist Vorsicht geboten. Domestiziertes Getier und Wild benutzen die Straße ebenso gerne wie Fußgänger. Vor allem bei erhöhter Geschwindigkeit und tief stehender Sonne, wenn sich das Licht in der von Insekten zugekleisterten Windschutzscheibe reflektiert, kann man diese Verkehrsteilnehmer leicht übersehen. Ein Übriges zu der gefährlichen Situation tragen botswanische Autofahrer bei, die zumeist erschreckend und unerwartet langsam unterwegs sind, selbst in neuen, großen Autos. Und den Rückspiegel benutzen sie lediglich für kosmetische Zwecke.

Über Buffel's Drift in den Tuli Block ► 2, L 13 – P 9

152 km nördlich von Gaborone kreuzt der Wendekreis des Steinbocks bzw. der südliche Wendekreis *(Tropic of capricorn)* die Straße, große Schilder weisen darauf hin. Hier zweigt eine beschilderte Piste nach rechts Richtung **Buffel's Drift** (► 2, M 11) am Limpopo River ab. Dieser ehemalige Grenzposten ist zwar geschlossen, aber von dort aus führt eine 137 km lange 4x4-Piste auf botswanischer Seite am Flussufer entlang nach Norden bis Machaneng im südlichen Teil des Tuli Block (s. S. 160).

Mahalapye ► 2, M 10

Von der Abzweigung nach Buffel's Drift sind es noch ca. 46 km auf der A 1 bis in den wenig attraktiven, staubigen Ort **Mahalapye,** der bereits in den Tropen liegt. Zahlreiche Läden, Tankstellen und Fast-Food-Filialen säumen die Durchgangsstraße, die zwischen felsigen Hügeln im Westen und dem Flussbett im Osten verläuft.

Seine größte Wachstumsrate hatte Mahalapye in den 1990er-Jahren zu verzeichnen, als die nationale Eisenbahnverwaltung hierher verlegt wurde. Interessanterweise leben einige Hereros in der Stadt. Diese haben sich in den 1920er-Jahren hier angesiedelt, nachdem sie vor den Deutschen aus Namibia geflohen waren. Der ursprüngliche Name von Mahalapye, Mhalatswe, bedeutet in der lokalen Sprache übrigens Schwarzfersenantilope *(impala),* die früher in großer Zahl in der Region lebte.

Im Jahr 1862 etablierte ein gewisser John Mackenzie in Mahalapye eine Missionsstation, in der er 14 Jahre lang lebte. Während dieser Zeit unterstützte der Engländer die lokalen Häuptlinge dabei, mithilfe des Empire die gefürchtete Bureninvasion abzuwehren. Die Ruinen der Kirche sind heute noch zu sehen, ebenso der große, flache *church bell stone* (›Kirchenglockenstein‹), der, wenn man einen anderen Stein dagegenschlägt, wie eine Kirchenglocke klingt.

Shoshong ▶ 2, M 10

30 km westlich von Mahalapye liegt das historische Dorf **Shoshong,** von 1850 bis 1890 die ehemalige Ngwato-Hauptstadt, über die Häuptling Khama (s. S. 52) herrschte. Dieser gelangte zu Bekanntheit, als er in den späten 1870er-Jahren den sogenannten Durstland-Trekkern *(dorsland trekker),* einer Gruppe glückloser Buren, die Erlaubnis gab, sein Land zu durchqueren.

Die etwa 500 Buren hatten die Transvaal-Provinz Südafrikas verlassen, um ihr Glück weiter nördlich in Afrika zu finden. Ihr Ziel war das große Durstland jenseits der Kalahari, wo sie eine neue Republik gründen wollten. Mit Ochsenkarren durchquerten sie in drei Teams die Kalahari, verloren die Orientierung und waren nahe am Verdursten, bevor sie von Buschmännern gerettet wurden. Durch deren Hilfe gelangten die Buren bis Ghanzi. Aber nach der Trockenheit in der Kalahari wurde es für sie am Okavango noch schlimmer. Schlafkrankheit und Malaria dezimierten Mensch und Tier. Nur wenige von ihnen erreichten 1881 Angola, wo sie sich für einige Jahrzehnte ansiedelten, bevor ihre Nachkommen nach Namibia zogen.

Serowe ▶ 2, M 9

Der von felsigen Hügeln umgebene Ort **Serowe** 108 km nördlich von Shoshong liegt an der Route, die vom Osten Botswanas in die Kalahari, die Makgadikgadi Pans sowie nach Maun und ins Okavango Delta führt. Serowe hat etwa 70 000 Einwohner und ist die Hauptstadt des Bangwato-Stamms, der bevölkerungsstärksten Ethnie unter Botswanas Tswana-Stämmen. Die Stadt wird daher oft als das größte traditionelle ›Stammesdorf‹ Afrikas bezeichnet.

In Serowe wurde Botswanas erster Präsident, Sir Seretse Khama, geboren. Er liegt zusammen mit seiner Frau Ruth und anderen wichtigen Mitgliedern der königlichen Familie, einschließlich König Khama III., auf dem Gipfel des **Thathaganyane Hill** begraben.

Der Friedhof ist alleine wegen seiner herrlichen Aussicht auf Stadt und Umland einen Besuch wert.

Im Ort selbst ist das **Khama III Memorial Museum** interessant. Es befindet sich im 1910 erbauten **Red House,** einem herrlichen viktorianischen Gebäude, das mit finanzieller Unterstützung aus Dänemark wundervoll restauriert wurde. Das Museum am Fuß des Friedhofhügels zeigt u. a. Exponate zur Kultur der Bangwato und San, eine Naturausstellung sowie Manuskripte und Briefe der südafrikanischen Schriftstellerin Bessie Head, die lange Zeit in Serowe gewohnt hat und das dortige Dorfleben zum Thema eines ihrer Bücher machte: »Serowe: Village of the Rain Wind« (Thataganyane Hill, Di–Fr 8–12.30, 14–16.30, Sa 9–12.30, 14–16 Uhr, Erw. 20 Pula, Kin. 10 Pula).

Einkaufen

Benzin & Essen ▶ Im Ort gibt es mehrere Tankstellen, die auch Fast-Food verkaufen, sowie Supermärkte.

Khama Rhino Sanctuary
▶ 2, M 9

25 km nordöstlich von Serowe, an der Straße nach Orapa, wurde im Kalahari-Sandveld 1992 das 43 km^2 große **Khama Rhino Sanctuary** etabliert, um den letzten noch existierenden Nashörnern Botswanas eine Überlebenschance zu geben. 1991 gab es nur noch neun Nashörner im Land, und bis das Reservat ein Jahr später seine Pforten öffnete, waren bereits vier weitere Nashörner abgeschlachtet worden. Schutzpatron des Nashornparks ist Bangwato-Oberhäuptling und Staatspräsident Ian Khama. Vor Ort bewachen bewaffnete Anti-Wildereinheiten der botswanischen Armee die gefährdeten Tiere – Tag und Nacht.

Die **Serowe Pan,** eine große Tonpfanne, bildet das Zentrum des Schutzgebiets, in dem heute 34 Rhinos – vier Spitzmaul- und 30 Breitmaulnashörner – sowie Giraffen, Zebras, Gnus, Kuhantilopen, Leoparden, Hyä-

Von Anti-Wilderereinheiten bewacht: die Nashörner im Khama Rhino Sanctuary

nen, bis zu 4 m lange Felspythons (rock pythons) und 230 verschiedene Vogelarten leben. Das von der lokalen Gemeinde geführte, nachhaltige Reservat verfügt über ein gutes Netzwerk an Wildbeobachtungspisten. Ausflüge zum Nashorn- und Giraffenaufspüren (317 Pula) und Naturwanderungen (200 Pula) können ebenso gebucht werden wie Pirschfahrten, die sowohl tagsüber (195 Pula) als auch nachts (mind. vier Pers., 195 Pula p. P.) durchgeführt werden (www.khamarhinosanctuary.org.bw, tgl. 7–19 Uhr, Erw. 60 Pula, Kin. 30 Pula, Auto 70 Pula).

Übernachten

Der mit dem Nashorn schläft ▶ **Khama Rhino Sanctuary:** Tel. 046 307 13, www.khamarhinosanctuary.org.bw. Es gibt einen sehr schönen Campingplatz sowie einige Chalets. Ein Restaurant serviert traditionelle Gerichte. Selbstversorgerchalets ab 470 Pula p. P., Camping Erw. 75 Pula, Kin. 40 Pula.

Palapye ▶ 2, N 9

Etwa 49 km östlich von Serowe bzw. 70 km nördlich von Mahalapye liegt an der A 1 **Palapye,** in dessen Umgebung vor einigen Jahren beträchtliche Kohlevorkommen entdeckt wurden. Auch in diesem Ort gibt es Benzin und ein paar Läden. Die Stadt gilt als das *powerhouse* Botswanas: Das kohlebefeuerte Kraftwerk Morupule Power Station deckt fast den gesamten Strombedarf des Landes ab. Wie beim Ort Mahalapye ist auch der alte Name von Palapye, Phalatswe, eine lokale Bezeichnung für die Schwarzfersenantilope *(impala).*

Von Palapye sind es noch ca. 170 km auf der A 1 nach Francistown, Botswanas zweitgrößter Stadt. Etwa auf halber Strecke zweigt in **Serule** (▶ 1, N 8) eine Straße nach Selebi-Phikwe (s. S. 164) ab, dem Ausgangspunkt für einen Besuch im äußersten Osten des Landes, der wie ein Sporn nach Simbabwe

und Südafrika hineinreicht: das nördliche Ende des Tuli Block (s. S. 160).

Tswapong Hills ▶ 2, N/O 9/10

Etwa 50 km östlich von Palapye und der A 1
gehören die **Tswapong Hills** zu den unent-
deckten Perlen Botswanas und sind dennoch
ohne Geländewagen auf guten Straßen erreichbar. Mehr als 1000 Mio. Jahre alt, bede-
cken die Hügel ein Gebiet von ca. 1200 km².
Sie ragen bis zu 400 m über ihre Umgebung
auf und besitzen ihr eigenes Mikroklima. Die
landschaftlichen Reize dieses Gebiets kon-
trastieren stark mit der umliegenden, semiariden Kalahari. Es gibt saftig-grüne Vegetation, natürliche Quellen und Bäche, Wasserfälle, Felsenpools und Lagunen. Über Äonen
komprimierte Gesteinsformationen aus Sand-
und Eisenstein, Quarziten und Schiefer geben den Tswapong Hills ihre charakteristischen Farben. Die teilweise skurril verwitterten Felsformationen mit ihren abgeflachten
Gipfeln und steil abfallenden Wänden machen die Region einzigartig in Botswana.

Zahlreiche archäologische Fundstücke beweisen, dass die Gegend schon sehr früh besiedelt war. Verzierte Tonscherben, Eisen-
schmelzer und rote Ockermalereien unter
Felsüberhängen legen Zeugnis davon ab,
dass hier bereits vor 2000 Jahren Menschen
lebten. In den Tagebüchern der Entdecker
und Forscher des 19. Jh. werden häufig die
Eisenmacher *(iron makers)* von Tswapong erwähnt, denn hier wird schon seit vielen Hundert Jahren Eisen bearbeitet.

Wasser ist die Hauptattraktion in der Hügellandschaft. Das verwundert nicht, denn
sie liegt in einer ansonsten völlig ariden Umgebung, in der die Verdunstung normalerweise höher ist als die Summe aller Niederschläge. Im Laufe von Jahrmillionen schnit-
ten die saisonalen Flüsse tiefe Schluchten in
das Gestein, allen voran die **Moremi Gorge,**
eines der meistbesuchten Highlights in den
Tswapong Hills. Man erreicht den Canyon auf
einem ausgeschilderten Fußpfad. In dem unter Denkmalschutz stehenden Gebiet stürzen

Tipp: Ein reflektierisches Souvenir

Mal ganz ehrlich: Haben Sie nicht ab und zu
während ihrer Reise, wenn sie gerade an einem dieser Elefantenwarnschilder vorbeige-
fahren sind, gedacht, »das würde ich jetzt
gerne abschrauben und nach Hause nehmen«? Seltener, aber auch einzigartige Souvenirs sind jene lokalen Verkehrszeichen, die
auf frei laufende Flusspferde, Nashörner, Krokodile, Strauße, Wildhunde, Zebras, Giraffen
oder Warzenschweine hinweisen. Jetzt müssen Sie diese reflektierenden, typisch afrikanischen Original-Verkehrsschilder nicht mehr
klauen, sondern können die coolen Deko-Ob-
jekte direkt in Afrika bestellen. Die Schilder
sind aus Aluminium, wiegen etwa 2 kg und
sind 86 x 86 x 86 cm groß. Die Kosten liegen
bei 75 € pro Schild plus Versand (Luftpost
35 €, Standard 20 €). Zu bestellen bei: die
ter@lossis.com.

sich drei permanente Wasserfälle über Felsen
in die Tiefe, einer davon volle 10 m hoch. Das
Wasser sammelt sich dann in einer von Far-
nen und Moos gesäumten Lagune.

Eine weitere Attraktion der Tswapong Hills
findet sich in den Felswänden beim Dorf
Gootau (▶ 1, N 10), wo die nördlichste Nist-
kolonie von Kapgeiern beheimatet ist. In
der gesamten Hügellandschaft wurden bislang 345 verschiedene Vogelarten identifiziert. Auch die Flora boomt hier. Viele Pflanzen sind einzigartig. Vor allem die Orchideen
an den Wasserfällen sind wunderschön. Etwa
100 essbare Pflanzen wurden gefunden. Aufgrund des üppigen Wasservorkommens lebt
in den Tswapong Hills auch fast die Hälfte
aller in Botswana vorkommenden Schmetterlinge. Nur Wild ist selten geworden. In abgelegenen, isolierten Ecken gibt es heute
noch ein paar Kudus, Leoparden, Paviane
und Schwarzfersenantilopen. Vor 100 Jahren
dagegen waren hier noch riesige Herden von
Elefanten, Büffeln, Giraffen und Antilopen beheimatet.

Von Gaborone nach Francistown

Die Tswapong Hills sind bei den Einwohnern von Gaborone als Wochenendziel beliebt. Zu den beliebtesten Aktivitäten gehören Wandern, Klettern und Schwimmen. Die Gegend ist touristisch bislang kaum erschlossen, doch es ist geplant, hier künftig mehr Aktivsportarten anzubieten. Auch eine Lodge soll errichtet werden. Ein erster Schritt in diese Richtung ist der Campingplatz Manonnye Gorge.

Übernachten

Naturnah Campen ▶ **Manonnye Gorge:** vom Dorf Moremi ausgeschildert, Moremi Manonnye Conservation Trust, Tel. 049 182 44. Attraktiver Naturcampingplatz mit Sanitäranlagen – ein idealer Ausgangspunkt, um zu den drei Wasserfällen zu wandern. Die Piste zum Platz ist ausgeschildert. Camping und Eintrittsgeld für 2 Pers. 275 Pula.

Francistown ▶ 1, N 7

Cityplan: rechts
Francistown ist eine der ältesten Städte von Botswana und der Ort, wo der erste Goldrausch im südlichen Afrika stattfand. Heute leben ungefähr 120 000 Menschen in der zweitgrößten urbanen Siedlung des Landes, die auch Hauptstadt des Nordens genannt wird. Aufgrund seines schnellen Wachstums hat Francistown leider kaum etwas vom einstigen Goldgräberimage bewahrt. Fast alle alten Häuser aus der Gründerzeit des Orts fielen in den 1970er-Jahren der Modernisierung zum Opfer.

Durch seine Lage am Knotenpunkt einer Eisenbahnlinie und der Hauptstraßen nach Maun im Westen, Kasane im Norden und Bulawayo in Simbabwe wuchs Francistown in den letzten Jahren rapide an. Es gibt diverse moderne Einkaufszentren und Großhändler mit zahlreichen Kunden aus dem benachbarten Simbabwe. Besucher finden außerdem ein paar Hotels, Casinos und Nachtclubs sowie ein großes Krankenhaus, eine Bücherei und farbenprächtige Märkte. Somit bietet sich Francistown als Etappenziel an.

Geschichte

Die menschliche Besiedlung lässt sich in Francistown bis zu 80 000 Jahre zurückverfolgen. Im Jahr 1867 entdeckte der deutsche Geologe Karl Mauch am Tati River das erste gelbe Edelmetall und löste damit einen Goldrausch aus, der die ganze Gegend verändern sollte. Als wenig später 60 km entfernt noch mehr Gold gefunden wurde, kamen optimistische Goldsucher sogar aus dem fernen Australien, um hier ihr Glück zu suchen. Quasi über Nacht wurde an der neuen Fundstelle Francistown aus dem Boden gestampft.

Die Stadt ist nach dem Engländer Daniel Francis benannt, der in den 1860er-Jahren in die Tati-Region kam und die Gründung von Francistown durch den Verkauf von Grundstücken an die Öffentlichkeit organisierte. Er erwarb außerdem die Schürfrechte von den hier ansässigen Matabele und gründete die Tati Company. 1869 wurde gezielt mit dem Goldabbau begonnen und für kurze Zeit war die Stadt am Tati River Botswanas wichtigstes Wirtschaftszentrum.

Ursprünglich bestand der Ort nur aus einer Straße, die parallel zur Cape-to-Cairo-Eisenbahn verlief. Wie in einem Goldgräbernest üblich, drängten sich hier Kneipen, in denen es wild zuging, und Geschäfte, die alles feilboten, was die Goldgräber so brauchten oder was sie sich zulegten, wenn sie ein paar Nuggets gefunden hatten. Der Name der Hauptstraße, Blue Jacket Street, geht auf einen alten Goldgräber namens Sam Andersen zurück. Bevor dieser nach Botswana kam, hatte er als erster Mensch die westaustralische Wüste zu Fuß durchquert und dadurch erheblichen Ruhm erlangt. In Francistown war Andersen bekannt wie ein bunter Hund, der nie ohne sein Lieblingskleidungsstück aus dem Haus ging: eine Jeansjacke *(blue jacket)*.

In den 1940er-Jahren war es mit der Blütezeit von Francistown schon wieder vorbei. Da sich das Gold im Osten Botswanas in Quarzgängen befindet, ist es für die Schürfer schwierig abzubauen. Viele Goldsucher zogen daher nach Südafrika weiter und die Minenarbeiten wurden eingestellt. Erst vor ein

Francistown

Sehenswert
1 Supa Ngwao Museum
2 Tachila Nature Reserve

Übernachten
1 Cresta Marang Gardens
2 Cresta Thapama
3 Tati River Lodge
4 Diggers Inn

Einkaufen
1 Nzano Shopping Centre
2 Golden Valley Shopping Centre

paar Jahren begann im Westen der Stadt wieder eine neue Mine mit dem Goldabbau.

Supa Ngwao Museum **1**

Die Geschichte der Stadt wird anhand vieler alter Fotos im kleinen **Supa Ngwao Museum** aufbereitet. Im einstigen Haus der Regionalverwaltung sind außerdem Artefakte der lokalen Kalanga-Kultur wie Holzschnitzereien, Flechtarbeiten, Töpfereiwaren und Musikinstrumente ausgestellt. Der Museumsshop, der die stolze Zahl von gut 200 männlichen und weiblichen Kunsthandwerkern ernährt, verkauft authentische handgemachte Souvenirs (Central Ring Rd., Tel. 024 030 88, Mo–Sa 9–13, 14–17 Uhr, Eintritt frei).

Tachila Nature Reserve **2**

5,8 km östlich der Stadt liegt am Shashe River das 80 km² große, gemeinnützige **Tachila Nature Reserve**. Im Stil des hervorragenden Mokolodi Nature Reserve in Gaborone (s. S. 135) soll auch hier Kindern und Jugendlichen die Natur nähergebracht werden. Besucher können Pirschfahrten unternehmen und sogar übernachten (Tel. 024 123 13, www.tachilanaturereserve.org, Facebook ›Tachila Nature Reserve‹, tgl. 7–18 Uhr, 10 Pula p. P., 20 Pula pro Fahrzeug, Selbstversorgerhütten 100 Pula p. P.).

Übernachten

Das beste Hotel vor Ort ▶ Cresta Marang Gardens 1: 4 km östlich von Francistown, Tel. 024 239 91, www.crestahotels.com. Hier schläft man in Rundhäusern oder Holzhütten, die auf Stelzen am Tati River errichtet wurden. Zur Unterkunft gehört eine große Gartenanlage und ein Swimmingpool. Das Hotel hat einen südafrikanischen Manager und wurde im Jahr 2013 gründlich renoviert. Die Gäste des schattigen Campingplatzes dürfen den Ho-

Warten auf den Bus: für viele Einheimische das einzige erschwingliche Transportmittel und bereits ein Privileg

telpool benutzen. DZ 80–150 US-$ p. P. mit Frühstück, Camping 10 US-$ p. P.

Businesshotel ▶ **Cresta Thapama** **2**: Blue Jack St., Tel. 024 138 72, www.crestahotels. com. In diesem Hotel steigen hauptsächlich Geschäftsleute ab. DZ 50–95 US-$ p. P. mit Frühstück.

Mit moderner Einrichtung ▶ **Tati River Lodge** **3**: an der Matsiloje Road ca. 5 km südlich der Stadt, Tel. 024 060 00, www.trl.

co.bw. Neben 80 modern eingerichteten Zimmern in einem reetgedeckten Komplex gehört auch ein Campingplatz zu der Anlage. DZ 600–1200 Pula p. P. mit Frühstück, Camping 50–60 Pula p. P.

Günstiges Stadthotel ▶ **Diggers Inn** **4**: Village Mall, Tel. 024 405 44, www.diggerinn. com. 40 Zimmer in einem wenig aufregenden Mittelklassehotel. DZ ab 700 Pula mit Frühstück.

Verkehr

Flüge: Vom Francistown Airport, Tel. 024 134 20, fliegt Air Botswana, www.airbotswana.co. bw, täglich nach Gaborone.

Busse: Tgl. mit diversen Gesellschaften, u. a. Seabelo's Express, www.seabelo.bw, morgens nach Maun, Kasane und Gaborone.

Die Umgebung von Francistown

In und um Francistown gibt es viele Hinweise auf die Minengeschichte der Region. Zahlreiche Relikte finden sich rund um die aufgelassenen Minen **Blue Sky, Monarch** und **Todd's Creek,** die jedoch leider noch nicht touristisch erschlossen sind. Dass der Goldbergbau noch viel weiter zurückreicht als in die 1860er-Jahre, kann man am Tati River sehen. Entlang des Flusses finden sich Zeugen prähistorischen Goldabbaus, sogenannte *dolly holes.* In diesen künstlichen Löchern zertrümmerte man wie in einem Mörser das zuvor ausgegrabene Erz. Wer sich das aus der Nähe anschauen möchte, sollte im Supa Ngwao Museum (s. S. 157) von Francistown das englischsprachige Büchlein »Exploring Tati« (Marope Research, 1999) von Catrien van Waarden kaufen. Es hat die Minengeschichte und Archäologie von Francistown und seiner Umgebung zum Thema und beschreibt detailliert verschiedene, ansonsten nicht ausgeschilderte Lokalitäten. Die Angestellten des Museums geben ebenfalls Tipps für Trips in die Umgebung.

Für Selbstfahrer erreichbar ist u. a. die jahrtausendealte Kupfermine **Thakadu** (▶ 1, L/M 13) 65 km westlich von Francistown. Von der Kreuzung nördlich der Stadt, an der es rechts nach Nata und links nach Orapa abgeht, fährt man zunächst 71 km auf der A 30 Richtung Orapa. Dann zweigt man rechts ab und fährt 3 km gen Norden, bis man an eine Kreuzung kommt. Hier geht es links und nach 200 m ist Thakadu (S21°03 04/E26°46 16) erreicht, die größte von 67 bekannten prähistorischen Kupferminen Botswanas aus dem 15. bis 17. Jh. v. Chr.

Günstig auf dem Land ▶ **Tachila Nature Reserve** 2 : s. S. 157

Einkaufen

Einkaufszentren ▶ **Nzano Shopping Centre** 1 : Main St. **Golden Valley Shopping Centre** 2 : an der Straße zum Cresta Marang Gardens.

Kunsthandwerk ▶ **Supa Ngwao Museum** 1 : s. S. 157

Tuli Block

Als schmaler Streifen erstreckt sich der landschaftlich wunderschöne Tuli Block entlang des Limpopo River und der südafrikanischen Grenze von Gaborone bis in den äußersten Südosten Botswanas, wo er an Simbabwe stößt. Das maximal 20 km breite, aber rund 350 km lange Gebiet besteht aus kommerziell nutzbarem Farmland, in dem sich u. a. das mit 1200 km² größte private Wildschutzgebiet des südlichen Afrikas befindet, das Northern Tuli Game Reserve.

Wissenswertes zum Tuli Block

Geschichte

Das Tuli-Gebiet ist historisch bedeutsam und besitzt viele archäologische Ausgrabungsstätten. Es finden sich u. a. Beispiele der wunderbaren Felskunst der San-Ureinwohner und über die Region verstreut liegen Überreste von Siedlungen aus der Mapungubwe-Ära, einem Vorläufer der Great-Zimbabwe-Zivilisation (s. re.). Am Ufer des Limpopo River lebend, unterhielt die hochentwickelte Gesellschaft im 13. Jh. intensive Handelskontakte, die bis nach Indien, Ägypten und China reichten. Besucher können die Ruinen der beiden aufeinanderfolgenden Hauptstädte des Königreichs, Mmamagwa auf botswanischer Seite und Mapungubwe auf südafrikanischer Seite, besichtigen. In Mapungubwe, das zum Weltkulturerbe der UNESCO gehört, wurden einzigartige Kunstgegenstände gefunden.

Im Jahr 1885 übereignete Häuptling Khama III. vom Stamm der Bangwato das Tuli-Land an die britische Regierung. Es sollte eine Pufferzone werden, um die burische Expansion von Südafrika her aufzuhalten und den Briten einen Korridor für ihre geplante Eisenbahn von Kapstadt nach Kairo zur Verfügung zu stellen. Es stellte sich jedoch heraus, dass das Gebiet aufgrund der vielen zu querenden Limpopo-Zuflüsse ungeeignet für eine Bahnlinie war. Diese wurde letztendlich weiter westlich gebaut. Die Briten übertrugen die Verwaltung der Eisenbahn an Cecil Rhodes (s. S. 51) und dessen British South Africa Company (BSAC), mit deren Hilfe schon Rhodesien kolonisiert worden war. Die BSAC teilte den für sie nutzlos gewordenen Tuli Block 1904 kurzerhand in verschiedene Grundstücke auf und verkaufte diese an europäische Farmer. Im Laufe der Zeit wurden mehr und mehr dieser Farmen zusammengelegt. Die Regierung machte Druck auf die Besitzer, ihr Land besser zu nutzen, und so entstanden die ersten Wildreservate. In den 1960er-Jahren beschlossen 35 Farmer mit aneinandergrenzenden Grundstücken, all ihre Zäune zu entfernen, um dem Wild die Möglichkeit zu geben, wieder frei umherzuziehen. Das **Northern Tuli Game Reserve (NTGR)** war geboren, das heute den gesamten Tuli Block nördlich des Motloutse River umfasst.

Im Jahr 2006 beschlossen die Regierungen von Botswana, Südafrika und Simbabwe, ihre Naturschutzgebiete am Limpopo River und Shashe River in einem gemeinsamen, 4872 km² großen Park zusammenzulegen. Seither versucht man, vor allem durch weitere Aufkäufe von Privatland, das Projekt umzusetzen. Das **Limpopo-Shashe Transfrontier Conservation Area (TFCA)** ist damit nach dem Kgalagadi Transfrontier Park der zweite grenzüberschreitende Friedenspark,

Afrikanische Hochkulturen Thema

Vor etwa 1000 Jahren gab es in Botswana, Südafrika und Simbabwe hochentwickelte Gesellschaften. Neben Überresten von Städten fanden Archäologen auch Skulpturen aus Gold, Kupfer und Eisen.

Am 8. April 1933 meldeten die »Illustrated London News« einen sensationellen archäologischen Fund: ein Grab unbekannter Herkunft, vermutlich aus dem 13. Jh., das viele wunderbar gefertigte Goldarbeiten enthielt und sich auf dem Gipfel eines natürlichen Felsenforts befand. Die Fundstätte am Limpopo River, Mapungubwe Hill, liegt auf dem Gelände der südafrikanischen Farm Greefswald. Seit damals haben viele Forscher über Mapungubwe berichtet, eine einst florierende Metropole, die zwischen 1030 und 1290 von afrikanischen Königen regiert wurde. Die beiden Ausgrabungsstätten Mapungubwe und K 2 wurden im Jahr 2003 zu Südafrikas fünftem UNESCO-Weltkulturerbe und 2004 zum Mapungubwe National Park (s. S. 174) erklärt.

Eine reiche Auswahl an archäologischen Stätten besitzt auch das botswanische Mashatu Game Reserve (s. S. 167). Die interessanteste ist Mmamagwa nahe dem Motloutse River. Zur Mapungubwe-Kultur gehörend,

war auch Mmamagwa etwa 100 Jahre lang von K 2-Eisenzeit-Menschen bewohnt. Der Handel mit anderen Nationen veränderte ihren Lebensstil. Rinder waren nach wie vor wichtig, aber Glasperlen, gewebte Stoffe und Porzellan lösten die Tiere als Statussymbole ab und führten zur Entstehung einer sozialen Elite in der dörflichen Gesellschaft.

Klimatische Veränderungen hatten dramatische Folgen für die Mapungubwe-Kultur. Mangels ausreichend Niederschlag konnten die Menschen nicht länger Landwirtschaft betreiben und Vieh halten. Sie zogen daher vom Limpopo Valley nach Nordosten. Im heutigen Simbabwe entstanden ein neues Handelszentrum und die Great-Zimbabwe-Kultur, deren gleichnamige Hauptstadt einen herrlichen Steinpalast, einen Hof sowie gewaltige Natursteinwände umfasste, die aus 900 000 Steinblöcken errichtet worden sind. Politische Unruhen führten die Great-Zimbabwe-Kultur um 1450 in den Niedergang.

Auf dem Mapungubwe Hill befand sich einst eine florierende Metropole

Limpopo-Shashe Transfrontier Conservation Area

an dem Botswana beteiligt ist. Ist das Projekt einmal abgeschlossen, wird der Park ganz unterschiedliche Gebiete beinhalten: Staatsland in Simbabwe, südafrikanisches Nationalparkland sowie Privatland in Südafrika, Simbabwe und Botswana, einschließlich des Northern Tuli Game Reserve und einiger Rinderfarmen.

Die Flora und Fauna in dem Naturschutzgebiet sind äußerst vielfältig. Es gibt ausgedehnte Flusswälder, offenes Grasland und felsige Hügellandschaften. Neben etwa 1400 Elefanten leben hier Löwen, Leoparden und Geparden sowie mehr als 350 verschiedene Vogelarten. Über 800 der Elefanten sind im Northern Tuli Game Reserve beheimatet, das damit die weltweit größte Dickhäuterpopulation auf Privatland besitzt.

Reisezeit

Die beste Zeit zur Wildbeobachtung im Tuli Block ist zwischen den Monaten April und Dezember, wenn sich die Tiere an den verbliebenen permanenten Wasserstellen sammeln. Die Sommertemperaturen von Oktober bis April sind extrem hoch. Und selbst im Winter können die Tagestemperaturen noch 35 °C erreichen. Dafür sind die Nächte dann sehr kalt.

Orientierung

Auf einer Länge von rund 350 km, doch nur 10 bis 20 km breit, erstreckt sich der **Tuli Block** von seiner östlichsten Ecke, wo sich Shashe River und Limpopo River treffen, bis zum Notwane River im Süden, von Buffel's Drift im Südwesten bis Pont Drift im Nordosten. Für Touristen am interessantesten ist das **Northern Tuli Game Reserve** mit seinen herrlichen Lodges, die tierreiche Pirschfahrten mit fast 100%iger Leoparden-Garantie anbieten. Im äußersten Osten des Landes, der wie ein Horn in die beiden Nachbarländer Südafrika und Simbabwe hineinreicht, wurde ein Großteil des Tuli Block zum grenzüberschreitenden **Limpopo-Shashe Transfrontier Conservation Area (TFCA)** ernannt. Die Grenze zu Simbabwe bildet der Shashe River, Südafrika wird durch den Limpopo River von Botswana getrennt.

Anfahrtsvarianten in den Tuli Block

Die Hauptrouten in den Tuli Block sind gut zu befahrene Schotterpisten, die theoretisch auch mit einem zweiradgetriebenen Pkw zu schaffen sind. Achtung: Wer nicht in einer der privaten Lodges eingebucht ist, darf nicht von den Hauptstrecken abweichen oder eine der Pirschfahrtpisten benutzen.

Eine erste Zufahrt zweigt 152 km nördlich der Hauptstadt Gaborone von der A 1 ab (s. S. 152). Die zweite praktikable Anfahrtsmöglichkeit beginnt in **Mahalapye** (s. S. 152) und empfiehlt sich für Gäste der Lodges, die im Northern Tuli Game Reserve liegen. In Mahalapye fährt man am Ortsrand nach der Brücke rechts ab in Richtung Machaneng und südafrikanischer Grenze. In **Machaneng** (▶ 1, N 11) hält man sich rechts, die Schotterpiste ist gut unterhalten. Nach Passieren des Grenzpostens **Parr's Halt/Stockpoort** (8–16 Uhr, ▶ 1, N 11) ist die Strecke sogar geteert. Kurz vor **Ellisras** (neuer Name Lephalele) geht es links ab nach **Swartwater** (▶ 1, O 10) und über **Alldays** weiter nach **Pont Drift** (▶ 1, Q 9), wo man wieder über die Grenze zurück nach Botswana fährt. Die sandige Furt des am weitesten im Nordosten liegenden Grenzübergangs kann nur befahren werden, wenn der Limpopo River trocken ist. Nach heftigen Regenfällen überquert man den Fluss in einer abenteuerlichen Drahtkäfig-Seilbahn, der **Mashatu Cableway** (40 Pula p. P. einfach). Dann schickt die Lodge, in der man ein Zimmer gebucht hat, ein Fahrzeug zum Grenzparkplatz, um ihre Gäste abzuholen. Bei der Zimmerreservierung bereits die Abholzeit vereinbaren.

Eine Alternative ist die etwa gleich lange Strecke von **Palapye** (▶ 1, N 9) über **Sherwood** (▶ 1, O 10) ins südafrikanische **Martin's Drift** (▶ 1, O 10). 2 km hinter der Grenze stößt man wieder auf die geteerte Straße Richtung Norden über Swartwater nach Pont Drift. Wahlweise kann man auch auf botswanischer Seite Richtung Norden fahren. In

Martin's Drift hält man sich links und folgt dem Lauf des Limpopo River durch **Zanzibar** (▶ 1, P 9) und **Baines Drift** (▶ 1, P 9) bis Pont Drift (s. l.). Die Abzweigungen zur Mashatu Lodge und zur Tuli Safari Lodge befinden sich kurz vor Pont Drift, nachdem der Motloutse River über- und die Talana Farm durchquert wurden.

Auch zwischen Palapye und Francistown gibt es noch zwei Routen in den Tuli Block und in das Northern Tuli Game Reserve. Ca. 75 km nördlich von Palapye zweigt in **Serule** (▶ 1, N 8) eine Straße nach **Selebi-Phikwe** (s. S. 164) ab. Von hier führt die landschaftlich schönere Variante auf einer guten Teerstraße über **Sefophe** (▶ 1, O 9) und **Bobonong** (▶ 1, P 8) nach **Lekkerpoet** (▶ 1, Q 9). Man kann auch die direkte Strecke über **Tsetsebjiwe** (▶ 1, P 9) nehmen. Dies ist nicht nur eine gute Zufahrtsstraße in den Tuli Block, sondern auch eine beliebte Abkürzung für Selbstfahrer, die von Johannesburg über Ellisras und Selebi-Phikwe ins Innere Botswanas unterwegs sind.

Eine reizvolle Strecke für 4x4-Fahrer führt von Selebi-Phikwe über **Bobonong** (▶ 1, P 8), **Gobojango** (▶ 1, P/Q 8) und **Motlhabaneng** (▶ 1, Q 9) in den Tuli Block.

Übernachten

Folgende Unterkünfte liegen auf der Route, die auf botswanischer Seite vom Grenzübergang Martin's Drift zum Grenzübergang Zanzibar führt.

Traditionscamp ▶ **Stevensford Game Reserve:** nach dem Martin's Drift Border Post geht es 20 km in den Ort Sherwood, nach dem Dorf rechts (direkt nach dem Viehzaun), ab da 13 km den Stevensford-Schildern folgen, Tel. 039 527 88, www.stevensfordgame reserve.com. Eines der am längsten etablierten Camps in der Tuli-Gegend. Chalets für Selbstversorger ab 450 Pula p. P., Camping 140 Pula p. P.

Am Fluss ▶ **Kwa Nokeng Lodge & Camping:** nach dem Martin's Drift Border Post zur Caltex-Tankstelle weiterfahren, die sich direkt an der Grenze befindet, dort liegt der Eingang zur Lodge, www.kwanokeng.com. Unterkunft

Tuli Block

Tipp: Ziegenhunde

Die Einwohner von **Molalatau** (s. rechts) haben eine geniale Methode entwickelt, um ihr Vieh vor den Angriffen wilder Tiere zu schützen: Sie züchten ›Ziegenwelpen‹. Hundewelpen werden Ziegenmüttern mit Jungtieren gegeben, die diese wie ihre Kinder säugen und aufziehen. Die Hunde wachsen praktisch als Ziegen auf, behalten aber trotzdem all ihre Instinkte. Sobald sie größer sind, begleiten sie die Ziegenherden in den Busch und verteidigen sie gegen Raubtiere. Und obwohl die Hunde bei einer direkten Konfrontation nichts gegen die viel größeren Raubtiere ausrichten könnten, genügt meist schon der Überraschungseffekt einer bellenden ›Ziege‹, um potenzielle Angreifer in die Flucht zu schlagen. Die Dorfbewohner zeigen gegen ein Trinkgeld gerne ihre Ziegenhunde (*goat dogs*).

in klimatisierten Bungalows auf Holzpfählen, in Chalets, in Safarizelten oder auf einem Campingplatz. Aufgrund der Nähe zur Straße ist es hier tagsüber allerdings ein bisschen laut. Von der Lodge aus werden u. a. Offroad-Touren per Enduro, Quadbike und Geländewagen in den Tuli Block veranstaltet. Bungalows für 2 Pers. 1000 Pula, Chalets für 2 Pers. 675 Pula, Safarizelte für 2 Pers. 400–675 Pula, Camping 100 Pula p. P.

Camping am Limpopo ▶ **African Ranches River Camp:** nach dem Martin's Drift Border Post geht es 20 km in den Ort Sherwood, nach dem Dorf rechts (direkt nach dem Viehzaun), nach 22 km ist der Eingang auf der rechten Seite, Tel. 072 65 36 06, www.africanranches.com. Wunderbar unter großen Bäumen am Fluss gelegener Campingplatz. Feuerholz kostenlos. 100 Rand p. P.

Grenznah und günstig ▶ **Oasis Lodge:** ca. 2 km vom Grenzübergang Zanzibar entfernt, von dort ausgeschildert, Tel. 071 31 33 99, 072 73 32 34, Facebook ›Oasis Lodges Tuli Block‹. Günstige Zwei-Sterne-Lodge mit Unterkünften in River-Chalets, Rundhäusern und Suiten. DZ 650 Pula mit Frühstück.

Von Selebi-Phikwe zum Motloutse River

Karte: S. 162

Selebi-Phikwe ▶ 1, O 8

66 km östlich von Serule (s. S. 163) und der A 1 liegt die Minenstadt **Selebi-Phikwe,** das drittgrößte urbane Zentrum Botswanas. Nach Fertigstellung der Teerstraße zum Grenzübergang Martin's Drift liegt der Ort nun verkehrsgünstig zwischen Johannesburg und Botswanas Attraktionen im Norden.

Ursprünglich gab es zwei Dörfer, Selebi und Phikwe, die sich über einem reichen Kupfer-Nickel-Vorkommen befanden. Nach Entdeckung der Rohstoffe in den 1960er-Jahren wurden die Mine und im Waldland zwischen Selebi und Phikwe ein neuer Ort etabliert – was lag näher, als ihm seinen heutigen Doppelnamen zu geben.

Weiter zum Motloutse River

Von Selebi-Phikwe führt eine Teerstraße über **Sefophe** (▶ 1, O 9) ins 84,4 km entfernte **Bobonong** (▶ 1, R 8). Nordöstlich von hier erstrecken sich die faszinierenden Lepokole Hills, die unbedingt einen Abstecher wert sind (s. S. 175). Die Strecke ins Northern Tuli Game Reserve hingegen führt von Bobonong nach Süden.

Über **Molalatau** (▶ 1, P 9) geht es nach **Lekkerpoet** (▶ 1, Q 9) weiter, wo man auf die Piste von **Platjan** (▶ 1, P/Q 9) nach **Pont Drift** (▶ 1, Q 9) stößt. Hier hält man sich links und kommt nach 16,4 km an die tief versandete Furt durch den **Motloutse River.** Die Durchfahrt ist nur mit allradgetriebenen Geländewagen möglich, und auch nur dann, wenn der Fluss kein Wasser führt. Ist er unpassierbar, muss man die weiter nördlich liegende Brücke bei **Mothlabaneng** (▶ 1, Q 9) nehmen. Der Motloutse River (*motloutse* = ›großer Elefant‹) trennt kommerzielles Farmland von den privaten Tuli-Wildschutzgebieten und wird an dieser Stelle an beiden Ufern von steilen Dolomitwänden flankiert, eine davon ist die berühmte Solomon's Wall (s. S. 168).

Die meiste Zeit ist vom Motloutse River nur ein ausgetrocknetes Flussbett zu sehen

Aktiv

Klettern ▶ Die beiden spektakulären Granitfelsen am Ortseingang von Motlhabaneng sind wie geschaffen zum Klettern.

Übernachten

Nachhaltig ▶ Molema Bush Camp: S22° 16 747/E28°57 370, ca. 49 km östlich des Platjan-Grenzpostens, von der Grenze ausgeschildert, Tel. 072 54 30 39, www.molema.com. Von der Tuli Safari Lodge initiierte, nachhaltige Unterkunft in Kooperation mit drei lokalen Dorfgemeinschaften. Übernachtung entweder in Holzhäuschen oder auf einem Campingplatz mit Sanitärblock und Grillbereich. Die Anlage liegt direkt am Limpopo River unter riesigen, Schatten spendenden Nyala-Berry-Bäumen. Das Wasser für das rustikale Camp wird aus dem Limpopo gepumpt. Manchmal reißen Elefanten die Leitungen aus dem Boden, um bequemer trinken zu können, sozusagen mit Strohhalm. Im Angebot sind Fußsafaris (Erw. 140 Pula, Kin. bis 12 J. 70 Pula), Pirschfahrten (Erw. 170 Pula, Kin. bis 12 J. 85 Pula), Nachtfahrten (Erw. 190 Pula, Kin. bis 12 J. 95 Pula), Molema 4x4 Trail für Selbstfahrer (200 Pula pro Tag und Fahrzeug). Chalets für 2 Erw. 670 Pula, Camping 100 Pula p. P.

Im Kolonialstil ▶ Kwa Tuli Camp: S22°20 656/E28°54 232, 26 km vom Platjan Border Post entfernt (von dort ausgeschildert), Buchung bei Wild at Tuli Safaris, Tel. 074 75 75 13, www.wildattuli.com. Zeltunterkünfte im Kolonialstil mit Bad und Außendusche sowie Bar und Restaurant auf einer Insel im Limpopo River zwischen Molema Camp und Platjan. Man erreicht das Camp über eine Hängebrücke. Geführte Pirschfahrten und Buschwanderungen sind im Preis inbegriffen. 750 Pula p. P. für Selbstversorger bzw. 1200 Pula p. P. mit Vollpension.

Für Selbstversorger ▶ Limpopo River Lodge: nach dem Platjan Border Post links halten (ausgeschildert), 5 km von der Grenze entfernt, Tel. 0027 11 72 10 60 98, www.limporiverlodge.co.za. Chalets für Selbstversorger und, ein Stück von der Lodge entfernt,

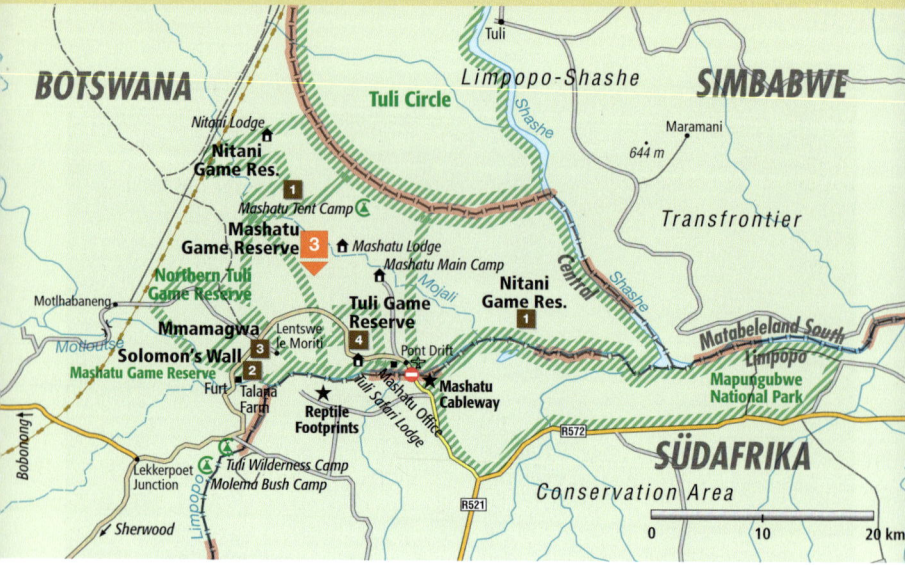

ein Campingplatz am Flussufer mit reetgedecktem Sanitärblock, kaltem und heißem Wasser, aber ohne Trinkwasser. Feuerholz wird bereitgestellt. Pool. Chalets 350 Pula p. P., Camping 150 Pula p. P.

Einfach und preiswert ▶ Tuli Wilderness Camp: an der südafrikanischen Grenze zwischen Platjan und Pont Drift, Tel. 072 19 56 43, www.tulitrails.com. Zeltcamp für Selbstversorger, das sich auf Fußsafaris spezialisiert hat. Safarizelte mit Duschen, voll ausgestattete Gemeinschaftsküche, Wasserloch am Camp. Es werden auch 2-wöchige Wildaufspürkurse *(wildlife tracking courses)* und Survivalkurse *(wilderness survival courses)* durchgeführt (9900 Pula p. P.). Preis inkl. zwei organisierten Aktivitäten pro Tag. Vollpension auf Anfrage. Ab 750 Pula p. P. für Selbstversorger, ab 1050 Pula p. P. mit Vollpension.

Northern Tuli Game Reserve ▶ 1, Q 9

Karte: oben

Der Motloutse River bildet eine natürliche Grenze zwischen dem Farmland und den Wildschutzgebieten. Gleich nach der Furt erreicht man den beschilderten Eingang in das gut 3000 km² große **Northern Tuli Game Reserve (NTGR),** das größte private Naturschutzgebiet im südlichen Afrika, das aus einem Zusammenschluss privater Wildreservate und Schutzkonzessionen besteht. Besucher, die nicht in einer der hiesigen Lodges gebucht haben, dürfen nur die Durchgangsstrecken benutzen, keine der seitlich abzweigenden Pisten. Ein Eintrittsgeld wird nicht verlangt.

Etwa 20 000 Tiere leben in dieser nordöstlichsten Ecke Botswanas, dort, wo der Shashe River und der Limpopo River aufeinandertreffen. Das Schutzgebiet ist aufgeteilt in drei Hauptkonzessionen, **Nitani Game Reserve, Mashatu Game Reserve** und **Tuli Game Reserve,** die sich wiederum in mehrere kleinere Reservate unterteilen.

Die Landschaft im Northern Tuli Game Reserve mit ihren dominanten, aus den Mopanewäldern aufragenden Basaltformationen, ihren hoch aufgetürmten Sandsteinhügeln und -rücken und ihrem Netzwerk aus Trockenflüssen unterscheidet sich erheblich vom Rest Botswanas. Auch Flusswälder und offenes Grasland gehören zum Landschaftsbild dazu. Übrigens: Während nächtliche Pirschfahrten in allen anderen botswanischen Nationalparks verboten sind, gibt es in privaten Reservaten und Konzessionen keine solchen Auflagen. Besuchern bietet sich also hier die Möglichkeit, auch die nachtaktive Fauna wie Servale, Ginsterkatzen, Hyänen, Leoparden, Stachelschweine, Buschbabys und Erdferkel zu erleben.

Nitani Game Reserve ◼1

Das relativ kleine, private **Nitani Game Reserve** befindet sich im Nordwesten des Northern Tuli Game Reserve und hat seinen Eingang hinter dem Pont Drift Border Post. Basis für einen Besuch des Reservats ist die luxuriöse, sehr teure Nitani Lodge (s. unten), die am dicht bewachsenen, grünen Ufer des Majali River liegt. Angestellte der Lodge holen Gäste, die zuvor reserviert haben, um 12.30 Uhr am Pont Drift Border Post ab.

Übernachten

Klein, aber luxuriös ▶ Nitani Lodge: Reservierung in Südafrika unter Tel. 0027 31 764 23 46, 0027 11 72 10 32 39, www.nitani.co.za. Nur fünf Suiten für zehn Gäste versprechen einen sehr exklusiven Luxus. Die Holzgebäude des Camps sind auf 2 m hohen Holzpfählen erbaut, zwischen denen Elefanten oft hautnah nach Fressbarem suchen. Holzstege und -brücken verbinden die Suiten miteinander und mit dem Hauptgebäude der Lodge. Beim Bau der Anlage wurde kein Baum gefällt oder beschädigt. Zur Ausstattung gehören u. a. ein Wellnesszentrum und eine offene Küche, in der die Gäste nicht nur sehen können, wie das Essen zubereitet wird, sondern auch selbst mitkochen können. Wetterabhängig werden 40- bis 45-minütige Heißluftballonfahrten angeboten (380 US-$ p. P. bei mind. 4 Pers.). DZ 1500 US-$ all inclusive.

◼3 Mashatu Game Reserve

Nordwestlich des Nitani Game Reserve erstreckt sich das **Mashatu Game Reserve** über ein 460 km² großes Areal zwischen dem Shashe River und dem Limpopo River. Sa-

Tipp: Dorfleben

Viele Lodges in der Umgebung des Northern Tuli Game Reserve organisieren Ausflüge in die Dörfer, die an das Schutzgebiet angrenzen, u. a. nach **Motlhabaneng** (▶ 1, Q 9), **Lentswe le Moriti** (▶ 1, Q 9) und **Mathathane** (▶ 1, R 9). Eine Tour durch Motlhabaneng beispielsweise führt zur lokalen *kgotla*, dem traditionellen Dorfgericht und Versammlungsplatz, wo man den Häuptling trifft. Außerdem wird eine Grundschule besucht, in der die Kinder traditionelle Tänze vorführen. Highlight des Ausflugs ist ein Besuch im Dorfhaus. Hier erklären die verschiedenen Generationen ihren Lebensstil und demonstrieren u. a. die Kunst des Korbwebens. Botswana ist berühmt für seine einzigartigen Korbflechtarbeiten. Die Dorfbesuche sind Teil der All-inclusive-Programme der Lodges.

vanne, Flusswälder, offenes Marschland und verwitterte Sandsteinformationen charakterisieren die Landschaft des Reservats – und eine ganze Menge Elefanten. Sie stammen von den einst gewaltigen Limpopo-Herden ab, die aufgrund unkontrollierter Jagd und Wilderei in der Region gut 60 Jahre lang ausgerottet waren. Aber nach 1947 kehrten sie

Tipp: Predator Drives

In Begleitung von Raubtierforschern, die die Wanderbewegungen der Leoparden im **Mashatu Game Reserve** studieren, geht es auf die Suche nach den geflecksten Großkatzen. Da sie mit Sendern ausgestattet sind, können sie garantiert aufgespürt werden. Man verbringt nicht nur einen Nachmittag und die ersten Abendstunden mit den wohl attraktivsten Katzen der Welt, sondern unterstützt damit gleichzeitig ein Projekt, das für die Erhaltung der Leoparden bedeutend ist (Buchung unter Tel. 0027 11 442 22 67, mashatu @malamala.com).

aktiv unterwegs

Mountainbiking im Mashatu Game Reserve

Tour-Infos

Start: am Pont-Drift-Grenzposten
Dauer: 4 Tage/3 Nächte
Voraussetzungen: Der Veranstalter stimmt die Touren auf Fitness und Stärke der Teilnehmer ab. Generell sollte man jedoch bereits einige Erfahrung haben, da man täglich 30–40 km bzw. 4–5 Std. im Sattel sitzt.
Kosten: 4350 Rand p. P. inkl. Begleitfahrzeug, Mietbike, Vollverpflegung und Übernachtung in einfachen Camps
Teilnehmer: keine Kinder unter 12 J.
Buchung: Cycle Mashatu, Tel. 0027 11 706 39 57, www.mtbsafaris.com

»Wie weit kann ein wütender Elefant ein Mountainbike werfen?« Der Guide mit dem Gewehr auf dem Rücken überlegt nur kurz und antwortet dann, ohne eine Miene zu verziehen: »Kommt darauf an, ob du noch drauf sitzt oder nicht.« Mit dem Bike auf ausgetretenen Wildpfaden durch den Busch zu radeln ist eine fast noch intensivere Erfahrung als auf dem Rücken eines Pferds. Während Letzteres im Ernstfall davongaloppieren kann, hilft hier nur Strampeln. Und auch vom Fahrradsattel aus wirken Elefanten unheimlich groß.

Bei der **Mashatu Wilderness Trail Tour** trifft man sich am Pont-Drift-Grenzposten auf der südafrikanischen Seite des Limpopo River. Am ersten Tag sind es nur etwa 2 Std. bis zur Übernachtungsstätte, einem rustikalen Buschcamp im Herzen des Mashatu Game

Reserve. Einige Guides sind mit dem Gepäck vorausgefahren und haben das Camp bereits errichtet. Das Essen wird auf offenem Feuer zubereitet, dazu gibt es eisgekühlte Getränke und vorher eine Eimerdusche. Dann folgt die erste Nacht im afrikanischen Busch.

Am nächsten Morgen gibt es frisch aufgebrühten Kaffee und ein leichtes Frühstück. Bald nach dem Start erfährt man, weshalb Mashatu auch Land der Giganten genannt wird. Die etwa 30 km lange Tagesetappe führt über eine einspurige Piste, die migrierende Elefanten über Jahrhunderte in den Busch gestampft haben. Links und rechts der Strecke ragen Felsen auf und schlängeln sich sandige Flussbetten durch die Landschaft. Eine Gruppe von Elefanten läuft vorbei. Man kann sie sogar riechen, eine Mischung aus Zoo- und Zirkusgeruch. Die Mutter schnuppert mit dem Rüssel Richtung Radler. Der Guide gab kurz zuvor das ›Freeze‹-Kommando: Alle stillhalten! Selbst Flüstern ist verboten. Zwischen den Adrenalinmomenten werden Kaffee und Süßteile gereicht. Am Nachmittag unternimmt man noch eine Pirschfahrt im Geländewagen.

Am dritten Tag geht es zunächst Richtung Norden, wieder auf alten Elefantenpfaden. Neben Dickhäutern gibt es auch Baumriesen zu bewundern: jahrhundertealte Affenbrot- und Bleiwurzbäume. Die Landschaft steigt leicht aus dem Limpopo-Tal an, dann rollen die Räder Richtung Westen weiter, durch das Valley of Elephants, das ›Tal der Elefanten‹.

langsam in die Tuli-Gegend zurück und heute leben wieder 1400 Dickhäuter im Tuli Block, 800 davon im Mashatu Game Reserve.

Zu den weiteren Highlights des Reservats gehört **Solomon's Wall** 2, eines der beeindruckendsten geologischen Phänomene im Osten Botswanas. Die 30 m hohe und 10 m breite Basaltwand ragt mitten im – meist tro-

ckenen – Flussbett des Motloutse River auf. Vor Jahrmillionen fungierte sie als natürliche Mauer, die einen riesigen See aufstaute. Wann immer der See voll war, bildeten sich Wasserfälle, die über die Wand herabstürzten. Benannt wurde das Naturdenkmal nach der legendären Mine von König Solomon, die der britische Schriftsteller Henry Rider Hag-

Über Stock und Stein geht es auf den Radtouren durchs Mashatu Game Reserve

Nächstes Etappenziel ist der Motloutse River mit seinen fotogenen Sandsteintürmen. Geschlafen wird diesmal unter dem Sternhimmel in einem Kgotla-Camp, d. h. auf einem der traditionellen Versammlungsplätze *(kgotlas)* botswanischer Stämme.

Um einen guten Vergleich zu nennen: Eine Pirschfahrt auf dem Mountainbike verhält sich zu der im Geländewagen wie das Erle-ben eines Korallenriffs im Neoprenanzug unter Wasser anstatt im Glasbodenboot. Die Gefahr beim Mountainbiking im Busch ist, dass man ohne Motor sehr leise unterwegs ist. Das ist o. k., wenn man einen Strauß oder Springbock erschreckt. Die laufen weg. Bei einem Löwen unterm Baum oder einer Ele-fantenherde beim Staubbad sieht das schon etwas anders aus.

gard (1856–1925) in seinem gleichnamigen Roman verewigte – wahrscheinlich deshalb, weil sich im Flussbett heute wie damals Halb-edelsteine wie Quarz und Achat finden las-sen. Für die in dieser Region lebenden Men-schen ranken sich zahlreiche Mythen um So-lomon's Wall. Wenn der Motloutse River Wasser führt, bildet sich an der Basis der Wand eine Art Whirlpool, in dem eine große Schlange leben soll. Sobald jemand dem Pool zu nahe kommt, springt die Schlange heraus, hypnotisiert den Unglücklichen und zieht ihn dann ins Wasser.

Der Motloutse River entspringt westlich von Francistown. Vor geologisch langer Zeit transportierte er Diamanten in seinem Fluss-

Solomon's Wall: 30 m ragt sie am ›Ufer‹ des Motloutse River in die Höhe

bett, wo sie sich ablagerten. In den 1950er-Jahren fand man an Solomon's Wall die ersten dieser Steine in Botswana. Nach 12 Jahren intensiven Prospektierens wurde die Diamantenader von Orapa entdeckt, heute der zweitgrößte Kimberlitschlot der Welt.

Nur ein paar Kilometer östlich von Solomon's Wall liegen die Reste der ehemaligen Stadt **Mmamagwa** 3, auch bekannt unter der Bezeichnung **Motloutse Ruins**. Bereits vor Jahrtausenden lebten an diesem Ort Jäger und Sammler der San. Vor etwa 3000

Jahren, so nehmen Archäologen an, kamen die ersten Bantu-Stämme – Zizo genannt – in das Gebiet. Ihre Tonscherben und Kraalgrundrisse sind heute noch zu sehen. Die Zizo wurden später vom Leopard-Kopje-Stamm, von Archäologen K2-Menschen (s. S. 161) genannt, verdrängt. Diese praktizierten einen anderen Töpferstil und begannen damit, Gold abzubauen und zu bearbeiten. Zu dieser Zeit nahm bereits der Handel mit bunten Perlen zu, die Handelsnetzwerke weiteten sich aus. Selbst mit den weit entfernt

lebenden Arabern wurden Waren ausgetauscht. Zu den Funden, die man bei den Ruinen auch in der Gegenwart noch macht, gehören Scherben von Straußeneiern sowie venezianische Perlen.

Da sowohl Solomon's Wall als auch Mmamagwa auf dem Land der Mashatu Lodge liegen, sind sie auch nur für deren Hausgäste zugänglich. Beide Highlights werden im Rahmen der Cultural Tour (75 US-$ p. P.) besichtigt. Die Chancen, bei den vor Ort organisierten Pirschfahrten Leoparden und Löwen zu sehen, sind sehr hoch, fast garantiert. Im Reservat werden auch andere interessante Aktivitäten angeboten, beispielsweise Mountainbiking (s. S. 168).

Übernachten

Elefantenparadies ▶ **Mashatu Main Camp:** Reservierung unter Tel. 0027 11 268 23 88, Lodge-Tel. 026 453 21, 026 452 63, www.mashatu.com. 14 luxuriöse Suiten, ein toller Swimmingpool im Schatten großer Bäume und ein herrlicher Blick auf ein Flutlicht illu-

aktiv unterwegs

Pferdesafari im Tuli Game Reserve

Tour-Infos

Start: nahe dem Grenzposten Pont Drift
Dauer: 8 Tage/7 Nächte (4 versch. Touren)
Länge: insgesamt jeweils ca. 260 km, tgl. 20–30 km
Saison: Febr.–Nov.
Voraussetzungen: nur für erfahrene Reiter, da man 4–7 Std. täglich auf dem Pferd sitzt; Mindestalter 12 J.; nicht schwerer als 90–95 kg, Reitkappenpflicht
Kosten: 2870–2995 € p. P. je nach Veranstalter und Saison inkl. Übernachtungen in Luxuszelten und Vollpension; Transfer ab/nach Johannesburg 368 €
Teilnehmer: max. 8 Reiter pro Gruppe
Buchung: Limpopo Valley Horse Safaris, Lentswe le Moriti, Tel. 072 32 00 24, www.lvhsafaris.co.za (auch auf Dt.), bei den deutschen Veranstaltern www.reit-safari.de, www.reiterreisen.com oder dem südafrikanischen Unternehmen www.ridinginafrica.com

Die Gäste verbringen die erste und letzte Nacht in einem luxuriösen Zeltcamp unter herrlichen Mashatubäumen am Ufer des Limpopo River. Sie können eines von 35 schönen, sehr gut erzogenen Pferden auswählen. Mit einem bewaffneten Guide und einem weiteren Führer als Back-up reitet man in die unendliche Weite des Northern Tuli Game Reserve, wo man Elefanten, Löwen, Leoparden, Wildhunden und verschiedenen Antilopenarten begegnet – Botswana hautnah.

Die hiesigen Pferde kennen nur zwei Arten der Fortbewegung: gehen oder galoppieren. Trab ist hier out. Die Übernachtungen unterwegs finden im Freien statt, irgendwo im Reservat, also ohne Strom und fließendem Wasser. Das Licht kommt von Kerzen und vom Lagerfeuer, das Duschwasser aus Eimern, die in die Bäume gehängt werden. Ein transportabler Elektrozaun und ein bewaffneter Guide schützen die Pferde und ihre Reiter nachts vor Raubtieren. Es hat etwas von einem alten Westernfilm, wenn man so neben dem Feuer sitzt, die Pferde daneben angebunden, in geräumigen Zelten stehen bequeme Betten mit herrlicher Bettwäsche bereit – o. k., Letzteres entspricht nicht ganz dem Cowboyalltag, ist aber nach einem anstrengenden Reittag trotzdem willkommen. In der Ferne heult ein Kojote, pardon Schakal. Dann beginnt die kleine Nachtmusik mit Grillenzirpen, Pferdeschnauben – und Löwengebrüll.

Die Buschdinner werden trotz der Wildnis zelebriert. Ein Koch zaubert gleich mehrere Gänge auf die Teller und zum Runterspülen gibt es einen südafrikanischen Merlot. Am nächsten Morgen geht es früh weiter. Immer wieder hält der Guide an, erklärt den Unterschied zwischen Leoparden- und Gepardenspuren oder identifiziert Tierlaute. Highlight der Trips ist das Galoppieren mit Giraffen oder mit einer Zebraherde. Oder vielleicht doch das Aufspüren einer Elefantenherde beim Staubbad in einem ausgetrockneten Fluss?

miniertes Wasserloch vom Essensbereich der Lodge. DZ 920 US-$ all inclusive.

In die Natur integriert ▶ Mashatu Tent Camp: Acht weit auseinanderstehende Luxuszelte, 45 Min. und Welten entfernt vom Mashatu Main Camp. Das Zeltcamp ist perfekt an die umgebende Natur angepasst. DZ 680 US-$ all inclusive.

Aktiv

Mountainbiketrips ▶ Cycle Mashatu bietet Pirschtouren mit dem Fahrrad an (s. S. 168).

Tuli Game Reserve [4]

An Mashatu angrenzend liegt das ca. 75 km² große **Tuli Game Reserve.** Hier gibt es drei Wildansitze *(game hides),* die sich an Was-

Das Glück der Erde liegt auch in Botswana auf dem Rücken der Pferde

Der Boden ist weich und sandig, der Wind weht wie von Zauberhand in die andere Richtung, sodass die Dickhäuter die Reiter nicht wahrnehmen und lange vom Sattel aus beobachtet werden können. »Elefanten sehen nicht besonders gut, dafür riechen und hören sie umso besser«, erklärte der Guide mit dem Gewehr über der Schulter. Und was war seine bisher gefährlichste Situation? »Einmal stellten sich mir zwei Löwen in den Weg, die musste ich mit der Lederpeitsche wegjagen. Mein Pferd spürte instinktiv, dass Wegrennen den Tod bedeutet hätte. Der Jagdinstinkt der Großkatzen wäre dadurch sofort geweckt worden. Löwen erreichen im Sprint bis zu 70 km/h. Da haben Ross und Reiter keine Chance, zu entkommen.« Und wie oft hat er sein Gewehr schon benutzt? »Nur einmal, aber der Gast hat wirklich genervt«, kommt die trockene Antwort.

serlöchern befinden. An einem davon können bis zu vier Gäste übernachten.

Übernachten

Klassiker ▶ Tuli Safari Lodge: S22°12 842/ E29°05 687, am Limpopo River, erreichbar über Platjan (69 km in Richtung Nordosten, ausgeschildert) oder Pont Drift (7 km Richtung Westen, ausgeschildert), Tel. 026 453 03, www.tulilodge.com, Facebook ›Tuli Safari Lodge and Tuli Bush Camps‹. Die schöne Vier-Sterne-Lodge ist eine der ältesten in der Region. Sie liegt in einem grünen Garten im Schatten majestätischer Bäume. Großer Pool mit flachem Bereich für Kinder. Die Anlage wurde 2013 durch Hochwasser stark be-

Tuli Block

schädigt, soll aber zu ihrem 50. Geburtstag Mitte 2014 wieder in alter Schönheit erstrahlen. DZ 2470–4440 Rand all inclusive.
Insulär ▶ Shalimpo Island Camp: 30 km östlich vom Pont Drift Border Post, Tel. 0027 21 686 60 56, www.shalimpo.co.za. Das kleine, exklusive Camp liegt auf einer Insel im Limpopo River. DZ ab 380 US-$ all inclusive.

Tuli Circle ▶ 1, Q 8/9

Im Nordosten des Northern Tuli Game Reserve schließt sich der eigenartig geformte **Tuli Circle** an das Schutzgebiet an. Eigentlich definiert sich die botswanisch-simbabwische Grenze durch den Shashe River, mit Ausnahme dieses grenzüberschreitenden Stück Lands, das wie ein Halbkreis ins botswanische Staatsgebiet hineinragt. Im Jahr 1891 wurde es der British South Africa Company von Khama III. als Pufferzone übertragen, angeblich, um zu vermeiden, dass sich eine Rinder-Lungeninfektion auf das Vieh in Fort Tuli ausweitete. Interessant ist allerdings, dass der Halbkreis der exakten Reichweite der größten damals im Fort stationierten Artilleriekanone entsprach! Bisher ist das Gebiet nicht touristisch erschlossen.

4 ▼ Mapungubwe National Park ▶ 1, Q/R 9

Karte: oben
Auf südafrikanischer Seite erstreckt sich entlang des Limpopo River der 28 km² große **Mapungubwe National Park.** Namensgeber des Nationalparks war das Königreich von Mapungubwe, eine alte Zivilisation, die zwischen 1220 und 1290 hier ihre Hauptstadt hatte (s. S. 161). Über sieben Jahrhunderte lang war die Stätte in Vergessenheit geraten, bis ein dort lebender Farmer die Universität von Pretoria auf die Ruinen aufmerksam machte. Heute besitzt das dortige Mapungubwe Museum die größte archäologische Goldsammlung im Afrika südlich der Sahara. Beim **Mapungubwe Hill** handelt es sich um

Mapungubwe NP

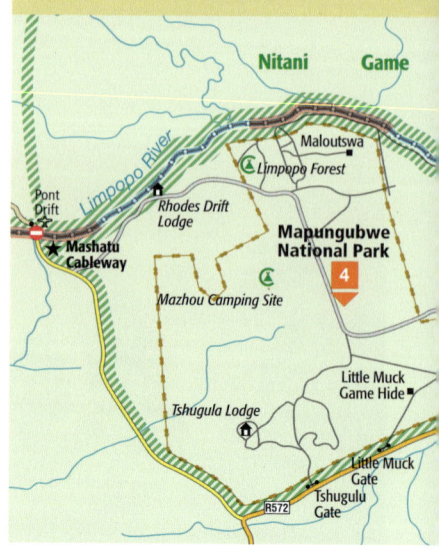

einen 30 m hohen und etwa 300 m langen Sandsteinhügel mit einem flachen Gipfel. Er besteht aus verschiedenen Sedimentschichten, abgebrannten Häusern und Haushaltsabfällen. Die südliche Terrasse war zwischen 1030 und 1290 etwa 260 Jahre lang bewohnt, der Gipfel des Hügels etwa 70 Jahre lang, zwischen 1220 und 1290.

In Gräbern machte man faszinierende Funde, u. a. Holzschnitzarbeiten in Form eines Nashorns, eines Zepters und einer Schale, die mit Goldfolie umhüllt waren. Symbole wie diese wurden zusammen mit wichtigen Personen wie Königen begraben. Es wurden außerdem viel Goldschmuck und Glasperlen gefunden. Letztere stammen aus Ägypten und Indien und wurden von den K2-Menschen gegen Gold und Elfenbein getauscht. Ein Teil dieser Glasperlen wurde offensichtlich eingeschmolzen und in vorgefertigte Formen gegossen – die ältesten Glasobjekte, die im südlichen Afrika ihren Ursprung haben.

Nur 35 km der Strecken im Park sind für Pkws geeignet, weitere 100 km sind Geländewagen vorbehalten. Den Tank sollte man am besten in Alldays (65 km vom Eingang), Messina (70 km vom Eingang) oder Dongola (30 km östlich des Parks) auffüllen, im Park

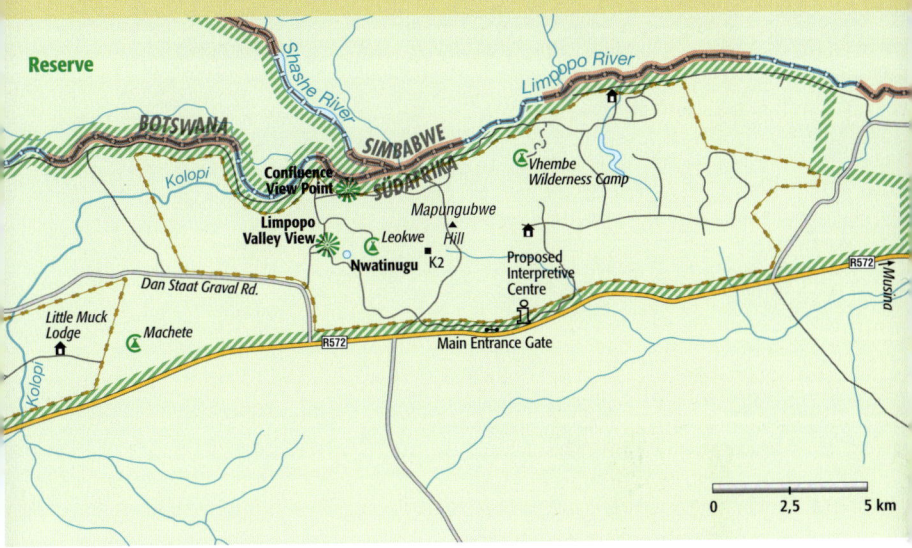

selbst gibt es keine Tankstelle (Tel. 0027 12 428 91 11, www.mapungubwe.com, www. sanparks.org, Sept.–März tgl. 6–18.30, April– Aug. tgl. 6.30–18 Uhr, Erw. 120 Rand, Kin. 60 Rand).

Übernachtung

… im Park:

Es gibt diverse Übernachtungsmöglichkeiten im Park und am Infozentrum ein Restaurant. Alle Übernachtungen können easy online gebucht werden unter www.sanparks.org.

Für jeden Geschmack etwas ▶ Leokwe Camp: das Hauptcamp, Cottages für 2 Pers. 940–1020 Rand. **Limpopo Forest Tented Camp:** Zelt für 2 Pers. 885 Rand. **Tshugula Lodge:** Buschlodge für 4 Pers. 2735 Rand. **Vhembe Wilderness Camp:** Das komplette Camp in der Wildnis kostet 1145 Rand für 4 Pers. **Mazhou Camping Site:** 185 Rand für 2 Pers.

… außerhalb des Parks:

Ruhig gelegen ▶ Mopane Bush Lodge: am westlichen Rand des Nationalparks, an der R 572 zwischen Pont Drift und Messina (Musina), Tel. 0027 15 534 10 54, 534 79 06, www.mopanebushlodge.co.za. Die acht reetgedeckten Chalets im privaten, 60 km² gro-

ßen Mapesu Nature Reserve liegen – wie der Name bereits andeutet – in schönem Mopanewaldland. DZ 3000 Rand all inclusive.

Lepokole Hills ▶ 1, P 8

Nordöstlich von Bobonong (s. S. 164) erstrecken sich die **Lepokole Hills,** die südlichen Ausläufer der simbabwischen Matopo Hills. Die beeindruckende Granithügellandschaft bietet prima Wander- und Klettermöglichkeiten. Außerdem gibt es sehr viele archäologische und historische Fundstätten, einschließlich Felsmalereien der San, Eisenzeit-Siedlungen und ummauerter Ruinen im Stil von Great Zimbabwe (s. S. 161). Die Hügel waren für die im Osten Botswanas lebenden San der letzte Zufluchtsort vor der anrückenden Zivilisation.

Besucher müssen alles selbst mitbringen. In Bobonong gibt es nur rudimentäre Versorgungsmöglichkeiten. Von dem Dorf führt ein rauer 4x4-Track etwa 15 km weit in die Hügel. Es gibt keine öffentlichen Campingplätze, und wer in der Region wild campen möchte, sollte aus Höflichkeit den Häuptling (*kgosi*) in Bobonong um Erlaubnis fragen.

175

Nur zur Regenzeit kann man im Mapungubwe National Park beobachten, wie sich der Limpopo River mit dem Shashe River vereinigt

An den Rändern der Salzpfannen gedeihen sogar Palmen.

Kapitel 3

Makgadikgadi Pans

Wer aus einem dicht besiedelten Gebiet kommt, den werden die unendlichen Weiten der silbrig-weiß schimmernden Makgadikgadi Pans im ersten Moment vermutlich etwas verunsichern. Die Salzpfannen, mit etwa 16 000 km² die größten der Welt, sind die Überreste eines riesigen Sees, der einst einen großen Teil von Nordbotswana bedeckte. Als Chobe und Sambesi vor ein paar Tausend Jahren ihre Flussläufe änderten, schrumpfte der See zunächst, wurde dann immer salziger und trocknete schließlich ganz aus.

Heute findet man in dieser Region völlige Einsamkeit und absolute Ruhe. Eine Fahrt ins Zentrum der Salzpfannen mit einem Geländewagen, der unbedingt mit GPS ausgestattet sein sollte, gehört zu den Highlights eines Besuchs in Botswana. Als Alternative empfiehlt sich eine organisierte Quadbiketour in die Makgadikgadi Pans mit Übernachtung – aber nur in der Trockenzeit zwischen April und Oktober, denn selbst wenn es nur leicht geregnet hat, können die Wege durch die Pfannen zu einer tückischen Falle werden.

In der Regenzeit im November migrieren Tausende von Zebras und Gnus in diese Region. Wasservögel aus ganz Afrika bevölkern die dann mit Wasser knöchelhoch gefüllten Pfannen, um hier zu brüten. Flamingos färben riesige Flächen rosa ein.

Einer der faszinierendsten Plätze im ganzen südlichen Afrika befindet sich im Südosten der Makgadikgadi Pans: Kubu Island. Die ›Insel‹ aus Granitfelsen ragt nur etwa 20 m aus der tischflachen, weißen Ebene heraus und ist von jahrtausendealten Affenbrotbäumen *(baobabs)* bewachsen. Hier nach einer Tausendsternenacht einen goldenen Sonnenaufgang zu erleben ist ein unvergessliches Erlebnis.

Auf einen Blick
Makgadikgadi Pans

Sehenswert

5 **Nata Bird Sanctuary:** Ein von der lokalen Gemeinde unterhaltenes Naturschutzgebiet am Rand der Sua Pan (s. S. 190).

6 **Kubu Island:** Ein magischer Ort in der Sua Pan – Granitfelsen flankieren uralte Baobabbäume, mysteriöse Steinmauern zeugen von alten Kulturen und fossile Strände sind die Überbleibsel eines einstigen Supersees (s. S. 195).

7 **Chapman's Baobab:** Der bereits aus 20 km Entfernung sichtbare Affenbrotbaum steht unter Denkmalschutz und gilt mit seinen 4000 Jahren als einer der ältesten Baobabs in ganz Afrika (s. S. 203).

8 **Baines' Baobabs:** Die sieben Affenbrotbäume – auch Seven Sisters genannt – wurden von zahllosen Malern und Fotografen verewigt (s. S. 211).

Schöne Routen

Sua Pan: Eine faszinierende, 8 km lange Geländewagenstrecke führt durch das Nata Bird Sanctuary direkt bis zum Rand der Sua Pan (s. S. 190).

Nach Kubu Island: Es gibt mehrere Routen zu der Insel mitten in der Sua Pan, bei allen gilt: Der Weg ist nicht minder faszinierend als das Ziel. Am einfachsten gelangt man von der A 30 im Süden über Mmatshumo nach Kubu Island (s. S. 198).

Die Route der Baobabs: Die gewaltigen Affenbrotbäume waren Navigationshilfen für die ersten europäischen Forscher und Missionare, beispielsweise David Livingstone. Mit Geländewagen und GPS lassen sich die einstigen Landmarken heute nacheinander ›erfahren‹ (s. S. 202).

180

Nxai N.P.

Nxai Pan

aktiv Wanderung mit Erdmännchen

Baines' Baobabs **8**

Route der Baobabs

Planet
Baobab

Gweta

Sua Pan

Nata

5 Nata Bird Sanctuary

Boteti

Makgadikgadi
N.P.

Khumaga

San Camp

7 Chapman's
Baobab

Camping in der Pfanne

aktiv Spaziergang mit San

Jack's Camp

6 Kubu Island

Sua Pan

Ntwetwe Pan

aktiv Quadbiketrip in die Makgadikgadi Pans

Orapa

Mmatshumo

Nach Kubu Island

Letlhakane

Meine Tipps

Planet Baobab zwischen Nata und Gweta:
Das coole und verkehrsgünstig an der A3
gelegene Camp bietet neben bezahlbaren
Übernachtungsmöglichkeiten auch eine skurrile Bar mit Afrikathema und Kronleuchtern
aus Bierflaschen sowie 17 Affenbrotbäume
(s. S. 194).

Camping in der Pfanne: Den unendlichen
Sternenhimmel im weißen Nichts der Salzpfannen erleben – ein Erlebnis, das man nie
vergisst (s. S. 198).

**Jack's Camp und San Camp in der Ntwet-
we Pan:** Diese beiden luxuriösen Zeltcamps
zählen zu den schönsten im südlichen Afrika.
Bei Jack's wird der Safaristil der 1940er-Jahre
lebendig und San ist ein marokkanischer
Traum in Weiß (s. S. 199).

aktiv unterwegs

Quadbiketrip in die Makgadikgadi Pans:
Ein abenteuerlicher und staubiger Ausflug
auf vierrädrigen Motorrädern, deren weiche
Reifen in der Salzpfanne kaum Spuren hinterlassen (s. S. 192).

Spaziergang mit San: Die Buschmänner
zeigen, wie man Wasser findet, Fallen baut
und Feuer macht (s. S. 200).

Wanderung mit Erdmännchen: Die putzigen Wüstenbewohner sind immer in größeren Sozialverbänden unterwegs und akzeptieren bei ihrer Suche nach Nahrung auch
menschliche Begleitung – sozusagen als zusätzliche Wächter, die aufpassen, dass sich
keine Raubtiere unbemerkt nähern (s. S. 204).

Makgadikgadi Pans ist der Oberbegriff für die gesamte Region der Salzpfannen im Norden Botswanas. Die einsamen weißen Ebenen gehören zu den faszinierendsten Gebieten des Landes. Zu Beginn der Regenzeit, wenn das frische Grün aus dem Boden sprießt, migrieren Tausende von Gnus und Zebras dorthin. Dann sammeln sich hier auch Wasservögel aus ganz Afrika. Und über allem wachen jahrtausendealte Affenbrotbäume.

Wissenswertes zu den Makgadikgadi Pans

Bei dem 16 619 km² großen Gebiet der **Makgadikgadi Pans** handelt es sich um ein System aus mehreren Salzpfannen mit Sandwüste dazwischen. Die größte individuelle Salzpfanne der Welt befindet sich in Bolivien: der 10 619 m² große Salar de Uyuni, der im Gegensatz zu Makgadikgadi praktisch nie Wasser führt. Makgadikgadis Hauptwasserzufuhr stammt vom Nata River, der nördlich der Salzpfannen in Simbabwe entspringt. Und manchmal, nach ausgiebigen Regenfällen, kommt das kostbare Nass auch aus dem Westen vom Boteti River, der durch den Okavango River gespeist wird.

David Livingstone (s. S. 312) war der erste Europäer, der die gewaltigen Salzpfannen beschrieb. Im 19. Jh. durchquerte er sie und orientierte sich dabei an einem jahrtausendealten Affenbrotbaum, dem Chapman's Baobab, der einzigen Landmarke im Umkreis von vielen Kilometern. Kaum zu glauben, dass Livingstone damals mit Ochsenkarren schaffte, was heute selbst mit gut ausgerüsteten Geländewagen und GPS ein Abenteuer ist.

Flora

Die Makgadikgadi Pans gliedern sich in vier Hauptvegetationszonen: **Flusswald** (riverine woodland), **Buschland** (scrubland), **Gras-**land (pure grassland) und Salzpfannen (salt pans) mit **Palmenwaldland** (palmtree woodland) an ihren Rändern. Am schönsten ist das Gebiet an seiner Ostgrenze, wo dichte Palmenhaine von gelbem Grasland unterbrochen werden. Die für die Pfannenränder typischen Mokolwanepalmen kommen auch im Okavango Delta vor.

In der Pfanne selbst wachsen salzresistente Sukkulenten (Hoodia) mit schönen, aber unangenehm riechenden, rotbraunen Blüten. Das kurze, gelbliche, dornenartige Gras wird prickly salt grass genannt. Manchmal bilden sich sogar Salzkristalle an den Blättern, ohne dass das den Pflanzen in irgendeiner Art und Weise schadet. An den Flüssen gedeihen teils prächtige Kameldornbäume.

Fauna

Von April bis November wandert das Wild Richtung Westen, d. h. von den Pfannen zum Boteti River, wo es zu dieser Zeit meist noch Wasser gibt. In der gut bewaldeten Gegend finden sich dann Ducker, Buschböcke, Kudus und Zebras ein. In den permanenten Pools leben sogar Flusspferde und Krokodile, Einwanderer aus dem Okavango Delta.

Fossilienfunde beweisen, dass zu feuchteren Zeiten das gesamte Spektrum der afrikanischen Fauna hier vertreten war, sogar Elefanten, Büffel und Nashörner. Bei Jack's Camp finden sich gelegentlich heute noch

Die Wolkenkratzer der Termiten

Zu den faszinierendsten Gebilden in den Salzpfannen gehören die Termitenbauten, die einzigen Erhebungen weit und breit. Sie ragen wie Türme aus dem flachen Grasland der Makgadikgadi Pans auf und sind echte Wunder der Natur.

Millionen von blinden Arbeitstermiten kommunizieren nur über Pheromone und bauen gemeinsam gewaltige, über 3 m hohe Strukturen mit Tonnen von Material. Sandkorn für Sandkorn. Unter dem Turm befindet sich das Nest, das in verschiedenen Kammern Bruträume, Nahrungslager, Zellulose zersetzende Pilzkulturen und die Suite der Königin enthält. Die Queen produziert bis zu 30 000 Eier am Tag und lebt viele Jahre lang, was bedeutet, dass die Millionen von Baubewohnern allesamt Brüder und Schwestern sind.

Um ein Überhitzen des Baus zu vermeiden, haben die Termiten eine ausgeklügelte Klimaanlage entwickelt. Warme Luft steigt in einem zentralen Kamin von den Nestkammern im unteren Bereich bis in dünnwandige Ventilations-Belüftungsschächte nahe der Bauoberfläche. Hier kühlt sich die Luft ab und reichert sich mit Sauerstoff an, bevor sie wieder durch verschiedene Passagen nach unten zirkuliert. Bevor die Luft in die Nestkammern zurückgelangt, strömt sie durch feucht gehaltene Kühltunnel. So erhalten die Termiten eine 100%ige Luftfeuchtigkeit und eine konstante Temperatur von 29 bis 31 °C, was die erfolgreiche Produktion von Eiern und Jungen ermöglicht. Nilwarane *(monitor lizards)* machen sich das zunutze, indem sie Löcher in die Termitenhügel graben, dort ihre Eier ablegen, die Öffnung versiegeln und ihren Nachwuchs sicher ausbrüten lassen.

Nach Regenfällen, wenn die Umstände es erlauben, produziert die Termitenkönigin geflügelte, fruchtbare Männchen und Weibchen, die die Kolonien in großen Mengen verlassen, um sich zu paaren und neue Nester zu etablieren. Diese Massenflüge sind Festessen für Erdferkel, Frösche, Spinnen sowie Falken und andere Greifvögel.

Tierische Kunstwerke: die Termitenbauten

Die Löwen und Hyänen von Makgadikgadi

Thema

Makgadikgadi ist aufgrund seiner klimatischen Fluktuationen kein idealer Lebensraum für Löwen. Mit den ersten Regenfällen im November migrieren gewaltige Herden von Zebras und Gnus ins offene Grasland der Salzpfannen, um zu fressen und ihre Jungen zu bekommen. In der Trockenzeit konzentriert sich das Wild am Boteti River. Die Löwen müssen sich diesem drastischen Wechsel anpassen.

Einige haben sich darauf spezialisiert, den Herden zu folgen, anstatt feste Reviere zu haben. Andere bleiben in dem trockenen Gebiet zurück. Es gibt hier keine großen Rudel, meist jagen nur zwei weibliche Löwen gemeinsam. Sie haben riesige Reviere bis zu 1000 km², da sie in dem kargen Landstrich sonst nicht genügend Beute finden. Männliche Löwen treffen immer wieder mit solchen ›Frauen‹-Duos zusammen. Sie patrouillieren bis zu 50 km in einer Nacht.

Die Löwen finden etwa sieben Monate im Jahr kein Wasser. Die gesamte Feuchtigkeit, die sie benötigen, stammt von ihrer Beute. Gleich nachdem sie eine Oryxantilope niedergestreckt haben, schlitzen sie Bauch und Magen auf, um die dort enthaltene Flüssigkeit zu trinken, bevor diese im trockenen Wüstenboden versickert. Viel Großwild gibt es nicht in der Trockenzeit, daher jagen die Löwen auch Erdferkel und Stachelschweine. In den letzten Jahren haben sie eine Vorliebe für behäbiges, botswanisches Freilandrind entwickelt, das sie zu Hunderten töten, was Konflikte mit den Subsistenzranchern nach sich zieht. Diese legen Giftköder und Fallen aus und töten die Löwen, sobald sich die Tiere außerhalb der Parkgrenzen bewegen. Allerdings handelt es sich in fast allen Fällen der Rinderopfer um herumstreunende Tiere, die oft genug im Park selbst unterwegs sind – ein unwiderstehliches Festmahl für die Mähnenträger. Ein Verlegen des Viehzauns,

der streunende Rinder davon abhält, in den Park zu laufen, könnte eine Lösung sein.

Die Schabrackenhyäne *(brown hyena)* ist kein so guter Jäger wie ihr muskulöser Artgenosse, die Tüpfelhyäne. Im südlichen Afrika, wo nur noch rund 10 000 Exemplare leben, gilt die Schabrackenhyäne als gefährdet. In den Makgadikgadi Pans leben etwa 150 erwachsene Tiere. Die Schabrackenhyäne hat sich an die wüstenhaften Umweltbedingungen angepasst. Sie ist nachtaktiv und frisst praktisch alles, von Gras über Aas bis zu Straußeneiern, Wüstenmelonen und Skorpionen. Bei ihrer Nahrungssuche legen die Aasfresser bis zu 65 km pro Nacht zurück. Eine ihrer wichtigsten Nahrungsquellen in Makgadikgadi sind die Reste von Löwen-Kills. Schabrackenhyänen leben in kleinen Gruppen zwischen zwei und zehn Mitgliedern. Ihre Clangebiete erstrecken sich zwischen 200 und 1000 km². Die Tiere gehen allerdings immer solo auf Nahrungssuche. Im Gegensatz zum charakteristischen ›Lachen‹ der Tüpfelhyänen sind Schabrackenhyänen praktisch lautlos. Die Kommunikation über lange Distanzen erfolgt durch Duftmarken im Grasland, die etwa alle 150 m angelegt werden. Eine Schabrackenhyäne zu sehen ist ein sehr seltenes Erlebnis. Löwen sind viel einfacher zu beobachten.

2000 wurde nahe Jack's Camp das Brown Hyena Project ins Leben gerufen, um das Raubtier zu erforschen und zu schützen.

Elefanten ein, die versuchen, an die Nüsse der Palmen heranzukommen und dabei teilweise an die Safarizelten entlangscheuern, für die Gäste höchst adrenalinfördernd.

Obwohl ihre Zahlen durch Viehzäune und die Jagd stark zurückgegangen sind, ziehen im November noch immer riesige Herden von Zehntausenden Gnus und Zebras in die weiten Grasflächen der Makgadikgadi Pans, begleitet von Hunderten von Oryx-, Kuh- und Elenantilopen. Diese Migration ist, neben derjenigen in der Serengeti, nach wie vor die beeindruckendste Wildwanderung der Welt.

Ganzjährig finden sich die robusten Springböcke in den Pfannen ein. Im Mopanewald der Nxai Pan halten sich die Busch fressenden Kudus, Pferde-, Schwarzfersen- und Halbmondantilopen auf. Dort gibt es außerdem viele Giraffen und einige Elefanten.

So viele Gras- und Buschfresser locken natürlich auch Raubtiere an. Löwen folgen der Migration, vor allem den Zebras in der Boteti-Region. Geparden halten sich hauptsächlich in der Nxai Pan auf, während Leoparden den dichten Buschwald am Boteti River vorziehen. Tüpfelhyänen finden sich im Waldland und ihre kleineren, braunen Kollegen, die Schabrackenhyänen, direkt an den Pfannen. Wenn Wildhunde in die Region kommen, dann ebenfalls in die Nxai Pan.

Zwei auf Chief's Island im Okavango Delta ausgesetzte Breitmaulnashörner (s. S. 240) haben es mittlerweile bis in die Boteti-Region des Makgadikgadi Pans National Park geschafft. Desert & Delta Safaris, die Besitzer der Leroo la Tau Lodge, haben ein weiteres ›spendiert‹, das ursprünglich aus dem Khama Rhino Sanctuary bei Serowe stammt. Nun ziehen die drei zusammen herum und pflanzen sich hoffentlich bald fort.

Unter den Kleinsäugern ist der etwa 3 kg leichte Springhase *(spring hare)* der wohl skurrilste Vertreter. Er ist insbesondere in der Abenddämmerung unterwegs und eigentlich gar kein richtiger Hase. Er gehört zu den Nagetieren, sieht aber mit seinen langen Ohren und dem dicken Schwanz aus wie eine Mischung aus Känguru und Kaninchen. Er hüpft auch so wie das australische Wappentier.

Tagsüber leben die Hüpfnager in ihren Bauten, die sie zur eigenen Sicherheit oben mit Erde verschließen. Nachtaktive Räuber wie Eulen, Dachse und Luchse lieben die Springhasen ebenso wie die Einheimischen, bei denen sie gerne und oft auf den Tisch kommen. Schätzungen zufolge werden jährlich etwa 2,5 Mio. Springhasen in Botswana gejagt. Das entspricht einem Proteingehalt von immerhin 20 000 Kühen.

Beste Reisezeit

Die Makgadikgadi Pans können in den Sommermonaten von Oktober bis Mai sehr heiß werden. Linderung verschaffen nur gelegentliche Regenfälle, oft verbunden mit Gewittern. Wenn sich Wasser in den Pfannen befindet, kann es durch die hohe Verdunstungsrate unangenehm schwül werden.

Im Winter, also zwischen Juni und September, sind die Tage zwar warm, aber die Nächte können bitterkalt werden. Die Temperaturen fallen dann manchmal bis unter den Gefrierpunkt. Im Oktober gibt es häufig Windstürme und es ist sehr staubig.

Orientierung

Die Teerstraße zwischen Nata und Maun teilt das Ödland. Ein Großteil der Region ist uneingezäuntes Ranchland, in dem das Wild weitgehend von Vieh verdrängt wurde. Dafür reißen Löwen immer wieder mal Rinder und Esel. Insgesamt gibt es drei ausgewiesene Naturschutzgebiete.

Im Süden liegen die ausgedehnten, trockenen Niederungen von **Sua (Sowa) Pan** und **Ntwetwe Pan** mit ihren ›Inseln‹ aus Granit und fossilierten Sanddünen, umrahmt von Grasland und Akazien-Baumsavanne. Der **Makgadikgadi Pans National Park** erstreckt sich zwischen der Westgrenze der Ntwetwe-Pfanne und dem Boteti River. Das kleine **Nata Bird Sanctuary** in der nordöstlichsten Ecke der Sua Pan wurde etabliert, um die im Nata River Delta saisonal brütenden Wasservögel zu schützen.

Im Norden breitet sich der Nxai-Pan-Komplex aus, einschließlich der grasbewachsenen **Nxai Pan,** der **Kgama Kgama Pan** so-

Die östlichen Makgadikgadi Pans

Das Fahren auf Salzpfannen birgt viele Gefahren und will geübt sein

wie der **Kudiakam Pan,** wo die berühmte Gruppe der **Baines' Baobabs** steht. Sie alle gehören zum ehemals separaten **Nxai Pan National Park,** der nach Süden hin erweitert wurde und mit dem Makgadikgadi Pans National Park nun ein durchgehendes Naturschutzgebiet bildet.

Fahren auf Salzpfannen

Beim Befahren der Pisten in den Pfannen und in ihrer Umgebung gibt einiges zu beachten. Ideal ist es, mit einem anderen Geländewagen im Konvoi zu fahren, das bietet Sicherheit. An Campingplätzen oder in Gästehäusern finden sich oft Gleichgesinnte, denen man sich anschließen kann. Hat ein Fahrzeug eine Panne oder fährt es sich fest, ist Hilfe ganz nah. Wer alleine unterwegs ist, sollte zur Sicherheit ein Satellitentelefon mitführen, das einige 4x4-Vermieter in ihrem Leihsortiment haben.

Bei Fahrzeugen mit zuschaltbarem Allradantrieb muss man sicher gehen, dass dieser eingelegt ist. Dann den Reifenluftdruck auf 0,8 bis 1 bar verringern. Ohne GPS in die Pfannen zu fahren ist ein unkalkulierbares Ri-

siko. In heftigen Sandstürmen verliert man schnell die Orientierung und nimmt die falsche Piste. Immer das Ende eines Sandsturms abwarten, bevor man weiterfährt. Auch Rinder- und Wildspuren können Pistenverläufe manchmal unkenntlich machen.

Niemals in die Nähe der Pfannen fahren, wenn es geregnet hat. Dunkle Stellen sind eindeutig feucht. Oft sieht man es dem Untergrund aber nicht an, dass er nass ist, da die Sonne gerade die oberste Lage abgetrocknet hat. Unter der scheinbar festen Kruste kann sich grundloser Lehm befinden. Daher niemals die Hauptpisten verlassen und querfeldein fahren. Erstens beschädigt das die Pfanne und zweitens sind die Chancen, nach einer Panne gefunden zu werden, erheblich geringer. Auch sollte man nicht zu schnell fahren. Trifft man plötzlich auf eine feuchte Stelle, verzögert es das Fahrzeug so heftig, dass es sich überschlagen kann.

Spürt man, dass man sich auf schmierigem Untergrund befindet, möglichst am Gas bleiben, auch wenn das Fahrzeug hin und her rutscht. Hier gilt die Devise, möglichst schnell wieder festeren Boden unter die Reifen zu bekommen. Steckt man erst einmal fest, ist es nicht einfach, das Auto wieder aus dem zähen, schwarzen Lehm zu befreien. Es kann Stunden oder Tage dauern. Und wenn man alleine unterwegs ist, hilft nicht einmal eine Seilwinde, da sich weit und breit kein Baum findet, um das Kabel zu befestigen. Es sei denn, man macht es wie die Einheimischen: Etwa 6 m vom Auto entfernt ein Loch graben, das etwas größer ist als das Reserverad. Dann das Seil der Winde am Reserverad befestigen und dieses im Loch vergraben. Mit diesem Erdanker sollen sich Fahrzeuge tatsächlich schon selbst aus dem Schlamassel befreit haben.

Am abenteuerlichsten sind die Strecken von Kubu Island nach Gweta und von Gweta nach Mopipi. Die beiden Pisten queren lange Pfannenabschnitte und können sehr gefährlich werden.

Von Francistown nach Nata ▶ 1, N 7–L 5

188 km sind es auf der A 3 von Francistown nach Nata. Die Landstraße ist recht schmal, ab und zu ein bisschen holprig. Wie fast überall in Botswana laufen Esel, Kühe und Ziegen frei herum. Ganz offensichtlich schmeckt das Gras direkt am Straßenrand besonders gut, denn dort halten sie sich bevorzugt auf. Was zu sehr verhaltener Fahrweise zwingt. Um nächtliche Kollisionen mit den Tieren zu vermeiden, hat Botswana ein Gesetz eingeführt, das dessen Halter verpflichtet, ihnen reflektierende Ohrstecker zu verpassen.

Immer wieder liegen Kadaver am Straßenrand, die sofort von der Gesundheitspolizei des Buschs, den Geiern, entsorgt werden. Trotz Hitze und Einsamkeit finden sich allerdings auch echte Polizisten mit Radarpistolen in den Büschen. Und manchmal beträgt die zulässige Höchstgeschwindigkeit nur 60 km/h. Ein Polizist steht immer hinter der Radarpistole, der andere sitzt ein Stückchen weiter im Auto. Bei Übertretungen bekommt man dann einen kleinen, handgeschriebenen Zettel, auf dem die zu schnell gefahrenen Stundenkilometer notiert sind, und wird zur Kasse gebeten. Aber selbst Uniformträger sind in Botswana relaxter als ihre Kollegen in den Nachbarländern. Nach einer freundlichen Unterhaltung geht es für reuige Touristen zumeist straffrei weiter. Wer Pech hat, zahlt. Manchmal mit, manchmal etwas günstiger ohne Quittung.

Sua Pan Mine

163 km hinter Francistown erreicht man den **Dukwe Veterinary Checkpoint (▶ 1, M 6)** am gleichnamigen Veterinärzaun und nochmals 10 km weiter eine Kreuzung, an der eine Teerstraße nach links zur **Sua Pan Mine (▶ 1, L 6)** führt. Was auf der Landkarte wie ein toller Abstecher in die Sua Pan aussieht, lohnt derzeit noch nicht die 16,6 km lange Anfahrt, zumal man die gleiche Strecke auch wieder zurückfahren muss. Bei der Mine handelt es sich um eine Fabrik am Ende der Sackgasse. Verbotsschilder verhindern den Zugang zur Pfanne und außer ein paar Gnus am Straßenrand gibt es nichts zu sehen.

In der Sua Pan Mine werden seit 1991 jährlich rund 300 000 t Ätznatron *(soda ash)* sowie Salz gewonnen. Das Ätznatron wird in erster Linie nach Südafrika exportiert, wo es u. a. in der Glasindustrie verwendet wird. Salz wurde bereits von den San hier abgebaut, daher auch der Name der Pfanne: *Sua* bzw. *sowa* bedeutet ›Salz‹ in der Sprache der Buschmänner. Sie verkauften das Mineral an Mitglieder des Bakalanga-Stamms, die damit Fleisch pökelten. Am Rand der Pfannen sind noch einige ihrer alten *salt pits* zu sehen.

Die Firma Botash, der die Mine gehört, baut jedoch nicht nur natürliche Ressourcen ab, sondern gibt auch an die Natur und die umliegenden Gemeinden zurück. Im März 2013 beschlossen Botash und Birdlife Botswana (www.birdlifebotswana.org.bw) eine dreijährige Kooperation, um die flamingoreichen Gebiete der Makgadikgadi-Salzpfannen in nachhaltige Touristenattraktionen zu verwandeln. Die Mine befindet sich etwa 30 km von einem der Brutplätze der Flamingos entfernt. Der geplante Flamingopark soll zum Teil

Flamingos

Weltweit gibt es sechs verschiedene Arten von Flamingos, zwei davon leben im südlichen Afrika: der Zwergflamingo *(lesser flamingo)* und der Rosaflamingo *(greater flamingo)*. Die nomadisierenden Vögel kommen von Südafrika bis zum Roten Meer vor.

Flamingos sind Watvögel, die in flachen Seen herumstapfen. Die Makgadikgadi Pans bieten ihnen in der Regenzeit die idealen Voraussetzungen hierfür. *Pink tide* wird das dann hier genannt, die ›rosafarbene Flut‹. Zur Nahrungsaufnahme läuft oder schwimmt der Zwergflamingo im Wasser, bewegt dabei seinen Kopf von einer zur anderen Seite und nimmt so hauptsächlich blaugrüne Algen von der Wasseroberfläche auf. Der Rosaflamingo taucht seinen Kopf samt Schnabel unter. Der Rand des Schnabels weist eine Lamellenstruktur auf, die zusammen mit der Zunge einen Filterapparat bildet, ähnlich den Barten der Bartenwale. Damit können die Vögel Plankton aus dem Wasser oder aus dem Schlamm filtern, den sie mit ihren Beinen aufwühlen. In der Trockenzeit ruhen Tausende von Shrimps in den Böden der Pfannen. Sie erwachen erst zum Leben, wenn es feucht wird. Barben überleben im Schlamm, bis es regnet. Die Vögel, die von Walvis Bay in Namibia, von Kimberley in Südafrika und aus Kenia kommen, ernähren sich dann von den Shrimps und Fischen.

Die wunderschöne charakteristische Rosafärbung ihres Gefieders resultiert aus der Aufnahme von Carotinoiden mit der Nahrung. Diese sind vor allem in planktonischen Algen enthalten. Flamingos wandeln diese Carotinoide mithilfe von Enzymen in der Leber um. Dabei entstehen Pigmente, die in die Haut und Federn ausgewachsener Flamingos eingelagert werden. Jungvögel haben ein graues Gefieder mit keinen oder wenigen rosa Pigmenten. Auch die unnatürliche Ernährung in Zoos führt dazu, dass Flamingos dort kein rosa, sondern eher ein weißes Gefieder haben. Beide Flamingoarten leben sehr gesellig und die Schwärme können Millionen von Mitgliedern haben. Üblicher sind jedoch zusammengehörige Gruppen von mehreren Hundert Vögeln.

Nur selten brüten Flamingos im südlichen Afrika, und wenn, dann entweder in den Makgadikgadi Pans (das größte Brutgebiet in Afrika), im ebenfalls botswanischen Lake Ngami oder in Namibias Etosha-Pfanne. Dafür müssen jedoch ideale Bedingungen herrschen, was normalerweise nach den Regenfällen zwischen März und Juni der Fall ist. Dann bauen beide Flamingoarten niedrige Lehmkegel im Wasser. Obenauf legen sie ein, selten zwei Eier in eine kleine Ausbuchtung. Die kleinen Dome schützen die Jungvögel vor der Hitze. Beide Eltern brüten die Eier dann abwechselnd etwa einen Monat lang aus, bis die Küken schlüpfen. Nach einer weiteren Woche scharen sich alle Jungvögel zusammen und gehen mit den Eltern auf Futtersuche. Etwa zehn Wochen später können sie fliegen und kommen alleine zurecht. Bis zu diesem Zeitpunkt stellt das Austrocknen der Pfannen die wohl größte Gefahr dar, denn manchmal müssen die Altvögel mit den noch flugunfähigen Küken gut 150 km laufen, um gegen Ende der Regenzeit das letzte Wasser in der nördlichen Sua Pan zu erreichen. Viele der Küken überleben diesen anstrengenden Trip nicht. 1969 wurde in der namibischen

Etosha-Pfanne eine Rettungsoperation gestartet, nachdem diese ausgetrocknet war. Tausende von Küken wurden zur benachbarten Fisher-Pfanne transportiert, die noch unter Wasser stand.

Die beiden Arten kann man am besten an ihren Schnäbeln unterscheiden. Der des Rosaflamingos ist fast ganz weiß mit einer schwarzen Spitze, der des Zwergflamingos ist komplett dunkel. Aus größerer Entfernung erscheint der Körper des Rosaflamingos eher weiß, der des Zwergflamingos ist pinkfarbener und kleiner. Der beste Platz, um beide Flamingoarten in Botswana zu sehen, ist in der Sua Pan. Aber nur, wenn Regenfälle die Pfanne gefüllt haben.

Zwischen März und Juni bevölkern riesige Flamingoschwärme die Salzpfannen

Die östlichen Makgadikgadi Pans

der Regierung, zum Teil den lokalen Gemeinden gehören. Botash bildet auch Bewohner der umliegenden Dörfer aus – beispielsweise im Umgang mit Computern und in Grundlagen der Unternehmensführung, der Buchhaltung, des Marketing und der Kundenbetreuung –, damit diese später Tourismusbetriebe wie Gästehäuser, Campingplätze und Tourunternehmen selbstständig führen können.

Offroad-Strecke zum Dukwe Veterinary Checkpoint

Von Francistown gibt es für Geländewagenfahrer eine gute Alternativstrecke für den Weg Richtung Nata, die am Ostrand der Sua Pan entlangführt – wenig befahren, daher deutlich abenteuerlicher.

Anstatt der A 3 wählt man etwas nördlich von Francistown die nach Westen verlaufende A 30 in Richtung Letlhakane und Orapa. Nach 161 km Teerstraße ist das **Tlalamabele Gate** (S21°18 369/E26°13 981, ▶ 1, L 7) erreicht. Es blockiert die Hauptstraße und ist rund um die Uhr besetzt. Direkt vor diesem Tor geht es nach rechts auf die Piste nach Norden.

Nach ca. 20 km Fahrt entlang des Pfannenrands taucht noch ein Tor auf, das **Tlhapana Veterinary Gate** (▶ 1, L 7). Das nächste Tor, das **Kwadiba Gate** (S20°54 907/E26°16 571, ▶ 1, L 6/7), befindet sich 28,7 km weiter nördlich. Auf dem Weg dorthin geht es durch schönes Mopanewaldland. Kurz vor dem Tor steht links ein großer Affenbrotbaum, in den u. a. das Wort ›Ker‹ eingeritzt ist. Niemand weiß, wer dieser Mann mit dem Vornamen Ker war, der sich hier verewigt hat. Dieser Baobab war mit Sicherheit ein wichtiger Wegweiser auf der Western Old Lake Route, die zwischen 1880 und dem frühen 20. Jh. von den Händlern benutzt wurde, die gen Norden zum simbabwischen Grenzposten Mpandamatenga, zum Sambesi und ins Barotseland im heutigen Sambia unterwegs waren.

Direkt nach dem Kwadiba Gate zweigt eine gut ausgefahrene Piste nach Westen ab. Nach 7 km ist **Kukonje Island** (S20°55 002/E26°12 206, ▶ 1, L 7) erreicht. Die auch Kokonje oder Kukome genannte Insel befindet sich in etwa auf gleicher Höhe wie die 38 km weiter westlich gelegene Kubu Island (s. S. 195). Auch hier gibt es fossile Strände und archäologische Fundstücke zu entdecken. Die Insel ist nicht ganz so spektakulär wie Kubu Island, da es deutlich weniger Affenbrotbäume gibt, aber dafür ist sie weniger besucht. Wie Kubu ist auch Kukonje ein heiliger Ort für den Bakalanga-Stamm, der hier seine Regenmacherrituale abhält. Im Norden von Kukonje Island befindet sich eine kleine Anhöhe, von der man nicht nur eine fantastische Aussicht über die Pfanne hat, sondern auch prima wild campen kann. Alternativ lässt es sich genauso schön unter dem riesigen Affenbrotbaum übernachten.

Obwohl es sehr reizvoll und verlockend erscheinen mag, die 38 km quer durch die Pfanne nach Kubu Island zu fahren, sollte man das selbst in der Trockenzeit nicht tun. Es gibt keine festgelegte Route und an manchen Stellen bleibt die Pfanne ganzjährig feucht.

Vom Kwadiba Gate sind es knapp 50 km bis zum **Dukwe Veterinary Checkpoint** (S20°10 029/E25°56 898) an der geteerten A 3 von Francistown nach Nata. Als einzige ›Hindernisse‹ auf dieser Strecke gibt es zwei Flussdurchquerungen mit recht steilen Uferböschungen, die nach Regenfällen unpassierbar sind.

5 Nata Bird Sanctuary

Etwa 30 km weiter nördlich vom Dukwe Veterinary Checkpoint funktioniert nachhaltiger Tourismus bereits prima. Ein Schild weist nach links zum **Nata Bird Sanctuary** (S20°17 347/E26°18 123, ▶ 1, L 5/6). Das 230 km² große Naturschutzgebiet in der östlichen Spitze der Makgadikgadi Pans wird von vier lokalen Gemeinden unterhalten, den Nata, Senoka, Mmanxote und Maposa. In den frühen 1990er-Jahren erkannte die Regierung, dass Naturschutz nicht ohne die Einbeziehung umliegender Gemeinden funktionieren kann. Schließlich entfernten die Dorfgemeinschaften etwa 3000 Rinder aus dem Gebiet, das eingezäunt wurde. Seit 1993 ist das Nata Bird Sanctuary der Öffentlichkeit zugänglich.

Im gleichen Jahr gewann es bereits den begehrten Tourism-for-Tomorrow-Preis der Südhalbkugel (tgl. 7–19 Uhr, 55 Pula pro Pers., 20 Pula pro Fahrzeug).

Eine 8 km lange, sandige Piste führt von der A 3 bis zum Rand der **Sua Pan** und zu einem hölzernen Beobachtungsturm. Nach Sommerregen in Simbabwe füllt der Nata River das Naturschutzgebiet und es bildet sich ein flacher See, der Pelikane und Flamingos anzieht. Das Nata Bird Sanctuary gilt derzeit als einer der besten Plätze in Botswana, um Flamingos zu beobachten. Doch auch andere Federträger findet man hier, insgesamt wurden 165 verschiedene Vogelarten gezählt. Außerdem gibt es Gnuherden und Springböcke sowie frei laufende Rinder.

Schon nachdem der erste Regen gefallen ist, wird die Fahrt zum Pfannenrand zum kleinen Abenteuer. Das Wasser steht dann auf der Piste, die man keinesfalls verlassen sollte. Auch wenn es links und rechts ›trockener‹ aussehen sollte, ist der Untergrund dort, wo die Piste verläuft, am härtesten.

Vom Eingang zum Nata Bird Sanctuary sind es nur 8,5 km Richtung Westen, also nach links, bis zur Straße liegenden Nata Lodge (S20°13 536/E26°15 903, s. u.). Gäste können dort eine Sundowner-Pfannentour ins Nata Bird Sanctuary im offenen Landcruiser buchen (30 US-$ p. P.). Es werden außerdem Quadbiketouren mit Guide unternommen.

Übernachten

Buschchalets ▶ Nata Lodge: 8,5 km nordwestlich vom Nata Bird Sanctuary bzw. 10 km östlich von Nata, Tel. 062 000 70, www.nata lodge.com. Die Lodge bietet 22 reetgedeckte, auf Holzpfählen erbaute Chalets im rustikalen afrikanischen Stil. Großer Pool und gut bestückter Souvenirladen, wo es u. a. die sehr guten Botswana-Landkarten von Veronica Roodt zu kaufen gibt. Alle Badezimmer haben frei stehende Badewannen, Außenduschen und Klimaanlagen. Zwei Family Chalets können jeweils vier Personen beherbergen, eines ist behindertenfreundlich ausgestattet. Außerdem gibt es zehn auf hölzernen

Plattformen erbaute Safarizelte, ebenfalls mit Bad und Außenduschen, erbaut unter Schatten spendenden Marulabäumen. Die Lodge veranstaltet empfehlenswerte Sundowner-Trips in offenen Geländewagen durch das Nata Bird Sanctuary bis zur Sua Pan (3 Std., 30 US-$ p. P.). Frühstück 11–15 US-$, Dinner 23 US-$, Family Chalet 144 US-$, Twin Chalet 133 US-$, Luxuszelt 106 US-$.

Camping ▶ Nata Lodge Camping: Tel. 062 000 70, www.natalodge.com. Auf dem Gelände der Nata Lodge findet sich ein schöner Campingplatz, der etwa 150 Personen Platz bietet. Es gibt zwei stilvolle, reetgedeckte und halboffene Sanitärbereiche mit heißen und kalten Duschen. Der Campingplatz hat auch Strom und Steckdosen. Erw. 11 US-$, Kin. 8 US-$. **Community Rest Camp:** am Eingang zum Nata Bird Sanctuary, Tel. 071 54 43 42, 071 54 43 42. Einfacher Campingplatz mit heißen Duschen, Spültoiletten, Grillplätzen, Internet, kleinem Restaurant und Shop. Das Camp liegt an einem umgestürzten Affenbrotbaum, der nun horizontal weiterwächst. 35 Pula p. P.

Nata

9,8 km sind es noch von der Nata Lodge bis **Nata** (S20°12 691/E26°10 869, ▶ 1, L 5), wo sich eine der wichtigsten Straßenkreuzungen im Norden Botswanas befindet. Von hier führt die A 33 nach Norden Richtung Kazungula und Kasane, das nach 302 km gut ausgebauter Teerstraße erreicht ist. Richtung Westen führt die A 3 über Gweta nach Maun.

Der Hauptgrund, um in Nata anzuhalten, ist Benzin. Es gibt drei Tankstellen, in der namens Engen befindet sich eine Filiale der südafrikanischen Fast-Food-Kette Wimpys. Das Essen schmeckt eher schlecht, dafür ist der Kaffee erstaunlich gut. Die Klimaanlage funktioniert und WLAN ist kostenlos. Selbstversorger finden im Ort ein paar Shops sowie einen Bäcker und einen Metzger.

Übernachten

Stopover ▶ North Gate Lodge: im Zentrum von Nata neben der Caltex-Tankstelle, Tel. 062 111 56, 074 27 37 22, www.northgate.

aktiv unterwegs

Quadbiketrip in die Makgadikgadi Pans

Tour-Infos

Start: Planet Baobab Rest Camp (s. S. 194), Jack's Camp (s. S. 199), San Camp (s. S. 199) oder Camp Kalahari (s. S. 199)

Dauer: 6 Tage/5 Nächte

Saison: April bis November

Buchung: Nur Uncharted Africa unternimmt Quadbiketouren nach Kubu Island. Anmeldung entweder direkt im Camp Baobab (s. S. 194) oder bei Uncharted Africa in Südafrika, Tel. 0027 11 447 16 05, www.unchartedafrica. com. Die Tour findet nur bei mind. 4 Teilnehmern statt.

Kosten: Die Kosten variieren je nach dem Startpunkt, ab Jack's Camp 7000 US-$, ab San Camp 5500 US-$, ab Camp Kalahari 2950 US-$, ab Planet Baobab ab 750 US-$, jeweils all inclusive.

Ein Trip mit Quadbikes durch die Salzpfannen nach Kubu Island ist die wohl intensivste Art und Weise, diese Region Botswanas zu erleben. Quadbikes sind quasi vierrädrige Motorräder mit weichen, dicken Niederdruckreifen, die fast keine Spuren hinterlassen.

Super Sande, der über 2 m große, in Botswana geborene Guide, zeigt, wie die Teilnehmer ihre *kikois*, die bunten Tücher, ähnlich denen der Beduinen, richtig um den Kopf binden. Das sieht nicht nur abenteuerlich aus, sondern schützt auch vor Kälte und Staub. Immer zwei Personen sitzen auf einem Quadbike. Der Beifahrer ist zwischen einer gewaltigen Bettrolle und dem Piloten eingeklemmt, was zumindest schön warm hält. Um keine neuen Spuren in die Pfannen zu fräsen, geht es im ›Gänsemarsch‹ in die schemenlose weiße Einsamkeit.

Immer wieder stoppt Super Sande, um mit den Gästen ein paar Schritte zu gehen. Die Salzkruste knirscht beim Darüberlaufen wie leicht angefrorener Schnee. Was auf den ersten Blick öde und leer aussieht, entpuppt sich bei genauerem Hinsehen als ein Ort kleiner Tragödien. Der ausgetrocknete Kadaver eines Stachelschweins ist so außergewöhnlich, dass er nicht nur mitgenommen wird, sondern später als ganz besonderes Ausstellungsstück im Museum von Jack's Camp in einer Glasvitrine endet. Im Salz konserviert finden sich außerdem die Überreste einer Eule und anderer Vögel, diverse Knochen sowie steinzeitliche Werkzeuge und Pfeilspitzen. Super Sande ist ein exzellenter Spurenleser. Seit über 30 Jahren lebt er im Busch und begleitet Touristen durch Botswana. Einen besseren Guide kann man sich kaum wünschen.

Die domförmigen Flamingonester sehen von Weitem aus wie Behausungen auf einem anderen Planeten. Wenn sich die Pfannen mit Wasser füllen, brüten hier Tausende der Vögel. Menschen sollten zu dieser Zeit den Salzpfannen fern bleiben. Wer versucht, die Ebenen in der Feuchtperiode zu queren, hat keine großen Überlebenschancen. Hier, so erzählt der Guide, sind schon viele Fahrzeuge für immer verschwunden. Jetzt, zur Trockenzeit, ist der Staub manchmal so fein, dass er hinter den Reifen fast zu explodieren scheint. Trotz der *kikois* bekommt jeder Mitfahrer sein Wüstenmakeup verpasst. Der Staub bedeckt die Gesichter wie Puder, lässt dabei nur die Augen frei – was nach dem Abnehmen der Sonnenbrillen unheimlich witzig aussieht.

Dann lässt Super Sande die Teilnehmer erneut anhalten und in einem Kreis aufstellen, Rücken an Rücken. »Nun lauft geradeaus, zählt bis 40 und legt euch dann hin. Nicht reden. Ich rufe euch in etwa einer halben Stunde.« Das Gefühl der endlosen Leere hat etwas Meditatives.

Die Gruppe fährt weiter, der untergehenden Sonne entgegen. Die gewaltigen Staubfahnen leuchten golden. Am Horizont sind die Umrisse einiger Tiere zu erkennen. Springböcke, sagt der Guide wissend. Sonst gibt es nichts, worauf die Augen fokussieren könnten. Nur scheinbar endlose Weite. Weiß und flach. Dann taucht ein schwarzer Punkt am Horizont auf, wie eine Fata Morgana, wird Kilometer um Kilometer größer – Kubu Island, das Ziel der Reise und einer der faszinierendsten Plätze im südlichen Afrika.

Der Versorgungstruck von Uncharted Africa wartet bereits auf die Gruppe. Alles ist vorbereitet. Die Leinwand-Waschbecken sind mit warmem Wasser gefüllt, der Dinnertisch ist festlich gedeckt – unter jahrhundertealten Affenbrotbäumen. Eiswürfel klimpern leise in den Gin & Tonics, serviert auf Silbertellern mit Zitronenhälften. Das Essen mit mehreren Gängen könnte in einem noblen Restaurant garantiert nicht besser sein. Die herrlich weichen, weißen Federbetten für die Nacht wurden unter den Baobabs, diesen hölzernen Methusalems, aufgebaut. Das perfekte 1000-Sterne-Hotel.

Fortbewegungsmittel für Menschen mit Benzin im Blut: auf dem Quadbike durch die Weite der Makgadikgadi Pans

co.bw (Website funktioniert nicht immer). Die tiefrot angemalte Lodge empfiehlt sich nur als Stopover-Unterkunft, falls die Nata Lodge (s. S. 191) ausgebucht sein sollte. Es gibt 24 Zimmer mit Bad, AC und TV. Auf alle Fälle die Zimmer zum Pool oder Garten, nicht die zur Tankstelle hin buchen. Bar, Restaurant, Internet und WLAN. DZ 500–750 Pula p. P.

Von Nata nach Gweta

► 1, K/L 5

Planet Baobab Rest Camp

Von Nata führt die gut ausgebaute A 3 Richtung Westen. Nach 26 km zweigt links eine Piste nach Kubu Island ab und weitere 67 km später geht es links zum Camp von **Planet Baobab** (► 1, K 5). Eine riesige Erdferkelskulptur aus Beton steht an der Abzweigung

rechts der A 3. Auf der linken Seite befindet sich ein Termitenhügel mit 3D-Logo, das demjenigen von Planet Hollywood nachempfunden ist, sowie dem Schriftzug Kalahari Surf Club. Bereits hier ist zu spüren, dass Planet Baobab eher skurril und funky als traditionell ist. Nach ein paar Hundert Metern Piste hat man das von mehr als einem Dutzend Baobabs eingerahmte Rest Camp erreicht, in dem man übernachten und essen kann.

Planet Baobab ist Teil der Unternehmensgruppe Uncharted Africa, der auch die drei Luxuscamps an der Ntwetwe Pan – Jack's Camp, San Camp und Camp Kalahari – gehören. Zu diesen Unterkünften bildet Planet Baobab die preiswertere Alternative, sowohl in puncto Übernachten als auch in puncto Aktivitäten, die u. a. Quadbiking sowie Spaziergänge mit San und Erdmännchen umfassen (s. S. 192, 200, 204). Das Zentrum des Planet-Baobab-Komplexes ist die absolut coole Bar mit kurvig-rundem Tresen und aus Hunderten von Bierflaschen gefertigten Kronleuchtern. Die Barstühle und Sessel sind mit schwarzweißen Kuhhäuten überzogen. An den Wänden hängen interessante historische Dokumente, alte Reiseposter zum Thema Afrika und viele Fotos.

Übernachten

Cool ▶ **Planet Baobab Rest Camp:** an der A 3 zwischen Nata und Gweta, Uncharted Africa, Reservierung in Südafrika unter Tel. 0027 11 447 16 05, www.unchartedafrica.com. Es gibt 18 bunt bemalte und afrikanisch dekorierte Häuschen, in denen für die Region relativ günstig übernachtet werden kann, sowie einen Campingplatz. Die Häuschen wurden im Stil traditioneller afrikanischer Rundhütten aus Lehm erbaut, drei davon sind für Familien bis zu 4 Pers. geeignet. Es gibt Toiletten und Duschen sowie Moskitonetze über jedem Bett. Der Campingplatz hat vier Duschen und Toiletten in einem reetgedeckten Rundhaus. Die Kleiderhaken sind aus Ästen gefertigt. Jeder Stellplatz hat einen Sonnenschutz aus Riedgras, einen Strom- und Wasseranschluss, einen Grillplatz und elektrisches Licht. Highlights sind der riesige, runde Pool und die Affenbrotbäume. WLAN gegen kleine Gebühr. Das Essen im Planet Baobab ist ganz o. k. (auch à la carte). Frühstück 12–16 US-$, Dinner mit Gegrilltem 18 US-$, DZ 60–135 US-$ mit Frühstück, Camping Erw. 15 US-$, Kin. 8 US-$.

Gweta

100 km westlich von Nata bzw. 205 km östlich von Maun liegt das alte Dorf **Gweta** (▶ 1, K 5). Es ist ein trockener, staubiger Platz, aber der Name deutet auf eine feuchtere Vergangenheit hin: *Gweta* bedeutet ›Platz der großen Frösche‹. Wenn es heftig geregnet hat, sollen nach wie vor gigantische Bullenfrösche *(bull frogs)* im Ort auftauchen. In der modernen Tankstelle (S20°11 438/E25°15 896) gibt es einen Shop, der neben frischem Gemüse und Brot auch Bier und Wein verkauft.

Übernachten

Renoviert ▶ **Gweta Lodge:** Tel. 062 122 20, www.gwetalodge.com. Das alte Rest Camp im Ort wurde vor einigen Jahren renoviert. Es gibt Safarizelte und reetgedeckte Chalets, die innen schöner sind, als sie von außen aussehen. Großer Pool, Souvenirshop und reetgedecktes Restaurant. Die Lodge organisiert Trips in die Sua Pan – auf Pferden oder Quadbikes (allerdings nicht nach Kubu Island) sowie in Geländewagen, als Tagestrip oder über Nacht. DZ 400–600 Pula.

6 Kubu Island ▶ 1, L 7

Karte: links

Kubu Island oder **Lekhubu Island** ist einer der faszinierendsten Plätze im ganzen südlichen Afrika. In Setswana bedeutet *kubu* ›Flusspferd‹ und *lekhubu* ›felsige Erhöhung‹. Umgeben von schier endlos erscheinenden Salzebenen ragt die etwa 1 km lange Granitfelsenansammlung nur ca. 20 m aus der Sua Pan auf. Trotzdem hat man von oben eine grandiose Aussicht auf das weite, weiße Meer von Salz, speziell bei Sonnenauf- oder -untergang. Ein besonderes Highlight ist Sternegucken. Keine Lichtverschmutzung und ein riesiges Firmament lassen den Sternenhimmel zum natürlichen Planetarium werden. Auf Kubu Island hat man fast das Gefühl, auf einem anderen Planeten zu sein.

Dieser abgelegene Ort vermittelt einem das Gefühl von Ehrfurcht, Isolation, vielleicht ein bisschen Angst, aber im Gegensatz dazu auch im wahrsten Sinne des Wortes inneren Frieden. Wenn man so dasteht, kann man sich vorstellen, wie der Sonnenaufgang vor einigen Zehntausend Jahren ausgesehen haben muss, als Kubu tatsächlich eine Insel war, umspült von Wasser.

Naturgeschichte

Der prähistorische Supersee, der heute Makgadikgadi Pans heißt, wurde vor etwa 10 000 Jahren von großen Flüssen aus dem Norden gespeist und an einem windigen Tag müssen die Wellen wohl grandios an die Felsen ge-

Die östlichen Makgadikgadi Pans

brandet sein. Pelikane, Kormorane und andere Wasservögel brüteten einst an den Stränden. Fossiler Guano, der als weiße Ablagerung den rosafarbenen Granit bedeckt, legt Zeugnis darüber ab.

Auf Google Earth lassen sich leicht die Umrisse des einstigen Megasees erkennen. Die offensichtlichsten Überreste sind die unregelmäßig geformten Pfannen, die Sua Pan und die Ntwetwe Pan, wo der See einst am tiefsten war. Zu Zeiten seines Höchststands umfassten die Wassermassen nicht nur die heutigen Makgadikgadi Pans, sondern auch das Boteti Valley, den Lake Ngami, die Mababe Depression sowie etwa ein Drittel des Okavango Delta.

Tektonische Kräfte veränderten die Richtung der Flussläufe nach Osten, was die Wasserzufuhr zu dem Riesensee unterbrach und ihn schließlich austrocknen ließ. Hinzu kamen ein trockeneres Klima und starke Winde, die den See mehr und mehr mit Sand füllten. Die Schicht aus Lehm, Sand und Salz unter der heutigen Oberflächenkruste ist 50 bis 100 m dick. Wann der See zuletzt Wasser hatte, ist unklar. Der Wasserspiegel änderte sich aber häufiger in der Vergangenheit. Beweis dafür sind die alten Küstenlinien, die nach wie vor klar auszumachen sind.

Seinen Höchststand hatte der See vor etwa 50 000 Jahren, damals war er mindestens 55 m tief. Der tiefste Teil des Sees führte noch bis vor etwa 1500 Jahren permanent Wasser. Sicher ist, dass Kubu Island eine ganze Weile komplett von Wasser bedeckt war.

Für den mystischen Charakter von Kubu Island sind vor allem die jahrhundertealten Affenbrotbäume verantwortlich, die dort stehen. Mit ihren ungewöhnlichen Formen und Farben sehen sie anders aus als ihre Kollegen auf dem ›Festland‹. Sie sind kleiner, knorriger und verzweigter.

Kulturgeschichte

Sehr faszinierend ist auch ein Blick in die Geschichte von Kubu Island. 1000 Jahre alte Werkzeuge, Pfeilspitzen, Tonscherben sowie Perlen aus Knochen, Straußeneierschalen und sogar Glas belegen, dass hier schon ab der Steinzeit Menschen gelebt und offensichtlich Handel betrieben haben. Die blauen und grünen Glasperlen, die wahrscheinlich aus Ägypten stammen, deuten ebenso daraufhin wie die Funde exotischer Muscheln.

Halbmondförmige, 1,2 m hohe Steinwälle datieren 1000 bis 1700 Jahre zurück. Hunderte von Steinpyramiden erzählen von Menschen, die vor knapp 2000 Jahren hier gelebt haben. Die Steingebilde ähneln denen, die bei einem Initiationsplatz in Great Zimbabwe im Nachbarland Simbabwe gefunden wurden, was den Schluss nahelegt, dass es sich hier ebenfalls um ein Initiationszentrum gehandelt hat.

Auch für die heute hier lebenden Menschen ist Kubu Island ein heiliger Ort. San pilgern zu der Insel, um zu beten oder religiöse Zeremonien abzuhalten. In einer kleinen Höh-

le in den Klippen findet sich ein Schrein, der Münzen, Knochen, Kerzen und andere Artefakte enthält.

Fauna

Aufgrund der immensen Trockenheit gibt es wenig Wild auf und um Kubu Island. Die Wahrscheinlichkeit ist größer, auf eine Kuh zu treffen als auf eine Antilope. Hin und wieder sieht man einige Steinböckchen, Hasen sowie Eulen und, je nach Saison, viele andere Vögel, u. a. zur Regenzeit sogar Flamingos. Seltener sind Afrikanische Pythons, da auch sie die Nähe von Wasser vorziehen.

Wissenswertes zu Kubu Island

Kubu Island ist ein geschütztes Naturdenkmal, das seit 1999 von der Gaing-O-Gemeinde als nachhaltiges Tourismusprojekt – ähnlich wie das Nata Bird Sanctuary – unterhalten wird. Vor Ort gibt es 14 Stellplätze für Camper (s. S. 198).

Für die An- bzw. Weiterfahrt gibt es mehrere Möglichkeiten. Jeweils eine Piste führt von der A 3 im Norden und von der A 30 im Süden nach Kubu Island. Zwei weitere Pisten sollten nur von sehr erfahrenen 4x4-Fahrern in Angriff genommen werden. Für alle Strecken ist ein Geländewagen mit GPS notwendig. Außerdem: Bitte nur bereits existierende Fahrspuren benutzen und nicht querfeldein fahren; niemals versuchen, auf die Pfanne zu fahren, sofern diese auch nur ein bisschen feucht ist.

Vor Ort gibt es nichts zu kaufen, sodass man das eigene Essen, Wasser, Benzin und am besten auch Feuerholz mitbringen muss. Die nächsten Läden und Tankstellen findet

Völlig surreal ist die Erscheinung von Kubu Island am Rand der Sua Pan

Die östlichen Makgadikgadi Pans

man in Nata, Gweta und Letlhakane. Bitte den heiligen Schrein respektieren und keine Gegenstände wegnehmen, da sie für die Menschen, die sie dort zurückgelassen haben, sehr wichtig sind. Auch keine Steine oder Früchte mitnehmen und natürlich keinen Abfall hinterlassen. Die besten Reisemonate liegen in der Trockenzeit, also zwischen April und November.

Anfahrt von der A 3

Eine der zwei Pisten, die von Norden nach Kubu Island führen, zweigt 26 km westlich (S20°10 029/E25°56 898) von Nata ab und ist 96,6 km lang. Nach 11,5 km erreicht man eine Gruppe von Affenbrotbäumen (S20°12 089/E25°55 395), bei Kilometer 17,6 steht ein Pumpenhaus mit domförmigem Dach (S20°18 699/E25°48 296). Von hier sind es noch 48 km bis zum Dorf **Thabatshukudu** (S20°42 606/E25°47 476, ▶ 1, L 6), wo das bunte Haus des Lebensmittelhändlers nicht nur eine gut sichtbare Wegmarke, sondern auch ein schönes Fotomotiv ist. 10 km weiter ist das **Tswagong Veterinary Gate** erreicht (S20°45 810/E25°44 320, ▶ 1 K/L 6). Von hier sind es noch 21 km nach Kubu Island (S20°53 740/E25°49 426).

Anfahrt von der A 30

Der einfachste und schnellste Weg führt von **Lethlakane** (▶ 1, K 7) im Süden nach Kubu Island – 85 km bzw. rund 1,5 Std. Fahrt benötigt man für diese Strecke. Von Lethlakane geht es 13 km auf Teer bis zur A 30 (S21° 19 503/E25°33 735). Direkt gegenüber der Einmündung zweigt eine weitere Straße von der A 30 ab, die auf den ersten 2 km geteert ist und zu Botswanas neuester Diamantenmine Damtshaa führt. Nach 23 km Schotter ist **Mmatshumo** (S21°08 575/E25°39 279, ▶ 1, K 7) erreicht, wo es einen kleinen Gemischtwarenladen und einen *liquor store* (ein Shop, der Alkohol verkauft) gibt. Die Piste nach Kubu Island ist von hier ausgeschildert.

5 km weiter wird die Strecke sehr steinig und fällt steil ab. Hier findet sich in 945 m Höhe ein prima **Aussichtspunkt** (S21°06 006/E25°39 331) auf die Sua Pan. Dies ist

der höchste Küstenpunkt des einstigen Supersees. Die Steine sind alle glatt und abgerundet. Wasser und Wellen haben sie in der Vergangenheit abgeschliffen. Auf dem weiteren Weg nach unten zur Pfanne kann man am Gestein die verschiedenen Wasserstände des ehemaligen Sees erkennen.

Ca. 10 km nördlich des Aussichtspunkts ist der deutlich sichtbare Pfannenrand (S21° 01 801/E25°37 186) erreicht. 7 km weiter folgt ein **Veterinary Gate** (S20°58 620/E25° 37 178), danach sind es noch weitere 7 km bis zur Abzweigung (S20°56 012/E25°40 032) nach Kubu Island, das nach weiteren 18 km erreicht ist (S20°53 740/E25°49 426).

Von Kubu Island über die Ntwetwe Pan nach Gweta

Erfahrene Geländewagenlenker, möglichst im Konvoi mit einem oder zwei anderen 4x4, können von Kubu Island aus die Ntwetwe Pan in nordwestlicher Richtung bis Gweta durchqueren – ein 107 km langes, echtes Offroad-Abenteuer.

Von Kubu Island geht es zunächst 19 km bis zur ersten Pistenkreuzung. Hier hält man sich rechts und erreicht nach weiteren 2 km das **Tswagong Veterinary Gate** (S20°45 810/E25°44 320, ▶ 1, K/L 6). Danach links halten und 9 km bis zum **Gumba Veterinary Gate** (S20°44 763/E25°39 794, ▶ 1, K 6) fahren. Nach 22 km ist ein Wegpunkt (S20° 40 402/E25°35 266) erreicht, nach 14 km ein weiterer (S20°30 281/E25°25 802). Von dort sind es noch 9 km bis zum Rand der Ntwetwe Pan (S20°26 619/E25°22 350). Nach ca. 7 km taucht das Dorf **Xauxara** (S20°23 288/ E25°22 364, ▶ 1, K 6) auf. Von hier aus sind es noch 25 km bis Gweta (S20°12 524/ E25°15 482).

Übernachten

Tausend-Sterne-Camping ▶ **Lekhubu Island Community Camp:** Tel. 0297 96 12, 075 49 46 69, www.kubuisland.com. Um die Insel verstreut gibt es 14 einfache Stellplätze, jeweils mit Plumpsklo und Feuerplatz. Die Rezeption ist Mo–Fr tagsüber geöffnet, dann kann man dort auch Feuerholz kaufen. Die

Buchung erfolgt ganz einfach online über die Website. 100 Pula p. P.

Ntwetwe Pan ▶ 1, J/K 6/7

Karte: S. 194

Gweta ist der Ausgangspunkt für eine Erkundung der **Ntwetwe Pan,** der größten Pfanne in der Makgadikgadi-Region. Neben der auch hier beeindruckenden Weite gibt es in der Salzpfanne zwei Sehenswürdigkeiten, die bei keinem Botswana-Trip fehlen dürfen: Green's Baobab und Chapman's Baobab.

Dadurch, dass die Makgadikgadi Pans so flach und riesengroß sind, waren die dort wachsenden Affenbrotbäume in Prä-GPS-Zeiten unersetzliche Navigationshilfen für die ersten Reisenden. Jeder der gewaltigen Urbäume hat eine faszinierende Story zu erzählen. Am besten nimmt man sich die Zeit, die einzelnen Bäume zu umlaufen und die zahllosen alten, in die weiche Rinde geritzten Unterschriften zu studieren.

Ntwetwe Pan auf die luxuriöse Art

Jack's Camp und seine beiden Schwesterlodges **San Camp** und **Camp Kalahari** sind die einzigen Unterkünfte in dem riesigen Gebiet der Ntwetwe Pan. Sie gehören, wie auch Planet Baobab (s. S. 194), zu Uncharted Africa. In diesen einzigartigen Camps zu übernachten ist selbst für botswanische Verhältnisse sehr teuer, aber den Preis wert. Eigentlich ist diese Einmal-im-Leben-Erfahrung unbezahlbar.

Alles begann 1963 mit Jack Bousfield, der auf eine lange Familientradition von Pionieren und Abenteurern zurückblickt: »Makgadikgadi? Ich fragte, was da draußen sei, und sie sagten: Nichts, nur Idioten gehen dorthin. Ich dachte, gut, das ist der Platz für mich.« Jacks Sohn Ralph ist heute Mitbesitzer der Uncharted-Africa-Lodges und wie sein Vater, Großvater und Urgroßvater eine Legende in Botswana. Während Jack aufgrund der unrühmlichen Tatsache, 53 000 Krokodile geschossen zu haben, im Guinness-Buch der

Rekorde landete, schützt Ralph heute engagiert die fragile Natur Botswanas.

1990 stürzte Ralph mit einem Kleinflugzeug, das Jack steuerte, ab. Beim Versuch, seinen tödlich verletzten Vater aus dem brennenden Wrack zu befreien, erlitt er so schwere Verbrennungen, dass die Ärzte daran zweifelten, ihn retten zu können. Er verbrachte zwei Jahre im Krankenhaus in einem druckkontrollierten Anzug. Alles, bis auf sein Gesicht, war verbrannt. Wenn man ihn heute sieht, kann man das kaum glauben. Gäste zahlen einen Zuschlag, um mit ihm auf Safari zu gehen. Eine britische Journalistin beschrieb ihn treffend als einen Mann mit dem Aussehen von Jim Morrison und dem Intellekt von David Attenborough, der einen Toyota Landcruiser ebenso geschickt aus dem Schlamm befreien kann, wie er edle Weine in Kristallgläser dekantiert.

Zu den Stammgästen der Lodge zählen viele Prominente, darunter die amerikanischen Filmemacher Joel und Ethan Coen sowie der britische Top-Gear-Moderator Jeremy Clarkson, der die Erfahrungen in Jack's Camp und den Makgadikgadi Pans mehr zu schätzen wusste als seine Fahrt in einem Ferrari Enzo. In den Uncharted-Africa-Lodges geht es aber nicht nur um dekadenten Luxus. Natur und Ökologie spielen eine große Rolle. Die einheimischen Ranger, die morgens und nachmittags mit den Gästen Pirschfahrten in offenen Geländewagen unternehmen, sind sehr gut ausgebildet und wissen auf praktisch jede Frage eine Antwort. Und cool sind sie obendrein – einer bemerkte, nachdem er eine Zeit lang in der schattenlosen Landschaft stand: »Ich muss jetzt aus der Sonne raus, bevor ich noch schwärzer werde.«

Zum Programm der Lodges gehört der Sundowner in der Ntwetwe Pan. Überraschenderweise stehen dort mitten im Nichts Stühle, ein Tisch mit einem Sortiment an verschiedensten Spirituosen und Wein. Daneben knistert ein Feuer und erinnert daran, dass der Juli ein Wintermonat in Botswana ist. Ab und zu können die Temperaturen dann sogar unter die Frostgrenze fallen. Was auch Vorteile bringt: Es ist zu kalt für Moskitos.

aktiv unterwegs

Spaziergang mit San

Tour-Infos

Start: Jack's Camp, San Camp oder Camp Kalahari (s. S. 199)

Buchung: bei Uncharted Africa, Tel. in Südafrika 0027 11 447 16 05, www.unchartedafrica.com

Dauer: halber Tag

Kosten: In den Übernachtungspreisen der Camps sind jeweils zwei Aktivitäten pro Tag enthalten.

24 San aus vier Generationen leben in der Ntwetwe Pan und teilen ihr unglaubliches Wissen mit den Gästen der drei Uncharted-Africa-Lodges. Ursprünglich stammen diese San aus der West-Kalahari. Botswanas Indiana Jones, Ralph Bousfield, der Miteigentümer von Uncharted Africa, wuchs zusammen mit ihnen auf, spricht ihre komplizierte Klicksprache und hat von ihnen das Jagen gelernt. Die Buschmänner vom Klan der Zu/'hoasi führen in der Salzpfanne heute einen semi-traditionellen Lebensstil und lassen die Lodgegäste daran teilhaben. Sie demonstrieren ihre Jagdfertigkeiten, wie man im Busch nach Essbarem sucht, wie Jagdzubehör und Schmuck hergestellt wird. Besucher erhalten so einen wunderbaren Blick in die Vergangenheit, die San selbst bewahren ihren Stolz und verdienen sogar noch Geld. Außerdem wird das Wissen der Alten bewahrt und an die Nachkommen weitergegeben.

Zwei San-Männer holen die Gäste an der Lodge ab. Sie tragen grüne Rangeruniformen, keine traditionelle Bekleidung. Die Gruppe geht über eine kleine Salzpfanne. Es knirscht unter den Schuhen. An manchen Stellen ist es sehr weich. Hinter einigen Büschen stehen traditionelle Lehm- und Grashütten. Hier treffen die Besucher auf weitere San, diesmal alle in traditionellen Outfits. Die Buschmänner entscheiden selbst, wer zu

diesen Treffen mit den Besuchern kommt und wer nicht. Die beiden Guides stellen die Gäste vor und übersetzen das Palaver der San ins Englische.

Dann geht es im Gänsemarsch in die Wüste. Immer wieder halten die San an, erklären den einen oder anderen Busch. Die Frauen graben mit Stöcken in der Erde und fördern unscheinbar aussehende Wurzelknollen zutage. Die blutroten sind ziemlich selten und die beste Buschmedizin, um verstimmte Mägen zu beruhigen. Aus einem Busch namens *Kalahari sand raisin* werden die flexiblen Bögen gefertigt, mit denen die San auf die Jagd gehen, aus Baumrinde Schnüre und Seile. Und wenn ein Buschmann von einem Skorpion gestochen wird, fängt er diesen, zerdrückt ihn und reibt ihn auf die Stichstelle, was das Gift angeblich neutralisieren soll. Einer der alten Männer gräbt eine weiße Wurzelknolle aus und zerdrückt sie über seinem Mund, was ein paar Schluck Wasser hervorbringt – in dieser unwirtlichen, lebensfeindlichen Landschaft Wasser zu finden ist das Geheimnis des Überlebens der San.

Normalerweise graben die Frauen, die Männer jagen und tragen schwere Lasten. Alte Männer, die nicht mehr jagen können, bauen am Boden Vogelfallen mit Baumharz als Köder. Für das Pfeilgift suchen die Frauen nach bestimmten Larven und Käfern, die zerdrückt und vermischt werden. Das Ergebnis ist ein hoch wirksames Nervengift, das auf die Spitze der Pfeile gestrichen wird und mit dem man extrem vorsichtig umgehen muss: Ritzt man die Haut damit ein, so stirbt man. Den Gästen führen die San sicherheitshalber nur giftfreie Exemplare vor. Die Pfeile bestehen aus drei Teilen: Spitze, Schaft und Befiederung. Nachdem die Beute getroffen wurde, fallen Schaft und Befiederung meist ab. Das Neurotoxin schwächt das getroffene Tier und die San nehmen die Verfolgung auf. Nach erfolgreicher Jagd wird das Fleisch auf offenem Feuer zubereitet, das sie natürlich ohne Hilfe von Feuerzeug oder Streichhölzer entfachen. Einer der Guides demonstriert das. Er reibt zwei sehr weiche Hölzer aneinander, was Hitze erzeugt. Dann bringt er fein gemahlenen Zebrakot, ein beliebtes Brennmaterial, an die heiße Stelle auf und legt etwas Stroh und kleine Äste dazu. Er bläst ein bisschen, es beginnt zu rauchen, dann züngeln bereits die ersten Flammen heraus. Was kinderleicht aussieht, erfordert ganz schön Übung. Spätestens jetzt erkennen die Besucher, dass die Buschmänner die letzte Verbindung zu unseren afrikanischen Urahnen darstellen. Sie sind der lebende Beweis dafür, dass Menschen einst in der Wildnis überleben konnten. Ihre Fertigkeiten jedoch sind mit der ›Zivilisation‹ verloren gegangen. Oder wie Ralph es ausdrückt: »Wenn ich ein Viertel ihres Wissens hätte, wäre ich ein ernsthaft wissender Mann.«

Von San lernen: Auf Buschwanderungen mit den Ureinwohnern Botswanas kommt man dem Land sehr viel näher als in einem Geländewagen

Die östlichen Makgadikgadi Pans

Der Ranger rollt eine alte Landkarte der Makgadikgadi Pans auf dem staubigen Boden aus, beschwert sie mit ein paar Flaschen. Mit seinem angejahrten Buschmesser zeichnet er imaginäre Wasserläufe nach, eine Handvoll Sand markiert geomorphologische Hindernisse. In Nullkommanichts verstehen die Gäste, wie sich ein einstiger Supersee zur Salzpfanne entwickeln konnte.

Nach dem Sonnenuntergang wird im Schein flackernder Kerzen das Dinner im großen Zelt zelebriert, mit Damasttischdecken, Silberbesteck und Kristallgläsern. In den Gästezelten findet sich später eine weitere Überraschung: eine Wärmflasche unter himmlisch weichen Überdecken.

Selbstredend sind die Brötchen am nächsten Morgen frisch gebacken. Die morgendliche Pirschfahrt führt zu den berühmten Affenbrotbäumen Chapman's und Green's Baobabs. Der Ranger erklärt selbst Kleinigkeiten, beispielsweise weshalb die Nester der Büffelwebervögel alle nach Westen ausgerichtet sind – weil der Wind aus dem Osten kommt – oder dass die gewaltigen Termitenhügel von Millionen der winzigen Tierchen mit Speichel und Sand konstruiert werden.

Die meisten Gäste besuchen die drei Lodges im Rahmen einer Fly-in-Safari. Mit einem Geländewagen werden sie dann von der kleinen Buschlandebahn abgeholt. Aber natürlich können auch Selbstfahrer hier absteigen. Diese müssen sich jedoch beim Camp Baobab mit einem Guide treffen, der sie dann auf sich oft verzweigenden Pisten bis zur jeweiligen Lodge begleitet (150 US-$ pro Fahrzeug). Es geht dabei nicht so sehr ums Verfahren, was mit GPS beinahe unmöglich ist, sondern darum, keine neuen Fahrspuren zu verursachen und auf den Hauptpisten zu bleiben. Alle drei Unterkünfte sind zu buchen bei Uncharted Africa, Tel. in Südafrika 0027 11 447 16 05, www.unchartedafrica.com.

Green's Baobab

Den berühmten **Green's Baobab** erreicht man auf einer Piste, die von Gweta aus direkt nach Süden verläuft. Nach etwa 28 km steht der Affenbrotbaum links der Piste.

Südlich von Gweta passiert man zunächst das Eingangstor des Campingplatzes der Gweta Lodge. Von hier fährt man 1,3 km in westliche Richtung, dann gabelt sich die Straße. Rechts geht es in den Makgadikgadi Pans National Park, links zum Green's Baobab. Der Streckenverlauf verändert sich nach jeder Regenzeit. Man sollte immer den sichtbarsten Spuren folgen und dabei das GPS checken. Nach 25 km ist die Abzweigung nach links zum Green's Baobab erreicht, der Baum selbst steht nach weiteren 3 km am Wegpunkt S20°25 514/E25°13 871.

Zwischen Mitte und Ende des letzten Jahrhunderts durchquerten Händler, Forscher, Elefantenjäger und Missionare regelmäßig die Makgadikgadi Pans, durch die eine der Haupthandelsrouten führte. In der Nähe der permanenten Quelle von Gutsha (s. S. 203) campten die Händler bevorzugt unter einem gewaltigen Affenbrotbaum, dem Green's Baobab, in dessen Rinde zahlreiche Inschriften zu finden sind.

Der in Kanada geborene Forscher, Jäger und Händler Frederick Green (1829–76) sowie dessen älterer Bruder Charles Green (1826–79) gravierten die Worte ›Green's Expedition, 1858–1859‹ ein. Eine weitere Inschrift lautet ›H V Z – 1851/2‹. Sie stammt höchstwahrscheinlich von dem berüchtigten Mörder, Forscher und Jäger Charles van Zyl, dem Gründer von Ghanzi. Auch ein gewisser P. H. Viljoen verewigte sich hier vor langer Zeit im 19. Jh. Der Großwildjäger soll der weiße Mann gewesen sein, der die Viktoriafälle ins Gesicht bekam – noch vor David Livingstone, auf dessen Spuren er reiste. Den Lake Ngami jedoch erreichte er 18 Monate nach dem berühmten Engländer. Von wem die ebenfalls im Stamm eingravierte Zahl ›1789‹ stammt, hat bislang noch niemand herausgefunden.

Über 150 Jahre später sind die historischen Graffiti noch immer deutlich zu erkennen. Für einen Baobab sind anderthalb Jahrhunderte nur ein Augenblick. Sowohl der Green's Baobab als auch der Chapman's Baobab stehen inzwischen übrigens unter Naturschutz, d. h., Nameneinritzen ist tabu.

Gutsha Pan

Nur 300 m vom Baum entfernt befindet sich die **Gutsha (Gutsa) Pan,** die bis auf die letzten Jahre nach Regenfällen ein paar Monate lang Wasser hält. Noch vor 100 Jahren wurden oft Flusspferde hier gesehen. Das letzte soll hier vor 25 Jahren gelebt haben. Woher sie kamen, ist ungewiss, denn der nächste Fluss, der Boteti River, ist 75 km entfernt.

7 Chapman's Baobab

Etwa 15 km südlich vom Green's Baobab steht der **Chapman's Baobab** (S20°29 399/ E25°14 981), der aufgrund des unübersichtlichen Pistengewirrs jedoch nicht ganz einfach zu finden ist. Ein Großteil des umliegenden Gebiets gehört als private Konzession außerdem zu den Arealen der drei Uncharted-Africa-Camps (s. S. 205), deren Besitzer nichts mehr hassen als ruhestörende Selbstfahrer. Also die GPS-Daten genau checken, auf den ausgefahrenen Pisten bleiben und den Lodges möglichst fernbleiben.

Die Pistenkreuzung, an der es etwa 11 km südlich vom Green's Baobab nach links zum noch 3 km entfernten Chapman's Baobab abgeht, hat die GPS-Koordinaten S20°30 289/E25°12 479. Das sechsstämmige botanische Monster mit einem Umfang von 25 m ist bereits aus etwa 20 km Entfernung auszumachen. Unzählige Namen wurden über Jahrhunderte in die Rinde des Chapman's Baobab geritzt. Die Identität seines Namensgebers verbirgt sich hinter den gotischen Initialen JC für James Chapman, der 1862 zusammen mit dem Maler Thomas Baines (s. rechts) unter dem Baum campte.

Der 1831 in Kapstadt geborene und 1872 in Kimberley verstorbene Chapman war ein südafrikanischer Forscher, Jäger und Fotograf. 1852 reiste er zum ersten Mal nach Botswana und wurde ein Freund von Khama, einem der Söhne von Sekgoma, dem Häuptling der Bamangwato. Dieser half ihm, den Chobe River zu finden. Im darauffolgenden Jahr erreichte Chapman den Sambesi und befuhr ihn bis 110 km vor die Viktoriafälle. Um ein Haar wäre er, und nicht zwei Jahre später David Livingstone, als weißer Entdecker der Wasserfälle in die Geschichtsbücher eingegangen.

Chapman pflegte offensichtlich einen relaxten, freundlichen Umgang mit den Einheimischen, zog längere Zeit mit den Buschmännern durch die Halbwüste und lernte dabei viel von ihnen. Zwischen Dezember 1860 und September 1864 unternahm er mit seinem Bruder Henry und Thomas Baines eine Expedition, um den Sambesi von den Viktoriafällen bis zu seiner Mündung zu erforschen und herauszufinden, ob dieser navigierbar sei. Aber heftige Malariaanfälle und durch starke Regenfälle aufgeweichte Böden hinderten sie am Erreichen des Deltas. 1864 kehrte Chapman fiebergeschüttelt nach Kapstadt zurück. Allerdings malte Baines auf dieser Expedition ins Innere Afrikas viele seiner berühmten Bilder afrikanischer Landschaften, Menschen und Tiere. Und es war die erste Expedition, auf der eine Panoramakamera mitgeschleppt wurde. Abzüge der nicht sehr scharfen Fotos sind heute im Museum Africa in Newtown, Johannesburg, ausgestellt. Chapman führte auf all seinen Reisen Tagebuch. 1868, kurz bevor er mit 40 Jahren starb, wurden seine »Travels in the Interior of South Africa« veröffentlicht.

Übrigens campte auch bereits David Livingstone am Chapman's Baobab. Wie so viele andere benutzte er den Baum auf seinen Reisen als Navigationshilfe und sein teilweise ausgehöhltes Inneres als Briefkasten. Dort hinterließ er Post, die Reisende, die in die Gegenrichtung unterwegs waren, mitnahmen. Aus diesem Grund war der Baum eine Zeit lang auch als Post Office Tree (›Postamtbaum‹) bekannt.

Für die Rückfahrt nach Gweta bietet sich eine Piste an, die den Besuch der beiden Affenbrotbäume zu einer Rundtour vervollständigt. Zunächst fährt man die gleiche Strecke zur 3 km entfernten Pistenkreuzung (S20°30 289/E25°12 479) zurück. Hier kann man sich nach Nordwesten wenden, bis man die Grenze des Makgadikgadi Pans National Park erreicht (nicht ohne Permit in den Park fahren!). Nun geht es rechts ab und 13 km an der Nationalparkgrenze entlang. Diese Sek-

Wanderung mit Erdmännchen

Tour-Infos

Start: Camp Baobab, Jack's Camp, San Camp oder Camp Kalahari (s. S. 194 u. 199)
Buchung: im Camp Baobab oder bei Uncharted Africa, Tel. in Südafrika 0027 11 447 16 05, www.unchartedafrica.com
Dauer: halber Tag
Kosten: Bei einer Übernachtung in einem der drei Camps ist die Aktivität im Preis enthalten. Außerdem wird im Camp Baobab ein 2- bzw. 3-tägiges Programm angeboten, das die Wanderung mit Erdmännchen beinhaltet (525–650 US-$ p. P. inkl. Vollpension, Buschwanderung, Quadbiking, Erdmännchenspaziergang und Ausflug in die Ntwetwe Pan).

Sie gelten als die sozialsten Tiere der Welt: die Erdmännchen *(meerkat)*. Ein Ranger fährt Besucher im Geländewagen in den Busch. Eine Fahrradspur (!) zieht sich durch den Sand. Das Fortbewegungsmittel des Meerkat-Manns. Recht mutig, wenn man bedenkt, das in der Makgadikgadi-Region u. a. Löwen und Elefanten leben. Kurz darauf sieht man sein Rad neben der Piste liegen. Der Mann steht ein paar Meter entfernt in der Landschaft. Um ihn herum sind Erdmännchen geschäftig zugange. Nachmittags, kurz vor Sonnenuntergang, suchen sie Essbares, bevor sie ihren Bau aufsuchen, um nachts vor Raubtieren geschützt zu sein. Immer wieder richten sie sich putzig auf ihren Hinterbeinen auf, gucken nach oben und zur Seite. Checken, ob es Raubvögel, Schlangen oder Schakale auf sie abgesehen haben. Manchmal ist auch ein Erdmännchen als Wachposten abgestellt, während die anderen nach Nahrung suchen. Der Wächter steht dann entweder auf einem Termitenhügel oder einem umgefallenen Baum und gibt piepende Laute von sich, die seinen Clan-Mitgliedern zeigen, dass alles sicher ist. Ist seine Schicht zu Ende, übernimmt der Nächste.

Die Menschen, die nun mit den Erdhörnchen laufen, sehen sie als zusätzliche Wächter an und sind entsprechend relaxt. Ein Baby-Erdmännchen (könnte auch ein Erdweibchen sein) schreit nach seiner Mutter, die ihm daraufhin sofort einen frisch ausgegrabenen Wurm präsentiert. Weit aufgefächert durchsuchen sie das trockene Grasland. Nur wenn einer einen Warnlaut loslässt, rotten sie sich augenblicklich zusammen. Und kommt ihnen dann z. B. ein Schakal zu nahe, treten sie ihm als Gruppe entgegen. Bewegen sich zusammen mit offenen Mäulern hin und her, was die Raubtiere meist verunsichert. Sie nehmen sich lieber Einzelgänger vor. Die Erdmännchen sind zwar selbst Raubtiere, aber aufgrund ihrer geringen Größe eben auch Beute.

In der Gruppe verhalten sich Erdmännchen sehr sozial, aber sobald sie auf andere Clans treffen, kann es zu tödlichen Revierkämpfen kommen. Daher setzen sie ständig Urin-Markierungen, besonders an der Grenze ihres Territoriums. Dort hat die Gruppe auch gemeinsame Dungplätze. Bei territorialen

tion mit ihren Palmengruppen ist landschaftlich besonders reizvoll. Auf dieser Piste gelangt man automatisch zurück nach Gweta.

Vom Chapman's Baobab nach Mopipi

Eine abenteuerliche Piste führt vom Chapman's Baobab zur A 30 im Süden. Hierfür fährt man vom Affenbrotbaum 3 km zurück zur Pistenkreuzung (S20°30 289/E25°12 479) und biegt links ab. Nach 1 km geradeaus erreicht man den Rand der Ntwetwe Pan. Etwa 7 km vom Baobab entfernt bietet sich ein wunderbarer 360°-Blick über die Salzpfanne. Nach weiteren 7 km taucht auf der rechten Seite **Gabasadi Island** (S20°38 544/E25°12

Die drolligen Erdmännchen haben nur wenig Scheu vor Menschen

Disputen und nachfolgenden Kämpfen, erklärt der Guide, wechseln einzelne Exemplare manchmal die Seiten.

Die Sonne nähert sich langsam dem Horizont, die Schatten der Erdmännchen werden immer länger. Sie nähern sich ihrem Bau, genießen die letzten Sonnenstrahlen und reinigen sich gegenseitig, fast wie Affen das tun.

Es gibt ihnen ein Zusammengehörigkeitsgefühl. Die Menschen liegen auf dem Bauch und beobachten sie dabei. Ganz nah. Manche genießen es am Bauch gestreichelt zu werden. Andere markieren die Schuhe der Besucher. Auf einen Schlag verschwinden dann alle fast gleichzeitig im Bau. »Sleep well, *meerkats.*«

989) auf und nochmals 8 km weiter ist das Ende der Pfanne erreicht. Nun sind es noch 1,5 km bis zum **Tchai Gate** (S20°43 744/E25°12 279, ▶ 1 K 6) und von dort 45 km zum **Phatshwanyane Gate** (S21°04 791/E25°02 357, ▶ 1, J 7). Nach dem Gate 2 km dem Zaun folgen, dann Richtung Wegpunkt S21°10 033/E24°52 325 fahren. Kurz darauf

ist **Mopipi** (S21°12 393/E24°52 325, ▶ 1, J 7) an der A 30 erreicht.

Übernachten
Folgende drei Camps sind die einzigen Unterkünfte im Gebiet der Ntwetwe Pan.
Im Safaristil der 1940er-Jahre ▶ **Jack's Camp:** Das Camp hat neun Zelte für insge-

Die östlichen Makgadikgadi Pans

samt 18 Gäste. Mit seinen unzähligen Fund-stücken wie ausgestopfter Fauna, Knochen und Steinzeitwerkzeugen erinnert es an ein Naturkundemuseum, das es auch ist – eines von drei registrierten Naturkundemuseen im Land mit Ralph als Kurator. Daher darf er alle mit den genauen Fundkoordinaten verse-henen Artefakte in der Lodge behalten. Der ›Dinnersaal‹ ist in einem luxuriösen, stabilen Zelt untergebracht, der Pool leinwandüber-dacht, das Essen von exzellenter Qualität. Ganzjährig geöffnet. 1120–1400 US-$ p. P. all inclusive.

Romantik pur ▶ San Camp: Das in Weiß und Cremetönen gehaltene Camp mit sechs Zelten für insgesamt 12 Gäste wird nur zur Trockenzeit von April bis Oktober errichtet und mit Beginn der Regenzeit wieder abge-baut. Leicht von Motten angefressene Per-serteppiche tragen ebenso zum Jenseits-von-

Afrika-Ambiente bei wie die vom Personal mit warmem Wasser gefüllten Eimerduschen, die in Palmen hängen. Das bevorzugte Ziel für Flitterwöchler. 1100 US-$ p. P. all inclusive.

Familienfreundlich ▶ Camp Kalahari: Die günstigste Alternative im Trio. Das kürzlich ›ge-jack-te‹ Camp war früher recht einfach und ist nun auf Uncharted-Africa-Standard. 10 Leinwand-Gästechalets, reetgedeckter Pool-Pavilion, Strom wird durch Solarenergie gewonnen. 590 US-$ p. P. all inclusive.

Von Francistown nach Maun ▶ 1, N 7–H 5

485 km sind es von Francistown auf der A 30 bis Motopi, wo man auf die A 3 von Nata nach Maun trifft. Offroad-Fans können nach den ersten 161 km beim Tlalamabele Gate

Jack's Camp: nicht nur Übernachtungsstation, sondern auch Naturkundemuseum

nach Norden Richtung Nata abbiegen. Ebenfalls am Gate zweigt eine Teerstraße in das pittoreske, palmengesäumte Dorf **Mosu** (▶ 1, L 7) ab, ein sehr abgelegener Platz für historisch Interessierte. Hier wurde eine von Botswanas größten archäologischen Fundstätten entdeckt. Fast hinter jeder Ecke gibt es etwas Neues zu entdecken. Praktisch jede Landspitze am Südufer der Sua Pan – oder besser des einstigen Sees – ist der Standort einer alten Siedlung. Hier stieß man auf zahllose Werkzeuge aus der Steinzeit, die auf eine wesentlich dichtere Besiedlung vor ca. 1000 Jahren hindeuten. Auch der Blick von der Kante einer 40 m hohen Schichtstufe aus auf die Salzpfanne ist faszinierend.

Wieder zurück auf der A 30, erreicht man 12 km später die Abzweigung gen Süden nach **Lethlakane** (▶ 1, K 7), das an der Straße nach Serowe (s. S. 153) liegt. Hier findet

sich eine wichtige Diamantenmine, die jedoch bei Weitem nicht die einzige in dieser Gegend ist. Für Touristen bietet die Stadt eine Unterkunft, Läden und eine Tankstelle. Außerdem ist dies einer der wenigen Orte in Botswana, wo man Eintrittspermits für die Nationalparks kaufen kann.

30 km nordwestlich von Lethlakane liegt **Orapa** (▶ 1, K 7), das Herz der botswanischen Diamantenproduktion. Allein diese Mine fördert etwa 12 % aller Schmuckdiamanten der Welt. Orapa ist damit die wichtigste Stadt für Botswanas Wirtschaft, daher sind auch die Sicherheitsvorkehrungen vor Ort sehr streng. Ohne ein Genehmigungsschreiben des Diamantenunternehmens Debswana, das sehr schwer zu erhalten ist, darf niemand rein oder raus. Die Stadt ist somit für Besucher unzugänglich und wird auf einer Umgehungsstraße umfahren. Von Orapa sind es 68 km bis **Mopipi** (▶ 1, J 7). Hier zweigt eine Piste nach Norden ab, die die Ntwetwe Pan quert und vorbei am Chapman's Baobab und Green's Baobab nach Gweta führt.

Ca. 74 km weiter westlich bildet der Ort **Rakops** (S21°02 136/E24°24 432, ▶ 1, H 7) den Startpunkt für die Fahrt zum nördlichen Eingang des Central Kalahari Game Reserve (s. S. 321), das nach 46 km erreicht ist. In Rakops besteht noch einmal die Möglichkeit, Treibstoff und Wasser zu bunkern. Die A 30 führt von hier geradewegs nach Norden, fast immer an der Westgrenze des Makgadikgadi Pans National Park (s. S. 214) entlang, bis nach weiteren 116 km **Motopi** (▶ 1, H 5) erreicht ist. Der Ort liegt einige Kilometer westlich vom Makgadikgadi Pans National Park und ist erst seit wenigen Jahren direkt mit der A 3 durch eine Brücke verbunden. Das Timing war perfekt: Kurz bevor der Boteti 2009 zum ersten Mal seit 16 Jahren wieder Wasser führte, war die Brücke fertiggestellt. Von Motopi sind es noch 82 km auf der geteerten A 3 nach Maun (s. S. 227), wo es mehrere Varianten für die Weiterfahrt gibt. In Richtung Nordosten liegen das Moremi Game Reserve und der Chobe National Park, im Nordwesten das Okavango Panhandle und im Süden bzw. Südwesten die Kalahari.

Afrikanischer Baobab – der Baum des Lebens

Die prachtvollen, riesigen Affenbrotbäume sind nicht nur eines der Markenzeichen Afrikas, sondern gelten auf dem Kontinent sogar als Könige der Bäume. Das haben sie nicht zuletzt ihren Ausmaßen zu verdanken: Baobabs können einen Umfang von über 40 m, einen Durchmesser von 11 m und eine Höhe von bis zu 30 m erreichen.

Baobabs (*Adansonia digitata,* nach dem französischen Naturforscher Michel Adanson) kommen in verschiedenen Formen und Gattungen vor. Wissenschaftlich gesehen gehören sie zu den Wollbaumgewächsen. Auf dem afrikanischen Kontinent gibt es nur eine Art, die vor Mosambik liegende Insel Madagaskar zählt sechs verschiedene Spezies! Auch in Australien gibt es Affenbrotbäume.

Unzählige Geschichten ranken sich um ihre Entstehung, was in erster Linie mit ihrem Aussehen zu tun hat. Der Baum ist etwa neun Monate im Jahr ohne Blätter und sieht dann so aus, als wäre er mit den Wurzeln nach oben eingepflanzt worden. Die San glauben, dass es keine jungen Baobabs gibt. Vielmehr wirft Gott ausgewachsene Exemplare vom Himmel, die unglücklicherweise, weil sie so kopflastig sind, immer mit den Wurzeln nach oben auf der Erde landen. Eine andere Legende macht die Hyäne für das Aussehen des Baums verantwortlich. Als Gott auf der Erde Bäume pflanzte, ordnete er jedem Tier eine dieser Pflanzenspezies zu. Als Letzte kam die Hyäne an die Reihe und es war nur noch der seltsam aussehende Affenbrotbaum übrig. Die Hyäne war darüber stinksauer, entwurzelte den Baum und pflanzte ihn verkehrt herum wieder ein. Vielleicht stinken deshalb auch seine großen Blüten nach Aas.

Das Alter der Affenbrotbäume ist schwieriger zu datieren als das anderer Bäume, da ihre Stämme keine Jahresringe aufweisen.

Mit der Radiokarbonmethode wurde ermittelt, dass es Baobabs mit über 4000 Jahren gibt, die damit zu den ältesten Lebewesen der Erde gehören. Und zu den vitalsten. Selbst umgestürzte Exemplare treiben aus ihrem Stamm Wurzeln nach unten und Äste nach oben.

Die in den Affenbrotbäumen schlummernden Heilkräfte sind bisher nur teilweise erforscht worden. Was so alt werden kann, sollte eigentlich das Geheimnis des Lebens in sich tragen. In der afrikanischen Volksmedizin findet fast jeder Teil des Baobabs Verwendung. Die Blätter der Bäume sind reich an Vitamin C und werden von den San bei Ruhr, Durchfall, Koliken und Magen-Darm-Entzündungen verabreicht. Die Früchte – *monkey bread,* also Affenbrot genannt – isst man bei Infektionen und Krankheiten wie Pocken und Masern. Die gerösteten oder rohen Samen werden als Herzmittel, bei Zahnschmerzen, Leberinfektionen und sogar bei Malaria eingesetzt. 2010 schätzte man das finanzielle Potenzial von getrockneten Baobabsamen und -früchten bei weltweitem Vertrieb auf etwa 1 Mrd. US-Dollar.

Die Bäume speichern enorme Mengen an Wasser in ihrem Holz und den teilweise hohlen Stämmen. Ein ausgewachsener Baobab kann bis zu 140 000 l Wasser enthalten. Damit ist er auch für längere Trockenperioden gewappnet. Was sich sowohl die San als auch die Elefanten zunutze machen. Die San

Thema

bohren Löcher in den Baum und zapfen den Wasservorrat direkt an. Elefanten reißen mit ihren Stoßzähnen die Rinde ab, um mit ihren Rüsseln die feuchten Fasern im Innern des Baums zu entfernen. Diese kauen sie und nehmen so jede Menge Flüssigkeit auf.

Die Rinde des Baobabs ist 5 bis 10 cm dick, was ihn kleinere Buschfeuer unversehrt überstehen lässt. Seit Jahrhunderten wird die Rinde zur Herstellung von Kleidung, Seilen und Klebstoff verwendet.

Manche der hohlen Stämme bieten so viel Platz, dass Menschen darin leben können. Im südlichen Afrika finden sich Affenbrotbäume, die als Kneipen (Bao-Pub), Toiletten, Duschen, Shops und sogar als Gefängnisse genutzt wurden oder noch werden. Die beeindruckendsten Exemplare Botswanas finden sich in den Makgadikgadi Pans, allen voran die teilweise skurril verwachsenen Exemplare auf Kubu Island, Chapman's und Green's Baobab am Westrand der Makgadikgadi Pans sowie die Gruppe der Baines' Baobabs am Ostrand der Kudiakam Pan im Nxai Pan National Park.

Wer ein besonderes Andenken an seinen Botswana-Urlaub sucht, kann in gut sortierten Gartenbauhandlungen in Europa Affenbrotbaumsetzlinge kaufen. Sie gedeihen prima und entpuppen sich als pflegeleichte Zimmerpflanze. Steht der Baobab in einem Topf, wird er oft fälschlicherweise als Taler- oder Geldbaum bezeichnet. Natürlich werden die Zimmerpflanzen nicht so groß wie ihre afrikanischen Artgenossen, aber bei guter Pflege sind bis zu 2 m Höhe durchaus üblich. Im Sommer steht er gerne in der Sonne. Er braucht wenig Wasser, in der Winterruhephase kommt er ganz ohne Flüssigkeit aus (www. affenbrotbaum.org).

Das Verzehren der Baobab-Früchte soll gegen Pocken und Masern helfen

Makgadikgadi-Nxai National Park

Die A 3 von Nata nach Maun trennte früher zwei verschiedene Natur-schutzgebiete, den Nxai Pan National Park im Norden und den Mak-gadikgadi Pans National Park im Süden. Vor einigen Jahren wurden die beiden Reservate zusammengelegt und bilden nun den 6500 km² gro-ßen Makgadikgadi-Nxai National Park.

Nxai Pan National Park

▶ 1, J 4/5

Karte: rechts

Der nördliche Parkteil, der **Nxai Pan Natio-nal Park,** besteht aus einer Ansammlung fos-siler Pfannen, die alle mit kurzem, nahrhaftem Gras bewachsen sind. In den Pfannen stehen akazienbewachsene Inseln, die Tieren unter Tag Schatten spenden. Das gibt der Gegend einen lieblichen Charakter und unterscheidet sie von den vegetationslosen, eher wüsten-haften Salzpfannen der südlichen Makgadi-gadi Pans.

Die Nxai Pan wurde 1970 zu einem Schutzgebiet erklärt. Damals waren das 1676 km². 1992 wurde die Region zum National-park vergrößert, um die berühmte Affenbrot-baumgruppe, die Baines' Baobabs, einzu-gliedern. Damit waren 2578 km² geschützt (Eintritt pro Tag: Erw. 120 Pula, Kin. 8–17 J. 60 Pula, Fahrzeug 50 Pula).

Reisezeit

In der Nxai Pan wird es im Sommer, also zwi-schen den Monaten Mai und Oktober, sehr heiß mit Temperaturen von über 40 °C. Zu dieser Zeit sind die Tiere auf die künstlichen Wasserstellen angewiesen, und wer geduldig an einem der Bohrlöcher wartet, sieht oft Raubtiere beim Trinken.

In der Regenzeit verwandelt sich die Nxai Pan in ein grünes Wunderland mit großen An-tilopenherden, meist Springböcke und ihre Jungen. Auch die Blumen- und Vogelvielfalt ist dann spektakulär. Wie immer in Pfannen-nähe: Vorsicht bei feuchtem Untergrund!

Wissenswertes

In der Nxai Pan gibt es keine Versorgungs-möglichkeiten. Die nächstgelegene Stadt ist Gweta, wo man Benzin, Getränke und einige Lebensmittel kaufen kann. Selbstversorger machen ihren Großeinkauf am besten ent-weder in Maun oder bereits zu Beginn ihrer Reise in Francistown.

Der Nxai South Campingplatz und der Bai-nes' Baobab Campingplatz sind vor der An-reise zu reservieren und zu bezahlen. Am al-ten Eingangstor, 36 km nördlich mit neuen South Gate an der A 3, muss die Reservie-rungsbestätigung vorgelegt und die Eintritts-gebühr (Erw. 120 Pula, Fahrzeug 50 Pula) ent-richtet werden. Angestellte weisen dann ei-nen Stellplatz im Nxai South Camp (ca. 10 km vom Eingangstor entfernt) oder bei den Bai-nes' Baobabs zu.

Anfahrt

Von Gweta kommend, sind es 157 km bis zum Haupteingangstor in den Makgadikgadi-Nxai National Park, dem **New South Gate** 1, das rechter Hand der A 3 direkt an der Straße liegt (S20°13 831/E24°39 226). Hier wird das Ein-trittsgeld in den Nxai-Teil des Nationalparks entrichtet. Wer aus westlicher Richtung von Maun anreist, muss 135 km bis zum New South Gate zurücklegen.

Nxai Pan National Park

Früher führte eine fürchterlich schlechte Piste von der A 3 etwa 37 km Richtung Norden, wo sie auf das ehemalige Haupteingangstor, das **Old South Gate** 2, traf. Die Strecke war bei Geländewagenfahrern berüchtigt. Sie wurde inzwischen durch eine viel bessere, etwas weiter östlich verlaufende Zufahrtsstrecke ersetzt. Nach 28 km stößt die neue auf die alte Piste, die auf den letzten 9 km bis zum alten South Gate deutlich verbessert wurde.

Während der Trockenzeit von Mai bis Oktober sind die Pisten um die Pfanne hart und gut zu befahren. Etwas schwieriger sind nur die 35 tiefsandigen Kilometer kurz vor der Nxai Pan. In der Regenzeit, speziell im Januar und Februar, werden die Pisten sehr schmierig. Die südliche Route zu den Baines' Baobabs ist dann unbefahrbar.

Kgama Kgama Pan 3

Etwa 52 km nordöstlich des neuen South Gate an der A 3 befindet sich eine namenlose Salzpfanne, die zwischen den Wegepunkten S19°75 807/E24°50 988 und S19°53 885/E24°52 762 durchquert wird. 9 km weiter in Richtung Nordosten ist die **Kgama Kgama Pan** (S19°50 603/E24°55 490) erreicht. In der Gegend sind Herden von Oryx- und Elenantilopen sowie Zebras, Gnus, Springböcke und Impalas zu Hause. Dies ist einer der wenigen Plätze in Botswana, wo Impalas und Springböcke nebeneinander vorkommen.

8 Baines' Baobabs

Die Route zu den Baines' Baobabs ist relativ einfach zu finden. Vom neuen South Gate fährt man auf der sandigen Piste Richtung Nxai South Camp 18 km nach Norden,

Tipp: Bushman Pits

Etwa 10 km nördlich von **Phuduhudu** (s. u.), an der alten Straße zwischen Nata und Maun, steht unter ein paar Schatten spendenden Bäumen die Ruine einer alten Rinderfarm. Unmittelbar daneben finden sich ein paar handgegrabene Löcher und Gräben, sogenannte *pits*. Diese wurden von den San angelegt – allerdings nicht, um an Wasser zu gelangen, sondern um Wild zu überraschen. Auf dem Weg zu und von den Salzpfannen rasten hier oft Zebras und Gnus im Schatten. Die San versteckten sich in den Löchern, und sobald sich Beute näherte, sprangen sie heraus und schossen ihre Giftpfeile ab.

Glück, denn die damalige Fotoqualität war nicht besonders gut. In seinem Tagebuch vermerkte Baines genau, wann er die Baumgruppe auf der Leinwand verewigte: am 22. Mai 1862. Wenn man sich heute Fotos des Aquarells ansieht und mit der Realität vergleicht, hat sich praktisch nichts verändert. Mehr als 150 Jahre später sehen die sieben Giganten – daher auch der Name **Seven Sisters** oder **Sleeping Sisters** (›Sieben Schwestern‹ bzw. ›Schlafende Schwestern‹) – noch immer so aus wie damals. Selbst der umgefallene Baum *(fallen tree)* lag 1862 schon genauso da.

Bevor Baines mit Chapman unterwegs war, begleitete er einen anderen, noch berühmteren Forscher: David Livingstone. Auf

bis man eine Kreuzung (S20°04 226/E24° 40 338) erreicht. Hier geht es links zum Dorf **Phuduhudu** (▶ 1, H 5) und rechts zur **Kudiakam Pan** 4 sowie zu den Baines' Baobabs, die am Rand dieser Salzpfanne stehen. Fährt man in Richtung der Bäume, kommt kurz darauf wieder eine Gabelung. Sowohl die linke nördliche als auch die rechte südliche Abzweigung führen zu den **Baines' Baobabs** (S20°06 42/E24°46 14, ▶ 1, J 5), die nach 14 bzw. 12 km erreicht sind. Die Südroute ist attraktiver, nach Regenfällen aber nicht befahrbar. Dann kann man nur die etwas längere nördliche Route benutzen.

Wer wenig Zeit hat, kann den Besuch der Baines' Baobabs als Tagestour ab Gweta unternehmen. Lohnenswerter ist es allerdings, im Park zu übernachten und anschließend weiter nach Norden zu den Salzpfannen von Nxai und Kgama Kgama zu fahren.

Die Baines' Baobabs sind nach dem berühmten Forscher und Maler Thomas Baines (1820–75) benannt, der sie auf seiner zweijährigen, von 1861 bis 1863 dauernden Afrikaexpedition malte. Zusammen mit dem Forscher James Chapman (s. S. 203), der die Gegend bereits sehr gut kannte, reiste er von Namibia zu den Viktoriafällen und querte dabei auch das Gebiet der Salzpfannen. Chapman fotografierte und Baines malte – zum

der Expedition 1858 zeichnete Baines Karten und malte Porträts von den Menschen, die sie im Verlauf der Reise trafen. Doch wie andere Expeditionsteilnehmer auch kam er mit Charles, dem Bruder von David Livingstone, nicht zurecht. Als dieser ihn beschuldigte, Zucker aus dem Vorratswagen gestohlen zu haben, wurde Baines heimgeschickt, obwohl jeder wusste, dass die Behauptungen nicht der Wahrheit entsprachen. Ein Großteil seiner Bilder blieb zurück und er sah sie nie wieder. Als Livingstone sein Buch über die Expedition schrieb, erwähnte er Baines mit keinem Wort und verwendete dessen Illustration, ohne den Maler zu nennen.

Heute existieren noch rund 400 Ölgemälde von Thomas Baines, außerdem etwa genau-so viele Aquarelle und Zeichnungen. Sie erlauben einen einzigartigen Einblick in das präkoloniale Leben und die damals noch unberührte Natur im südlichen Afrika. Die meisten seiner Werke hängen in südafrikanischen Museen, beispielsweise im Cape Town Castle und in der South African National Gallery in Kapstadt, im Museum Africa in Johannesburg sowie im Albany Museum in Grahamstown.

Die Baines' Baobabs stehen auf einer kleinen Insel am Rand der Kudiakam Pan. Bevor der Nationalpark deklariert wurde, hatten Reisende hier jahrelang wild gecampt, und es wird noch Jahre dauern, bevor sich die Gegend wieder davon erholt hat. Inzwischen gibt es hier einen offiziellen Campingplatz. Im

Thomas Baines machte sie in einem Gemälde unsterblich: die Baines' Baobabs

Makgadikgadi-Nxai National Park

Schatten der berühmten Affenbrotbäume darf man allerdings nach wie vor picknicken. Ranger kommen ab und zu vorbei, um die Camping- und Parkpermits zu kontrollieren.

Übernachten

Pfannen-Luxus ▶ Nxai Pan Lodge: Kwando Safaris, Maun, Tel. 068 614 49, www.kwando.co.bw. Neun ›grüne‹, 100 % solarbetriebene Chalets mit Reetdächern, Innen- und Außenduschen für max. 18 Gäste. Die Inneneinrichtung aus Holz ist ikea-skandinavisch-hell. Künstliches Wasserloch zur Tierbeobachtung direkt von den Chalets aus, Pirschfahrten, Sternegucken, Fußsafaris, Tagestrips zu den Baines' Baobabs. Ab 500 US-$ p. P. all inclusive.

Tierreich ▶ Migration Camp Nxai Pan: an der Westgrenze des Schutzgebiets, African Bush Camps, Tel. 063 923 43 07, www.africanbushcamps.com. Das Camp, das aus vier Luxuszelten mit jeweils zwei Betten besteht, ist nur in der Regenzeit von November bis April geöffnet. Tausende von Zebras, gefolgt von Löwen, Geparden und Leoparden, ziehen dann an der Lodge vorbei. 460 US-$ p. P. all inclusive.

Camping an der Nxai Pan ▶ Nxai South Camp: Xomae Group, Maun, Tel. 068 622 21, 073 86 22 21, www.xomaesites.com. Das privat geführte Camp befindet sich in der Nähe des alten South Gate. Es besteht aus zehn schattigen Stellplätzen unter Bäumen, wobei Nr. 1 und 10 am schönsten sind, da sie einsamer und nicht so dicht aufeinander liegen wie die anderen. Individuelle Grillplätze, zwei Sanitärblocks mit Duschen, künstliches Wasserloch zur Wildbeobachtung. Erw. 226 Pula, Kin. bis 16 J. 113 Pula.

Camping an der Kudiakam Pan ▶ Baines' Baobab Campsite: Xomae Group, Maun, Tel. 068 622 21, 073 86 22 21, www.xomaesites.com. Die drei einfachen Stellplätze für insgesamt drei Geländewagen und max. 12 Pers. an der Kudiakam Pan sind nicht eingezäunt. Es gibt Toiletten und Duschen. Von Platz 1 aus hat man bei Sonnenaufgang einen unglaublichen Blick auf die Baobabs. Erw. 226 Pula, Kin. bis 16 J. 113 Pula.

Makgadikgadi Pans National Park ▶ 1, H/J 5/6

Karte: rechts

Ein Fünftel des **Makgadikgadi Pans National Park** besteht aus Salzpfannen. Der Rest ist Kalahari-Grasland auf fossilierten Sanddünen, der Uferrand des einstigen Supersees. Das enorm breite Flussbett des Boteti River, der den Westrand des Schutzgebiets markiert, ist ein Indiz dafür, dass hier früher gewaltige Wassermassen vom Okavango in die Makgadikgadi Pans transportiert wurden. Heute fließt der Boteti nur noch nach guten Regenfällen.

Die Parkeingänge

In den Makgadikgadi Pans National Park, den südlichen Teil des Makgadikgadi-Nxai National Park, führen vier Eingangstore: das **Phuduhudu Gate 1** (S20°12 313/E24°33 344) im Norden an der A3 von Nata nach Maun, das **Makolwane Gate 2** (S20°17 107/E24° 42 438) und das **Xirexara Gate 3** (S20°14 050/E24°56 650) an der Ostgrenze des Parks sowie das **Khumaga Gate 4** (S20°28 321/E24°30 888) nahe der A30 im Westen. Bei zu hohem Wasserstand des Boteti River ist Letzteres manchmal gesperrt. Im Süden gibt es einige unbemannte Einfahrtsmöglichkeiten in den Park. Wer von dort kommt, muss sich sein Permit bei der Ausfahrt durch eines der bemannten Tore besorgen und das Eintrittsgeld nachzahlen (Erw. 120 Pula, Fahrzeug 50 Pula).

Momentan gibt es nur einen Campingplatz im Park, das Khumaga Wildlife Camp (s. S. 216) nahe dem gleichnamigen Eingang. Der zweite Campingplatz, Njuca Hills, wurde vor einiger Zeit geschlossen. Von den **Njuca Hills 5** bietet sich eine tolle Aussicht über die umgebende Landschaft.

Erkundung des Parks

7 km nördlich vom Khumaga Gate befindet sich ein von der Nationalparkbehörde angelegter, gut ausgeschilderter **Hippo Pool 6**, wo sich neben den Schwergewichten auch eine Fülle an Vögeln einfindet. Ein Großteil

des Parks ist jedoch mit hohem Gras bedeckt, was die Tierbeobachtung erschwert. Außerdem sind die Pisten tief versandet.

Dieser Teil des Nationalparks ist bei Weitem nicht so attraktiv wie die nördliche Nxai-Sektion. Wer diese bereits besucht hat, sollte sich im Makgadikgadi-Pans-Sektor auf die Landschaft am tierreichen Boteti River konzentrieren.

Boteti River

Tektonische Veränderungen im Okavango Delta sowie längere Trockenperioden führten dazu, dass der einst ganzjährig fließende **Boteti River** **7** in den 1990er-Jahren austrocknete. Etwa 100 000 Zebras und Gnus hingen im Makgadikgadi Pans National Park fest und waren nicht in der Lage, das Okavango Delta oder den Chobe River zu erreichen. Fast alle starben vor Hunger und Durst. In nicht einmal einem Jahrzehnt verschwand eine der größten Migrationen von Grasfressern im südlichen Afrika fast komplett.

Der Fluss blieb trocken, aber wenige Meter unterhalb der Oberfläche war Wasser. Durch Privatinitiativen einiger Lodgebesitzer wurden ein paar künstliche Wasserlöcher im Flussbett gegraben. Schnell kamen Zebras, Gnus und Elefanten zurück. Selbst in der Trockenzeit blieben die Tiere vor Ort – dank der etwa 100 000 l Wasser, die täglich aus der Tiefe gepumpt werden.

Makgadikgadi-Nxai National Park

Heftige und anhaltende Niederschläge in Angola sorgten dafür, dass der Fluss 2008 wieder zu fließen begann. In den folgenden Jahren erreichte sein Wasser sogar die Salzpfannen in der Kalahari, das erste Mal innerhalb von 40 Jahren.

Viele Naturforscher und Entdecker nutzten die Route entlang des Boteti River, u. a. der schwedische Naturforscher Johan August Wahlberg (1810–56), nach dem einer der in Botswana vorkommenden Adler *(Wahlberg eagle)* benannt ist. Wahlberg wurde am Boteti River von einem verwundeten Elefanten angegriffen und starb an dem Fluss. David Livingstone (1813–73) musste im tiefen Sand am Fluss und im dichten Uferwald einen Großteil seiner Planwagen zurücklassen und mit weniger Ausrüstung weiterreisen.

Übernachten
… im Park:

Camping am Boteti River ▶ **Khumaga Wildlife Camp:** SKL, S20°27 350/E24°30 978, Tel. 068 653 65/66, www.sklcamps.com. Direkt am Boteti River gelegen, bietet der Platz zehn Stellplätze (jeweils max. drei Fahrzeuge) sowie zwei moderne Sanitärblöcke mit heißen und kalten Duschen. Das Camp ist bekannt für die Gnu- und Zebramigration und die Raubtiere, die den Grasfressern folgen. Erw. 50 US-$, Kin. 8–18 J. 25 US-$, Kin. 5–7 J. 10 US-$, unter 5 J. frei.

… außerhalb des Parks am Boteti River:

Hoch über dem Fluss ▶ **Leroo la Tau Lodge:** S20°25 240/E24°31 277, Desert & Delta, Tel. 068 612 43, www.desertdelta.com (dt.). Die Lodge gibt es schon seit einigen Jahren, 2008 wurde sie von Desert & Delta übernommen und stilvoll renoviert. Tolle Lage ca. 10–15 m auf Klippen über dem Boteti River. 12 reetgedeckte Chalets mit großen Glasfronten, atemberaubender Aussicht und kleiner Veranda mit Tagesbetten. Eines der Highlights ist der Wildbeobachtungsstand an einem großen Wasserloch im Flussbett, wo sich praktisch immer Elefanten und anderes Großwild tummeln (recht steiler Abstieg). Ein weiterer Beobachtungspunkt findet sich neben der Feuerstelle der Lodge. Es gibt zudem

einen grasbewachsenen Poolbereich. Ab 450 US-$ p. P. all inclusive.

Nachhaltig & individuell ▶ **Meno A Kwena Lodge:** S20°19 454/E24°19 231, Tel. 068 609 81, www.menoakwena.com. Ebenfalls über dem Fluss, auf einer 30 m hohen Uferböschung erbaute Lodge, eine der wenigen in Privatbesitz. Die Lodge wird vom Besitzer in Zusammenarbeit mit der lokalen Gemeinde geführt. Acht luxuriöse Safarizelte, jedes mit eigenem Kraal aus Baumstümpfen und Blick über Fluss und Nationalpark. Pirschfahrten im offenen Geländewagen, bei ausreichendem Wasserstand Kanutouren auf dem Fluss mit Frühstück im Busch. Auf das Gelände der Lodge kommen häufig Löwen. Für botswanische Verhältnisse gutes Preis-Leistungs-Verhältnis. Ab 350 US-$ p. P. all inclusive.

Cattle Trek Route
▶ 1, J 5 – K 3

Für diese ca. 195 km lange Strecke vom Nxai Pan National Park zur A 33 kurz vor Pandamatenga sollten zwei Tage eingeplant werden. Die abenteuerliche **Cattle Trek Route** eignet sich nur für 4x4-Fortgeschrittene, die eine Herausforderung suchen – sie ist nicht markiert und nicht ausgeschildert, wird nicht gewartet und nur selten befahren. Es handelt sich vielmehr um eine angedeutete Spur in der weiten Landschaft. Die Gegend ist nicht nur landschaftlich reizvoll, es gibt auch sehr viele Tiere zu sehen, vor allem Elefanten in größeren Gruppen. Wild campen auf der Strecke ist kein Problem, wenn man einige Regeln beachtet (s. S. 101).

Die Strecke beginnt im Nxai Pan National Park. Nach dem Passieren des alten Eingangstors (South Gate, S19°56 00/E24°45 46) links abbiegen und entlang des Pfannenrands der Piste nach Westen folgen. Nach 9,5 km ist eine Kreuzung erreicht, dort rechts, wieder Richtung Westen. 5,2 km weiter (S19° 50 45/E24°41 48) trifft man auf die Cattle-Trek Route nach Nordosten, die zunächst 39,5 km an der Westgrenze des Nxai Pan National Park entlangläuft, eine einfach zu be-

GPS für Anfänger   Thema

Wer einen Geländewagentrip durch Botswana plant, kommt nicht ohne ein Global Positioning System (GPS) aus, ein auf Satelliten basierendes Navigationssystem, das mit 24 im Orbit in knapp 20 000 km Höhe kreisenden Satelliten korrespondiert.

Die Satelliten wurden ursprünglich vom amerikanischen Verteidigungsministerium für militärische Zwecke ins All geschossen. Wer nachts unter freiem Himmel in den Makgadikgadi Pans oder in der Kalahari nächtigt, sieht, neben Sternschnuppen, auch immer wieder einen der unermüdlich um die Erde kreisenden Trabanten als kleinen, sich gleichmäßig schnell bewegenden Lichtpunkt. Jeder Satellit hat eine Lebensdauer von etwa zehn Jahren und wird dann ersetzt. Seit den 1980er-Jahren erlaubt die US-Regierung die zivile Nutzung von GPS. Es funktioniert bei jedem Wetter, überall auf der Welt, 24 Stunden am Tag. Und der Service ist kostenlos.

Und wie funktioniert das Ganze? GPS-Satelliten umkreisen zwei Mal am Tag die Erde in einer exakten Umlaufbahn. Dabei senden sie Signale nach unten. GPS-Geräte empfangen diese und nutzen das Verfahren der Triangulation, um die exakte Position des Benutzers zu bestimmen. Der GPS-Empfänger vergleicht also praktisch den Zeitpunkt, zu dem das Signal vom Satelliten gesendet wurde, mit dem Zeitpunkt, zu dem es im GPS-Gerät ankommt. Diese Zeitdifferenz sagt dem GPS, wie weit der Satellit entfernt ist. In Verbindung mit Abstandsmessungen zu weiteren Satelliten kann das Gerät die Position des Reisenden genau festlegen und auf einer elektronischen Karte anzeigen.

Ein GPS-Empfänger muss mit mindestens drei verschiedenen Satelliten kommunizieren, um eine 2D-Position (Längen- und Breitengrad) und die gefahrene Strecke ermitteln zu

können. Stehen vier oder mehr Satelliten zur Verfügung, zeigt das GPS auch die Höhe an, also eine 3D-Position. Ist die genaue Position ermittelt, kalkuliert das GPS weitere Daten wie Geschwindigkeit, gefahrene Richtung, Distanz zum nächsten Wegepunkt *(waypoint)*, Distanz zum Zielpunkt, Sonnenauf- und Sonnenuntergangszeit und mehr.

Aktuelle GPS-Geräte sind sehr akkurat, meist bis auf 15 m Abweichung genau. Die neuesten GPS-Empfänger verfügen bereits über WAAS *(wide area augmentation system)* und können die Position bis auf weniger als 3 m genau berechnen.

Wegpunkte kann man über Software wie Basecamp & Mapsource (www.garmin.com), Touratech QV (www.quovadis-gps.de) oder Magic Maps (www.magicmaps.de) am Computer in digitale Karten setzen, um sie dann auf das GPS-Gerät zu transferieren. Das geht auch kostenfrei über die Website www.wegeundpunkte.de. Man kann die Route anhand einer Karte planen und die GPS-Koordinaten dann in das Gerät eingeben, entweder manuell oder per Speicherkarte, die in ein Navigationsgerät geschoben wird (weitere Infos: www.tracks4africa.ch, www.garmin.de).

Im vorliegenden Buch finden sich Angaben zu Wegpunkten. Diese addieren sich zu einer bestimmten Route. Gibt man alle Wegpunkte in sein GPS-Gerät ein, navigieren einen die Satelliten problemlos auf der vorgegebenen Strecke zu den gewünschten Zielen. Einen Kompass und eine gute Landkarte sollte man trotzdem immer dabeihaben!

Makgadikgadi-Nxai National Park

Wenn Regenfälle die Pfannen füllen, sieht man doppelt

fahrende Piste durch schöne Mopanewaldlandschaft.

6,5 km nach Verlassen des Parks findet sich ein nicht mehr genutztes Wasserbohrloch (S19°47 52/E24°43 45). Ein anderes nicht mehr intaktes Bohrloch sowie ein kaputtes Windrad sind nach weiteren 18,7 km erreicht. 14,5 km weiter kommt man an eine wichtige Pistengabelung (S19°32 05/E24°51 50). Die Strecke nach links führt in ein Konzessionsgebiet, rechts, also Richtung Nordosten, geht es auf der ›Rinderroute‹ weiter.

37 km nordöstlich der Gabelung erreicht man das erste von mehreren Wäldchen mit Mongongobäumen. Die nächsten zwei Wegpunkte auf der Strecke sind S19°13 25/E25° 02 31 (40,3 km von der Gabelung) und S19° 09 31/E25°04 34 (48,6 km von der Gabelung). Nach weiteren 13,9 km passiert man eine kleine Salzpfanne (S19°03 12/E25°04

34) mit einer Dornenbauminsel links der Piste. 67,7 km hinter der Gabelung folgt der Wegpunkt S19°00 47/E25°09 48 und 84,1 km hinter der Gabelung der Wegpunkt S18°53 19/E25°14 16. 8,9 km weiter, bei S18°48 47/E25°17 45, zweigt die Piste scharf im 90-Grad-Winkel nach rechts in östliche Richtung ab. 12,4 km danach, bei S18°48 17/E25° 23 06, wiederholt sich das Spiel Richtung Norden. 1,5 km nördlich davon passiert man ein Autowrack (S18°47 26/E25°23 32). Die letzten 10 km geht es wieder durch schönes, parkähnliches Waldland mit großen, weit auseinander stehenden Bäumen. Bei S18°42 52/E25°25 53 ist die von Süd nach Nord verlaufende Hauptpiste Nata–Pandamatenga erreicht. Diese Kreuzung liegt 172 km nordöstlich des alten Nxai Pan South Gate. Die geteerte A 33 zwischen Nata und Kasane befindet sich 22,8 km östlich von hier.

Inmitten der trockenen Kalahari bildet das Okavango Delta
einen einzigartigen Lebensraum für Pflanzen und Tiere

Kapitel 4

Okavango Delta und der Nordwesten

Mit 17 000 m² ist Okavango das größte Inlandsdelta der Welt. Inmitten der knochentrockenen Kalahari findet sich hier ein Wunderland aus Kanälen mit glasklarem Wasser, grünen Palmeninseln, idyllischen Lagunen, dichten Wäldern und fruchtbaren Flutebenen. Kein Besuch im Delta wäre komplett, ohne einen Trip in einem der traditionellen Kanus, der *mokoros,* gemacht zu haben.

Okavango ist ein Tierparadies ohnegleichen. Mehr als 400 Vogelarten wurden hier gezählt und auch Afrikas Großsäuger sind in beträchtlicher Zahl zu finden, darunter Elefanten, Löwen, Hyänen, Leoparden, Wildhunde, Büffel, Flusspferde, Moorantilopen, Warzenschweine, Mangusten, Affen und Ginsterkatzen.

Der Ausgangspunkt für einen Besuch im Delta ist Botswanas Touristenhochburg Maun. Ein Großteil des Gebiets kann man nur per Kleinflugzeug erreichen, doch das 4872 km² große Moremi Game Reserve im Osten steht Selbstfahrern offen. Hier ist der Tierreichtum noch größer. Den besonderen Reiz dieser Gegend machen zudem die abenteuerlichen, aus Mopaneholz zusammengeschusterten Brücken aus. In den Gewässern darunter tummelt sich zumeist eine stattliche Anzahl an Krokodilen.

Noch mehr Abenteuer für Selbstfahrer bieten die Offroad-Ausflüge zu den Gcwihaba Caverns sowie zu den Aha und Tsodilo Hills. Hier, im Nordwesten des Landes, findet man weitab der Touristenströme faszinierende Tropfsteinhöhlen und Freiluftgalerien mit über 4500 jahrtausendealten San-Felszeichnungen. Sie sind in Stil und Motiv absolut einzigartig, weswegen die Tsodilo Hills zum Weltkulturerbe der UNESCO gehören. Und mit immerhin 1390 m erhebt sich dort auch Botswanas höchster ›Berg‹.

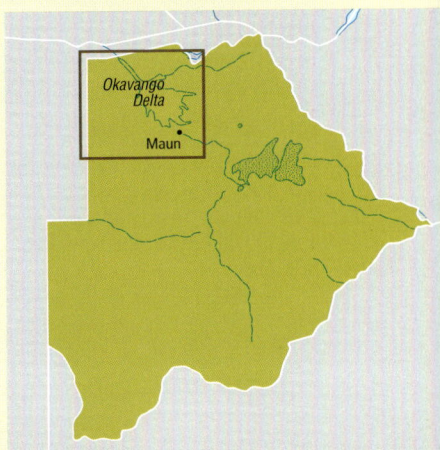

Okavango Delta und der Nordwesten

Sehenswert

9 **Moremi Game Reserve:** Das Schutzgebiet mit seiner hohen Wildkonzentration gilt als eines der schönsten und abwechslungsreichsten im südlichen Afrika (s. S. 234).

10 **Gcwihaba Caverns:** Sehr weit abgelegene, kaum erforschte Tropfsteinhöhlen – etwas für gut ausgerüstete Abenteurer (s. S. 252).

11 **Tsodilo Hills:** Die steilen Quarzitklippen der vier Hügel ragen abrupt aus der sandigen Ebene heraus. Hier finden sich über 4500 bis zu 100 000 Jahre alte San-Felsmalereien (s. S. 256).

Schöne Routen

Mopane Bridge Tour: So stellt man sich gemeinhin Afrika vor – aus Ästen gebaute Brücken, die beim Darüberfahren ächzen und sich auf und ab bewegen. Auf dem Weg von Maun nach Xakanaxa gibt es vier davon, First bis Fourth Bridge (s. S. 242).

Mit dem 4x4 zu den Gcwihaba Caverns: Dadurch, dass die Höhlen so weit von der Zivilisation entfernt liegen und die Pisten durch teils tiefen Sand führen, ist der Trip an Spannung kaum zu überbieten (s. S. 253).

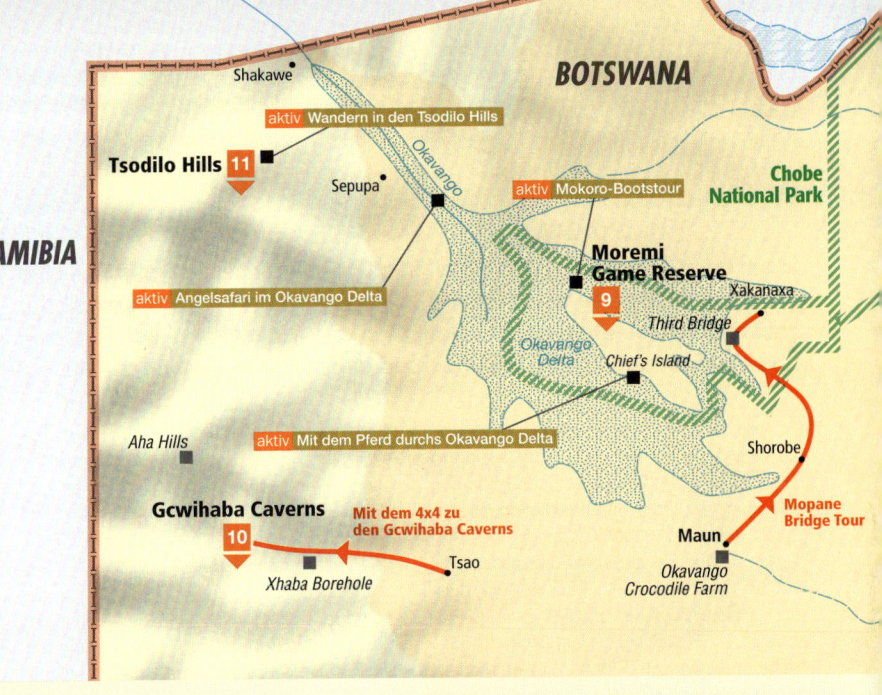

Meine Tipps

Okavango Crocodile Farm in Maun: Auf der Krokodilfarm kann man in sicherem Abstand die besten Krokodilbilder schießen (s. S. 228).

Third Bridge im Moremi Wildlife Reserve: Der Campingplatz an dieser Indiana-Jones-Brücke ist der schönste im Schutzgebiet, aber Achtung: Ein Bad sollte man hier nicht nehmen, denn im Fluss darunter leben viele Krokodile (s. S. 242).

Aha Hills: Auf dem Weg zu diesen Hügeln wird die Reise zur Expedition. Etwas für gut ausgerüstete, erfahrene Geländewagenlenker (s. S. 253).

aktiv unterwegs

Angelsafari im Okavango Delta: Das Delta ist erwartungsgemäß ein Paradies für Angler (s. S. 226).

Mit dem Pferd durchs Okavango Delta: Auf dem Rücken von Pferden kommt man dem heimischen Wild sehr nahe (s. S. 238).

Mokoro-Bootstour: Ein Besuch im Okavango Delta ist nicht komplett, ohne eine Fahrt in einem der traditionellen Einbäume unternommen zu haben (s. S. 248).

Wandern in den Tsodilo Hills: Wanderwege führen zu den einzigartigen Felsmalereien der Ureinwohner Botswanas (s. S. 258).

Okavango Delta

Juwel der Kalahari wird das Okavango Delta auch gerne genannt – eine gewaltige Menge an wunderbar glasklarem Wasser inmitten eines der trockensten Gebiete der Erde. Umgeben von Wüstensand erstreckt sich ein Labyrinth aus Inseln, Lagunen und papyrusflankierten Kanälen.

Dank seiner Kombination aus feuchtem und trockenem Land rühmt sich das **Okavango Delta,** das weltweit größte Inlandsflussdelta, einer spektakulären Sammlung von aquatischen und fliegenden Kreaturen, darunter zahllose Tiere, die anderswo bereits ausgestorben sind. Afrikas Big Five – Löwe, Leopard, Elefant, Nashorn und Büffel – sind hier ebenso zu Hause wie Nashörner, Moor-, Halbmond-, Sumpf-, Pferde- und Rappenan-

tilopen, Impalas, Wasserböcke, Kudus, Ducker, Flusspferde, Krokodile, Wildhunde und Luchse. Insgesamt hat man im Okavango Delta 122 Säugetier-, 64 Reptilien- und 444 Vogelarten sowie 1300 verschiedene blühende Pflanzen gezählt.

Das geografisch zum Kalaharibecken gehörende Okavango Delta gliedert sich in drei Gebiete: das **Panhandle** (›Pfannenstiel‹, s. S. 265) im Nordwesten, das **Delta** als solches

Hunderttausende von Mini-Inseln ragen aus dem Okavango Delta heraus

und das Trockenland mit dem **Moremi Game Reserve** (s. S. 234) im Nordosten. Gespeist wird das Okavango Delta durch den gleichnamigen Fluss, der seinen Ursprung in Angola hat. Nach den Sommerregen zwischen November und April fließt das Wasser aus dem angolanischen Hochland durch den namibischen Caprivistreifen nach Botswana, wo es sich über das fächerförmige Delta verteilt. Da dessen Höhenunterschied von Nordwest nach Südost nur 62 m (auf einer Distanz von ca. 250 km!) beträgt, ist das Fluten ein behutsamer Prozess. Das Wasser fließt langsam und wühlt die Sedimente am Grund nicht auf, weswegen es wunderbar transparent ist.

Während das Feuchtgebiet in der Trockenzeit rund 16 000 km² einnimmt, vergrößert es sich nach der jährlichen Flut auf mehr als 22 000 km². Und obwohl etwa 95 % des Wassers auf dem ca. 1300 km langen Weg von Angola nach Botswana durch Verdunstung verloren gehen, bleibt noch genug übrig, um ein gewaltiges Ökosystem am Leben zu erhalten. Die ›letzten Tropfen‹ sammeln sich schließlich bei Maun im Thamalakane River, fließen in den Boteti River und den Lake Xau, bevor sie in den Makgadikgadi Pans versickern. Wie schnell das jedes Jahr vonstatten geht, hängt von verschiedenen Faktoren wie dem Wasservolumen und den Temperaturen ab. Großen Einfluss nimmt auch die tektonische Aktivität im Untergrund – das Okavango Delta befindet sich in einer geologisch instabilen Region.

Das Okavango Delta ist das Herzstück des im Jahr 2012 gegründeten, grenzüberschreitenden **Kavango Zambezi Transfrontier Conservation Area (KAZA),** mit geplanten 440 000 km² das größte zusammenhängende Naturschutzgebiet der Welt, das sich über die fünf Länder Botswana, Angola, Namibia, Sambia und Simbabwe erstreckt. Zu dem riesigen Schutzgebiet gehören 36 bestehende Nationalparks, darunter Viktoria Falls (s. S. 297) und Chobe (s. S. 270). Zu den Sponsoren des Projekts gehört auch die Bundesre-

aktiv unterwegs

Angelsafari im Okavango Delta

Tour-Infos

Start: je nach Veranstalter unterschiedlich, aber meist von einer der Lodges oder von einem Hausboot aus

Buchung: empfehlenswerte Veranstalter sind u. a. Maplanga Africa, www.maplanga.co.za; Sekoma Island Lodge, www.sekoma.co.za; Extreme Nature Tours, www.extremenature tours.co.za; Tourette Fishing, www.tourette fishing.com; Botswana Houseboat Fishing, www.botswanahouseboats.com; Intrepid Fly, www.intrepidfly.com

Saison: Mitte April–Mitte Nov., Sept. und Okt. sind die besten Monate

Dauer: ein- bis mehrtägige Trips

Kosten: Ein Tagestrip kostet ca. 250 US-$ p. P. all inclusive, eine Tigerbarsch-Safari über 4 Tage und 3 Nächte ca. 800 US-$ p. P. all inclusive. Diverse Lodges bieten Angelausflüge als Teil ihrer im Übernachtungspreis enthaltenen Aktivitäten an.

Botswanas Norden und insbesondere das Okavango Delta sind ein Paradies für Angler und so werden vielerorts ein- bis mehrtägige Angelsafaris angeboten. Eine spannende Alternative zu festen Basisunterkünften sind Campingtrips, bei denen man in kleinen Aluminiumbooten unterwegs ist und abends irgendwo in der Wildnis auf einer einsamen Insel sein Zelt aufschlägt – ein echtes Abenteuer. Etwas komfortabler geht es auf den Hausboottouren zu, wobei auch hier von einem kleinen Aluminiumboot aus geangelt

wird. Im Okavango Delta gilt üblicherweise die Politik des *catch-and-release,* sprich: Nach einem erfolgreichen Fang, dem Wiegen und dem Abmessen werden die Fische wieder freigelassen. Es ist allerdings erlaubt, ein Exemplar fürs Mittag- oder Abendessen zurückzubehalten.

Idealste Voraussetzungen zum Angeln – sowohl herkömmlich mit Köder als auch zum Fliegenfischen – bietet der tiefe Okavango River, der durch das Panhandle (s. S. 265) fließt. Die Resorts um den Ort Shakawe am nördlichen Ende des Panhandle sind berühmt für ihre gigantisch großen, scharfzähnigen Tigerbarsche *(tigerfish)* und Brassen *(bream).* Erstere sind sehr schwer an den Haken zu bekommen, und wenn sie angebissen haben, springen und kämpfen sie wild und ziehen die Leine mit hoher Geschwindigkeit von der Spule. Ein echter Wettkampf also. Im Gegensatz zu stillen Gewässern sind die in fließendem Wasser lebenden Tigerbarsche kleiner. Die Exemplare, die in den Hauptkanälen des Okavango River gefangen werden, wiegen zwischen 8 und 9 kg. Ein unvergessliches Spektakel für Angler und Fotografen ist die alljährliche Welswanderung zwischen September und Oktober (s. S. 264), bei der die großen Räuber Tausende von kleinen Fischen vor sich hertreiben.

Die meisten Lodges im Delta arrangieren Angelausflüge und verleihen die entsprechende Ausrüstung. Abends kann man sich dann seinen Fang von den Köchen der Lodges zubereiten lassen.

publik Deutschland, die bislang 35 Mio. Euro investiert hat (www.kavangozambezi.org/the map.php).

Ein Großteil des Okavango Delta ist nur im Rahmen einer Fly-in-Safari mit Kleinflugzeugen zu erreichen. Selbstfahrer sind auf das Moremi Game Reserve und das Panhandle

beschränkt, da der Westen und das Zentrum des Deltas überwiegend aus Sumpfland bestehen und nicht durch Straßen bzw. Pisten erschlossen sind. Alle wichtigen Informationen zu Anreise, Parkgebühren, Unterkunft, Verpflegung etc. finden sich im Unterkapitel Moremi Game Reserve (s. S. 234).

Maun ▶ 1, G 5

Cityplan: S. 230

Maun, mit 50 000 Einwohnern die fünftgrößte Stadt des Landes, fungiert als Eingangsportal ins Okavango Delta und Moremi Game Reserve. Nicht von ungefähr ist Maun damit auch die inoffizielle Touristenmetropole und die Safarihauptstadt Botswanas. Hier gibt es alles, was das Herz begehrt. Sowohl die Nationalparkbehörde als auch die meisten Tour- und Fly-in-Safari-Anbieter haben ihre Büros in Maun. Alle Lodges, Campingplätze, Parkeintrittsgebühren und Aktivitäten können hier gebucht werden. Es gibt gut sortierte Supermärkte, unzählige Souvenirshops und gute Werkstätten.

Die Geschichte der Stadt reicht nur bis ins Jahr 1915 zurück. Damals wurde Maun (von dem San-Wort *maung* – ›Platz der kurzen Gräser‹) als Stammeshauptstadt der Batawana, eines Unterstamms der Bangwato, gegründet. Ein erster Aufschwung setzte ein, als Ostafrika in den 1960er-Jahren ein Jagdverbot erließ und daraufhin viele Jäger nach Maun kamen. Später erkannte man, dass mit dem Schießen von Fotos langfristig mehr Geld zu machen ist. Aus der Jagd heraus etablierte sich das Safari-Business in der Stadt, was zukünftig weiter zunehmen dürfte, da seit 1. Januar 2014 in ganz Botswana nicht mehr gejagt werden darf.

Neben den vielen Zugewanderten, die in erster Linie vom Tourismus leben, gibt es in Maun auch noch eine größere Anzahl von Herero, die im Oktober 1904 vor der deutschen Schutztruppe aus Namibia geflohen sind. Die Frauen dieses Stamms tragen nach wie vor die weit ausladenden Kleider viktorianischen Stils und eine Kopfbedeckung mit zwei Zipfeln. Wie bei allen Menschen, die man gerne fotografieren würde, vorher um Erlaubnis fragen und danach ein kleines ›Honorar‹ zahlen.

Die Stadt erstreckt sich entlang des **Thamalakane River,** an dem neben Kühen, Ziegen und Eseln nach wie vor Moorantilopen grasen. Auch die betonierte Furt, die man aus Gweta kommend durchqueren muss, um ins Zentrum von Maun zu gelangen, lässt auf keine moderne Kleinstadt schließen. Und in der Tat: Mit seinen staubigen Straßen verströmt Maun eher den Hauch einer weltentrückten Wildweststadt. Vor den Supermärkten stöbern Esel und Ziegen in Mülltonnen nach Fressbarem, während sich auf den Parkplätzen die braungebrannten, wettergerbten Safari-Guides und ihre brachialen, dreckverkrusteten Geländewagen sammeln. Noch blasse Touristen verstauen vakuumverpacktes Fleisch und Bier-Sixpacks in ihren Kühlschränken, zurren Gasflaschen und Feuerholz auf dem Dachgepäckträger fest. Im Gegensatz zu den Einheimischen haben ihre Khakiklamotten noch Bügelfalten und legen noch nicht Zeugnis darüber ab, welche Landstriche in ihnen durchquert wurden.

Riley's Hotel [1]

Mauns Sehenswürdigkeit Nummer eins ist **Riley's Hotel** nahe dem Kreisverkehr am Fluss. Seine Berühmtheit hat es dem Abenteurer Charles ›Harry‹ de Beauvoir Riley zu verdanken, der auf einer seiner zahlreichen Reisen 1910 in die Stadt kam. Damals betrug die Reisezeit zwischen Francistown und Maun noch anstrengende 35 Stunden. Nach dieser Strapaze suchten die Reisenden – fast nur Männer und fast alles Jäger – einen Drink und einen Platz zum Übernachten. Riley erkannte das Potenzial und eröffnete eine kleine Bar – der Ort vieler wilder Partys. Später baute er neben seiner Rundhütte eine weitere, um darin Gäste zu beherbergen. Betten gab es nicht, man schlief auf Grasmatten am Boden. Wiederum ein paar Jahre danach verband Riley die beiden Gebäude, indem er dazwischen einen ›Dinnersaal‹ errichtete. Mauns erstes Hotel war geboren.

Der südafrikanische Schriftsteller Laurens van der Post beschrieb das Riley's in den 1950er-Jahren in seinem Buch »The lost world of the Kalahari« als bemerkenswertes kleines Hotel, das Harry Riley für skurrile, unerschrockene Reisende erbaut habe, die entschlossen genug waren, die Wüste zu durchqueren, und für jene Europäer, die geduldig und mutig genug waren, Maun zu dem zu machen, was es heute darstelle. Inzwischen

Okavango Delta

hat das Hotel leider viel von seinem alten Charme verloren. Es gehört zur botswanischen Cresta-Hotelgruppe (s. S. 232), die in den ursprünglichen Gebäuden einen Teil ihrer Verwaltung untergebracht hat.

Maun Wildlife Educational Park 2

Der kleine, nur 3 km² große **Maun Wildlife Educational Park** erstreckt sich stromaufwärts vom Riley's Hotel am östlichen Ufer des Thamalakane River an der Stelle, die Maun seinen Namen gab: der ›Platz der kurzen Gräser‹. Dies ist das einzige Gebiet der Stadt, in dem man noch die Vegetation bewundern kann, wie sie vor Ankunft der Menschen und Haustiere hier gedieh. Zwar ist der Park ziemlich heruntergekommen, aber es gibt einige schöne Fächerpalmen, Akaziendickichte und Reste des attraktiven Uferwaldes zu sehen. Aufgrund der Flussnähe lässt sich auch eine Vielzahl an Wasservögeln beobachten. Auf den wenigen offenen Graslandflächen leben Gnus, Zebras, Warzenschweine, Moorantilopen, Kudus, Impalas, Giraffen, Paviane und Grünmeerkatzen. Trotz seiner Vernachlässigung bietet das Gelände eine tolle Möglichkeit, angstfrei durch die einheimische Flora zu spazieren und dabei hautnah einige von deren Bewohner kennenzulernen, was vor allem für Familien mit Kindern lohnenswert ist. Auf den verschiedenen Pfaden kann man gut zwei bis vier Stunden verbringen. Kürzlich wurde ein Besucherzentrum fertiggestellt, was vermutlich bald ein kleines Eintrittsgeld nach sich ziehen wird. Aufs Heftigste diskutiert man derzeit die Errichtung einer Hotelanlage im Park (Sekgoma Rd., Tel. 068 603 68, tgl. 7.30–18 Uhr, Eintritt frei).

Nhabe Museum 3

Das von der Gemeinde unterhaltene **Nhabe Museum** präsentiert die Menschen und Kultur des nordwestlichen Botswanas. Es wird hauptsächlich Kunsthandwerk gezeigt, insbesondere Korbwaren, aber auch Malereien, Skulpturen, Schnitzereien und Webarbeiten. Das Museum residiert in einem Gebäude, das 1939 vom britischen Militär als Beobach-

tungsposten gegen die deutsche Präsenz in Namibia erbaut wurde. Angeschlossen ist der Souvenirladen **Bailey Arts Centre,** der attraktives, lokales Kunsthandwerk wie Körbe, Malereien und Töpfereiarbeiten verkauft (Sir Seretse Khama Rd., Nähe Airport Rd., Facebook ›Nhabe Museum‹, Tel. 068 613 46, Mo–Sa 9–16.30 Uhr, Eintritt frei).

Matlapaneng Bridge 4

8 km nordöstlich von Maun lohnt die denkmalgeschützte **Matlapaneng Bridge** einen kurzen Blick, früher die einzige Verbindung in Richtung Norden nach Moremi und Savuti. Die 1947 aus Mopanestämmen und Steinen erbaute Brücke darf heute nur mehr von Fußgängern überquert werden. Einer lokalen Legende zufolge ist das Wasserloch unendlich tief, da es nie austrocknet – und immer wieder sollen unvermittelt Krokodile und Flusspferde auftauchen. Zumeist jedoch sieht man nur ein paar Einheimische, die von der Brücke ihre Angeln auswerfen.

Die Anfahrt zur Matlapaneng Bridge erfolgt über die Straße nach Moremi. Beim Verlassen von Maun zweigt man kurz vor der neuen Brücke nach rechts in eine Piste ab, die direkt zur alten Brücke führt.

Okavango Crocodile Farm 5

An der Sehitwa Road ca. 10 km südwestlich von Maun liegt in der Nähe des Sitatunga Camp die **Okavango Crocodile Farm,** eine kommerzielle Farm, wo Krokodile insbesondere wegen ihrer wertvollen Häute gezüchtet werden. Dies ist ein guter Platz, um Panzerechsen aller Größen zu sehen, von gerade aus dem Ei geschlüpften Exemplaren bis zu ausgewachsenen Kolossen. Insgesamt leben in der Anlage etwa 60 bis zu 5,50 m lange, erwachsene Krokodile sowie mehrere Tausend Jungtiere. Wer eine empfindliche Nase hat, sollte sich den Besuch lieber verkneifen: Es riecht hier ziemlich streng (Tel. 068 645 39, tgl. 9–16 Uhr, 20 Pula inkl. geführter Tour).

Infos

Im Flughafen befindet sich ein kleines Tourismusbüro, dass aber botswanatypisch we-

Die Sonnenscheinkinder   Thema

Aufgrund von HIV ist jedes fünfte Kind in Botswana Vollwaise – Tendenz steigend. Doch auch Armut, häusliche Misshandlungen, Drogen- und Alkoholsucht führen dazu, dass viele Kinder und Jugendliche auf der Straße landen. Überdurchschnittlich hoch ist ihre Zahl in Maun.

Botswanas Safarimetropole hat die Kids gelehrt, dass es lukrativer ist, ein paar Münzen zu erbetteln als in die Schule zu gehen. So ist der Tourismus indirekt daran schuld, dass die Zahl der Straßenkinder wächst. Der mittlerweile über 250 in Maun registrierten Straßenkinder nimmt sich seit 2003 eine aus privaten Mitteln finanzierte Stiftung an: Bana Ba Letsatsi, ›Sonnenscheinkinder‹.

In der Stiftung bekommen sie Essen und eine Ausbildung – die meisten haben nie zuvor eine Schule von innen gesehen. Sie lernen zu nähen und zu weben oder betreuen den Gemüsegarten. Lehrer helfen ihnen mit Hausaufgaben, nachmittags wird Fußball gespielt. Das Programm für Jugendliche ab 17 Jahren bietet Trainings für Klempner, Tischler, Köche oder für Jobs im Tourismus. Während der Schulferien werden Ausflüge ins Delta organisiert – in einem Land, in dem Wild die Hauptsehenswürdigkeit darstellt, haben die meisten dieser Kinder noch nie einen Elefanten zu Gesicht bekommen oder in einem Nationalpark gecampt.

Da es sich bei Bana Ba Letsatsi um eine Nichtregierungsorganisation handelt, ist man auf Spenden angewiesen, von Geld bis zu Kleidung, Fußbällen, Schreibzeug und medizinischen Hilfsmitteln ist alles willkommen. Freiwillige können als Praktikanten gegen Kost und Logis im Zentrum arbeiten. Kontakt: Bana Ba Letsatsi, House DA6, Chobe Riverside, Maun, Tel. 068 647 87, 072 64 34 68, www.banabaletsatsi.com.

Mauns Straßenkinder finden durch die Stiftung Bana Ba Letsatsi eine neue Heimat

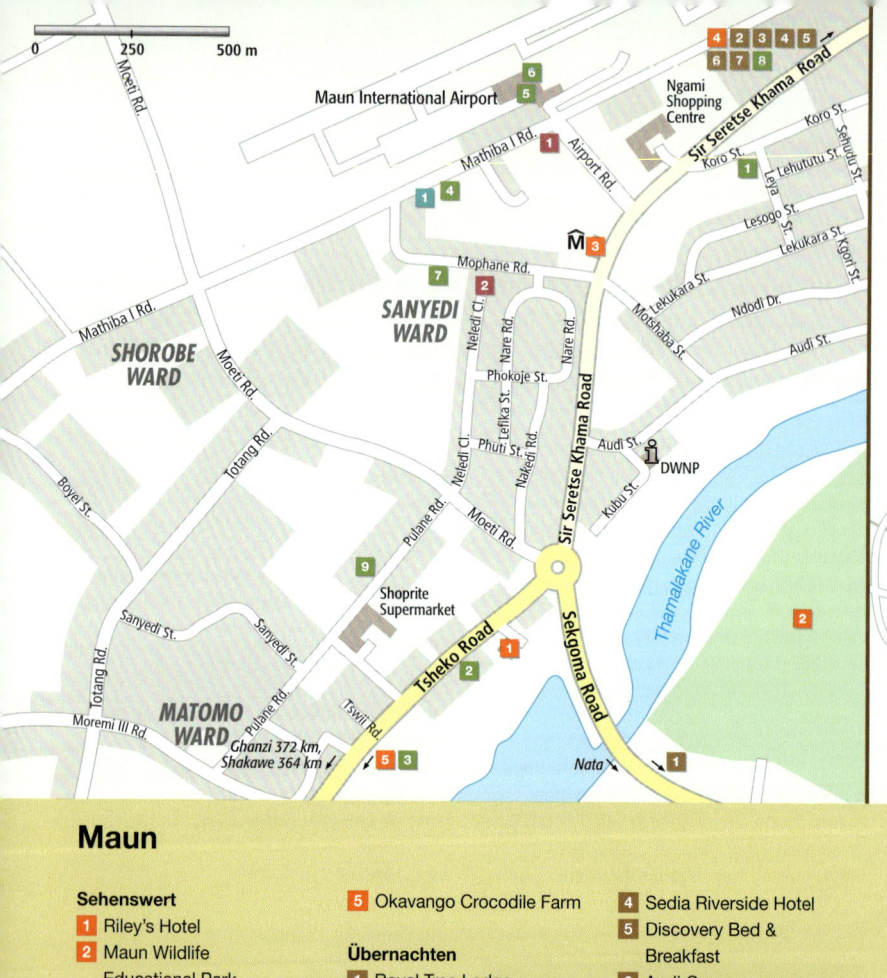

```
0       250      500 m
```

Maun International Airport

Ngami Shopping Centre

SANYEDI WARD

SHOROBE WARD

Mophane Rd.

Neledi Ct.
Nare Rd.
Nare Rd.
Phokoje St.
Lefika St.
Phuti St.
Nafedi Rd.

Mathiba I Rd.

Moeti Rd.

Boyei St.

Totang Rd.

Moeti Rd.

Pulane Rd.

Moeti Rd.

Sir Seretse Khama Road

Mathiba I Rd.

Airport Rd.

Koro St.
Koro St.
Sehubu St.
Leya
Lehututu St.
Ksori St.
Lesogo St.
Lekukara St.
Lekukara St.
Motshaba St.
Ndodi Dr.
Audi St.

Audi St.
DWNP
Kubu St.

Thamalakane River

Shoprite Supermarket

Tsheko Road

Sekgoma Road

Sanyedi St.
Sanyedi St.

Totang Rd.

Pulane Rd.

Tswii Rd.

Moremi III Rd.

MATOMO WARD

Ghanzi 372 km,
Shakawe 364 km

Nata

Maun

Sehenswert

1 Riley's Hotel
2 Maun Wildlife Educational Park
3 Nhabe Museum
4 Matlapaneng Bridge
5 Okavango Crocodile Farm

Übernachten

1 Royal Tree Lodge
2 Thamalakane River Lodge
3 Crocodile Camp
4 Sedia Riverside Hotel
5 Discovery Bed & Breakfast
6 Audi Camp
7 The Old Bridge Backpackers

nig hilfreich ist. Am Flughafen gibt es auch eine Geldwechselstelle. Im Ort selbst verteilen sich einige Banken mit Geldautomaten.
Department of Wildlife and National Parks (DWNP): hinter der Polizeistation in der Kubu St. (ausgeschildert), Tel. 068 603 68, 068 612 65, www.mewt.gov.bw/DWNP. Reservierung von Campingplätzen im Moremi Game Reserve, Bezahlung der Parkgebühren etc.
Internetcafés: In Maun gibt es jede Menge Internetcafés, u. a. BMS, Mophane Av., Tel. 068 656 63, Mo–Fr 8–17, Sa 8.30–12.30 Uhr (12 Pula/30 Min.); Postnet, Riley's, Tsheko Rd., Tel. 068 656 12, Mo–Fr 8.30–18, Sa 8.30–13 Uhr (10 Pula/30 Min.); netKafee, Sir Seretse Khama Rd., gegenüber der Engen-Tankstelle, Mo–Sa 8–20 Uhr (7 Pula/10 Min.); Bush Telegraph, Natlee Centre, Mathiba I Rd., gegenüber vom Flughafen, Tel. 068 602 73, Mo–Fr 8–17, Sa 9–15 Uhr (schnellstes Internet in Maun, 15 Pula/30 Min., auch internationale Telefongespräche).

Maun International Airport

siehe Detailkarte

Mathiba Rd.

DWNP

Moremi III Rd.

Mathiba Rd.

Tsheko Road

Setgoma Road

Sir Seretse Khama Road

Thamalakane River

Maun Game Reserve

South Gate 92 km

Ghanzi 372 km, Shakawe 364 km

Nata 300 km, Francistown 500 km

0   1   2 km

Essen & Trinken

1 Bon Arrivée
2 French Connection

Einkaufen

1 Woolworths

2 Delta Meat Deli
3 Beef Boys
4 Kalahari Kanvas
5 African Art & Images
6 Bushman Craft Shop
7 The Craft Centre

8 Matlapana Baskets
9 Maun Book Centre

Abends & Nachts

1 Buck & Hunter

Übernachten

Afrikanisch dekorierte Luxuszelte ▶ Royal Tree Lodge 1: 15 km südlich von Maun, Tel. 068 007 57, http://royaltreelodge.com, Facebook ›Royal Tree Lodge‹. Hinter dem Namen Royal Tree Lodge verbirgt sich ein kleines, privates Wildreservat am Ufer des Thamalakane River. Auf ca. 3 km² leben Giraffen, Zebras, Springböcke, Strauße, Kudus, Oryx- und Elenantilopen sowie unzählige Vögel. DZ 230 US-$ p. P. mit Frühstück.

Tolle Lage ▶ Thamalakane River Lodge 2: Shorobe Rd., 19 km nördlich von Maun, Tel. 068 602 17, www.thamalakane.com. 18 charaktervolle, reetgedeckte Natursteinchalets mit Veranden, einige davon sogar mit eigenem kleinem Pool, im Schatten eines Uferwalds. Alle Chalets haben Moskitonetze über den Betten und Deckenventilatoren. Wellnesszentrum, tolle Poolanlage sowie sehr beliebtes Restaurant mit Flussblick, das auch Nichtgästen offen steht und Steak, Fisch,

Rustikales Shoppping-Paradies für den Nordwesten Botswanas: Maun

Pizza und vegetarische Gerichte auf der Speisekarte hat. Chalet 186–266 US-$.

Populär ▶ Crocodile Camp 3: Shorobe Rd., 13 km nördlich von Maun, Tel. 068 002 22, 075 60 68 64, www.crocodilecamp.com. In dem vom Besitzer selbst gemanagten Croc Camp, wie die Institution von Einheimischen genannt wird, gibt es sowohl gut ausgestattete, tiefrot gestrichene Standard- als auch etwas luxuriösere Chalets, insgesamt 23 an der Zahl. Außerdem einen wunderbaren komfortablen Campingplatz unter schattigen Bäumen mit Sanitärblock und individuellen Wasser- und Stromanschlüssen. Reetgedeckte Bar für Sundowner, Organisation von Mokoro-Trips und Pferdesafaris. Chalet ab 900 Pula p. P. mit Frühstück, Camping 35 Pula p. P.

Historisch ▶ Riley's Hotel 1: Tsheko Rd., Tel. 068 602 04, 068 603 20, www.rileyshotel.net, www.crestahotels.com. Seit 1910 eher Institution als Hotel (s. S. 227). Die Drei-Sterne-Unterkunft am Ufer des Thamalakane River verfügt über 51 Zimmer mit AC und TV,

Highlight ist die schöne Poolanlage. DZ 1400 Pula mit Frühstück.

Attraktiv ▶ Sedia Riverside Hotel 4: Shorobe Rd., 8 km nördlich von Maun, Tel. 068 601 77, www.sediahotel.com. Die günstigere und ›lebendigere‹ Alternative zum Riley's Hotel. Zu der kürzlich renovierten Unterkunft gehören 24 Zimmer, zehn Chalets und ein Campingplatz. Es gibt außerdem die Möglichkeit, in bereits aufgebauten Zelten zu nächtigen. Die meisten Zimmer sind zum Garten hin ausgerichtet und in kräftigen Farben angemalt, dagegen wirken die teureren Chalets etwas altbacken. Der Campingplatz mit fünf sehr guten Duschen und Toiletten erstreckt sich unter Schatten spendenden Bäumen im riesigen Hotelgarten. Camper dürfen den solarbeheizten Hotelpool benutzen. Afrikanisch dekoriertes Foyer, Bar, Restaurant, Internetcafé. Chalet für 2/3/4 Pers. 925/1125/1250 Pula, DZ 695 Pula, Zelte 150 Pula p. P., Camping 35 Pula p. P., jeweils mit Frühstück.

Gut und günstig ▶ Discovery Bed & Breakfast 5: 15 km nördlich von Maun, Tel. 068

006 27, 071 61 58 53, 072 44 82 98, www.dis
coverybedandbreakfast.com. Die holländischen Besitzer vermieten neun traditionelle,
afrikanisch bunte Chalets. Familienzimmer
für 4 Pers. 100 US-$, DZ 67–83 US-$ mit
Frühstück.

Komfortabel campen ▶ Audi Camp **6**:
Shorobe Rd., 12 km nördlich von Maun, Tel.
068 605 99, www.okavangocamp.com. Sau-
berer und freundlicher Campingplatz mit
herrlicher Poolanlage zwischen Bäumen. Die
einzelnen Stellplätze haben Grillstellen, Was-
ser- und Stromanschluss. Es gibt auch Zelte
zur Miete, die auf hölzernen Plattformen stehen. Reetgedeckte Bar und Restaurant, Verkauf von Feuerholz und Eis. Zelt mit Bett und
Elektrizität 240 Pula p. P., Stellplatz mit Strom
80 Pula p. P.

Hostel ▶ The Old Bridge Backpackers **7**:
10 km nördlich von Maun an der alten Matla-
paneng-Brücke, Tel. 068 624 06, www.maun-
backpackers.com. Einfaches Hostel mit wenig einladendem Campingplatz. DZ 800 Pula
inkl. Frühstück und Sundowner-Tour, Camping 65 Pula p. P.

Essen & Trinken

Lodgerestaurants ▶ Gegessen wird meist in
den Lodges oder Hotels. Der **Riley's Grill** **1**
im Riley's Hotel und die **Sports Bar & Restaurant** **4** im Sedia Riverside Hotel stehen
auch Nichtgästen offen. Besonders empfehlenswert ist die Pizza aus dem Holzofen in der
Thamalakane River Lodge **2**, die die lange
Anfahrt von Maun 20 km lohnt.

Mit Luftfahrtthema ▶ Bon Arrivée **1**: Mathiba 1 Rd., direkt gegenüber vom Flugplatz,
Tel. 068 003 30, tgl. 7.30–22 Uhr. Serviert Mit-
telmäßiges wie Fleisch oder Pasta, überdies
lieblos zubereitet und mit unfreundlicher Be-
dienung. Sehenswert allerdings ist das Flug-
zeugdekor. Hauptgericht 75 Pula.

**Französisch angehaucht ▶ French Con-
nection** **2**: Mophane Av., Tel. 068 006 25,
Mo–Sa 8–17 Uhr. Ebenfalls in Flugplatznähe,
mit Tischen im Freien unter Mopanebäumen.
Es gibt Wraps, frische Salate und leckere Ba-
guettes – ideale Sachen zum Lunch. Hauptgericht 60 Pula.

Bier & Steaks ▶ Buck & Hunter Pub **1**: s.
S. 234

Einkaufen

Nahrungsmittel ▶ Woolworths **1**: Sir Seretse Khama Rd., New Mall, gegenüber Spar
und First National Bank, Tel. 068 600 77, Mo–
Sa 9–18, So 9–13 Uhr. Es gibt viele Fleisch-
sorten. Freitags kommt der Kühllastwagen
mit frischem Salat, Gemüse und Obst. **Delta
Meat Deli** **2**: Tsheko Rd., Riley's Complex,
Shell-Tankstelle, Tel. 068 614 13, deltadeli@
yahoo.com, Facebook ›Delta Meat Deli‹, Mo–
Fr 8–17, Sa 8–13 Uhr. Das Fleisch (Rind, Wild
und Huhn) wird vakuumverpackt und hält
sich dadurch länger. Es gibt auch verschiedene Käsesorten und Fisch. **Beef Boys** **3**:
Tsheko Rd., Tel. 068 647 71, schalkpretorius
@gmail.com, Mo–Fr 9–18, Sa 9–13 Uhr. In der
2011 eröffneten Metzgerei wird das Fleisch
ebenfalls vakuumverpackt angeboten, ideal
für Selbstversorger. Der frische Fisch kommt
aus dem namibischen Walvis Bay. Es gibt außerdem typisch deutschen Wurstaufschnitt.

Safari-Ausstatter ▶ Kalahari Kanvas **4**:
Mathiba I Rd., neben der Avis-Mietstation
bzw. gegenüber vom Maun Airport, Tel. 068
605 68, www.kalaharikanvas.com, Mo–Sa 9–
18 Uhr. Was 1986 als Laden für Zeltreparatu-
ren begann, ist heute Mauns bester Safari-
Ausstatter. Im Angebot sind u. a. lokal produzierte und importierte Zelte, Campingstühle,
Duschsäcke, Falttische, Ponchos, alle Arten
von Taschen und Rucksäcken, Moskitonetze,
Decken, Lampen.

Souvenirs ▶ African Art & Images **5**:
Maun Airport, Tel. 068 635 84, www.junelivers
edge.com, tgl. 9–17 Uhr. Der Souvenirshop
im Flughafenkomplex erinnert eher an eine
Privatgalerie – die bekannte Wildlife-Fotogra-
fin June Liversedge verkauft hier ihre Bilder
sowie hochwertiges afrikanisches Kunsthandwerk. **Bushman Craft Shop** **6**: Maun
Airport, gegenüber dem Terminal, Tel. 068
600 25/603 39, tgl. 8–17 Uhr. Hier gibt es Bücher, Postkarten, Kunsthandwerk und Souvenirs. **The Craft Centre** **7**: Mophane Av.,
Tel. 068 633 91, tgl. 8–17 Uhr. Lokal gefertigtes Kunsthandwerk, u. a. handgemachtes Pa-

pier, das aus Altpapier und Elefantendung (!) produziert wird. **Bailey Arts Centre** `3`: im Nhabe Museum, s. S. 228. **Matlapana Baskets** `8`: Shorobe Rd., ca. 8 km nördlich von Maun, Tel. 072 27 14 22, tgl. 6.30–18.30 Uhr. Die preisgekrönte Korbflechterin Thitaku Kushonya verkauft Körbe aus ihrer Werkstatt, wo man ihr beim Flechten zusehen kann.

Bücher ▶ Maun Book Centre `9`: Pulane Rd., Tel. 068 608 53, Mo–Sa 9–17 Uhr. In diesem gut sortierten Buchladen gibt es neben Büchern auch Magazine und Zeitungen. Spezialität sind Bücher afrikanischer Autoren.

Abends & Nachts

Rustikaler Treffpunkt ▶ Buck & Hunter Pub `1`: Mathiba I Rd., Tel. 068 010 01, Mo–Do 12–23, Fr, Sa 12–24 Uhr. Hier treffen sich Einheimische, v. a. Piloten, auf ein Bier und ein Steak. Zuvor hatte die Kneipe die Namen Duck Inn und Bull & Bush Pub. Da vor langer Zeit hier jemand erschossen wurde, hieß der Pub bei Insidern fortan Bullet & Ambush (›Projektil & Hinterhalt‹). Rustikale Einrichtung mit Holztischen im Picknickplatzstil. Neben Steaks hat der Laden die Reputation für die beste Pizza der Stadt (Hauptgerichte um 7,50 US-$). Statt Cocktails werden Bucktails serviert. Vom Zentrum aus zu Fuß erreichbar.

Aktiv

Auf dem Wasser ▶ Afro Trek `4`: im Sedia Hotel, Tel. 068 601 77. 1- bis 3-tägige Mokoro-Trips, auch kombiniert mit Vogelsafaris. Für Leute mit wenig Zeit bietet sich die 1-stündige Mokoro-Tour auf dem Thamalakane River an (ca. 25 US-$).

Auf dem Pferderücken ▶ Horse-Safaris: Tel. 072 30 10 54, www.africananimaladventures.com. Ausritte entlang der Thamalakane und Boro Rivers (etwa 200 US-$/Tag).

In der Luft ▶ Diverse Veranstalter in Maun bieten Rundflüge *(scenic flights)* über das Okavango Delta an – von oben lässt sich die faszinierende Region besser begreifen. Ein bis zwei Stunden sollten für den Flug eingeplant werden, dann sieht man einen Großteil des Deltas. Die Kosten richten sich nach dem Fluggerät und der Größe der Gruppe (Hub-

schrauber ca. 800 US-$ pro Std., Kleinflugzeug ca. 600 US-$ pro Std., jeweils geteilt durch die Anzahl der Passagiere). Wer eine Lodge im Delta gebucht hat, fliegt sowieso dorthin, kann sich also die Kosten für den Rundflug sparen. Im und am Flughafen von Maun befinden sich u. a. die Charterflugunternehmen **Okavango Helicopters,** Tel. 068 657 97, **Helicopter Horizons,** Tel. 068 011 86, **Kavango Air,** Tel. 068 603 23, www.kavangoair.com, **Mack Air,** Tel. 068 606 75, www.mackair.co.bw, und **Delta Air,** www.okavango.bw/air.html.

Termine

Maun Festival (Ende April/Anfang Mai, www.maunfestival.com): Zwei Tage lang Musik und traditionelle Tänze.

Verkehr

Flüge: Durch die vielen Charterflüge ist Mauns Flugplatz, Mathiba I Rd., Tel. 036 882 00, der verkehrsreichste im Land. Air Botswana, www.airbotswana.co.bw, verbindet tgl. mit Gaborone (ca. 2400 Pula) sowie mehrmals pro Woche mit Kasane, Kapstadt und Johannesburg (ca. 5600–6400 Pula). Air Namibia, www.airnamibia.com.na, hat Mo, Mi sowie Fr–So Verbindungen nach Windhoek. South African Airways, www.flysaa.com, fliegt ebenfalls nach Johannesburg.

Busse: Das Busterminal liegt in der City neben Riley's Hotel. Es gibt tgl. Verbindungen nach Shakawe (8 Uhr, 4,5–7 Std., 70 Pula), Nata (von dort weiter nach Kasane), Francistown (6.30, 13.30 Uhr, 7 Std., 87 Pula), Ghanzi (8.30 Uhr, 4 Std., 47 Pula), Mamuno an der botswanisch-namibischen Grenze und Gaborone (6.30, 16.30 Uhr, 10 Std., 160 Pula).

`9` Moremi Game Reserve
▶ 1, E – G 3/4

Karte: S. 243

Das Moremi Game Reserve war nicht immer ein Tierparadies. Gegen Ende des 19. Jh. gab es im südlichen Okavango Delta infolge der Rinderpest fast kein Wild mehr. Es dauerte

Jahre, bis sich der Bestand wieder erholte – nur um in den 1960er-Jahren durch unkontrolliertes Jagen und die Ausweitung von Subsistenz-Rinderfarmen erneut drastisch reduziert zu werden.

Bis Mrs. Moremi, die resolute Witwe von Häuptling Moremi III. vom Stamm der Batawana, eingriff. Sie überzeugte ihre Untertanen, das Gebiet zwischen dem Khwai River und dem Mogogelo River zum Naturschutzgebiet zu erklären. Am 15. März 1963 war es so weit: Der Park wurde etabliert und trug fortan den Namen des letzten Häuptlings.

Zu Beginn umfasste der Park nur die Region der Mopane Tongue (›Mopane-Zunge‹) im Osten des heutigen Areals. In den 1970er-Jahren kamen die königlichen Jagdgründe von Häuptling Moremi dazu, Chief's Island genannt. Und 1992 wurde ein weiteres Stück Land zwischen dem Jao River und dem Nqoga River in der nordwestlichen Ecke des Reservats eingegliedert. Der Grund hierfür war, dass die Nationalparkbehörde alle im Okavango Delta vorkommenden Biotope schützen wollte, auch die nur dort existierenden Papyrussümpfe.

Heute ist das **Moremi Game Reserve** 4872 km² groß und macht etwa ein Drittel der gesamten Fläche des Okavango Delta aus. Es ist zweifellos eines der besten Safari-Reiseziele Afrikas. Da es sich inmitten von anderen Schutzgebieten befindet, können sich die Tiere frei bewegen und werden bei ihren Migrationen nicht durch Viehzäune behindert. Die Landschaft hat trotz der vielen Raubtiere etwas Friedliches, Beruhigendes, ja fast Paradiesisches. Hier wachsen hauptsächlich Mopanebäume, die zum Teil riesig groß werden und sich zu richtigen Wäldern gruppieren. Grauweiße Sandpisten schlängeln sich um die gewaltigen Stämme. Aber natürlich hat das Schutzreservat noch mehr an Flora zu bieten: Etwa 1000 verschiedene Pflanzenarten wurden hier registriert.

Das Wild konzentriert sich an den zahllosen saisonalen Pfannen und Flüssen. Dank des zunehmenden Ökotourismus und der damit verbundenen Einkünfte konnten durch Wilderei ausgerottete Nashörner wieder angesiedelt werden (s. S. 240), sodass Besucher des Moremi Game Reserve sogar auf Big-Five-Safari gehen können, und zwar im Konzessionsgebiet Mombo im Nordwesten von Chief's Island. Die Rhinos laufen hier frei herum, wobei das umgebende Sumpfland eine Art natürliche Barriere bildet. Dadurch sind die Nashörner leichter zu schützen und auch leichter zu beobachten.

Anreise

Das Reservat ist entweder per Kleinflugzeug oder mit einem Geländewagen zu erreichen. Selbstfahrern stehen zwei Eingänge zur Verfügung, **South Gate** und **North Gate**. Achtung: Auch in der Trockenzeit von April bis Oktober müssen im Moremi Game Reserve Flüsse durchquert werden. Aufgrund des Wildbestands und der Krokodile sollte die alte Geländewagenfahrerregel »Erst durchlaufen, dann durchfahren« hier besser nicht angewendet werden. Wer sich bei der Wassertiefe unsicher ist, wartet – ganz kollegial – am besten ab, bis ein anderer Fahrer die Furt durchquert hat.

Das Eintrittsgeld in den Park kann direkt an einem der Gates entrichtet werden. Vorab muss man die Campinggebühren bezahlen, und zwar bei Botswana's Department of Wildlife and National Parks (DWNP) in Maun, Tel. 068 603 68, 068 612 65, www.mewt.gov.bw/DWNP. Wer will, kann hier auch bereits die Eintrittsgebühren bezahlen (Dez.–Febr. 5.30–19.30, März–Mai 6–19, Juni–Aug. 6.30–18.30, Sept.–Nov. 6–19 Uhr, Erw. 120 Pula, Kin. 8–17 J. 60 Pula, Auto 50 Pula).

Tipp: Sundowner

Um Besuchern die Möglichkeit zu geben, ihren Sundowner im Busch einzunehmen, wurde das Nachtfahrverbot von der Nationalparkbehörde gelockert. Seit 1996 sind die Pisten im Park bereits in der Morgendämmerung sowie bis eine Stunde nach Sonnenuntergang befahrbar. Somit besteht die Möglichkeit, auch nachtaktive Tiere live zu erleben.

Der *Amietophrynus poweri*, eine Krötenart, ist nur im südlichen Afrika zu finden

aktiv unterwegs

Mit dem Pferd durchs Okavango Delta

Tour-Infos

Start: von den Lodges oder ab Maun
Reisezeit: am besten Aug.–Okt., die Regenmonate Dez.–Febr. sind unbedingt zu meiden
Dauer: 3–10 Tage
Voraussetzungen: Reiterfahrung nötig, da 4–6 Std. tgl. im Sattel; Mindestalter 12 Jahre; nicht schwerer als 90–95 kg
Teilnehmer: 6–8 Reiter pro Gruppe
Buchung: Zu den internationalen, deutschsprachigen Anbietern gehören Pferdesafari – Abenteuer im Sattel, www.pferdesafari.de/reiseziele/afrika/botswana; Pferd & Reiter, www.pferdreiter.de/afrika/botswana.php; Swiss African Exceptional Journeys, www.swissafrican.ch/de/safari/pferde-horse-safari-reiten.php. Empfehlenswerte lokale Veranstalter sind African Horseback Safaris, www.africanhorseback.com; Okavango Horse Safaris, www.okavangohorse.com; Botswana Okavango Horse Safari, www.equitrekkingtravel.com.
Kosten: ab ca. 450 US-$ pro Person und Tag inkl. Übernachtungen und Vollpension; einige Lodges bieten Ausritte als Teil ihrer im Übernachtungspreis enthaltenen Aktivitäten an

Die neben einer Elefantensafari intensivste Art und Weise, mit der afrikanischen Flora und Fauna in Kontakt zu kommen, ist auf dem Pferderücken. Im Okavango Delta sind diese Tiere die bei Weitem besten Fortbewegungsmittel, nämlich völlig umweltfreundliche 4x4s. Mit einer Gruppe Gleichgesinnter durch die unberührte Landschaft zu galoppieren, dass das Wasser nur so spritzt, löst unbeschreibliche Glücksgefühle aus. Und das Schöne daran: Die wilden Tiere fühlen sich kaum gestört. Sie sehen Pferd und Reiter als Einheit, als großen, eigenartig geformten Grasfresser. Meist überdeckt der Geruch der Pferde den der Menschen, und das Wild

scheint offensichtlich der Meinung zu sein, es mit einer gewöhnlichen Tierherde zu tun zu haben. Es ist eine unbeschreibliche Erfahrung, wenn man sich langsam und leise an Großwild wie Elefanten und Büffel heranpirscht oder mit Giraffen, Zebras und Gnus um die Wette galoppiert. Auch das Durchqueren von Flussläufen gehört zum Programm. Während die Pferde mit ihren Reitern auf dem Rücken durchs Wasser waten oder sogar schwimmen, halten die Guides nach Krokodilen und Flusspferden (tatsächlich entfernte Verwandte) Ausschau.

Die Veranstalter haben eine Vielzahl erstklassiger Pferde mit Widerristhöhen zwischen 140 und 165 cm zur Auswahl, von Vollblütern über namibische Hannoveraner bis zu Arabern und Kalahari-Araber-Kreuzungen. Alle Tiere sind sehr gut ausgebildet, ausgeglichen und an die Beschaffenheiten des Deltas sowie – ganz wichtig – dessen Fauna gewöhnt. Als Reiter kann man zwischen englischen und Westernsätteln wählen. Zwei erfahrene Guides mit Erster-Hilfe-Ausstattung, Gewehr und Funkgerät begleiten die Gruppe.

Das Okavango Delta ist definitiv kein Ort, um reiten zu lernen. Die Teilnehmer müssen schon sehr erfahren sein, denn es kann vorkommen, dass man einer Gefahr wie beispielsweise einem Rudel Löwen schnellstens aus dem Weg gehen, d. h. davongaloppieren muss. Der Guide folgt dann als Letzter, mit dem Gewehr in der Hand. Um die Sicherheit während des Ausritts zu garantieren, werden im Vorfeld ausführliche Tipps sowie Verhaltensmaßregeln erteilt und man macht sich ausgiebig mit ›seinem‹ Pferd, dem Sattel und dem Zaumzeug vertraut. Auf einer mehrtägigen Pferdesafari verbringt man vier bis sechs Stunden täglich im Sattel. Dazwischen werden immer wieder Pausen mit Picknicks eingelegt. Das macht sowohl Reiter als auch Ross wieder fit für die nächste Etappe.

Beste Reisezeit

Die Regenzeit dauert von Oktober bis April, mit Höhepunkt im Januar und Februar. Einige Pisten sind dann sehr schwierig zu befahren, manche unpassierbar. Aufgrund von höheren Regenfällen und Überschwemmungen ist in den letzten Jahren vor allem die direkte Pistenverbindung zwischen Xakanaxa und dem North Gate deutlich problematischer geworden. Sie steht zwischen Januar und April oft völlig unter Wasser. Die Temperaturen und die Luftfeuchtigkeit sind in den Sommermonaten sehr hoch. Moremi ist Malariagebiet, also an Mückenschutz, Moskitonetz und Malariaprophylaxe denken. Vorteil der feuchten Jahreszeit: Es gibt weniger Besucher und viele Tiere haben ihre Jungen.

Für die Tierbeobachtung ist die Trockenzeit von April bis Oktober allerdings viel besser, da sich das Wild dann an den permanent fließenden Flüssen konzentriert. Die touristische Hauptsaison erstreckt sich von Mai bis August. Obwohl zu dieser Zeit Winter ist, bleibt es in Moremi tagsüber mild. Nur in seltenen Fällen drücken Tiefausläufer die Temperaturen bis zum Gefrierpunkt. Der beste Safarimonat ist der Oktober. Zum Ende der Trockenzeit herrscht zwar eine unglaubliche Hitze, aber die Tiere suchen nach Wasser und Nahrung. Hohe Konzentrationen von Wild und Raubkatzen finden sich dann entlang des Khwai River.

Von Ende August bis September stehen viele Bäume in Blüte und verbreiten einen süßen Duft. Dann finden sich viele Tiere unter den Leberwurstbäumen *(Kigelia pinnata)* ein, um die abfallenden Blüten zu fressen. In den Ästen warten oft schon Leoparden auf ihre – nicht vegetarische – Mahlzeit.

Orientierung

Das Moremi Game Reserve liegt im Nordosten des Okavango Delta. Im Herzen des Schutzgebiets erstreckt sich Chief's Island, mit ca. 60 km Länge und etwa 10 km Breite die größte Insel im Delta. Vom Festland ist das Gebiet durch Wasserläufe und Flutebenen abgeschnitten. Im Osten von Moremi befindet sich die dreieckig geformte Halbinsel

Mopane Tongue. Zwischen Chief's Island und Mopane Tongue breitet sich ein Netzwerk von Lagunen, Flüssen, Flutebenen und kleinen Inseln aus, die sich in permanenter Transformation befinden.

Unterkünfte

Im gesamten Okavango Delta gibt es viele Konzessionen für private Luxuslodges. Das Schutzgebiet ist berühmt für die Qualität dieser Unterkünfte – und berüchtigt für deren teilweise sehr hohen Übernachtungstarife. Campende Selbstfahrer sparen viel Geld, allerdings gibt es für sie nur fünf Campingplätze im Moremi Game Reserve. Achtung: In der Regenzeit sind auch dort die wenigen Sandstraßen oft überflutet. Gäste, die eine Fly-in-Safari gebucht haben, sind von der Regenzeit unabhängig.

Lodges und Camps verlangen zur Hochsaison zwischen Juli und Oktober natürlich auch ihre höchsten Preise. Günstiger wird es in der Zwischensaison, die in die Monate November sowie April bis Juni fällt. Zwischen Dezember und März sind die Preise am niedrigsten. Die nur per Flugzeug erreichbaren Lodges und Camps sind fast alle ganzjährig geöffnet.

Infos für Selbstfahrer

Eine der Hauptregeln für Selbstfahrer lautet: genug Essen und Getränke mitnehmen. Am besten kauft man alles in den sehr gut sortierten Supermärkten von Maun ein. Ansonsten gibt es im Moremi Game Reserve nur noch außerhalb des North Gate in Khwai Village ein paar kleine Läden, die Softdrinks, manchmal auch Bier vorrätig haben. Die Lodges in Moremi verkaufen keine Getränke an selbstfahrende Besucher, nur an ihre Übernachtungsgäste.

An den Campingplätzen gibt es Wasser, sofern nicht gerade die Pumpen ausgefallen sind. Allerdings ist es in Moremi nicht ganz so tragisch wie in der Kalahari, wenn man zu wenig Wasser gebunkert hat. Zur Not kann man es aus den Flüssen bei Third Bridge, Xakanaxa und am Khwai schöpfen. In den Park darf kein Feuerholz gebracht werden und

Die Rückkehr der Nashörner

Bis etwa Mitte des 20. Jh. lebten zahlreiche Breitmaulnashörner im Norden Botswanas. Das deutlich seltenere Spitzmaulnashorn kam in geringeren Zahlen am Kwando River und am Chobe River vor.

Der Schutz der Nashörner war damals nicht besonders effektiv, und Wilderer schlachteten die prächtigen Tiere reihenweise ab, um an die auf dem Weltmarkt teuer gehandelten Hörner zu kommen. 2013 war Nashornhorn mit etwa 60 000 US-$ pro Kilogramm mehr wert als Gold. Selbst Babys mit winzigen Hörnern blieben nicht verschont. Bereits im Jahr 1992 waren die Spitzmaulnashörner in Botswana ausgerottet, Breitmaulnashörner gab es insgesamt noch 19 Stück! Weltweit hat die Nashornpopulation seit den 1970er-Jahren um mehr als 90 % abgenommen.

Gemeinsam mit der botswanischen Armee etablierte die Nationalparkbehörde daraufhin eine bewaffnete Eingreiftruppe, um massiv gegen Wilderer vorzugehen. Schusswaffengebrauch bei Konfrontationen ist üblich. Die verbleibenden 19 Breitmaulnashörner wurden vorübergehend in private, leichter zu bewachende Naturreservate umgesiedelt.

2001 kooperierten die botswanische Regierung und die Nationalparkbehörde mit dem privaten, im Naturschutz sehr aktiven Unternehmen Wilderness Safaris (www.wilderness-safaris.com). Die Zusammenarbeit führte zum Botswana Rhino Relocation and Reintroduction Project (www.wildernesstrust.com), das die Umsiedlung und Wiedereinführung von Nashörnern in Botswana zum Ziel hat. Noch im selben Jahr wurden vier Breitmaulnashörner, drei Weibchen und ein Männchen, auf Chief's Island im Moremi Game Reserve wiederangesiedelt. Diesen folgen weitere Tiere, die zumeist aus Südafrika und Simbabwe stammten. Das erste Kalb der Neuankömmlinge, Dimpho (›großes Geschenk‹), wurde im Juli 2004 geboren. Mittlerweile gibt es wieder eine gesunde Züchtungspopulation in Moremi.

Dann war das Spitzmaulnashorn an der Reihe. Zwei Jahre nach Projektbeginn streiften die ersten vier Exemplare wieder durch das Delta – nach mehr als zehn Jahren Abwesenheit. Noch mehr Tiere wurden aus Simbabwe importiert, wo viel gewildert wird.

Beide Nashornpopulationen erholen sich zusehends, sind aber nach wie vor gefährdet und massiv geschützt. Da es im Okavango Delta keine Zäune gibt, ziehen einige Tiere auf der Suche nach besserem Grasland in andere Regionen. Diese Migrationen werden mittels Sendern genau überwacht – und aus Sicherheitsgründen nicht veröffentlicht. Mindestens zwei Breitmaulnashörner leben inzwischen am Boteti River in den Randbezirken der Makgadikgadi Pans. Der botswanische Lodgeverband Desert & Delta stiftete daraufhin ein weiteres Breitmaulnashorn, das sich nun zu den beiden gesellt hat. Um herauszufinden, wo sich die Panzerträger am liebsten aufhalten und was ihre bevorzugte Nahrung ist, wurde das Botswana Rhino Ecology Project ins Leben gerufen, das u. a. die Dynamik von Nashornmigrationen erforscht.

Die Wilderei ist auch heute noch eine große Bedrohung für die Spezies und erreichte zwischen 2010 und 2013 im südlichen Afrika einen traurigen Höhepunkt. Zwar führt nur Südafrika eine offizielle Wildereistatistik, aber allein diese Zahlen sind mehr als alarmierend: Im Jahr 2010 starben dort 333 Nashörner, 2011 waren es 448 und 2012 sogar 668 Tiere. Die meisten davon wurden im Kruger National Park gewildert. Als Gegenmaßnahme entfernte man den Tieren das Horn, aber selbst das half nichts. Die Wilderer töteten nunmehr aus Wut und entfernten sogar den Stummel, der beim Enthornen bleiben muss, damit das Horn nachwachsen kann. Dieses besteht aus nichts anderem als Keratin – würden die Vietnamesen und Chinesen also ihre Fingernägel kauen, hätte das die gleiche medizinische Wirkung wie die Einnahme gemahlenen Nashornhorns, das in 400 verschiedenen chinesischen Arzneimitteln Verwendung findet. Mittlerweile wird schon damit experimentiert, die Hörner zu vergiften. Eine andere Idee ist, den Handel mit den Hörnern zu legalisieren und Nashörner auf Farmen zu züchten. Dann könnte eine zentrale Verkaufsorganisation die weltweite Verteilung übernehmen. Die DNA des so gewonnenen Horns würde gespeichert, um es von Schwarzmarkthorn zu unterscheiden. Ein Nashorn kann in seinem Leben etwa 60 kg Horn produzieren, das regelmäßig abgeschabt wird, ohne dass das Tier darunter leidet.

Diese Schutzmaßnahmen kosten sehr viel Geld. Daher arbeitet das botswanische Nashornprojekt mit internationalen Organisationen zusammen, die um eine finanzielle Unterstützung bemüht sind, allen voran mit der International Rhino Foundation (www.rhinos-irf.org) und mit dem Wilderness Safaris Wildlife Trust (www.wildernesstrust.com).

Mehr wert als Gold: das in Asien als Aphrodisiakum gehandelte Nashornhorn

man darf auch keines mit hineinnehmen. Es ist hingegen erlaubt, im Park abgestorbenes Holz für den Eigenbedarf zu sammeln. Das sollte man bereits während der Fahrt tun, da sich rund um die Campingplätze kein Krümelchen Brennbares findet.

Auf den 360 km zwischen Maun und Kasane gibt es kein Benzin. Wer vom Moremi North Gate über Savuti nach Kasane weiterfahren will, muss also unbedingt den Abstecher nach Xakanaxa einplanen, um dort noch einmal vollzutanken. Alternativ kann man natürlich auch zur Tankstelle in Maun zurückfahren. Wie in allen anderen Nationalparks Botswanas gilt eine Geschwindigkeitsbeschränkung von 40 km/h. Eine Stunde nach Sonnenuntergang bis kurz vor Sonnenaufgang herrscht Fahrverbot im Park.

Von Maun zur Third Bridge

Die ersten 47 km von Maun nach **Shorobe** (▶ 1, G 5) sind geteert. Danach folgen 20 km gute Schotterpiste bis zum **Buffalo Fence Gate** **1**. Dann beginnt das Offroad-Abenteuer. Weniger als 1 km nach dem Zaun gelangt man an eine Gabelung, an der man sich links hält. Nach 33 km ist das **South Gate** **2** oder **Maqwee Gate** (S19°26 955/E23°38 234) erreicht. Die Piste nach rechts führt zum Sankuyo Village, zum Mankwe Camp und nach Savuti.

Jenseits des South Gate schlängelt sich die Piste nun durch Mopanelandschaft. Die hiesigen Lehmböden sind während der Regenzeit sehr rutschig und weich. Nach der **First Bridge** **3** (S19°17 099/E23°23 531) und der **Second Bridge** **4** (S19°17 003/E23°22 553) folgt eine Sektion mit tiefem, weichem Sand. Für die 50 km vom South Gate zur **Third Bridge** **5** (S19°14 411/E23°21 417) braucht man etwa 2 Stunden in der Trocken- und 3,5 Stunden in der Regenzeit.

Die aus unregelmäßig gewachsenen Mopanestämmen und -ästen zusammengezimmerte Third Bridge, manchmal halb überschwemmt, knackt und knarzt abenteuerlich, wenn der Geländewagen darüber hinwegkriecht. Warnschilder weisen auf das Badeverbot hin. Das glasklare Wasser sieht in der hier meist herrschenden Hitze zwar verführerisch einladend aus, doch das wissen auch die hier lebenden Krokodile zu schätzen.

Selbstfahrer mit Dachzelt sollten mindestens zwei Nächte auf dem wunderbaren Campingplatz von Third Bridge verbringen. Wie alle staatlichen Campingplätze wurde auch dieser 2009 privatisiert und renoviert. Statt der alten, holzbefeuerten Öfen, die Camper anschüren mussten, um das Wasser für die Duschen zu erhitzen, erledigt das jetzt die Sonne – sauber und nachhaltig mit Solarenergie. Nachts streifen fast immer Löwen durch das Camp und queren regelmäßig auch die Brücke. Außerdem sieht man hier häufig Leoparden, Geparden, Wildhunde, Tüpfelhyänen, Elefanten und Flusspferde. Zum Problem können die Paviane werden, die das Essen stibitzen, wenn man es nicht gut verschlossen aufbewahrt. Der Campingplatz Third Bridge liegt sehr zentral im Moremi Game Reserve und eignet sich gut als Basis für Tagesausflüge nach Mboma Island und Xakanaxa (s. unten).

Mboma Loop

Von der Third Bridge aus bietet sich die Umfahrung von **Mboma Island** **6** an. Im Norden der Insel finden sich häufig Geparden, im Süden Büffelherden ein. Die Rundfahrt ist etwa 32 km lang, für die man aufgrund des tiefen Sands ungefähr 1,5 Stunden benötigt. Wendepunkt ist an der **Mboma Boat Station** (S19°11 689/E23°16 291), von wo aus Touren in Einbäumen und Motorbooten veranstaltet werden (s. S. 248).

Von der Third Bridge nach Xakanaxa

Von der Third Bridge (S19°14 411/E23°21 417) sind es 6 km bis zur **Fourth Bridge** **7** (S19°15 128/E23°24 173) und weitere 8 km bis **Xakanaxa** **8** (S19°11 885/E23°25 883). Am oberen Ende der dreieckig geformten **Mopane Tongue** **9** liegt die **Xakanaxa Lagoon**. Von aus hier öffnet sich das Delta mit seinen Irrgärten aus Kanälen, Auwäldern, Lagunen und Inseln nach drei Seiten hin. Einige der näher liegenden Inseln wie **Goaxhlo Is-**

Moremi Game Reserve

land oder die große Mboma Island sind über Mopanebrücken zu erreichen. Jenseits davon geht es nur per Boot oder Flugzeug weiter. Die Wildbeobachtungsmöglichkeiten hier sind legendär. Wer mit dem eigenen Wagen unterwegs ist, meint, Statist in einer Tierdokumentation zu sein. Manchmal lassen sich Leoparden oder Hyänen kilometerweit ›verfolgen‹.

Von Xakanaxa zum North Gate

Vom **Xakanaxa Airport** 🔟 (S19°11 778/E23° 26 342) geht es zunächst etwa 10 km auf der Piste Richtung South Gate. An der Gabelung (S19°14 573/E23°31 236) nimmt man die linke Abzweigung und fährt 11 km durch Mopanelandschaft bis zu einer weiteren Pistengabelung (S19°12 947/E23°36 478). Die rechte Abzweigung erreicht nach 5 km die **Dombo Hippo Pools** 11 und nach weiteren 15 km das **North Gate** 12 bzw. **Khwai Gate** (S19° 10 342/E23°45 095).

An den Dombo Hippo Pools, wo es Toiletten gibt, lassen sich wunderbare Sonnenuntergänge erleben und fotografieren. Ein toller

Picknickplatz also. Und wie der Name erwarten lässt, tummeln sich hier viele grunzende Flusspferde. Sie haben die Angewohnheit, ihren Dung sowohl im Wasser als auch an Land weitmöglichst zu verstreuen. Eine lokale Legende erklärt das folgendermaßen: Als die Erde noch jung war, fragte das Flusspferd Gott, ob es nicht in dem schönen, kühlen Wasser leben könne. Gott jedoch verneinte, denn ein so großes Tier mit einem so großen Maul fräße dann alle Fische. Das Flusspferd versprach hoch und heilig, keinem Fisch etwas zuleide zu tun. Schließlich willigte Gott ein und erlaubte dem Flusspferd, im Wasser zu leben – unter einer Bedingung. Es müsse seinen Dung immer weit verstreuen, damit er vom Himmel aus sehen könne, ob sich Fischgräten darin befänden.

Wer vom North Gate nach Norden in den Chobe National Park weiterreisen möchte, kann die 43 km lange Pistenverbindung zum Mababe Gate nehmen (s. S. 272). Von der Holzbrücke am Khwai-Campingplatz geht es zunächst zum North Gate (S19°10 12/E23° 45 05). Dann folgt man der Hauptpiste durch

Okavango Delta

das **Khwai Village** 13. Diese kurvt in Richtung Nordosten nach rechts und passiert dann den **Khwai Airstrip** (S19°09 052/E23° 47 543), der sich rechts der Piste befindet. Ca. 8 km jenseits des Flugplatzes ist eine Gabelung (S19°05 26/E23°49 50) erreicht, wo man sich rechts hält und das sehr schöne **Khwai River Valley** entlangfährt. 15,5 km weiter gelangt man wieder an eine Pistengabelung (S19°09 27/E23°55 19), wo man sich rechts hält. 9,5 km später ist die Piste von Maun nach Mababe erreicht, hier geht es links zum **Mababe Gate** 14 des Chobe National Park ab.

Übernachten

... im Moremi Game Reserve (auf dem Landweg erreichbar):

Ein klassisches Safaricamp ▶ Xakanaxa Lodge: Buchung über Moremi Safari & Tours, Tel. 068 602 22, in Südafrika 0027 11 463 39 99, www.xakanaxa-camp.com. Das aus Holz, Riedgras und Stroh konstruierte Camp (ausgesprochen Ka-ka-na-ka) überblickt den Khwai River. Es entstand aus Moremis erstem Safaricamp, das in den 1960er-Jahren als Basis für die Krokodiljagd errichtet wurde. Die 12 geräumigen Safarizelte stehen auf erhöhten Holzplattformen. DZ 600–900 US-$ p. P. all inclusive.

Opulenz am nördlichen Parkeingang ▶ Khwai River Lodge: S19°08 860/E23°48 019, Buchung über Orient Express Safaris, Tel. in Südafrika 0027 21 483 16 00, www.orient-express-safaris.co.za. Opulente Lodge mit riesigen, über 100 m² großen Leinwandzimmern auf erhöhten Holzplattformen, weit auseinanderliegend und zum Fluss hin ausgerichtet. Die großen Veranden sind mit Tisch, Stühlen und einer gemütlichen Hängematte ausgestattet. Super Badezimmer mit Badewannen im Freien. Exzellenter Service und sehr gutes Essen. DZ 550–950 US-$ p. P. all inclusive.

Zwischen Baumriesen & Hippos ▶ Camp Moremi: S19°11 322/E23°24 489, Buchung über Desert & Delta, Tel. 068 612 43, 068 622 46, in Südafrika 0027 11 706 08 61, www.desertdelta.com. Luxuriöses Zeltcamp unter gi-

gantischen Ebenholzbäumen mit elf geräumigen Leinwandbehausungen und Blick über die Xakanaxa-Lagune von der eigenen Terrasse. Pool mit Sonnendeck, Pirschfahrten im offenen Geländewagen, gute Löwen-, Leoparden-, Geparden- und Wildhund-Sichtungen. DZ 500–750 US-$ p. P. all inclusive.

Etabliert ▶ Camp Okuti: zwischen Xakanaxa und der Bootsstation, Buchungsbüro in Maun, Tel. 068 612 26, www.kerdowneybotswana.com. Wunderschöne Lodge – die fünf geräumigen ›Zimmer‹ bestehen aus dom- bzw. tunnelförmig konstruiertem Reetge-

Das Jao Camp gehört zu den luxuriösesten der Region und verfügt
nicht nur über Aussichtsplattformen, sondern auch über ein Spa

flecht mit Lehm in den Zwischenräumen, ge-
schmackvolle afrikanische Einrichtung mit
Nguni-Rinderfellen auf den Holzböden, Außenduschen mit Buschblick. DZ 500–750
US-$ p. P. all inclusive.

**Camping am Fluss ▶ Khwai/North Gate
Camping:** SKL, Tel. 068 653 65/6, www.skl
camps.com. Zehn Stellplätze, jeder mit eigener Wasserversorgung und Kochstelle, sowie
vier moderne Sanitärblocks. Eine Online-Buchung ist möglich. Erw. 50 US-$, Kin. 8–
17 J. 25 US-$, Kin. 5–7 J. 10 US-$, Kin. unter 5 J. frei.

Insel-Camping ▶ Gcudikwa Camp: Xomae
Group, Maun, Tel. 068 622 21, www.xomae
sites.com. Nur per Boot von der Third Bridge
Boat Station aus zu erreichen (ca. 20 Min.).
Sehr einfache Stellplätze an den Gcudikwa-
und Gxhobega-Lagunen. Organisation von
Mokoro-Trips und Fußsafaris. Online-Buchung
mit Kreditkarte möglich. Erw. 410 Pula, Kin.
unter 16 J. 205 Pula.

Campen mit Wild ▶ Third Bridge: Xomae
Group, Maun, Tel. 068 622 21, www.xomae
sites.com. Zehn Stellplätze, moderner Sanitärblock und Wasserleitung. Sehr viele Tiere

Okavango Delta

im Camp. Online-Buchung mit Kreditkarte. Erw. 226 Pula, Kin. unter 16 J. 113 Pula.

Camping am Delta ▶ Xakanaxa: Kwalate Safaris, Tel. 068 614 48, kwalatesafari@g mail.com. Acht kaum markierte Stellplätze am Rand des Deltas direkt neben der Xaka-naxa Boat Station. An jedem Platz Grillmöglichkeiten, neuer Sanitärblock, sehr viele Tiere im Camp. 150 Pula p. P.

Camping am Südeingang ▶ South Gate: Kwalate Safaris, Tel. 068 614 48, kwalatesa fari@gmail.com. Weniger aufregend als der Third-Bridge-Campingplatz, inmitten eines Mopanewalds am Parkeingang gelegen. Sieben Stellplätze mit Betontischen und -bänken, Sanitärblock mit Solarheizung, Solarstrom für Licht. 150 Pula p. P.

… an der Grenze zum Moremi Game Reserve (auf dem Landweg erreichbar):

Unter Kameldornbäumen ▶ Camelthorn Rest Camp & Mankwe Mopani Camp Sites: nahe Sankuyo Village, südlich vom Mababe Gate, Mankwe Wildlife Reserve, Tel. 068 657 88, mankwe@info.bw. Nur drei Stellplätze unter Schatten spendenden Kameldornbäumen, Spültoiletten und Duschen, Restaurant, Aktivitäten. 120 Pula p. P.

Ökofreundlich campen ▶ Kaziikini Camp Site: 26 km östlich des South Gate, S19° 35 394/E23°48 144, Tel. 068 006 64, www. kaziikinicampsite.com. Neben vier kleinen Rundhütten und zwei Safarizelten gibt es auch zehn Stellplätze unter Bäumen, zwei davon mit Strom. Solarversorgter Sanitärblock, Brauchwasser-Toiletten, Restaurant (Essen vorbuchen), Bar. Die Solarenergie sorgt auch für Licht. 150–300 Pula p. P.

Stellplätze auf Gemeindegrundstück ▶ Khwai Community Camp: Khwai Village, Khwai Community Trust, Tel. 068 623 61, 068 012 11, khwai@botsnet.bw. Großer, von der lokalen Gemeinde unterhaltener Campingplatz ohne jegliche Versorgungsmöglichkeiten. Toiletten und Duschen sind geplant. Erw. 140 Pula, Kin. unter 12 J. 70 Pula.

… im Okavango Delta (nur im Rahmen einer Fly-in-Safari erreichbar): Folgende Unterkünfte stellen nur eine Auswahl der zur Verfügung stehenden Lodges

und Camps dar. Alle bieten höchsten Komfort in absoluter Wildnis und sind deshalb sehr teuer. Ein oder zwei Übernachtungen in einer nur mit dem Flugzeug zu erreichenden Lodge sollten jedoch zu einer Botswanareise dazugehören – schon der Flug über das Delta ist ein unvergessliches Abenteuer.

Legendäre Interaktion mit Elefanten ▶ Abu Camp: Wilderness Safaris (s. S. 88), www.abucamp.com. Eines der teuersten Camps in ganz Botswana, das bereits mit einer Übernachtung die meisten Urlaubsbudgets sprengt. Legendär ist allerdings die Interaktion mit Elefanten (s. S. 247), die im Übernachtungspreis enthalten ist. DZ ab 1715 US-$ p. P. all inclusive.

Animal Planet live ▶ Little Mombo Camp: Wilderness Safaris (s. S. 88). Kleines Camp auf Mombo Island mit nur drei Zelten, also sehr exklusiv. Fantastische Außenduschen und ebensolche Tierbeobachtungsmöglichkeiten. Durch einen erhöhten Holzsteg mit dem gleichnamigen Schwestercamp verbunden. DZ 1500–1800 US-$ p. P. all inclusive.

Romantisch-tropisch ▶ Jao Camp: Wilderness Safaris (s. S. 88). Neun komfortable Zelte auf erhöhten Plattformen unter Schatten spendenden Bäumen, auf den großen Veranden befindet sich ein Tagesbett mit Reetdach. Die Zimmer gehören zu den luxuriösesten der Region. Mit Wellnesszentrum Jao Spa. Das Camp ist bekannt für seine Moorantilopenherden und die Rudel von Löwen, die es auf sich abgesehen haben. DZ 1100–1600 US-$ p. P. all inclusive.

Platinum Circle ▶ Chief's Camp: in Südafrika Tel. 0027 11 438 46 50, www.sanctuary retreats.com. Auf Chief's Island in der Mombo-Konzession des Moremi Game Reserve. 12 absolut dekadent luxuriöse Buschpavillons mit Innen- und Außenduschen sowie privatem Wildbeobachtungsdeck. Mitglied des Platinum Circle des amerikanischen Conde-Nast-Traveller-Reisemagazins für ausgezeichneten Service und ebensolche Qualität. DZ ab 995 US-$ p. P. all inclusive.

Tropischer Inselluxus ▶ Xigera Camp: Wilderness Safaris (s. S. 88). Das komfortable Wassercamp Xigera (sprich: Kit-sche-ra) liegt auf Paradise Island und verfügt über zehn begehbare Luxuszelte mit separaten Badezimmern und solargeheizten Außenduschen. Jede Holz- und Leinwandbehausung steht auf einer hölzernen Plattform und bietet einen tollen Blick auf das Delta und die von der lokalen Fauna frequentierte Wasserstelle. Von Paradise Island führt eine Fußgängerbrücke zu einer anderen Insel, auf der ein ›Sandkasten‹ angelegt wurde – fast jeden Morgen kann man dort Tatzenabdrücke der ›unsichtbaren‹ nächtlichen Besucher bewundern. Kleiner Pool, Pirschfahrten Sept.–April., idealer Ausgangspunkt für einen Mokoro-Trip. DZ 650–1200 US-$ p. P. all inclusive.

Viele Aktivitäten ▶ Macatoo Camp: www.africanhorseback.com. Das ganzjährig geöffnete Camp besitzt sieben große, komfortable Safarizelte mit Bad, polierten Holzböden und Holzdeck mit Sesseln zur Tierbeobachtung sowie ein zum Aufenthaltsraum umfunktioniertes Zelt mit Ledersofas und einen Pool. Es ist das einzige Camp in Botswana, das seine Preise in britischen Pfund kalkuliert, darin enthalten sind alle Aktivitäten wie Pirschfahrten, Fußsafaris, Mokoro-Exkursionen sowie Mahlzeiten und Getränke. DZ 420–530 £ (ca. 650–821 US-$) p. P. all inclusive.

Einfacher Luxus ▶ Jacana Camp: Wilderness Safaris (s. S. 88). Jacana liegt nur 4 km nördlich vom Jao Camp, aber die Bootsfahrt dorthin dauert 35 Min. Das Camp entstand auf dem Gelände einer ehemaligen Mokoro-Anlegestelle und ist nach wie vor ideal, um von hier aus eine Einbaumtour zu unternehmen. Fünf jeweils 9 m² große Zelte mit polierten Holzböden, die zahlreichen Palmen erzeugen ein Tropeninsel-Ambiente. Viel Großwild. DZ 650–950 US-$ p. P. all inclusive.

Im Wald ▶ Little Vumbara Camp: Wilderness Safaris (s. S. 88). Sechs schöne Leinwandzimmer in einem uralten Wald auf einer Insel im nördlichen Teil des Deltas. Komplett von Wasser umgeben, daher ideal für Mokoro-Trips. Sehr gute Wildbeobachtungen. DZ 650–950 US-$ p. P. all inclusive.

Tipp: Elefantensafaris

An mehreren Orten in Botswana kann man auf Tuchfühlung mit Elefanten gehen und Ausritte in den Busch unternehmen (s. S. 294), leider stehen diese Angebote nur Lodgegästen zur Verfügung.

Der Erste, der diese Aktivität 1990 im Okavango Delta anbot, war der Amerikaner Randall Jay Moore. Das **Abu Camp** ist nach dem Elefanten benannt, den Moore einst in einem texanischen Vergnügungspark aufspürte und 1988 zurück nach Afrika brachte. In seiner alten Heimat machte der riesige Bulle mit seinen gewaltigen Stoßzähnen eine Karriere als Filmstar – keiner konnte eindrucksvoller ›angreifen‹ als er – und wurde schließlich dafür trainiert, mit Touristen zu arbeiten. 2002 starb Abu, aber sein Name lebt weiter in einem 2009 im Camp geborenen Elefanten. Derzeit leben etwa ein Dutzend trainierte Elefanten sowie drei Kälber im Abu Camp. Die älteren Tiere stammen fast alle aus US-amerikanischen Zoos, die jüngeren sind Waisen aus dem südafrikanischen Krüger-Park. Einige der Elefanten aus der Herde von Abu wurden zwischenzeitlich sogar in die Wildnis entlassen, wo sie erstaunlich gut zurechtkommen und von ihren wilden Artgenossen akzeptiert werden (ihr – extrem hohen – Übernachtungspreis des Abu Camp inbegriffen, s. S. 246).

Etwas günstiger ist die Interaktion mit Elefanten im **Stanley's Camp,** wo sich Doug und Sandi Groves um die Tiere kümmern. Wie ihr Ex-Partner Randall Jay Moore arbeiteten auch sie zunächst mit amerikanischen Zoo-Elefanten und auch sie brachten einige tierische Filmstars hervor. Die Elefantenerfahrung beginnt mit einem Spaziergang am Morgen, bei dem man sich an die Tiere gewöhnt und lernt, die verschiedenen Elefanten voneinander zu unterscheiden. Später reitet man dann auf den Dickhäutern durch den Busch – ein echtes Highlight (www.livingwithelephants.org, Lodgegäste zahlen 300–380 US-$ p. P. für den halben Tag, s. S. 248).

aktiv unterwegs

Mokoro-Bootstour

Tour-Infos

Start: direkt von den Lodges im Park oder ab Maun, wo Mokoro-Trips von verschiedenen Veranstaltern angeboten werden (s. u.)

Dauer: meist halb- oder ganztägig, teilweise auch über mehrere Tage

Buchung: direkt in den Lodges, in denen man übernachtet, oder bei Travel Wild, www. botswanaholidays.com, Afro Trek, www.afro trek.com, Audi Camp, www.okavangocamp. com, The Old Bridge Backpackers, www.ma un-backpackers.com, Delta Rain, www.delta rain.com, Kgori Safaris, www.mankwe.com

Kosten: Tagestour etwa 90 US-$ p. P., drei Tage/zwei Nächte etwa 140 US-$ p. P., jeweils inkl. Staker (›Bootsführer‹) und Guide; Tagesausflug ab Maun nach Chief's Island ca. 300 US-$ p. P. inkl. Flug, Lunch, Mokoro-Trip und Buschwanderung; in vielen Lodges sind die Bootsausflüge im Übernachtungspreis enthalten.

Untrennbar mit dem Okavango Delta verbunden sind die *mekoros* (Pl. von *mokoro*), durch Aushöhlen von Baumstämmen produzierte Kanus, die von hinten im Boot stehenden Stakern, einer Art botswanischer Gondoliere, mit langen Holzstäben durch das glasklare Wasser bewegt bzw. gestakt werden. Früher wurden die Kanus aus den Stämmen von großen, gerade wachsenden Bäumen wie Leberwurst- oder Ebenholzbäumen gefertigt. Heute stellt man sie nachhaltiger aus Fiberglas her und die wunderbaren Bäume im Delta bleiben am Leben.

Auch bei den Touren selbst wird auf Nachhaltigkeit großen Wert gelegt. Sowohl Staker als auch Guides stammen aus den lokalen Gemeinden. Die Wahrscheinlichkeit ist hoch, dass der gebuchte Trip vom Okavango Kopano Mokoro Community Trust (OKMCT) gemanagt wird. Die botswanische Gesetzgebung hat dafür gesorgt, dass Einkommen aus dem Tourismus direkt den lokalen Gemeinden zugutekommen – mit dieser Organisation wird das erfolgreich umgesetzt. Die Gemeinden koordinieren die Bootsfahrten, denn es dürfen nie mehr als 30 *mekoros* gleichzeitig in einem Flusssystem unterwegs sein, damit die Natur nicht zu sehr gestört wird. Meist treibt man in Gruppen bis zu vier Booten durchs Wasser.

Bei diesen Ausflügen geht es nicht in erster Linie darum, viel Wild zu sehen, obwohl das natürlich auch der Fall sein wird. Das Hauptaugenmerk jedoch liegt auf der Vogelbeobachtung, die mit einem solchen Fortbewegungsmittel unheimlich entspannend ist. Optimalerweise ist man ausgestattet mit einem Bestimmungsbuch, das es in Maun zu kaufen gibt, und einem guten Fernglas. So sanft durch diese wunderbare Wasserlandschaft zu gleiten hat etwas Paradiesisches –

Auf Du und Du mit Elefanten ▶ Stanley's Camp: Tel. 068 626 88, in Südafrika 0027 11 438 46 50, www.sanctuaryretreats.com/bots wana-camps-stanleys. Eine von zwei Lodges im Okavango Delta, auf der man in hautnahen Kontakt mit Elefanten gehen kann (s. S. 247). Sonst ein klassisches, nachhaltiges Safaricamp mit acht Zelten, die unter einem beeindruckenden Ebenholzbaum stehen und einen Ausblick auf die Überschwemmungsebene des Deltas bieten. Es ist ein Genuss, mit einem Drink im Pool zu sitzen und dabei die Giraffen durch die Savanne schreiten zu sehen. Auch Wildhunde lassen sich hier oft beobachten. Die Zelte vermitteln mit ihren afrikanischen Antiquitäten den Charme der Kolonialzeit. Preis inkl. Pirschfahrten, Fußsafaris, Mokoro-Trips sowie aller Mahlzeiten und Getränke, aber ohne Elefantenerfahrung. DZ 565–1110 US-$ p. P. all inclusive.

Tribut an die Moderne: Heutzutage werden die Mekoros aus Fiberglas hergestellt

natürlich nur, wenn die Sonne scheint. Bei Regen machen Mokoro-Trips keinen Spaß. Also möglichst nicht im Januar und Februar, sondern lieber zwischen April und November in den Einbaum steigen. Wer erst einmal ausprobieren möchte, wie sich so eine Mokoro-Tour anfühlt, bevor man einen mehrtägigen Trip bucht, sollte bei Afro Trek (s. l.) einen Ausflug auf dem Thamalakane River in Maun buchen. Er führt in zwei Stunden vom Sedia Hotel zum Maun Educational Park und kostet pro Person 150 Pula.

Tief im Delta ▶ **Gunn's Camp:** Tel. 068 600 23, www.gunns-camp.com. Übernachtung in sechs klassischen Safarizelten mit separatem Bad, frei stehenden Badewannen und Außenduschen. Die Zelte stehen weit voneinander entfernt. Solarstrom, Swimmingpool. DZ ab 371 US-$ p. P. all inclusive.

Gute Sumpfaussicht ▶ **Delta Camp:** Tel. 068 605 89, www.deltacampbotswana.com. Sieben Reetgras-Chalets auf einer Insel am Boro River. Mokoro-Trips und Fußsafaris. DZ ab 371 US-$ p. P. all inclusive.

Baumhäuser ▶ **Kwetsani Camp:** Fünf offene, luftige Baumhäuser aus Leinwand, Holz, Reet und Glas. Mokoro-Trips sowie je nach Wasserstand Pirschfahrten an Land. Die Hauptattraktionen hier sind Löwen, Leoparden, Wildhunde, Geparden, Halbmond- und Moorantilopen. DZ 350–900 US-$ p. P. all inclusive.

Diese Region Botswanas ist eher etwas für ›fortgeschrittene‹ Reisende, die bereits Erfahrungen in ähnlich abgelegenen Gebieten gesammelt haben. Neben dem einzigen UNESCO-Weltkulturerbe des Landes, den beeindruckenden Felsmalereien in den Tsodilo Hills, finden sich hier nahezu unerforschte Tropfsteinhöhlen.

Von Maun nach Tsao

Toteng und Sehitwa ► 1, E/F 6

Die Anreise von Maun in den Nordwesten führt – das sumpfige Okavango Delta macht's nötig – zunächst in südliche Richtung.

Was auf der Karte wie ein großer Ort aussieht, ist eigentlich nur eine wichtige Kreuzung: **Toteng** (S20°21 407/E22°57 204), etwa 64 km südlich von Maun. Von hier führt die neuere, prima ausgebaute A 3 etwa 32 km weiter nach **Sehitwa,** einem wesentlich größeren Ort mit Shops und Tankstelle. Sowohl in Toteng als auch in Sehitwa leben zahlreiche Herero.

Eine neue Teerstraße verbindet Sehitwa mit dem 195 km südlich gelegenen Ghanzi (s. S. 320) in der Kalahari. Richtung Nordwesten zweigt die A 35 ab, die im Caprivistreifen an der namibischen Grenze endet.

Lake Ngami ► 1, E/F 6

Unmittelbar südlich von Sehitwa erstreckt sich der riesige **Lake Ngami.** Wie die Makgadikgadi Pans im Osten ist auch er ein Relikt des Supersees, der bis vor etwa 1500 Jahren einen Großteil von Nordbotswana bedeckte.

1849 erreichte David Livingstone das Seeufer – es war genau dieses von Mythen umrankte Gewässer, das ihn ins Innere Afrikas gelockt hatte. Beständig wechselte – und wechselt – der Lake Ngami seine Größe und an seinem Ufer ist immer wieder ein Phänomen zu beobachten, das sich am besten mit rauchender Erde beschreiben lässt. Den Einheimischen zufolge ist der wütende Gott Lengongoro für diese ›unlöschbaren‹ Feuer verantwortlich. Die Wissenschaft gibt sich deutlich nüchterner: Rund um den See wachsen Riedgräser, die sich während der Trockenzeit spontan selbst entzünden und monatelang unter der Erdoberfläche brennen, bis sie von Regenfällen und Flutwasser wieder gelöscht werden.

Als David Livingstone hier ankam, war der See nur noch ein Schatten seiner einstigen Größe. Er schätzte ihn auf ungefähr 810 km². Berechnungen zufolge hatte das Gewässer einst jedoch eine Ausdehnung von 1800 km², d. h., der Wasserstand war viel höher. Ursprünglich gelangte das Wasser aus dem Nordosten über den Nhabe River und aus dem Nordwesten über den Thaoge River in den See, wobei der Nhabe River je nach Wasserstand des Thaoge River und des Deltas abwechselnd Zu- und Abfluss war. Im Laufe der Jahrzehnte nahm die Wasserzufuhr immer mehr ab und in den letzten 100 Jahren maß der See nie mehr als 250 km². Das liegt hauptsächlich am langsamen Austrocknen des Thaoge River, wofür wiederrum der tektonisch instabile Untergrund des Okavango Delta verantwortlich ist. Schon geringe geologische Bewegungen verändern den Fließcharakter von Wasserläufen. Heute ist das Gewässer vom Nachschub aus dem Okavango Delta abhängig, das über den Nhabe River (auch Boteti River genannt) und den Kunyere River hierhergelangt.

Pirschfahrten im offenen Geländewagen sind bei fast allen Camps Standard

Der Wasserspiegel ändert sich ständig. In den 1980er- und 1990er-Jahren ähnelte der See einer leeren Staubschüssel, 2000 und 2001 füllte er sich langsam wieder. Nach üppigen Niederschlägen in Angola und im Delta 2008 und 2009 erreichte der Wasserstand 2010 einen absoluten Höchststand. Auch 2013 waren die Regenfälle gut, sodass der Lake Ngami aktuell gut gefüllt ist. Eigentlich lohnt sich nur dann ein Besuch, denn die Gegend verwandelt sich blitzschnell in ein Vogelparadies. Die meist knochentrockenen Riedgrasfelder an seinem Ufer verrotten zu Regenzeiten und machen das Wasser sehr nährstoffreich. Enten, Gänse und alle Arten von Wasservögeln ziehen in Feuchtperioden hierher, u. a. Tausende von Flamingos. Leider gibt es dann auch sehr viele Moskitos.

Wer sich den See näher ansehen möchte, sollte die folgende Route nehmen: 3,5 km nördlich von Sehitwa, an der Hauptstraße nach Toteng bzw. Maun, hängt auf der rechten Seite eine rostige, weiße Autotüre in einem Baum (S20°27 041/E22°44 398). Hier zweigt eine Piste in Richtung Osten ab, auf der man nach ca. 1,5 km den See erreicht (S20°27 812/E24°45 247).

Vor Ort gibt es keinerlei Versorgungsmöglichkeiten, dafür darf man fahren und campen, wo – fast – immer man möchte. In und um den See liegen Siedlungen der Tawana und der Herero, die von der Viehzucht leben. Hält man sich in deren Nähe auf, sollte man immer um Erlaubnis fragen.

Tsao ► 1, E 5

Etwa 43 km nordwestlich von Sehitwa, erreichbar über die geteerte A 35, gelangt man nach **Tsao** (S20°10 295/E22°27 265), auch Tsau genannt. Das Dorf mit seinem charakteristischen Radiomast befindet sich östlich der Hauptstraße. Es gibt hier ein paar kleine Läden und viele Wohnhütten.

Folgt man der Hauptstraße weitere 11 km, kommt man an eine Gabelung (S20°07 047/E22°22 291), an der links eine Piste zu den Gcwihaba Caverns (s. S. 252) und den Aha Hills (s. S. 253) abgeht.

Südeingang
Graceland
Ice Castle
Belfry
Far Side
Gcwihaba Caverns
10
Upper Passage
Lower Passage
Drotsky's Hall
Nordeingang
Gas Chamber
Sonar
Dragon Head
Rope Pit
Enchanted Forest

N
0   25   50 m

10 Gcwihaba Caverns
► 1, C 5

Karte: oben

Der Besuch dieses Höhlensystems empfiehlt sich nur abenteuerlustigen Reisenden, denn die Anfahrt ist lang, anstrengend und nur mit einiger Offroad-Sanderfahrung zu bewältigen. Andererseits wird man für diese Ausdauer mit den wohl entlegensten Stalagmiten- und Stalaktitenformationen Afrikas belohnt – und außerdem mit Tausenden von Fledermäusen, die in den nicht erschlossenen Höhlen leben. Das jahrelang als **Drotsky's Caverns** – heute wird mehr und mehr der Name **Gcwihaba Caverns** (gcwihaba = Hyänenschlupfwinkel in der Sprache des !Kung-Stamms) verwendet – bezeichnete Höhlensystem liegt in den Dünenbergen der Kalahari im äußersten Nordwesten Botswanas.

Geschichte

Für die Buschmänner ist die Region seit Hunderten von Jahren ein Rückzugsgebiet. Aber obwohl hier nachweislich seit mindestens 12 500 Jahren Menschen leben, weist nichts daraufhin, dass die Höhlen zu irgendeinem Zeitpunkt ständig bewohnt waren. Es fanden sich zwar Reste von Holzkohle, Schalen von Straußeneiern und Knochenfragmente, aber keinerlei Felskunst.

Namensgeber der Höhlen war ein gewisser Martinus Drotsky, ein Farmer aus Ghanzi, der 1932 von Mitgliedern des !Kung-Stammes zu dem Höhlensystem geführt worden war. Noch im selben Jahr wurden die Höhlen und die umgebenden Hügel unter Denkmalschutz gestellt.

Einer Legende zufolge soll der reiche, ebenfalls aus Ghanzi stammende Farmer Martinus van Zyl einen Teil seines Reichtums in der Höhle versteckt haben – also Taschenlampe mitnehmen und suchen. Vielleicht stößt man ja auch auf eines der weiteren Höhlensysteme, die in den letzten Jahrzehnten von einheimischen Forschern entdeckt wurden. Deren genaue Lage wird strengstens geheim gehalten, damit dort keine abenteuerlustigen Besucher verloren gehen oder Schaden anrichten.

Geologie

Das fossile Tal von Gcwihaba war einst vermutlich ein Teil des Okavango Delta. Aus der Ebene ragt eine Gruppe von sechs Hügeln bis zu 30 m über den Talboden auf. Die Minihügel bestehen aus Dolomitmarmor, der durch Verwerfungen steil aufgefaltet wurde. Manche der 800 bis 1000 Mio. Jahre alten Gesteinsformationen stehen vertikal in der sandigen Landschaft. Der Fels ist scharfkantig verwittert. Er sieht grau aus, aber wenn man die Steine auseinanderbricht, sind diese innen perlweiß.

Wie alle Tropfsteinhöhlen entstanden auch die Gcwihaba Caverns durch säurehaltiges Grundwasser, das in die Risse im Fels eindrang und dabei ganz allmählich den alkalischen Kalkstein auflöste. Dieser kristallisierte in Form von Stalagmiten (stehende Tropfsteine) und Stalaktiten (hängende Tropfsteine). Aufgrund der gewaltigen Größe der Höhle gehen Forscher davon aus, dass die meiste ›Arbeit‹ von dem inzwischen ausgetrockneten, unterirdischen Gcwihaba River erledigt wurde, der einst große Wassermengen mit sich geführt haben muss. Als die Pegel fielen, blieben die Höhlen zurück. Das eindringende Regenwasser erledigte den Rest und formte die Tropfsteine.

Anfahrt

Von der Abzweigung an der A 35 (S20°07 047/E22°22 291) nordwestlich von Tsao sind es rund 80 km bis zu einer weiteren Kreuzung (S19°54 751/E21°11 142). Hier nimmt man die linke Piste, die nach 26 km das ausgeschilderte **Xhaba Borehole** (▶ 1, D 5) erreicht. Nach weiteren 27 sandigen Kilometern gelangt man schließlich zu den Gcwihaba Caverns (S20°01 250/E21°21 230). Von Tsao bis zu den Höhlen sollte man etwa drei Stunden Fahrtzeit einplanen.

Erkundung der Höhlen

Es ist definitiv nur etwas für Mutige, diese dunkle Tropfsteinhöhlen fernab der Zivilisation zu erforschen, zu denen es einen **Nord-** und einen **Südeingang** gibt. Beide liegen etwa 250 m auseinander. Eine Art Pfad führt

durch das Höhlensystem, aber es gibt weder Geländer noch Treppen oder Licht. Sicherheitshalber sollte man mehrere Taschenlampen und Ersatzbatterien mitnehmen. Am besten startet man im Norden, wo auf einem der großen Felsbrocken am Eingang die Inschrift »Discovered 1 June 1932, M Drotsky« zu lesen ist. Eine Schnur markiert die abenteuerliche Route durch die Höhlenkammern bis zum Südeingang.

Wer sich in diese Region vorwagt, kommt in erster Linie wegen der Höhlen, aber nicht wegen der hier lebenden Tiere, wenngleich es etliche Spezies zu beobachten gibt, allerdings in erheblich geringerer Zahl als anderswo in Botswana. Häufige Gäste bei den Höhlen sind Oryx- und Elenantilopen, Springböcke, Steinböckchen, Ducker und Kudus. Sie wiederum locken Wildhunde, Löwen, Leoparden, Geparden und Tüpfelhyänen an, selbst Elefanten wurde hier bereits gesichtet. Aber auch die Kleinfauna sollte nicht ignoriert werden. In kleinen, noch mit Wasser gefüllten Pfannen findet man Bullenfrösche und auf felsigem Untergrund die kleinen *barking geckos* (›bellende Echsen‹), deren Rufe so klingen, als würde man eine Schachtel Streichhölzer schütteln. Sie starten ihr Konzert bei Sonnenuntergang und setzen es einige Stunden lang fort.

Übernachten

Campen ▶ Die meisten Besucher campen in der Nähe des Höhleneingangs. Es gibt kein Wasser hier, also genügend mitführen. Der nächste Ort mit Wasser ist Xai Xai (s. S. 254). Wie überall in Botswana sollte man keinen Abfall zurücklassen, Toiletten graben und das Toilettenpapier verbrennen.

Aha Hills ▶ 1, C 5

Knapp 50 km westlich von den Gcwihaba Caverns, unmittelbar an der Grenze zu Namibia, liegen die **Aha Hills,** einer der wenigsten besuchten landschaftlichen Höhepunkte von Botswana in einer der abgelegensten Ecken des Landes. Auch dieses Ziel

Der Nordwesten

ist nur etwas für abenteuerlustige Selbstversorger mit sehr gut ausgestattetem Geländewagen.

An- und Weiterfahrt

Für die Strecke von den Gcwihaba Caverns zu den Aha Hills benötigt man ungefähr 1,5 Stunden Fahrtzeit. 28 km sind es bis zu einer Kreuzung (S19°54 286/E21°09 418), wo es links zum **Xai Xai Village** (S19°52 901/E21° 04 934, ▶ 1, C 5), auch Cae Cae Village, geht. Das Buschmanndorf ist 9 km später erreicht. Im Ort führt eine Piste geradewegs nach Norden, auf der man nach weiteren ca. 10 km zu den Aha Hills (S19°47 244/E21° 03 981) gelangt.

Wer von den Aha Hills zurück nach Maun oder in die Kalahari möchte, nimmt denselben Weg wie bei der Anfahrt. Für die Weiterfahrt nach Norden bietet sich die Strecke über **Dobe** (S19°34 830/E21°04 428, ▶ 1, C 4) an, das 27 km nördlich der Aha Hills liegt. Nach nochmals 11 km ist **Gcangwa** (S19°31 864/E21°10 294, ▶ 1, C 4) erreicht. Im Ort leben ebenfalls hauptsächlich San und Herero. Von Gcangwa führt die Piste 121 km nach Osten, wo sie bei Nokaneng (S19°39 587/ E22°11 010, s. S. 255) wieder auf die Hauptstraße A 35 trifft.

Achtung: Benzin gibt es nach Maun erst wieder in Gumare (s. S. 255), Etsha 6 (s. S. 256) und Shakawe (s. S. 265).

Erkundung

Die bisher kaum erforschte Hügelregion umfasst ein flaches, etwa 245 km² großes Plateau aus Kalkstein und Dolomitmarmor, das etwa 700 Mio. Jahre alt ist und die gleiche Entstehungsgeschichte wie die Hügellandschaft um die Gcwihaba Caverns aufweist. Naturforscher gehen davon aus, dass sich auch hier zahllose Höhlensysteme befinden. Bislang wurden nur zwei Karsttrichter entdeckt: **Waxhu Cave South** (S19°46 632/ E21°02 518) und **Waxhu Cave North** (S19° 43 532/E21°03 498). Beide *waxhus* (›Gottes Häuser‹), liegen etwa 15 km auseinander und sind nicht miteinander verbunden. Zwischen 50 und 75 m streben die vertikalen Wände

der Trichter in die Tiefe, doch keiner bildet den Eingang zu einem Höhlensystem. Das Erkunden der Karstschlote ist wirklich nur etwas für gut ausgerüstete Profis. Die Luft in den Löchern ist sehr abgestanden und ungesund – in den 1970er-Jahren ist ein Forscher beinahe erstickt und musste schnell herausgezogen werden.

Eigentlich ist es jedoch die grandiose Aussicht von den Aha Hills auf das flachere Ka-

lahari-Umland, welche die Besucher anlockt. Zwar macht der lose, brüchige Untergrund das Herumlaufen auf den Hügeln nicht ganz einfach, doch die Mühe des Aufstiegs lohnt sich. Ausgewiesene Pfade gibt es hier nicht, man sucht sich selbst seinen Weg nach oben. Auch in dieser Gegend kann überall wild gecampt werden. Wie immer gilt: Sind Menschen in der Nähe, sollte man vorher um Erlaubnis fragen.

Von Tsao zur Guma Lagoon

Nokaneng und Gumare ▶ 1, E 4

Ca. 70 km nördlich von Tsao liegt der kleine Ort **Nokaneng** (S19°39 694/E22°11 184) mit zwei Läden, einem Bäcker und einem Radiomasten. Deutlich größer ist das nochmals 37 km nördlich gelegene **Gumare** bzw. Gomare, wo es mehrere Geschäfte, ein Kran-

In den Dörfern der Region leben sesshafte San, die nach wie vor ihren althergebrachten Lebensstil pflegen

255

kenhaus, Tankstellen und einen Supermarkt gibt. Der Souvenirladen im Ort verkauft übrigens schöne Körbe.

Etsha 1–13 ▶ 1, E 3/4

1969 tobte in Angola einer der Stellvertreterkriege zwischen der Sowjetunion und den USA. Viele Menschen, hauptsächlich vom Stamm der Hambukushu, flohen aus dem Caprivistreifen nach Botswana, wo sie als Flüchtlinge akzeptiert wurden. Ursprünglich wollte man sie in Shakawe nahe der Grenze ansiedeln, doch dann wurde entschieden, sie weiter südlich in einem neu gegründeten Dorf namens Etsha unterzubringen. Die Flüchtlinge jedoch teilten sich bereits in Shakawe in 13 verschiedene Clangruppen auf und siedelten sich, als sie nach Etsha gebracht wurden, in 13 verschiedenen Dorfgemeinschaften an. Die Orte in der westlichen Ecke des Deltas liegen jeweils etwa 1 km voneinander entfernt und wurden – wenig fantasievoll – Etsha 1, Etsha 2, Etsha 3 etc. genannt. Den nördlichen Abschluss bildet Etsha 13.

Direkt an der A 35, etwa 33 km nördlich von Gumare, liegt der ursprüngliche Hauptort **Etsha.** Für Reisende von Bedeutung ist jedoch nur **Etsha 6,** das etwas abseits der Hauptstraße liegt. Ein paar Kilometer nördlich von Etsha zweigt eine knapp 3 km lange Piste in diesen Ort ab, der sogar über ein Internetcafé verfügt. Gleich daneben liegt eine Shell-Tankstelle, an der man verlässlich Benzin bekommt. Und wer will, kann sogar in der Post seine Urlaubsgrüße aufgeben.

Guma Lagoon ▶ 1, E 3

Wenige Kilometer nordöstlich von **Etsha 13** hat man an der großen, Papyrus gesäumten **Guma Lagoon** das südliche Ende des Okavango Panhandle (s. S. 265) erreicht. Die Lagune ist mit dem Thaoge River durch einen kurzen Kanal verbunden. Beide Gewässer sind sehr gute Angelreviere (s. S. 226) und eignen sich auch wunderbar zur Vogelbeobachtung, weswegen hier zwei Lodges etabliert wurden.

Erreichbar ist die Lagune mit dem Geländewagen von der Abzweigung (S19°00 793/

E22°17 356) nach Etsha 13 an der A 35. Von Etsha 13 (S19°00 975/E22°19 125) führt die sehr sandige Strecke 13 km bis zur Guma Lagoon und zum Guma Lagoon Camp (S18° 57 586/E22°22 201).

Übernachten

Ein Paradies für Angler ▶ Nguma Island Lodge: Tel. 068 301 59, www.ngumalodge. com. Einfache Zeltunterkünfte für Selbstversorger, schattige Stellplätze, Bar, Restaurant. Mokoro- und Angeltrips. Anfahrt: Von der Abzweigung nach Etsha 13 folgt man der A 35 noch 3 km nach Norden bis zu einer weiteren Abzweigung, die gut gekennzeichnet ist. Hier geht es auf einer 12 km langen Piste, die je nach Jahreszeit unterschiedlich gut zu befahren ist, in Richtung Osten bis zur Lodge (S18°57 231/E22°22 394). DZ ab 1700 Pula p. P. inkl. Aktivitäten.

Für Selbstversorger ▶ Guma Lagoon Camp: Tel. 068 746 26, www.guma-lagoon. com. Übernachtung in Leinwandchalets mit Blick auf die Lagune sowie Campingplatz mit sieben Stellplätzen und Sanitärblock unter Schatten spendenden Bäumen. Für Selbstversorger gibt es eine voll ausgestattete Küche, die auch die Camper benutzen dürfen. Man kann sich jedoch auch voll verpflegen lassen (Frühstück 62 Pula, Lunch 73 Pula, Drei-Gänge-Dinner 168 Pula). Es werden u. a. Angel- und Mokoro-Trips in die Lagune organisiert (1100 Pula/Tag). Chalet für 2 Pers. 941 Pula, Camping 124 Pula.

11 Tsodilo Hills ▶ 1, D 3

Karte: rechts

Im Jahr 2002 wurden die mystischen **Tsodilo Hills** von der UNESCO zu Botswanas erstem Weltkulturerbe erhoben. Das spirituelle und religiöse Zentrum der San liegt in einem Gebiet, das von den Buschmännern bereits seit Jahrtausenden bewohnt wird. Davon zeugen insbesondere die Felsmalereien der San (s. S. 72), die zu den besten und wichtigsten im gesamten südlichen Afrika gehören. Da fällt es kaum ins Gewicht, dass sich in den Tsodilo Hills auch die mit 1489 m höchste Erhebung Botswanas befindet.

Geschichte

Seit über 30 Jahren forschen Archäologen in der Region. Sie fanden Zeugnisse menschlicher Besiedlung, die 100 000 Jahre zurückreicht und die Tsodilo Hills damit zu einer der ältesten kulturhistorischen Fundstätten der Welt macht. An der Uferlinie eines ehemaligen Sees wurden Harpunen gefunden, etwa 30 000 Jahre alt, die daraufhin hindeuten, dass frühe Bewohner hier ihre Nahrung gefischt haben. Es sind die einzigen Harpunenfundstücke in der Region. Noch aufregender war die Entdeckung von 21 uralten Minen. Einige waren zwar schon länger bekannt, aber nie als solche identifiziert worden. Man vermutet, dass diese Abbaustellen zwischen 850 und 1100 n. Chr. genutzt wurden, um schwarzen Hämatit und Glimmer zu gewinnen. Das Gestein wurde zerkleinert, im gesamten Subkontinent gehandelt und zur Schmuckverarbeitung verwendet.

Die ersten Bewohner der Gegend waren die San. Vor rund 200 Jahren stieß der Bantu-Stamm der Hambukushu hinzu, der sich jedoch zunächst nur periodisch hier aufhielt. Heute leben die beiden ethnischen Gruppen in zwei getrennten Dörfern am Fuß der Hügellandschaft.

Für die San sind die Tsodilo Hills nach wie vor ein heiliger Platz, den sie ›Berge der Götter‹ oder ›Fels, der flüstert‹ nennen. Jeder der vier Haupthügel – **Male Hill 1**, **Female Hill 2**, **Child Hill 3** sowie eine namenlose Erhebung – hat für die Buschmänner eine besondere Bedeutung. In den Höhlen des weiblichen Hügels beispielsweise wohnen die Seelen der Verstorbenen sowie diverse Götter, die von dort die Welt regieren. Der heiligste Platz befindet sich in der Nähe des männlichen Hügelgipfels. Hier soll der *first spirit* (›erste Geist‹) gekniet und gebetet haben, nachdem er die Welt erschaffen hatte.

An- und Weiterfahrt

Von der A 35 führen drei verschiedene, auf Landkarten sichtbare Routen zu den Tsodilo

Tsodilo Hills

Hills, wobei die nördlichste Zufahrtspiste inzwischen gesperrt wurde. Von den beiden anderen Strecken ist die 38 km lange, mittlere Piste die jüngste und zugleich einfachere Anfahrtsvariante. Sie zweigt in **Nxamaseri** (▶ 1, D 3) von der A 35 ab und führt fast schnurgerade in südwestlicher Richtung zu den Tsodilo Hills.

Die 48 km lange Südroute ist tief versandet. Wer Zeit hat und Abenteuer sucht, fährt über die Südroute an und verlässt Tsodilo auf der mittleren Piste. Startpunkt für die Südroute ist **Sepopa** bzw. Sepupa (S18°45 160/ E22°10 609, ▶ 1, D/E 3), ca. 48 km nördlich von Etsha. In Sepupa fährt man auf der alten, guten Schotterstraße etwa 10 km zurück in Richtung Süden und biegt dann an einer Kreuzung (S18°50 292/E22°10 011) rechts

aktiv unterwegs

Wandern in den Tsodilo Hills

Tour-Infos

Start: je nach Trail an einem der Camping-plätze (s. S. 261)
Dauer: je nach Trail ca. 1,5 Std. bis 1 Tag
Schwierigkeit: aufgrund der Hitze recht anstrengend, besonders die 2-stündige Wanderung zum Gipfel des Male Hill
Kosten: Eintritt Erw. 50 Pula, Kin. 2–15 J. 10 Pula. Wer die Wanderung mit einem Führer unternimmt, zahlt je nach Wanderweg 120–175 Pula pro Trail, eine Vorausbuchung ist nicht notwendig.

Obwohl es erlaubt ist, sollte man die Region der **Tsodilo Hills** nicht auf eigene Faust erforschen, sondern einen einheimischen Führer anheuern – zu leicht kann man in dem unübersichtlichen Gelände verloren gehen. Am Main Campsite gibt es ein Rangerbüro, wo lokale Guides der San oder Hambukushu auf Kundschaft warten. Sie kennen sich in der Gegend aus wie in ihrer Westentasche und machen einen auf Orte aufmerksam, die man alleine nie entdecken würde. Bislang gibt es vier mehr oder weniger ausgeschilderte Wanderwege, deren Markierungspfosten aller-

dings häufig überwachsen und schwierig auszumachen sind. Bis auf den Male Hill Trail haben sie spektakuläre, mit Nummern versehene Felsmalereien zum Ziel.

Rhino Trail 6

Dieser Trail ist relativ gut markiert und weist die meisten Felsmalereien auf. Er ist daher auch mit Abstand der beliebteste und lohnenswerteste. Startpunkt für den Wanderweg ist der **Squirrel Valley Campsite.** Die Rundtour nimmt ca. 1,5 Std. in Anspruch, je nachdem, wie lange man sich bei den Bildern Zeit nimmt. Wer unbedingt alleine losziehen will, soll diesen Trail wählen, der noch am ehesten auf eigene Faust zu bewältigen ist. Allerdings sind die ersten Malereien nicht sehr deutlich zu erkennen.

1 Hier finden sich in einem einzelnen Felsen **Ritzen,** wo die San früher ihre Pfeile geschärft haben.

2 **Tiermalereien** stellen ein Nashorn, eine Elenantilope sowie vermutlich einen Esel dar.

3 Der sogenannte **Regenmächerplatz** zeigt eine Elenantilope, die von Punkten umgeben ist. Das Tier wird von den lokalen San vom Stamm der !Kung als Regengeist verehrt, daher auch sein Name: *khwa-ka-xoro* (›Regentier‹). Die Punkte repräsentieren Regentropfen. Selbst heute noch kommen !Kung-San an diesen Ort, um Zeremonien abzuhalten.

4 Die alte **Quelle** – der flache Bereich füllt sich nach Regenfällen mit Wasser, manchmal bildet sich sogar ein kleiner Wasserfall.

5 Auf dieser Felswand im Zentrum des Female Hill finden sich eine **Giraffe** mit einer übertrieben ausladenden Mähne sowie ein paar andere Tiere.

6 Die **Hufgravuren** stammen den Hambukushu zufolge von den ersten Rindern, die vom Himmel kamen, als die Felsen der Erde noch weich waren. Die San glauben, es handelt sich um Spuren von Elenantilopen.

Rhino Trail

Nur mit einem Guide lassen sich die Felsmalereien auch wirklich begreifen

7 Hier finden sich **Reste uralter Siedlungen.** Ausgrabungen brachten die Überreste eines Hauses zutage, außerdem karbonisiertes Getreide, Kupfer- und Eisenschmuck, Glasperlen, Muscheln und Klingen. Bislang wurde an keinem anderen Fundort im südlichen Afrika mehr Metallschmuck gefunden als hier.

8 Zwischen den Stationen 7 und 8 lassen sich einige geometrische Muster an den Wänden entdecken. Von der Nr. 8 aus sieht man den Male Hill. Das Motiv unter einem Felsüberhang zeigt eine **Giraffe** und **Männer mit erigierten Penissen,** auch als *dancing penises* bekannt.

9 Die weißen Gemälde von **Haustieren** entstanden deutlich später als die roten Werke.

10 Das Bild des **Nashornweibchens** mit seinem Jungen ist das berühmteste und eines der besten in den Tsodilo Hills. Nach ihm

wurde der Wanderweg benannt und es dient als Logo der Botswana Society, einer Nichtregierungsorganisation, die sich um die Erhaltung des kulturellen, wissenschaftlichen und ökologischen Erbes des Landes bemüht.

11 Dieses sehr interessante Bild zeigt ganz offensichtlich einen **Wal** sowie einen **Pinguin** – ein Beweis dafür, dass die San bis zum Meer vorgedrungen sind.

12 Die große **Höhle** am Fuß des Female Hill enthält ein paar ausgebleichte Darstellungen geometrischer Muster. Da sich die Stätte nahe der Straße befindet, wird sie häufiger besucht. Offensichtlich wurde die Höhle durch Feuer vergrößert, indem man das Gestein erhitzte und dann mit Wasser abkühlte, sodass es zersplitterte. Zwischen den Stationen 12 und 13 befindet sich die verblasste Darstellung eines Elefanten.

Lion Trail 7

13 Das **Van der Post Panel** ist das bekannteste und schönste Gemälde in den Tsodilo Hills. Es wurde nach dem südafrikanischen Schriftsteller Sir Laurens van der Post benannt, der diese Region in seinem Buch »Die verlorene Welt der Kalahari« international berühmt gemacht hat. Auf der Felswand, die in den Himmel zu entschweben scheint, sind deutlich sichtbare Darstellungen von Giraffen und Elenantilopen zu sehen. Überdies bietet sich von hier eine wunderbare Aussicht auf die umgebende Wildnis.

14 Hier sind **Elenantilopen, Kudus, Spinnen, Springhasen** und einige **Tierhäute** auszumachen.

15 Stark verblichene Malereien zeigen u. a. eine **Giraffe,** eine **Elenantilope** und ein **Nashorn.** Zwischen den Stationen 15 und 16 ist ein Gnu oder Büffel abgebildet.

16 Abbildungen eines **Ochsenwagens,** eines **Rads** und einiger **Esel** machen deutlich, dass die Buschleute bereits Kontakt mit Europäern hatten.

Lion Trail 7
Der Lion Trail ist nach seiner bekanntesten Zeichnung, der Darstellung eines Löwen, benannt (ca. 1 Std. hin und zurück).

17 Für diese Gruppe von **Männern mit erigierten Riesenpenissen** gibt es zwei mögliche Erklärungen: Zum einen sind Phalli in vielen Kulturen ein Fruchtbarkeitssymbol und ein Ausdruck für Kraft, zum anderen könnte es sich um Darstellungen von Trancetänzern handeln, wobei den Malern ein wenig die Fantasie durchging. Für Letzteres sprechen auch die Bilder mit nach hinten gestreckten Penissen – offensichtlich waren die !Kung in einem gewissen Geisteszustand der Meinung, sie könnten fliegen.

18 In dieser Höhle ist ein überproportional großer **Elefant** verewigt.

19 Nach dem Bild dieses **Löwen** am Male Hill ist der Lion Trail benannt. Zwischen den Stationen 3 und 4 finden sich weitere verblichene Darstellungen.

20 Zu sehen sind ein **weißer Elefant** sowie diverse menschliche Figuren.

Cliff Trail 8
Mit dem Geländewagen kommt man von der Piste, die nördlich am Female Hill vorbeiführt, recht nahe an die Felsbilder auf dem Cliff Trail heran. Für die Wanderung zu den bekanntesten Malereien dieses Trails, einer Schlange

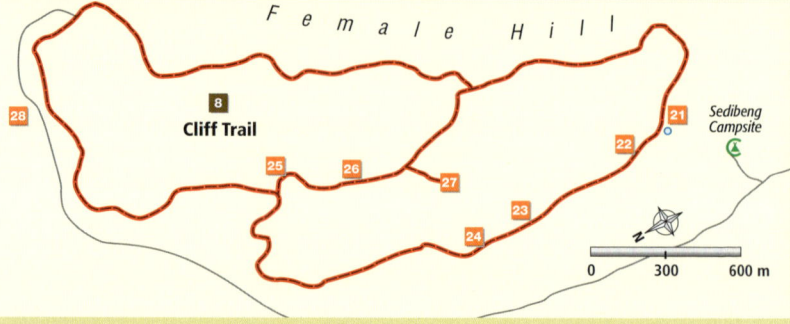

mit Kudu-Hörnern und einem Zebra, benötigt man hin und zurück etwa 1,5 bis 2 Std.

21 Dieses **Wasserloch** am Female Hill hat nicht nur für die San eine enorme spirituelle Bedeutung. Auch viele Christen, vor allem Mitglieder der Zionist Christian Church, glauben, dass das Wasser magische Kräfte besitzt und sowohl böse Geister vertreiben als auch Hexenzauber verhindern kann. Ursache hierfür sind die Pythons, die immer wieder an diesem Wasserloch anzutreffen sind und in der Glaubenswelt der San eine hohe Stellung einnehmen (s. S. 262).

22 Hier ist das Bild einer **Giraffe** zu sehen.

23 Eine **Elenantilope,** geometrische Muster und Tierhäute sind auf den Zeichnungen abgebildet.

24 Darstellung eines **Zebras.**

25 Bilder großer **Elefanten,** eines **Kudus** sowie geometrische Muster.

26 An dieser Stelle sind im Fels zwei **Einbuchtungen** zu erkennen, die an die Form von Knieabdrücken erinnern. Christen glauben, hier habe einer von Gottes Engeln gekniet und gebetet. Eine deutlich interessantere Theorie vertreten die Hambukushu: Für sie ist dies der Ort, an dem der Sex entstand. Eine Frau und ein Mann kletterten auf den Hügel, und als die Frau müde wurde, kniete sie sich auf allen Vieren hin und brachte ihren Mann unversehens in völlige Erregung.

27 In dieser Höhle wurden 1996 **Artefakte aus der späten Steinzeit** gefunden.

28 Hoch oben auf einem Felsen ist das attraktive Gemälde eines **Zebras** zu sehen.

Male Hill Trail **9**

Dieser Wanderpfad führt auf den Gipfel des gut 400 m hohen Male Hill. Von oben genießt man einen absolut fantastischen Blick auf die Wüstenlandschaft der Kalahari. Der Aufstieg durch loses Geröll ist recht anstrengend, lohnt aber definitiv die Mühe. Start ist am Fuß des Male Hill, den man auf einer Piste mit dem Geländewagen erreichen kann. An der Löwenmalerei beginnend, lässt sich der Hügel in etwa 2 Std. erklimmen.

ab. Nach 48 sehr sandigen Kilometern trifft man bei den Koordinaten S18°47 414/E21° 44 921 auf die mittlere Anfahrtsroute. Das mag sich nach einer kurzen Strecke anhören, aber der Sand ist sehr tief, sodass man für diese knapp 50 km mit einer Fahrzeit von gut drei Stunden rechnen muss.

Die Piste führt direkt zum Eingangstor (S18°47 275/E21°44 856). Etwas südlich davon stößt man auf **Hambukushu Village 4** und noch ein Stückchen weiter auf **San Village 5** (S18°48 147/E21°43 903). Das Pistennetz um die Hügel ist mit einem 4x4 gut zu navigieren.

Erkundung

Die meisten Besucher kommen natürlich in die Tsodilo Hills, um die Felsmalereien zu bewundern. Über 4500 Bilder wurden hier gefunden, viele an nahezu unzugänglichen Stellen. Ein Teil der Felsmalereien ist durch Wanderwege erschlossen, von denen der **Rhino Trail 6**, der **Lion Trail 7**, der **Cliff Trail 8** und der **Male Hill Trail 9** die bekanntesten und lohnendsten sind (s. S. 258).

Am Haupteingang gibt es ein kleines **Museum 10**, das sich mit der Geschichte der Hügel und ihrer Bewohner befasst, sowie ein Büro, wo man sich anmelden muss. Die Angestellten weisen dann einen Stellplatz auf einem der vier Campingplätze zu. Über Duschen und Toiletten verfügt nur der Main Campsite am Eingang (Erw. 50 Pula, Kin. 2–15 J. 10 Pula).

Übernachten

Campingplätze ▶ Main Campsite: nahe dem Rangerbüro. Mit acht individuellen Plätzen unter Bäumen und einem Sanitärblock (Wasserleitung, Duschen, Toiletten). **Makuba Woods Campsite:** an den südlichen Ausläufern des Female Hill (S18°45 688/E21°44 586). Hier gibt es nur eine Wasserleitung. **Squirrel Valley Campsite (Baobab Campsite):** am Fuß des Female Hill, dort, wo der Rhino Trail beginnt (S18°45 385/E21°44 248). Keinerlei Ausstattung, nur ein paar Schatten spendende Bäume. **Malatso Campsite:** am nördlichsten Ende des Female Hill in der

Das älteste Ritual der Welt

In der Rhino Cave im nördlichen Teil des Female Hill versteckt sich eine Felspython, um die sich einige der faszinierendsten Geschichten der Hügel ranken. Aufgrund der abgeschiedenen Lage und der Schwierigkeit, dorthin zu gelangen, wurde das steinerne Tier erst in den 1990er-Jahren von Archäologen entdeckt.

Die ›Python‹ entpuppt sich als etwa 6 m lange und 2 m hohe natürliche Felsformation, die aus der Wand der Rhino Cave ragt, genau gegenüber von einem weißen Nashorngemälde, daher auch der Name der Höhle. Die Seiten der Schlange sind übersät mit Einbuchtungen und Riefen, eingeritzt mit Speerspitzen und Schneidewerkzeugen, die entsprechend einem San-Ritual der großen Schlange als Opfer dargebracht wurden. Mund und Augen der Schlange sind deutlich zu erkennen. Wenn Sonnenstrahlen auf die Felsskulptur fallen, nehmen die zahllosen handgemachten Dellen im Stein die Struktur einer Schlangenhaut ein. Im nächtlichen Feuerschein muss es so ausgesehen haben, als würde sich die Schlange bewegen.

Diese Theorie stammt von der norwegischen Archäologieprofessorin Sheila Coulson, die 2006 unterhalb der Schlange gegraben hat. Dort fand sie über 13 000 Artefakte, u. a. steinerne Speerspitzen und Schneidewerkzeuge, von denen sie annahm, dass sie bei Ritualen genutzt wurden. Einige der Fundstücke stammen aus Gebieten, die mehrere Hundert Kilometer von Tsodilo entfernt liegen, und die Speerspitzen waren sorgfältiger gefertigt als diejenigen der Region. Zeichen von Feuer wiesen nur die Speerspitzen aus rotem Stein auf. Man nimmt an, dass sie der Schlange geopfert wurden, einer Kreatur, die die San verehrten. Die Buschleute nahmen an, die Menschheit stamme von der Schlange ab, und sie glaubten, dass die Schlange

die uralten Trockenflussbetten erschaffen hat, als sie sich auf ihrer Suche nach Wasser durch die Hügel schlängelte.

Coulsons Theorie war zunächst umstritten, vor allem das geschätzte Alter der Artefakte von über 70 000 Jahren, was den Fundort zum ältesten menschlichen Ritualplatz der Welt machte. Bis dato waren Forscher davon ausgegangen, dass die ersten menschlichen Rituale vor 40 000 Jahren in Europa praktiziert wurden. Andere Archäologen zweifeln nicht nur das Alter der Fundstücke an, sondern auch die angebliche Ähnlichkeit des Felsens mit einer Schlange.

Im weiteren Verlauf ihrer Forschungen entdeckte Coulson eine steinerne Kammer hinter der Schlange. Die Felswände dort sind seitlich so glatt geschliffen, dass es aussieht, als ob sich durch die schmale Öffnung oft Menschen hindurchgezwängt haben. Nach Meinung der Archäologin hielt sich während des Rituals hier ein Schamane versteckt. Er konnte in das Innere der Höhle sehen, blieb aber selbst verborgen. Wenn er aus seinem Versteck heraus gesprochen hat, muss sich das so angehört haben, als würde die Schlange sprechen. Somit war der Schamane in der Lage, das Ritual zu kontrollieren. Wer die Rhino-Höhle besucht, sollte seinen Guide bitten, sich in die Kammer zu begeben und von dort zu sprechen. Die Stimme klingt dämonisch verzerrt – auf abergläubische Ureinwohner muss das einen enormen Effekt gehabt haben.

Thema

An bildlichen Darstellungen findet sich außerhalb der Höhle das Gemälde eines Nashorns. Im Innern entdeckt man erstaunlicherweise nur zwei kleine Bilder, das eines Elefanten und das einer Giraffe – beide wurden genau an der Stelle angebracht, wo permanent Wasser die Wand hinabrinnt. In der San-Mythologie gibt es eine Geschichte, in welcher die Python in ein Wasserloch fällt und nur mithilfe einer Giraffe wieder herauskommt. Der Elefant mit seinem langen Rüssel wird oft als Metapher für die Python verwendet. In der Höhle finden sich also die drei wichtigsten Tiere der San: Python, Giraffe und Elefant. Übrigens: In der Nähe der Höhle lebt eine etwa 2,5 m lange Felspython, die man oft am Wasserloch des Female Hill sehen kann, ein weiterer Ort von großer spiritueller Bedeutung (s. S. 261).

Die Höhle ist auf eigene Faust nur schwer zu finden, sodass man am besten einen lokalen Führer engagiert.

Abbildungen von Nashörnern schmücken die nach ihnen benannte Rhino Cave

Die Welswanderung Thema

Was die Lachswanderung für Alaska, das ist die Welswanderung für das Okavango Delta. Jedes Jahr zwischen Anfang August und Ende November, sobald der Wasserstand im nördlichen Teil des Panhandle fällt, bewegen sich die Welse flussaufwärts.

Die Welswanderungen beginnen im Norden des Deltas, wo sich die anderen Fische aufgrund des ständig sinkenden Wasserspiegels in den tieferen Flussabschnitten sammeln. Vor allem die kleineren Exemplare verbergen sich gerne im Papyrus. Doch die räuberischen, bis zu 60 kg schweren Welse *(catfish)* haben ihre ganz eigene ›Angeltechnik‹ entwickelt. In großen Gruppen schwimmen sie in den Papyrus und schlagen dort mit ihren Schwanzflossen aufs Wasser, was sich wie ein Gewehrschuss anhört und ihre Beute unbeweglich macht, als wäre eine Blendgranate explodiert. Danach lassen sie es sich schmecken.

In der Trockenzeit bewegen sich Hunderte, manchmal Tausende von Welsen flussaufwärts, wie eine flossenbewehrte, schuppige und unaufhaltsame Armee. Das Wasser bro-

delt dann richtiggehend. Natürlich lockt dieser Massenauflauf auch andere Tiere an, vor allem jene, die in der Nahrungskette weiter oben angesiedelt sind: Reiher, Störche, Schreiseeadler und andere Fisch fressende Federträger, während im tieferen Wasser Krokodile, Schlangen und Tigerbarsche lauern.

Nach der Attacke pausieren die Welse eine Zeit lang, danach lassen sie sich wieder flussabwärts driften und das Spiel beginnt von Neuem. Diese Wanderungen finden täglich überall im Delta statt, in verschiedenen Größenordnungen und unterschiedlich lang. Manche Welse legen nur einige Kilometer zurück, andere sind bis zu zwei Wochen am Stück unterwegs. Sobald das Wasser im Panhandle wieder steigt, schwimmen die Welse ins Delta zurück, um abzulaichen.

Die jungen Schilben sind bei den jagenden Welsen als Futter sehr begehrt

Nähe des Cliff Trail (S18°43 608/E21°43 910). Das Camp ist herrlich einsam auf rund 1000 m (!) gelegen, allerdings ist die Piste hierher ein bisschen schwierig zu befahren und teilweise überwachsen. Definitiv der schönste der vier Campingplätze an den Tsodilo Hills. Jeweils Erw. 130 Pula, Kin. 2–15 J. 70 Pula.

Okavango Panhandle
▶ 1, D 2 – E 3

Das Okavango Delta (s. S. 224) ähnelt der Form einer Pfanne. Dort, wo der Okavango River – aus Angola kommend und den namibischen Caprivistreifen querend – nach Botswana fließt, bildet er das **Okavango Panhandle,** also den ›Pfannenstiel‹. Im Gegensatz zu den übrigen Regionen des Deltas ist das Panhandle ganz einfach auf der geteerten A 35 zu erkunden. Sobald man die Hauptstraße jedoch verlässt, wird es sandig und ein 4x4 mit ausreichend Bodenfreiheit ist absolut notwendig.

Im äußersten Norden des Panhandle liegt kurz vor der Grenze zu Namibia das große Fischerdorf **Shakawe.** Sehenswürdigkeiten gibt es keine, für Selbstfahrer ist auch hier vor allem die Tankstelle von Bedeutung. Infolge der nahen Grenze sieht man im Ort eine Menge botswanischer Soldaten, deren Kaserne sich in Shakawe befindet.

Wer über einen Geländewagen verfügt, kann auch das Ostufer des Okavango erkunden. Hier verläuft eine wenig befahrene Piste, erreichbar über die Mohembo-Fähre nördlich von Shakawe.

Von Shakawe aus bieten sich zwei Möglichkeiten zur Weiterfahrt an, in beiden Fällen muss man jedoch zunächst die Grenze nach Namibia überqueren. Der Grenzübergang **Mohembo** (▶ 1, D 2, tgl. 6–18 Uhr) befindet sich 16 km nördlich von Shakawe und ist problemlos passierbar. 25 km nach der Grenze stößt man auf die perfekt geteerte B 8, die den namibischen **Caprivi Strip** von West nach Ost durchzieht. Wahlweise kann man sich hier nach Westen, grobe Richtung Wind-

hoek (913 km) wenden oder man entscheidet sich für die östliche Richtung und fährt über **Katima Mulilo** (▶ 1, H 1) zum 364 km entfernten namibisch-botswanischen Grenzposten **Ngoma Gate** (▶ 1, J 1) und erkundet den Norden Botswanas mit dem Chobe National Park (s. S. 270).

Übernachten

Für Angler ▶ **Shakawe Lodge:** 15 km südlich von Shakawe (S18°26 059/E21°54 326), Buchung über Travel Wild in Maun, Tel. 068 608 22. Die Lodge wurde bereits 1959 unter dem Namen Shakawe Fishing Camp etabliert. Sie befindet sich am Ufer des Okavango, etwa 3 km von der Hauptstraße entfernt. Übernachtet wird in 10 großen, reetgedeckten, recht einfachen Chalets. Der Swimmingpool wird nur noch von Sitatungas zur krokodilfreien Erfrischung genutzt. Ein paar Meter von der Lodge entfernt findet sich ein grasbewachsener, schattiger Campingplatz. Chalets (für bis zu 4 Pers.) 450 Pula p. P., Camping 110 Pula p. P.

Altbewährt ▶ **Drotsky's Cabins:** S18°24 868/E21°53 120 (8 km südlich des Radiomasts in Shakawe geht es links von der Teerstraße ab, eine 3 km lange Sandpiste führt zur Lodge), Tel. 068 750 35. Seit vielen Jahren gibt es diese Lodge mit reetgedeckter Bar direkt am Flussufer, dort, wo der Okavango einige Kilometer breit ist. Gut zum Fischen und Vogelbeobachten. Es gibt Boote stundenweise zu mieten, mit und ohne Guide. Die 6 a-förmigen, einfachen Hütten bieten jeweils 2–5 Pers. Platz und liegen unter Schatten spendenden Flussbäumen. Dazwischen gedeihen Bananenstauden und bunt blühende Büsche, die dem Ganzen ein schönes tropisches Ambiente verleihen. Frühstück 100 Pula, Lunch 120 Pula, Dinner 150 Pula, Bootsmiete 250 Pula/Std., 1000 Pula/Tag, Angeln 120 Pula/Tag. Chalet 450 Pula p. P., Camping 130 Pula p. P. inkl. Feuerholz.

Verkehr

Busse: Der Mahube Express und der Golden Bridge Express verkehren 2 x tgl. von Shakawe nach Maun (4,5 Std., ca. 80 Pula).

Das höchste Landlebewesen der Welt, die Giraffe,
ist auch im Chobe National Park zu Hause

Kapitel 5

Chobe National Park und Victoria Falls

Der Chobe National Park gilt weltweit als das Elefantenparadies schlechthin, über 100 000 Dickhäuter leben im drittgrößten Nationalpark Botswanas. Wenn eine solche Herde im Nachmittagslicht die Piste quert und Staub aufwirbelt, den die untergehende Sonne golden einfärbt, ist das ein Anblick, den man nie vergisst.

Auch der Rest der Big Five ist gut vertreten, besonders in der Savuti- und in der Linyanti-Region, wobei Letztere großteils nur per Flugzeug zu erreichen ist. Außerdem wurden in dem Schutzgebiet über 450 Vogelarten identifiziert. Und wenn es regnet, verwandeln Wildblumen die Gegend in eine Märchenlandschaft. An der Chobe Riverfront westlich von Kasane, dem meistbesuchten Teil des Parks, sieht man oft Elefanten im Fluss, deren Rüssel wie Schnorchel aus dem Wasser ragen. Trotz ihres Gewichts können die Kolosse prima schwimmen.

Der große Chobe River hat seinen Ursprung in Angola und wechselt bis zu seiner Mündung in den Sambesi mehrmals den Namen. In Angola und Namibia, wo er großteils die Grenze zu Botswana bildet, heißt er Kwando, wird in Botswana erst zum Linyanti und dann zum Chobe, bevor er bei Kasane in den Sambesi fließt. Das Wasser des Chobe hat einen

nicht unbeträchtlichen Anteil daran, dass die nahe gelegenen Victoria Falls zu den Top-Attraktionen in ganz Afrika gehören. Nachdem sich die politische Lage in Simbabwe entspannt hat, lassen sich die berühmten Wasserfälle wieder beidseitig erleben: von Livingstone in Sambia und von Victoria Falls in Simbabwe aus. Beide Orte ziehen auch Adrenalinsüchtige aus aller Welt an. Neben einem Bungee-Jump von der Victoria Falls Bridge kann man sich auf einen der weltbesten Raftingtrips begeben.

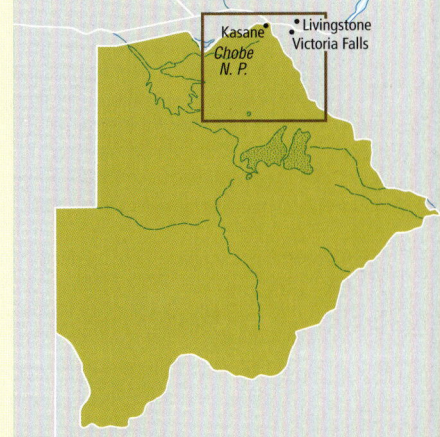

Chobe National Park und Victoria Falls

Sehenswert

12 **Linyanti Swamp:** Das Sumpfgebiet am Chobe River ähnelt von der Landschaft und dem Tierreichtum her dem berühmten Okavango Delta. Wie dort auch erschließt sich ein Großteil der Region nur mit Kleinflugzeugen auf einer Fly-in-Safari (s. S. 276).

13 **Chobe Riverfront:** Zwischen Kasane und dem Ngoma Gate zieht sich eine Teerstraße, mit vielen Pistenabstechern in die Flussebene, etwa 70 km am Chobe River entlang. Die Tierbeobachtungsmöglichkeiten hier gehören zu den besten in Afrika (s. S. 279).

14 **Victoria Falls:** Nicht zu Unrecht gehören die Wasserfälle zum Weltnaturerbe der UNESCO und sind eine der Hauptattraktionen Afrikas. Zwischen Sambia und Simbabwe stürzt sich der Sambesi spektakulär über 100 m tief in die Batoka Gorge (s. S. 297).

Schöne Routen

Marsh Road: Die reichlich holprige Strecke vom Mababe Gate des Chobe National Park nach Savuti ist wunderschön, allerdings nur außerhalb der Regenzeit und nur mit einem Geländewagen befahrbar (s. S. 272).

Von Kazungula zu den Victoria Falls: Die kleine, schmale Teerstraße vom botswanisch-simbabwischen Grenzübergang nach Victoria Falls führt durch ein Afrika wie aus dem Bilderbuch – der Busch reicht bis an den Straßenrand und Tierbeobachtungen sind an der Tagesordnung (s. S. 292).

Von Victoria Falls nach Livingstone: Die Straße verbindet die beiden durch den mächtigen Sambesi getrennten Länder Simbabwe und Sambia über eine der schönsten Brücken der Welt, die Victoria Falls Bridge (s. S. 302).

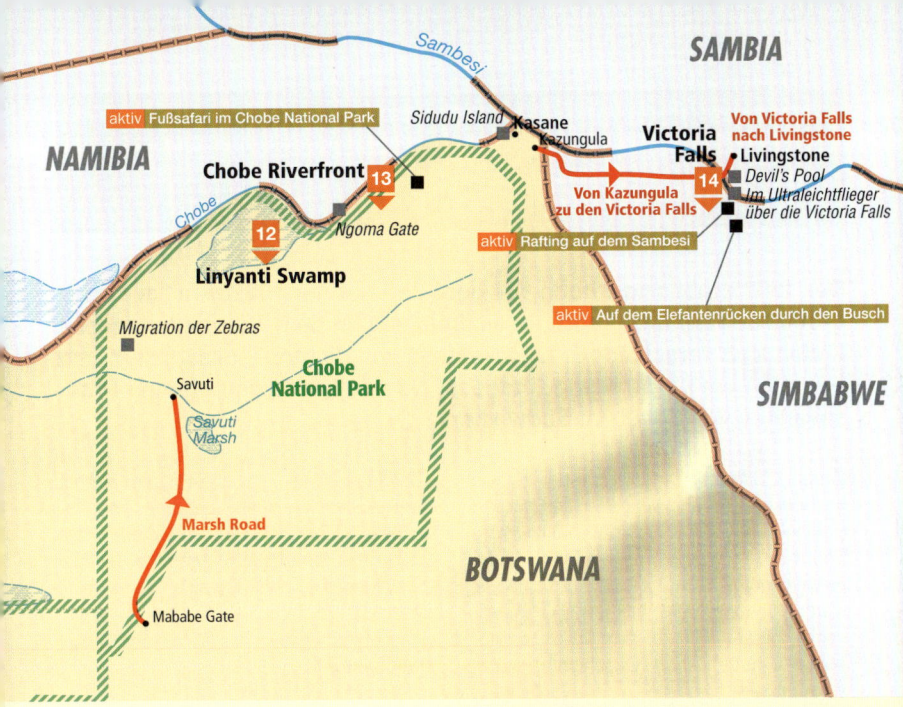

Meine Tipps

Migration der Zebras im Chobe National Park: Zwischen dem Linyanti Swamp und dem Savuti Marsh migrieren jedes Jahr im November Tausende von Zebras. Im Dezember bekommen sie in der Savuti-Region ihre Fohlen und kehren zwischen Februar und April nach Linyanti zurück (s. S. 273).

Sidudo Island: Mit dem Boot an der Insel im zentralen Kanal des Chobe River gegenüber von Kasane vorbeifahren und dabei die grasenden Flusspferde beobachten (s. S. 282).

Devil's Pool: Nur etwas für Mutige ist das Bad im ›Pool des Teufels‹, der sich direkt an der Kante der Viktoriafälle befindet (s. S. 301).

Im Ultraleichtflieger über die Victoria Falls: Vogelgleiches Schweben über den tosenden Wasserfällen – einer der schönsten Rundflüge der Welt (s. S. 310).

aktiv unterwegs

Fußsafari im Chobe National Park: Eine Wanderung verspricht die direkteste Erfahrung mit der lokalen Flora und Fauna. Mit einem guten Führer an der Seite fühlt man sich sehr sicher, auch wenn Nashörner, Büffel und Löwen auf Fußgänger erheblich größer wirken als auf Autofahrer (s. S. 282).

Auf dem Elefantenrücken durch den Busch: Es ist ein tolles Gefühl, Elefanten nicht nur von Weitem zu sehen, sondern sie auch zu berühren und mit ihnen einen Ausritt in den Busch zu unternehmen (s. S. 294).

Rafting auf dem Sambesi: Mehr Spaß kann man an einem Tag nicht auf dem Wasser haben, sagen erfahrene Adrenalinjunkies – absolut aufregend (s. S. 308).

Chobe National Park

**Der 1967 etablierte Chobe National Park ist mit 10698 km² der dritt-
größte des Landes – und der wildreichste. In dem Naturschutzgebiet
finden sich verschiedene Ökosysteme, von dichten Flusswäldern und
Sümpfen am Linyanti und Chobe im Norden bis zu den offenen Grassavannen von Savuti im Südwesten.**

In den 1930er-Jahren erkannte der damalige britische Kolonialverwalter Botswanas,
Colonel Charles Rey, die Notwendigkeit, das
Chobe-Gebiet als Nationalpark zu schützen.
Es wurde intensiv bejagt und Edelholzbäume
wurden unkontrolliert gefällt. Der Elfenbein-
handel befand sich auf dem absoluten Höhepunkt, hatte jedoch Geschichte. Schon

1864 machte König Sechele I. vom Stamm
der Bakwena regelmäßig Jagdtrips von Molepolole in das Chobe-Gebiet, um Elefanten
wegen ihrer Stoßzähne zu jagen. Viele andere
Jäger folgten seinen Fußstapfen. Es war eine
gesetzlose Zeit und eine Polizeipräsenz war
dringend notwendig – die Geburt des **Chobe
National Park.**

Eine der schönsten Lodges in ganz Botswana: die Ngoma Safari Lodge

Wissenswertes über den Chobe National Park

Orientierung

Verschiedene Vegetationszonen und geologische Formationen charakterisieren den Chobe National Park, der dadurch ein breites Kontrastprogramm an Landschaften und Wildtieren bietet. Der Park gliedert sich grob in vier Regionen: **Savuti** im Südwesten, **Linyanti** im Nordwesten, **Chobe Riverfront** im Norden und **Nogatsaa** im Nordosten. Das gesamte Parkgebiet, außer der Chobe Riverfront, ist von großen, Naturschutz-Pufferzonen umgeben, die ein freies Umherziehen des Wilds ermöglichen.

Obwohl die Landkarten von diesem Gebiet im ersten Moment etwas kompliziert aussehen, ist die geografische Orientierung recht einfach. Es gibt fünf Eingangstore in den Park (von Süden nach Nordosten): **Mababe, Linyanti, Ghoha, Ngoma** und **Sidudo,** wobei Mababe nördlich von Maun, Ngoma im Zentrum und Sidudo in Kasane am meisten benutzt werden. Die meisten Besucher fahren an einer Seite in den Park hinein, an der anderen wieder hinaus. Im Zentrum des Schutzgebiets führen alle Pisten nach Savuti. Nördlich von Savuti gibt es eine ›direkte‹ Strecke, die Kasane mit der Chobe Riverfront und dem Chobe Forest Reserve verbindet. Eine ›indirekte‹ Route führt von Kasane über die Nogatsaa Pan in den bewaldeten Teil des Parks. An den Gates wird der Parkeintritt bezahlt (120 Pula pro Person und Tag sowie 50 Pula pro Auto). Außerdem muss hier das Permit für die Camping- oder Lodgeübernachtungen gezeigt werden.

Reisezeit

Die beste Zeit für einen Besuch im Park ist in der Trockenzeit, also zwischen April und Oktober. Dann konzentrieren sich die Tiere an den permanenten Wasserläufen, Tonpfannen und künstlichen Wasserstellen. Besonders lohnenswert ist das Ende der Trockenzeit von Oktober bis November, wenn die Landschaft braun und ausgebrannt ist. Die Tiere brauchen dringend Wasser, das es nur noch an

Tipp: Hinweis für Selbstfahrer

Auf den 360 km zwischen Maun (s. S. 227) und Kasane (s. S. 285) besteht keine Möglichkeit, an Treibstoff zu kommen, und der Spritverbrauch eines Geländewagens ist im Sand deutlich höher als in einfacherem Gelände. Auch Geschäfte gibt es keine, also genügend Verpflegung mitnehmen. Auf den Campingplätzen bekommt man normalerweise Wasser, doch manchmal zerstören Elefanten die Pumpen. Also eine eiserne Reserve im Auto mitführen.

wenigen Stellen gibt. Savuti verwandelt sich in eine fast wüstenhaft anmutende Kulisse.

Die Regenzeit zieht sich von November bis März, mit Höhepunkt im Januar und Februar. Oft setzen die Niederschläge auch erst gegen Mitte Dezember ein. Der Regen macht das Vorwärtskommen auf den lehmigen Pisten schwierig bis unmöglich. In Flussnähe ist es unerträglich heiß und es wimmelt von Moskitos. Allerdings sieht Savuti dann wunderschön aus. Die saisonalen Pfannen füllen sich mit Wasser und das frische Gras lockt Zebras und Gnus an, die in riesigen Herden in das Marschland ziehen. Die Regenzeit ist definitiv etwas für Abenteuerlustige, aber Wildblumen, saftig grüne Landschaften, ein reiches Vogelleben und zahllose Tierbabys lohnen die Schlammschlacht.

Wegbeschaffenheit

Die Pisten im Chobe National Park sind sowohl in der Regen- als auch in der Trockenzeit eine Herausforderung für Geländewagenfahrer. In der feuchten Periode sollten alle Strecken mit lehmigem Untergrund vermieden werden, dazu gehören die Pisten in den Mopane Woods, in der Mababe Depression und im Savuti Marsh sowie speziell die Strecken in der Gegend um Nogatsaa und zwischen dem Sankuyo Village und dem Mababe Gate.

In der Trockenzeit wird der Sand in und um Savuti, in der Magwikhwe Sand Ridge, zwischen dem Moremi Game Reserve und dem Chobe National Park sowie in den roten Sanddünen zwischen Ghoha Gate und Kachikau besonders dick und lose. In der Regenzeit hingegen verdichtet sich der Sand und ist prima zu befahren. Immer einen High-Lift-Jack-Wagenheber dabeihaben – egal ob man in Sand oder Lehm festgefahren ist, lässt sich das Fahrzeug damit aufbocken. Dann kommen ein paar Holzstücke oder Steine unter die befreiten Räder und weiter geht es.

Von Maun zum Mababe Gate ► 1, G 5 – H 4

Maun (s. S. 227) ist nicht nur das Eingangstor zur Kalahari im Süden sowie zum Okavango Delta und Moremi Game Reserve im Nordwesten, sondern auch zum Chobe National Park im Norden. Der Trip in den Nationalpark über Savuti nach Kasane lässt sich entweder auf direktem Weg durchführen oder in Kombination mit dem Okavango Delta und dem Moremi Game Reserve. In beiden Fällen geht es durch das Mababe Gate in den Chobe National Park.

Die Gesamtdistanz von Maun zum Mababe Gate beträgt 141 km, was etwa vier Stunden Fahrtzeit in der Trocken- und sechs Stunden oder mehr in der Regenzeit bedeutet. Von Maun aus sind die ersten 47 km bis Sho-

robe geteert, die nächsten 20 km bis zum Buffalo Fence Gate sind geschottert, sollen aber ebenfalls bald geteert sein. Dahinter geht es auf einer Lehmpiste durch Mopanelandschaft – perfekt zu befahren, wenn es trocken ist, sehr schwierig und schmierig nach Niederschlägen –, bis man nach weiteren 25 km das Sankuyo Village erreicht. Kurz vor dem Mababe Village wird es richtig sandig. Vom Ort bis zum Mababe Gate folgt die 14 km lange Piste dem Rand der Mababe Depression (s. S. 273). Hier trifft man auf den schlimmsten Lehmuntergrund, den Botswana zu bieten hat – definitiv kein Spaß in der Regenzeit.

21 km nördlich des Mababe Gate (S19° 06 174/E23°59 118) befindet sich eine Pistengabelung (S18°55 619/E24°00 660). Von hier aus gibt zwei Möglichkeiten, um nach Savuti (S18°34 014/E24°03 905) zu gelangen: rechter Hand bzw. gen Osten über die Marsh Road (50 km) oder linker Hand bzw. Richtung Westen über die Sand Ridge Road (43 km). Wie die Namen bereits vermuten lassen, ist es westlich eher sandig, östlich eher sumpfig. Die Marsh Road ist landschaftlich reizvoller, aber in schlechterem Zustand, eine Schüttelpiste mit tief ausgefahrenen Rillen. In der Trockenzeit bietet sich jedoch ein guter Ausblick auf das Marschgebiet. Und die Akazienbäume, die hier gedeihen, ziehen viele Giraffen an. In der Regenzeit ist die Piste unbefahrbar. Auf der Sandridge Road gibt es

Tipp: Mit Wild campen

Beim Zelten immer alles Essbare – sowohl Frisches, vor allem in Plastik eingepackte Zitrusfrüchte, als auch Trockennahrung – im Kofferraum oder Fahrzeuginnern verstauen. Paviane beispielsweise haben mittlerweile gelernt, Reißverschlüsse zu öffnen, manchmal zerfetzen sie aber einfach nur die Zeltwände, um an das verlockend riechende Fressen zu kommen. Die Grünmeerkatzen sind nicht ganz so destruktiv, klauen aber auch, was das Zeug hält, und Hyänen haben nachts schon Campingstühle und Kühlboxen

weggeschleppt. Also alles, was nicht niet-und nagelfest ist, im Auto einschließen oder auf dem Dach verstauen und festzurren. Hyänen sind relativ angstfrei und kommen im Dunkeln erstaunlich nahe an die Campfeuer heran. Außerdem streifen auch Löwen nachts gelegentlich durch die Campingplätze. Wer auf dem Boden zeltet, sollte das Zelt immer geschlossen halten. Angriffe durch geschlossene Zelte sind bislang nicht bekannt, aber es ist doch etwas beruhigender, ein Stock höher in einem Dachzelt zu nächtigen.

immer wieder Stellen mit recht weichem Sand, hier unbedingt zügig durchfahren.

Savuti ► 1, G/H 3

Karte: rechts

Savuti bzw. **Savute** umfasst etwa 5000 km² in der südwestlichsten Ecke des National-parks und besteht aus der Ebene der Savuti Marsh, der Mababe Depression und der Magwikhwe Sand Ridge. In dieser Gegend Botswanas geht es ausnahmsweise nicht nur um Tierbeobachtung, denn auch die Ge-schichte ist sehr interessant.

In den Hügeln um Savuti finden sich Fels-malereien der San, die Zeugnis von der frühen Besiedlung dieses Gebiets durch die Busch-menschen ablegen. Einige Führer der Lodges kennen die Stellen und zeigen sie ihren Gäs-ten. Spaziergänge auf eigene Faust empfeh-len sich nicht, denn Savuti ist bekannt für seine hohe Dichte an Büffeln, Elefanten – meist einsame und oft mies gelaunte Bullen –, Löwen, Leoparden und Tüpfelhyänen. Kein Wunder, die jährliche Zebramigration führt di-rekt durch Savuti und die Raubkatzen wissen die gestreifte Beute zu schätzen.

Die Lebensader von Savuti ist der **Savuti Channel** ❶. Er hat seinen Ursprung in der südlichen Spitze des Linyanti Swamp, von wo er nach Süden mäandert. Sein weiterer Weg führt ihn durch die Magwikhwe Sand Ridge in die Mababe Depression. Dort formt er den weiten Fächer der **Savuti Marsh** ❷, die oft jahrelang austrocknet. Frühe Forscher vermerkten in ihren Tagebüchern, dass der Kanal zwischen 1850 und 1877 regelmäßig geflutet war. Dann trocknete er 80 Jahre lang aus und füllte sich erst 1957 wieder mit Was-ser. 1982 versiegte das Nass erneut. Dieses Mal dauerte es 26 Jahre, bis sich erste Rinn-sale bildeten. Seit 2010 füllt das Wasser nun wieder gänzlich die Marsch. Typisch für die Gegend sind abgestorbene Bäume, Zeugen der Trockenperioden und beliebte Fotomo-tive, speziell mit Elefanten im Vordergrund.

Hinter der Bezeichnung **Mababe Depres-sion** ❸ verbirgt sich das uralte Bett eines

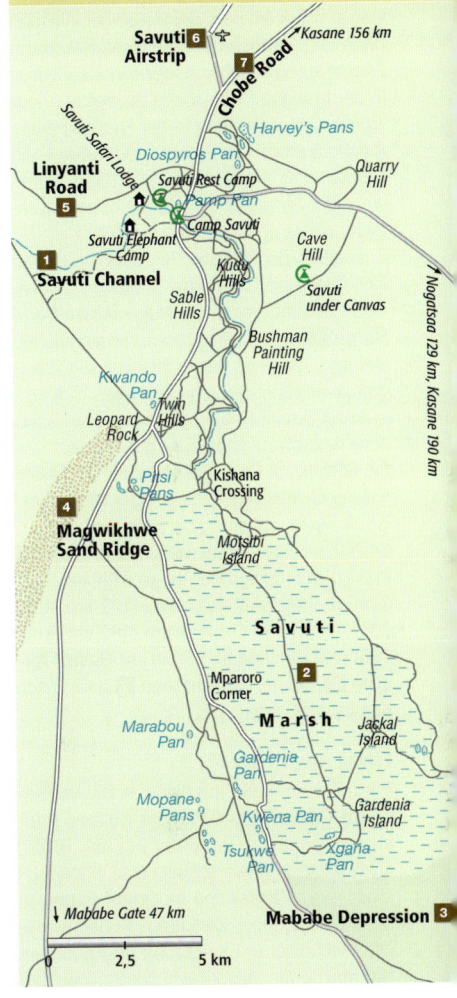

ehemaligen Sees. Fließt das Wasser im Sa-vuti Channel, füllt sich der See und bildet ei-nen bis zu 100 km langen Wassertrog, der sich bis ins Herz der trockenen Kalahari er-streckt. Die ansonsten braune Ebene ist dann mit einem grünen Teppich bedeckt und lockt Tausende von Wildtieren an, die sich vor al-lem zwischen November und Mai in Savuti tummeln. Zebras, Impalas, Kuhantilopen, Ku-dus, Gnus, Warzenschweine, Büffel, Löwen, Leoparden, Hyänen, Wildhunde und Scha-

273

Chobe National Park

kale sind nur ein paar der Vierbeiner, die man dann fast garantiert vor die Linse bekommt. Es gibt jedoch auch künstliche Wasserlöcher in der Mababe Depression, die selbst in der Trockenzeit viele Tiere in der Region halten. Am trockensten ist Savuti im Oktober – ein Durstland für alle Tiere, die sich dann an den wenigen verbliebenen Wasserlöchern tummeln, wo es richtig eng werden kann.

Westlich der Mababe Depression erstreckt sich über rund 100 km der grasbewachsene, niedrige Sandrücken der **Magwikhwe Sand Ridge** 4, einer alten geomorphologischen Barriere, die einst wahrscheinlich die Westgrenze eines anderen großen Sees bildete.

In der Savuti-Region gibt es eine beträchtliche Anzahl an Pisten. Eine gute Karte sowie ein GPS (s. S. 85 u. 217) sind für die Orientierung unerlässlich. Ein wichtiger Wegepunkt ist die Pistengabelung bei S18°33 344/E24° 04 262, wo es links auf der **Linyanti Road** 5 in die gleichnamige Region geht (40 km, s. S. 276), rechts nach **Nogatsaa** (129 km, s. S. 291) und in den Ort **Kasane** (190 km, s. S. 285) und geradeaus, vorbei am **Savuti Airstrip** 6, auf der **Chobe Road** 7 direkt nach Kasane (156 km).

Übernachten

Fünf-Sterne-Zelte am Kanal ▶ Savuti Elephant Camp: Orient Express Safaris, Kapstadt, Südafrika, Tel. 0027 21 483 16 00, www.orient-express-safaris.co.za, Facebook ›Journeys in Botswana by Orient-Express‹. Ein sehr luxuriöses Zeltcamp mit hochwertiger afrikanischer Einrichtung und polierten Hartholzböden. Alle 12 sehr geräumigen Zelte stehen auf erhöhten Holzplattformen und haben Himmelbetten mit riesigen Moskitonetzen. Hier wird alles geboten, was man von einem Fünf-Sterne-Hotel gewohnt ist, außer Fernsehen natürlich. 600–1350 US-$ p. P. all inclusive.

Etwas luxuriöser zelten ▶ Camp Savuti: SKL Camps, Tel. 068 653 65, 068 653 66, www.sklcamps.com, Facebook ›SKL Group Of Camps‹. Wer nicht selbst sein Zelt aufschlagen möchte, wählt eines der fünf Luxuszelte auf Plattformen, die den Savuti

Channel überblicken. Die wunderbar dekorierten Safarizelte sind groß und haben sowohl Badezimmer als auch Außenduschen. Es gibt eine kleine Lounge Area, eine Bar und einen Essensbereich für die maximal zehn Gäste des Camps. Organisierte Pirschfahrten im offenen Geländewagen mit Ranger. 420–

Immer in riesigen Schwärmen unterwegs: die Blutschnabelweber

540 US-$ p. P. all inclusive, Kin. 2–11 J. halber Preis.

Intimer Zeltluxus ▶ Savuti under Canvas: &Beyond, Tel. 068 619 79, www.andbeyond.com. Nur sechs Zelte, wobei es in diesem Fall – wie auch bei den anderen *tented camps* – schwer fällt, bei so viel stilvollem Luxus noch

von Zelt zu sprechen. Hier ist einfach alles perfekt, von dem Design über die Professionalität des Personals bis zu den abends unter freiem Himmel servierten Gourmetmenüs. 415–680 US-$ p. P. all inclusive.

Modern afrikanischer Stil ▶ Savuti Safari Lodge: Desert & Delta Safaris, Tel. 068 612

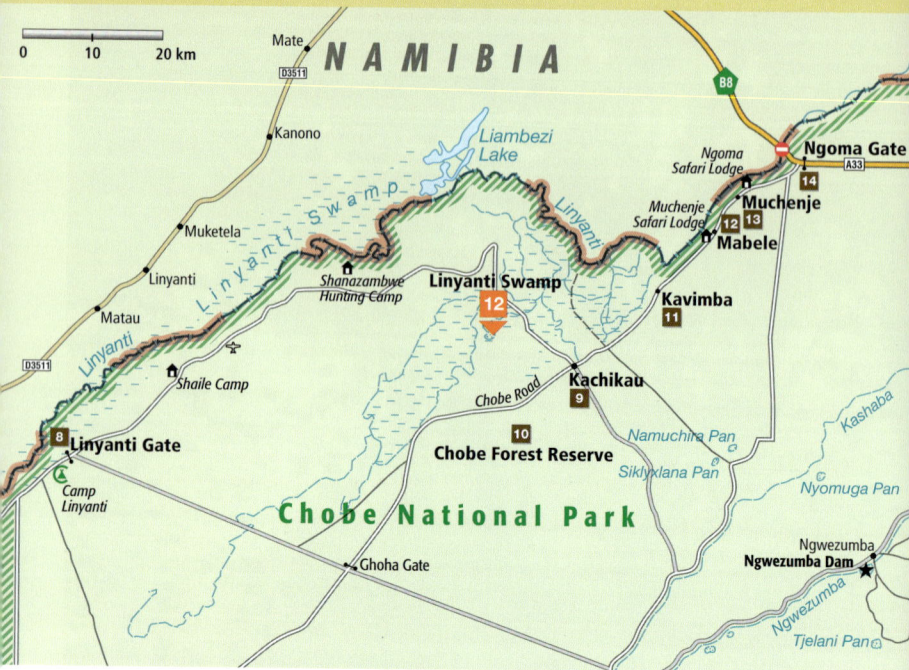

43, www.desertdelta.com (auch auf Dt.). Reetgedeckte und geschmackvoll aus Holz erbaute luxuriöse Lodge mit modernem afrikanischem Dekor für 24 Gäste. Jedes Chalet hat einen eigenen Balkon und ein Badezimmer. Pirschfahrten in die Savuti Marsh. 210–690 US-$ p. P. all inclusive.

Traumhafter Campingplatz ▶ **Savuti Rest Camp:** SKL Camps, Tel. 068 653 65, 068 653 66, www.sklcamps.com, Facebook ›SKL Group Of Camps‹. Jeder der 14 wunderbaren Stellplätze unter Kameldornbäumen am nach fast 30 Jahren wieder fließenden Savuti Channel besitzt einen elefantensicheren Wasseranschluss und einen Grillplatz. Es gibt zwei Sanitäranlagen mit Solarlicht, heißen und kalten Duschen und Spültoiletten. Das Camp wird fast jede Nacht von Tüpfelhyänen besucht, also nichts lose herumliegen lassen – sie rennen auch mit kompletten Rucksäcken im Maul davon und sie fressen ausnahmslos alles, vom Kameraobjektiv bis zur Seife. Mindestens zwei Nächte bleiben, da der Platz

wunderschön ist. Erw. 50 US-$, Kin. 8–17 J. 25 US-$ bzw. 5–7 J. 10 US-$, unter 5 J. frei.

12 Linyanti Swamp
▶ 1, G/H 2

Karte: oben

Der **Linyanti Swamp,** die kleinste der vier Sektionen des Chobe National Park, ist ein ideales Ziel für eine Fly-in-Safari. Die tropische Sumpflandschaft steht in krassem Gegensatz zur trockenen Savuti-Savanne. Mit seiner Fläche von 900 km² gilt der Linyanti Swamp als Miniaturausgabe des Okavango Delta. Das Gebiet besteht aus Dutzenden von nur mit Kleinflugzeugen zu erreichenden Konzessionsgebieten mit wunderschönen Lodges. Für Selbstfahrer gibt es in diesem teils permanent sumpfigen Gebiet wenige Möglichkeiten. Ihre Herausforderung besteht in erster Linie darin, die als schwierig geltende Sandpiste in den Linyanti Swamp zu bewältigen. Pirschfahrten können nur auf einer Strecke von 7 km entlang des Linyanti River unternommen werden. Ob sich der Offroad-Abstecher hierfür lohnt, muss jeder selbst entscheiden.

Anfahrt

Die meisten Strecken in Botswana sind Geländewagenfahrern vorbehalten, so auch der sandige Weg nach Linyanti, der zwar anspruchsvoll, aber nur unwesentlich schwieriger ist als andere Pisten im Land. Es gibt zwei Zufahrtswege in den Linyanti Swamp, von Süden ab Savuti und von Norden ab dem Ngoma Gate an der Chobe Riverfront (s. S. 279). Im Folgenden wird die Strecke ab Savuti beschrieben.

Von der dortigen Pistengabelung (S18° 33 344/E24°04 262) sind es zwar nur 39 km nach Linyanti (S18°17 678/E23°54 596), aber diese Strecke gilt als schwierigste Sandpassage im ganzen Nationalpark. Bis zu 4 Stunden kann diese (Tor-)Tour in Anspruch nehmen! 7 km weiter ist das **Linyanti Gate 8** (S18°16 228/E23°56 163) erreicht. Von hier sind es 38 km bis zu einer Pistengabelung (S18°21 824/E24°10 631), an der man links in Richtung Kachikau abbiegt. Nach 42 km durch tiefen Sand und von Lkws ausgefahrenen Spuren erreicht man **Kachikau 9** (S18° 09 286/E24°29 786), wo man auf eine Teerstraße trifft. Durch das **Chobe Forest Reserve 10**, vorbei an den kleinen Siedlungen **Kavimba 11**, **Mabele 12** und **Muchenje 13**, geht es nun 40 km bis zum **Ngoma Gate 14** (S17°55 717/E24°43 678) des Chobe National Park und entlang der Chobe Riverfront auf einer Teerstraße bis Kasane.

Wer auf den Abstecher nach Linyanti verzichtet, fährt von Savuti direkt zum 28 km entfernten Ghoha Gate (S18°23 244/E24°04 262) und dann 42 tiefsandige Kilometer bis Kachikau und zum Ngoma Gate.

Übernachten

Die meisten Lodges liegen in einem der drei Konzessionsgebiete des Gebiets: Linyanti (1250 km²), Kwando (2320 km²) und Selinda (1350 km²).

... für Fly-in-Gäste:

Luxus in der Wildnis ▶ Nur auf dem Luftweg sind die Lodges von **Wilderness Safaris,** www.wilderness-safaris.com (s. S. 88), zu erreichen. Sie gehören nicht nur zu den luxuriösesten – und teuersten – im südlichen Afrika, sondern auch zu den schönstgelegenen. In der Linyanti-Region besitzt das Unternehmen sechs Zeltcamps: **Kings Pool Luxury Camp** (9 Zelte, 1035–1445 US-$ p. P.), **Duma Tau Luxury Camp** (10 Zelte, 610–1040 US-$ p. P.), **Selinda Camp** (9 Zelte, 769–1029 US-$ p. P.), **Zarafa Luxury Camp** (4 Zelte, 515–1445 US-$ p. P.), **Savuti Luxury Camp** (7 Zelte, 215–900 US-$ p. P.), **Linyanti**

Tipp: Fly-in-Safaris

Wie das Okavango Delta auch ist Linyanti zum größten Teil nur mit Kleinflugzeugen im Rahmen einer Fly-in-Safari zu erreichen. Die Chartergesellschaften starten entweder in Maun oder in Kasane. **Wilderness Safaris,** www.wilderness-air.com, hat 50 eigene Flugzeuge, die die diversen Wilderness Lodges im südlichen Afrika miteinander verbinden.

Die Flugbasis von **Mack Air,** www.mackair. co.bw, befindet sich in Maun. Wer einen Hubschrauber vorzieht, kann sich an **Helicopter Horizons,** www.helicopterhorizons.com, wenden. Von Südafrika aus ist **Cross Country Air Safaris,** www.airsafaris.co.za, die beste Wahl, deren Eigentümerin Juliane Beckmann über jahrzehntelange Erfahrung verfügt und überdies Deutsch spricht.

Mit kleinen Flugzeugen in den afrikanischen Busch zu fliegen hat etwas wunderbar Abenteuerliches. Häufige Gewitter lassen den Flieger durch und um die Wolken tanzen. Ganz nah am Boden bekommt man einen guten Eindruck von der Größe des Landes. Am aufregendsten jedoch sind die Landungen, bei denen der Pilot zunächst die meist ungeteerte Piste überfliegt, um Tiere zu verjagen. Schließlich setzt man auf, steigt mitten im Busch aus dem Flieger und fühlt sich ein klein wenig wie ein Entdecker.

Chobe Riverfront

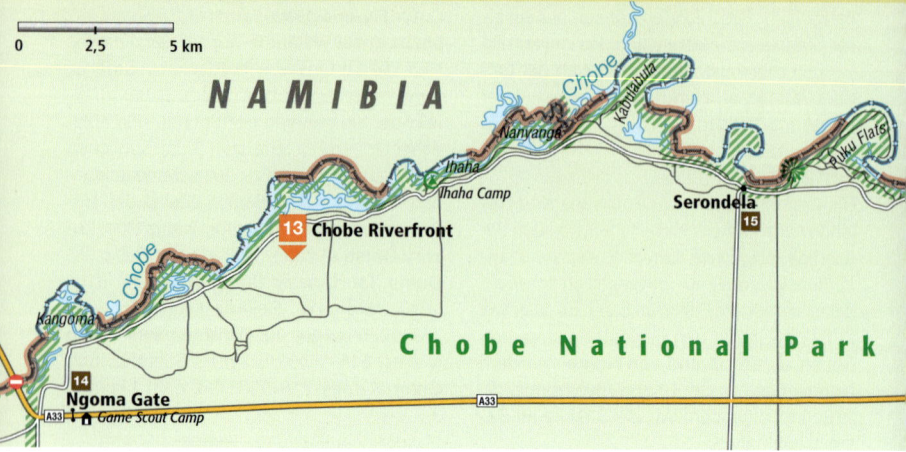

Discovery Camp (12 Zelte, 200–930 US-$ p. P.). Alle Preise all inclusive.

... für Selbstfahrer:

Fantastische Lage mit Panoramablick ▶ Ngoma Safari Lodge: Tel. 013 432 11, 013 432 20, www.ngomasafarilodge.com. Eine der schönsten Lodges in Botswana und ein persönlicher Favorit des Autors. Die Aussicht von der Anhöhe, wo sich die Lodge befindet, auf das Chobe-Flusstal und Namibia ist grandios und die beiden uralten Affenbrotbäume direkt vor dem Gebäude machen das Out-of-Africa-Ambiente perfekt. Das reetgedeckte Anwesen passt sich wunderbar in die Landschaft ein. Acht große, sehr geschmackvoll afrikanisch dekorierte Suiten mit Badewannen, Duschen und natürlich riesigen Moskitonetzen über den Betten. Auch die Essensqualität ist auf sehr hohem Niveau. Im Preis enthalten sind die Pirschfahrten im offenen Geländewagen mit Ranger in den Chobe National Park. Hinweis: Da die Lodge meist voll ist und keine Gäste abweisen möchte, ist ihre Lage nicht von der B 336 ausgeschildert. Gebuchte Gäste finden sie folgendermaßen: 3,5 km vor der Kreuzung der B 336 mit der A 33 geht es – nach der ausgeschilderten Abzweigung zur benachbarten Muchenje Safari Lodge – von der B 336 nach links in eine Sandstraße, die kurz parallel zur B 336 verläuft. Dann nach links, nach 700 m wieder links, nach 500 m links, nach weiteren 300 m liegt die Lodge auf der linken Seite. 550–900 US-$ p. P. all inclusive.

Luxuszelte ▶ Camp Linyanti: SKL Camps, Tel. 068 653 65, 068 653 66, www.sklcamps.com, Facebook ›SKL Group Of Camps‹. Das sehr schöne Camp besteht aus fünf Luxus-Safarizelten, die die Lagune des Linyanti River und den namibischen Caprivi Strip überblicken. Die Zelte haben sowohl ›Badezimmer‹ als auch Außenduschen. Es gibt einen nach allen Seiten hin offenen Aufenthaltsraum, eine Bar und einen Essensbereich für die max. zehn Gäste des Camps. Organisierte Pirschfahrten im offenen Geländewagen mit Ranger. Erw. 420–540 US-$, Kin. 2–11 J. halber Preis, all inclusive.

Intim & exklusiv ▶ Muchenje Safari Lodge: Tel. 062 000 13, www.muchenje.com. Die kleine Lodge mit ihren nur elf reetgedeckten, afrikanisch dekorierten Chalets befindet sich in Privatbesitz und wird von den Besitzern selbst geführt. Herrliche Ausblicke auf den Chobe River, Pool zwischen natürlichen Felsen. Ab 356 US-$ p. P. all inclusive.

Klein und wildreich ▶ Linyanti Rest Camp: SKL Camps, Tel. 068 653 65, 068 653 66, www.sklcamps.com, Facebook ›SKL Group Of Camps‹. Jeder der fünf prima unterhaltenen Stellplätze besitzt einen Wasseranschluss und einen Grillplatz. Es gibt zwei Sa-

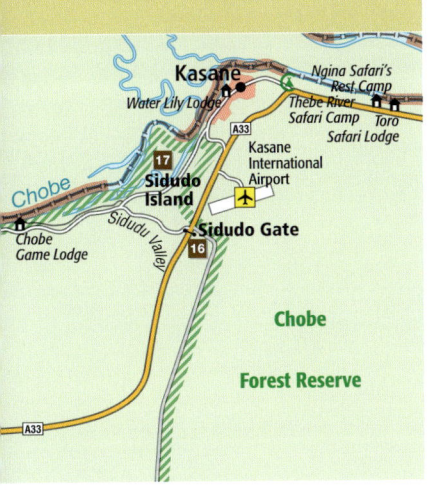

An- und Weiterfahrt

Am einfachsten und schnellsten gelangt man von Kasane (s. S. 285) an die Chobe Riverfront. Selbstfahrer mit 4x4 können das Flussufer auch vom Linyanti Swamp im Süden (s. S. 276) ansteuern. Eine dritte Möglichkeit bietet sich für Reisende nach – oder von – Namibia. Sie queren die Grenze ins Nachbarland an der **Ngoma Bridge** (► 1, J 1) im äußersten Westen der Chobe Riverfront. Von dort aus gelangt man flott auf einer Teerstraße nach **Katima Mulilo** (► 1, H 1) und in den namibischen **Caprivi Strip.** 301 km hinter Katima Mulilo kann man in **Divundo** entweder geradeaus weiter ins noch gut 900 km entfernte **Windhoek** fahren oder aber gen Süden abzweigen und in **Mohembo** (► 1, D 2) erneut die Grenze queren. Der botswanische Nordwesten (s. S. 250) hält allerlei Interessantes bereit, vom Okavango Panhandle über die Tsodilo Hills bis zu den Aha Hills und den Gcwihaba Caverns.

Das Flussufer

Die Chobe Riverfront zieht sich vom **Ngoma Gate** (S17°55 717/E24°43 678, s. S. 277) gut 70 km bis Kasane. In der Nähe des Tors sieht man immer wieder die seltene schwarze Rappenantilope *(sable antelope),* ein ausgesprochen schönes Tier. Die Straße folgt den Konturen der Flussschwemmebenen, die ideal zur Wildbeobachtung geeignet sind. Das Gebiet zählt zu den besten Safarizielen Afrikas, zum einen wegen der hohen Tierdichte und zum anderen wegen der leichten Erreichbarkeit. Die Hauptstrecke ist auch mit einem normalen Pkw zu bewältigen, sobald man diese jedoch verlässt, wird ein Geländewagen benötigt.

Fast immer sichtet man große Elefanten- und Büffelherden, Letztere locken wiederum ganze Löwenrudel an. Auch Vogelfreunde kommen auf ihre Kosten, entlang der Chobe Riverfront wurden über 440 verschiedene Spezies gesichtet.

Etwa 50 km hinter dem Ngoma Gate stößt man auf den Ort **Serondela 15,** der in den 1930er-Jahren als Veterinärcamp und Sägewerk etabliert wurde. Wenn man die nackte

nitäranlagen mit Solarlicht, heißen und kalten Duschen sowie Spültoiletten. Man sollte hier mindestens zwei Nächte buchen, sonst lohnt sich die weite und anstrengende Anfahrt nicht. Das Camp bietet Touren in Einbäumen *(mekoros)* und Fußsafaris. Erw. 50 US-$, Kin. 8–17 J. 25 US-$ bzw. 5–7 J. 10 US-$, unter 5 J. frei.

 **Chobe Riverfront**
► 1, J 1

Karte: oben
Die etwa 50 km lange **Chobe Riverfront** ist eine von Botswanas Top-Wildlife-Destinationen und darüber hinaus bequem über eine Teerstraße mit einem normalen Pkw zugänglich. Berühmt wurde die Uferzone vor allem wegen ihrer vielen Elefanten und ihrer spektakulären Sonnenuntergänge.

Die beste Zeit zur Wildbeobachtung am Chobe River ist im Oktober, zugleich der heißeste Monat in dieser Gegend. Große Herden von Elefanten kommen dann ebenso zum Wasser wie Büffel, seltene Pferdeantilopen *(roan antelope)* und Trupps von bis zu 50 Rappenantilopen *(sable antelope).* Da fast alle diese Tiere auf der Beuteliste der Löwen stehen, finden sich auch diese in großen Rudeln ein.

Die Sichtung großer Elefantenherden ist an der Chobe Riverfront gewiss

aktiv unterwegs

Fußsafari im Chobe National Park

Tour-Infos

Start: zumeist an den Lodges, in denen man übernachtet

Dauer: ab ca. 2 Std. bis mehrere Tage

Schwierigkeit: Da es meist sehr heiß ist, sollte man einigermaßen fit sein, wenn man länger als 2 Std. unterwegs sein möchte.

Buchung: Fast alle Lodges haben diese Aktivität im Programm, d. h., die Buchung erfolgt in der Regel vor Ort. Es gibt jedoch auch einige renommierte Veranstalter, bei denen man unabhängig vom Übernachtungsort eine Fußsafari organisieren kann, beispielsweise www.the-safaricompany.co.za/Walking_Safaris_Botswana.htm, www.rawbotswana.com, www.africanbushcamps.com, www.botswana.co.za, www.africaodyssey.com, www.zambezi.co.uk/walking, www.footsteps-in-africa.com.

Kosten: bei Übernachtung in einer Lodge üblicherweise kostenfrei, bei Buchung über einen Veranstalter 2 Std. ca. 50 US-$, halber Tag ca. 75 US-$, 1 Tag ca. 110 US-$

Das Erste, was einem im Vergleich zu einer Safari im offenen Land Rover auffällt: Man ist erheblich wacher unterwegs, man sieht sich aufmerksamer um, die Sinne sind geschärft. Jedes Geräusch könnte von einem Großsäuger stammen … Noch wichtiger als bei motorisierten Pirschfahrten ist die Erfahrung des begleitenden Ranger. Trips dieser Art, wo es unter Umständen zu haarigen Situationen

kommen kann, sollten nur mit einem renommierten Veranstalter unternommen werden – wenn ein Elefant angreift, verbirgt man sich lieber hinter einem Profi. Einige Unternehmen haben sich auf Fußsafaris spezialisiert und hervorragend ausgebildete Guides.

Die schönste Gegend für Fußsafaris im Chobe National Park ist die Chobe Riverfront. Bei den Fußsafaris sollte man keine weiße Kleidung tragen, da sie zu sehr reflektiert. Üblich sind dunkle Grün-, Braun- und Khakitöne. Blau zieht angeblich Tsetsefliegen an. Zur Ausrüstung gehören unbedingt ein Hut, Sonnencreme und viel Trinkwasser. Selbst die kürzesten Wanderungen dauern mindestens 2 Std., und es gibt zwischendurch keine Möglichkeit, der Hitze zu entfliehen und in ein schattiges Auto zu steigen. Eine weitere wichtige Regel lautet: still sein und hintereinander gehen.

Falls man unerwartet einem Exemplar der afrikanischen Fauna gegenübersteht, darf man keinesfalls panisch reagieren. Tiere haben normalerweise kein Interesse an Menschen, denn diese stehen nicht auf ihrem üblichen Speiseplan und werden auch nicht als Feinde angesehen. Da praktisch jedes Raubtier schneller rennen kann als ein Mensch, ist Wegrennen definitiv keine Option, das weckt nur den Jagdinstinkt. Allerdings lassen sich auch keine allgemeingültigen Verhaltensregeln geben, denn Tiere sind ebenso individualistisch wie Menschen und haben gute wie schlechte Tage.

Landschaft heute betrachtet, vermag man sich kaum vorzustellen, dass hier vor 80 Jahren noch dichte Wälder mit hohen Teakbäumen wuchsen. Nur vereinzelt stehen noch weißgebleichte, tote Stämme in der Landschaft herum.

Kurz vor Erreichen des **Sidudo Gate** `16` (S17°50 604/E25°08 608) passiert man die

Chobe Game Lodge, die durch Richard Burton und Elizabeth Taylor Berühmtheit erlangte (s. S. 284). 17 km nach Serondela ist Kasane (s. S. 285) erreicht.

Sidudo Island `17`

Im zentralen Kanal des Chobe River direkt gegenüber von Kasane liegt die grasbe-

Spannung pur: im Gänsemarsch durch die botswanische Wildnis zu spazieren

Eindeutig das gefährlichste Tier in Afrika für Fußgänger ist der Büffel. Er greift an, ohne provoziert worden zu sein. Sein Geruchssinn ist sehr gut ausgeprägt, dafür sieht er zum Glück nicht so gut. Um eine hautnahe Konfrontation zu vermeiden, bedarf es sehr guter Nerven. Ist kein schützender Baum in der Nähe, ruhig stehenbleiben und erst im letzten Moment zur Seite springen – wer sich häufiger einen Stierkampf angesehen hat, dürfte geringfügig im Vorteil sein. Bei Angriffen der ebenfalls kurzsichtigen Spitzmaulnashörner verhält man sich genauso.

Löwen und Leoparden sollte man nicht in die Augen, sondern seitlich daran vorbeischauen, außerdem die Arme nach außen strecken und laut brüllen. Dieser Bluff funktioniert fast immer. Flusspferde an Land flüchten vor Menschen, allerdings darf man nicht zwischen die Tiere und das Wasser gelangen. Elefanten sind etwas schwieriger einzuschätzen (s. S. 289).

wachsene **Sidudo Island** (Sedudu Island). Die kleine, flache, während der Trockenzeit etwa 3,5 km² große Insel sorgte jahrelang für diplomatische Spannungen zwischen Botswana und Namibia, wo sie **Kasikili Island** genannt wird. Die Grenze zwischen beiden Ländern ist als tiefste Stelle im Flusslauf definiert – was bei vielen anderen Flüssen funktioniert.

Der Chobe jedoch ändert seinen Lauf ständig, bildet nach Niederschlägen neue Seitenarme und variiert häufig seine Tiefe, sodass auch die Grenzlinie immer wieder verschoben wird und beide Länder die Insel für sich beanspruchen. Seit Mitte der 1980er-Jahre flackern immer wieder Grenzkonflikte auf. Dies hatte u. a. zur Folge, dass die Botswana De-

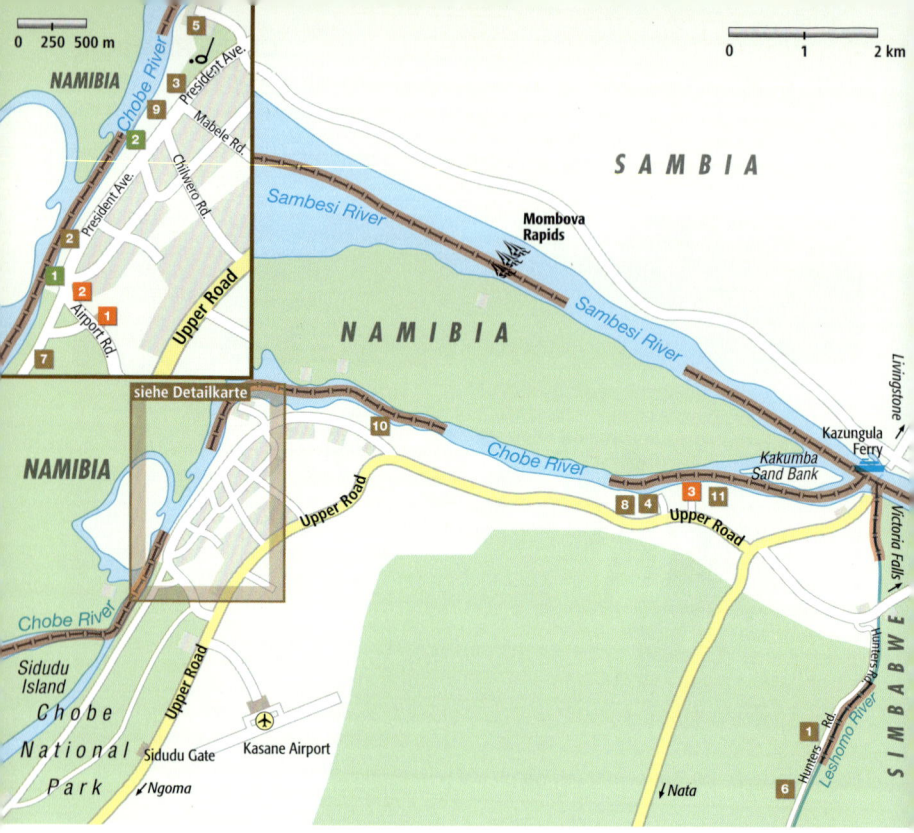

fence Force (BDF) in den 1990er-Jahren einige mit Tarnnetzen bedeckte Wachttürme errichtete, um ihren Nachbarn besser im Blick zu haben. 1995 einigte man sich schließlich darauf, den Internationalen Gerichtshof in Den Haag über die Besitzfrage entscheiden zu lassen. Dieser fällte im Dezember 1999 ein diplomatisches Urteil: Offiziell gehört die Insel zwar zu Botswana, aber die Ausflugsboote beider Nationen dürfen ungehindert dort anlegen. Seitdem gehört Sidudu Island zum Chobe National Park und ist ein fester Bestandteil im Besucherprogramm, denn das nahrhafte Grasland auf der Insel ist eine wichtige Futterquelle für zahllose Büffel und Elefanten.

Übernachten

Wo Liz Taylor und Richard nächtigten ▶
Chobe Game Lodge: Tel. 068 612 65, www.

chobegamelodge.com; in Südafrika Tel. 0027 11 394 38 73, www.desertdelta.com. Ein bisschen angejahrt und leicht konservativ anmutend, würde der 94-Zimmer-Lodge eine afro-schicke Frischzellenkur ganz gut tun. Es ist immerhin schon ein paar Jährchen her, dass Elizabeth Taylor und Richard Burton hier eine ihrer vielen Flitterwochen verbracht haben – was damals eine geniale PR für die Lodge war. Die Aussicht auf den Fluss und die Caprivi-Flutebenen sowie der Swimmingpool sind allerdings nach wie vor grandios. Die Unterkunft ist die einzige permanente Lodge im Chobe National Park. Alle anderen sind ohne Zementfundamente gebaut und können theoretisch spurlos entfernt werden. DZ ab 500 US-$ all inclusive.

Privatisiert ▶ Ihaha Camping: S17°50 484/ E24°52 748, Kwalate Safaris, Tel. 068 614 48, kwalatesafari@gmail.com. Ein ehemals

Kasane und Kazungula

staatlicher, jetzt privatisierter, relativ neuer Campingplatz, der den inzwischen geschlossenen Vorgänger von Serondela 15 km östlich ersetzt. Serondela ist jetzt ein schöner Picknickplatz, Ihaha der einzige Campingplatz im Norden des Chobe National Park. Es gibt zehn Stellplätze sowie zwei Sanitärblocks, jeder mit zwei Duschen, Toiletten und Waschbecken. Erw. 40 US-$, Kin. bis 12 J. 20 US-$.

Kasane und Kazungula

▶ 1, K 1

Cityplan: links

Das Tor zum Chobe National Park ist **Kasane** mit knapp 10 000 Einwohnern. Wer durch das südliche Mababe Gate in den Park eingereist ist, findet hier nach vielen anstrengenden Offroad-Kilometern endlich wieder Treibstoff und Verpflegung. Die meisten Unterkünfte in Kasane liegen aussichtsreich am Flussufer, ein Paradies für Vogelbeobachter, die das direkt von ihrem Zimmer aus tun können.

Es gibt nicht viele Städte in Afrika, in denen Büffel und Elefanten relax durch die Straßen flanieren, Kasane gehört dazu. Speziell in der Trockenzeit lockt es die Tiere zu den künstlich bewässerten Grünflächen des tropischen Orts. Wer Schlangen aus nächster Nähe betrachten möchte, sollte das **Caracal Biodiversity Centre** 1 besuchen, wo 50 verschiedene Arten beheimatet sind. Mit einer Glasscheibe dazwischen lassen sich die Reptilien deutlich stressfreier als in der freien Wildbahn betrachten, sei es die harmlose braune Hausschlange oder die tödliche

Baumschlange und die Schwarze Mamba. Zur Anlage gehört ein attraktiver Garten, in dem verwaiste oder von illegalen Händlern konfiszierte Tiere wie Luchse und Geparden eine neue Heimat gefunden haben (Tel. 062 423 91, www.caracal.info, Mo–Sa 9–17 Uhr, 30 Pula).

Eine weitere Sehenswürdigkeit von Kasanes ist ein gewaltiger **Affenbrotbaum** 2, in dessen ausgehöhltem Stamm einst ein Gefängnis untergebracht war – die Lage passt: Der Baum steht unmittelbar vor der Polizeistation des Orts.

Ein Besuch Kasanes ist nicht komplett, ohne eine **Sunset Cruise** auf dem Chobe River gemacht zu haben. Die Sonnenuntergänge auf dem Fluss sind spektakulär. Meist kommt man sehr nahe an Elefanten und Flusspferde heran, die sich um diese Tageszeit im besten Licht fotografieren lassen. Alle Unterkünfte bieten diese Flusstrips an.

Nur ca. 6 km weiter östlich liegt der kleine Grenzort **Kazungula.** Er wurde nach einem riesigen Leberwurstbaum (*Kigelia pinnata, sausage tree*) benannt, der in der lokalen Sprache *mzungula* heißt. Bis vor Kurzem stand er noch dort, wo Sambesi und Chobe River zusammenfließen, doch dann wurde er in einem Sturm entwurzelt. Zu gewisser Berühmtheit gelangte der Baum durch seine Erwähnung in den Tagebüchern von David Livingstone, der 1855 in Kasane seinen historischen Trip zu den Viktoriafällen geplant hatte und auf dem Weg zu den Wasserfällen unter genau diesem Baum sein Lager aufgeschlagen haben soll.

Sehenswert in Kazungula ist allein eine **Krokodilfarm** 3. Auf Führungen erfährt man

Ein Muss in Kasane: Pirschfahrten per Boot auf dem Chobe River

viel Interessantes über diese Raubtiere (Tel. 062 504 30, Mo–Fr 8–13,14–16 Uhr, Erw. 30 Pula, Kin. 20 Pula).

Kazungula hat sowohl einen Grenzübergang mit Sambia als auch einen mit Simbabwe. Nach Simbabwe führt eine geteerte Straße, ins sambische Kazungula muss man in einer von drei recht kleinen, angejahrten Fähren den Sambesi queren. Seit mehr als zehn Jahren diskutieren die Regierungen von Botswana und Sambia die Konstruktion der ca. 200 Mio. US-$ teuren Kazungula Bridge, mit deren Bau 2013 begonnen werden soll. Die Japan Development Cooperation (JICA)

und die African Development Bank (ADB) haben nach langem Ringen ihre Finanzierung zugesagt. Nach Fertigstellung der Brücke wird es im südlichen Afrika allerdings wieder ein Abenteuer weniger geben.

Übernachten

Mit Elefanten dinieren ▶ **Elephant Valley Lodge** **1**: Kasane Forest, Lesoma Valley, ca. 20 km südlich von Kasane, Reservierung in Südafrika unter Tel. 0027 11 781 16 61, www. evlodge.com. Die Lodge mit ihren 20 komfortablen Safarizelten liegt im Kasane Forest, 10 km südwestlich der Kazungula Ferry an ei-

ner beliebten Migrationsroute der Elefanten. DZ ab 330 US-$ p. P. all inclusive (einschließlich Transfer vom Kasane Airport).

Direkt am Fluss ▶ Chobe Marina Lodge **2** : President Av., Tel. 062 522 21, www.chobemarinalodge.com. Hotelartig große Lodge mit Wellnesszentrum und 60 komfortablen, luxuriösen Zimmern mit Satelliten-TV. Holzstege führen vom reetgedeckten Haupthaus zu den Restaurants und dem riesigen Pool mit Bar, von der man den Fluss überblickt. DZ 600–800 US-$ all inclusive.

Kleine Anlage am Fluss ▶ The Garden Lodge **3** : Tel. 062 500 51, www.thegarden lodge.com. Diese Lodge mit nur acht Zimmern entstand als Kontrast zu den ›Monsterlodges‹. Persönlicher Service und Liebe zum Detail zeichnen die attraktiv aus Holz, Korbgeflecht und Reet gebaute Anlage aus, deren Name Programm ist: Dank unendlichem Wasserfluss und viel Sonnenschein blüht und duftet es hier wie in einem botanischen Garten – Hibiskus, Frangipani, Bougainvillea, Papaya und Banane gedeihen üppig. DZ 250 US-$ p. P. inkl. Abendessen und Frühstück.

Chalets und Camping am Fluss ▶ Kubu Lodge **4** : 10 km östlich von Kasane, Tel. 062 503 12, www.kubulodge.net. Elf klassische reetgedeckte Chalets mit Bad, Decken-ventilatoren und Moskitonetzen. Der Campingplatz liegt sehr schön am Fluss unter gigantischen Ebenholz- und Feigenbäumen. Mittag-/Abendessen 25/45 US-$, 3-stündige Pirschfahrt 45 US-$. DZ 310 US-$ mit Frühstück, Camping 15 US-$ p. P.

Um einen Affenbrotbaum ▶ Mowana Safari Lodge 5 : Tel. 062 503 00, www.mowanasafarilodge.net. Das Flaggschiff der lokalen Cresta-Hotelgruppe – groß, modern und um einen 800 Jahre alten Baobab herumgebaut. 111 Zimmer, ein Teil davon behindertenfreundlich, mit allem Komfort: AC, Telefon, Kühlschrank, TV, Safe. Zwei Restaurants mit Flussblick. DZ 248–548 US-$.

Camping am Flutlicht-Wasserloch ▶ Senyati Safari Camp 6 : Kasane Forest, Lesoma Valley, 8 km südlich von Kasane (S17° 52 331/E25°14 167), Tel. 071 88 13 06, www.senyatisafaricamp.com. Senyati bedeutet ›Platz der Büffel‹ und die gibt es hier fast garantiert. Der Campingplatz mit seinen zehn reetgedeckten Stellplätzen, individuellen (!) Toiletten, Duschen und 220-Volt-Anschluss ist nur mit einem 4x4 zu erreichen. Er überblickt ein angestrahltes Wasserloch, wo sich auch Elefanten, Hyänen, Pferdeantilopen, Affen und Giraffen einfinden. Außerdem vier voll ausgestattete Chalets für Selbstversorger. Chalet 435–870 Pula, Camping 150 Pula.

Alt, aber gut ▶ Chobe Safari Lodge 7 : Buchung bei Under one Botswana Sky, Tel. 062 503 36, www.chobesafarilodge.com. Die älteste Unterkunft in Kasane ist definitiv nicht die schlechteste und für botswanische Verhältnisse außerdem recht günstig. Die Lage der Lodge erlaubt schöne Blicke auf den Fluss und im Schatten alter Bäume gibt es große Rasenflächen, wo Grünmeerkatzen, Mangusten und Warzenschweine herumtollen. Aber bei insgesamt 81 Zimmern und acht Rundhütten (rondavels) stellt sich natürlich kein intimes Lodgegefühl ein. Das kürzlich komplett renovierte Anwesen ähnelt eher einem betriebsamen Hotel, hat aber ein traditionelles Reetdach und ist nett afrikanisch dekoriert. Bei den Zimmern sind die Safari Rooms am neuesten und die beste Wahl.

Schattiger Campingplatz, großer Pool, Restaurant (Frühstück 16–25 US-$, Lunch-Büfett 26 US-$, Dinner-Büfett 32 US-$). Die dazugehörige Sedudu Bar mit Blick auf den Fluss und die Schwemmebene ist berühmt und gilt als ›der‹ Platz für einen Sundowner in Kasane und Umgebung. 3-stündige Pirschfahrt ohne Parkeintritt Erw. 38 US-$, Kin. 20 US-$, 3-stündige Bootsexkursion auf dem Sambesi Erw. 32 US-$, Kin. 16 US-$. Safari Room 175 US-$/2 Pers., River Room 175 US-$/2 Pers., Rundhütte 150 US-$, Camping Erw. 14 US-$, Kin. bis 12 J. 7 US-$.

Günstig ▶ Ngina Safari's Rest Camp 8 : 8 km östlich von Kasane in Richtung Kazangula, Tel. 062 508 82, mfebrahim@yahoo.com. Zehn Chalets mit Toilette, Dusche, Bad. Chalet 80–85 US-$ p. P., Camping 15 US-$.

Budget ▶ Water Lily Lodge 9 : Kazungula Rd., Tel. 062 517 75, waterlily@botsnet.bw. Zehn Doppelzimmer mit AC und Satelliten-TV, Swimmingpool, Bar, Restaurant. Jedes Zimmer mit Blick auf den Chobe River. Zu den angebotenen Aktivitäten gehören eine Chobe River Sundowner Cruise, Pirschfahrten in den Chobe National Park und Tagesausflüge nach Victoria Falls. DZ 620 Pula.

Camping ▶ Thebe River Safaris Camp 10 : 4 km östlich von Kasane, Tel. 062 509 95, www.theberiversafaris.com. Zwölf sehr nett gemachte Chalets mit AC, Moskitonetzen, Bad, Toilette und Dusche sowie fest aufgebaute Zelte mit Doppelbetten und ein Campingplatz mit zwei großen Sanitärblöcken. DZ im Chalet ab 670 Pula, Zelt ab 396 Pula/2 Pers., Camping 85 Pula.

Preiswert ▶ Toro Safari Lodge 11 : 11 km östlich von Kasane, Tel. 062 526 94, www.torolodge.com. Einfache und preisgünstige, aber etwas heruntergekommene Lodge mit Campingmöglichkeit. Es werden organisierte Pirschfahrten in den Nationalpark und Bootsfahrten auf dem Chobe River veranstaltet. DZ im Chalet ab 738 Pula, Camping 75 Pula.

Essen & Trinken

Lodgerestaurants ▶ Die Restaurants in und um Kasane beschränken sich auf die Hotels und Lodges.

Tipp: Elefanten haben Vorfahrt

Im Gegensatz zu allen anderen Tieren, denen man in Botswana abseits befestigter Straßen begegnet, können Elefanten einem Fahrzeug gefährlich werden. Für die Dickhäuter ist es theoretisch kein Problem, einen Geländewagen umzuwerfen und wie eine Blechdose in den Boden zu trampeln. Im Chobe National Park und im Moremi Game Reserve haben sie sich an Autos gewöhnt, man sollte ihnen jedoch immer mit Respekt begegnen. Genaue Verhaltensregeln gibt es nicht. Wie Menschen hat auch jeder Elefant seinen eigenen Charakter. Manchmal ist er gut gelaunt, manchmal nicht so gut.

In der Nähe von Elefanten sollte man nicht zu schnell fahren, um keine Tiere zu erschrecken. Sieht man Dickhäuter, dann nicht zu nahe heranfahren, sondern abwarten und beobachten, was sie tun. In offenen Gebieten kommt man deutlich näher an sie heran. Manche werden schon in 250 m Entfernung nervös, andere erst bei 25 m. Wenn sie mit den Ohren flattern, mit den Beinen Staub aufwirbeln und trompeten, ist das ein sicheres Zeichen dafür, dass sie mies drauf sind.

Steht das Fahrzeug still und die Elefanten kommen von selbst langsam näher, ruhig bleiben, in der Regel besteht dann keine Gefahr. Auf keinen Fall hupen, den Motor aufheulen lassen oder im Zwielicht die Scheinwerfer auf die Tiere richten, das macht sie garantiert sauer. Wenn Elefanten die Piste blockieren, heißt es abwarten – in Afrika haben sie immer Vorfahrt.

Bei Herden mit Babys sind die Mütter besonders leicht erregbar und greifen sofort an, sofern sie ihren Nachwuchs bedroht sehen. Am gefährlichsten sind aber einzelne Männchen in der Brunftzeit. Man erkennt das daran, dass an den Drüsen rechts und links des Kopfes Flüssigkeit austritt. Man sieht die schwarzen Flecken schon von Weitem. Das Gleiche passiert, wenn Elefanten wegen Wassermangels, Zahnweh etc. gestresst sind. Solche Tiere sollte man auf alle Fälle großräumig umfahren. Kommt man dennoch in die unglückliche Situation, dass ein Elefant das Auto angreift und man sich nicht rechtzeitig aus dem Staub machen kann, so darf man auf keinen Fall die ramponierte Blechhülle verlassen. Der erregte Elefant würde einen sofort zu Tode trampeln. Aber keine Angst, in den meisten Fällen sind sie nicht aggressiv, und wenn man sie respektiert, tun sie das auch.

Noch ein Campingtipp zum Schluss: keine Orangen mit auf Safari nehmen! Elefanten finden den Geruch unwiderstehlich und wurden schon dabei beobachtet, wie sie mit ihren Stoßzähnen Autos wie Konservendosen öffneten, um an das Obst zu gelangen.

Mit den Konflikten zwischen Elefant und Mensch beschäftigen sich zwei uneigennützige Gesellschaften in Botswana: Elephants without Borders (›Elefanten ohne Grenzen‹, **www.elephantswithoutborders.org,** sowie Elephants for Africa (›Elefanten für Afrika‹, **www.elephantsforafrica.org.**

Einkaufen

Nahrungsmittel ▶ In Kasane gibt es mehrere kleine Supermärkte, die beste Auswahl führen **Choppies** **1**, Water Front Mall, neben der Chobe Safari Lodge, und der **Spar-Supermarkt** **2** im Zentrum von Kasane.

Aktiv

Pirschfahrten per 4x4 und Boot ▶ Die Lodges organisieren Pirschfahrten in den Nationalpark, die auch von Nichtgästen gebucht

werden können (30–50 US-$ p. P.). Bootsfahrten sind etwas günstiger (25–45 US-$).

Verkehr

Flüge: Kasane hat einen internationalen Flughafen. Air Botswana, Tel. 062 501 61, fliegt tgl. nach Maun, Gaborone, Johannesburg (Südafrika) und Livingstone (Sambia).
Busse: Der zentrale Busbahnhof von Kasane befindet sich hinter der Shell-Tankstelle im Zentrum. Verbindungen nach Francistown

Nogatsaa

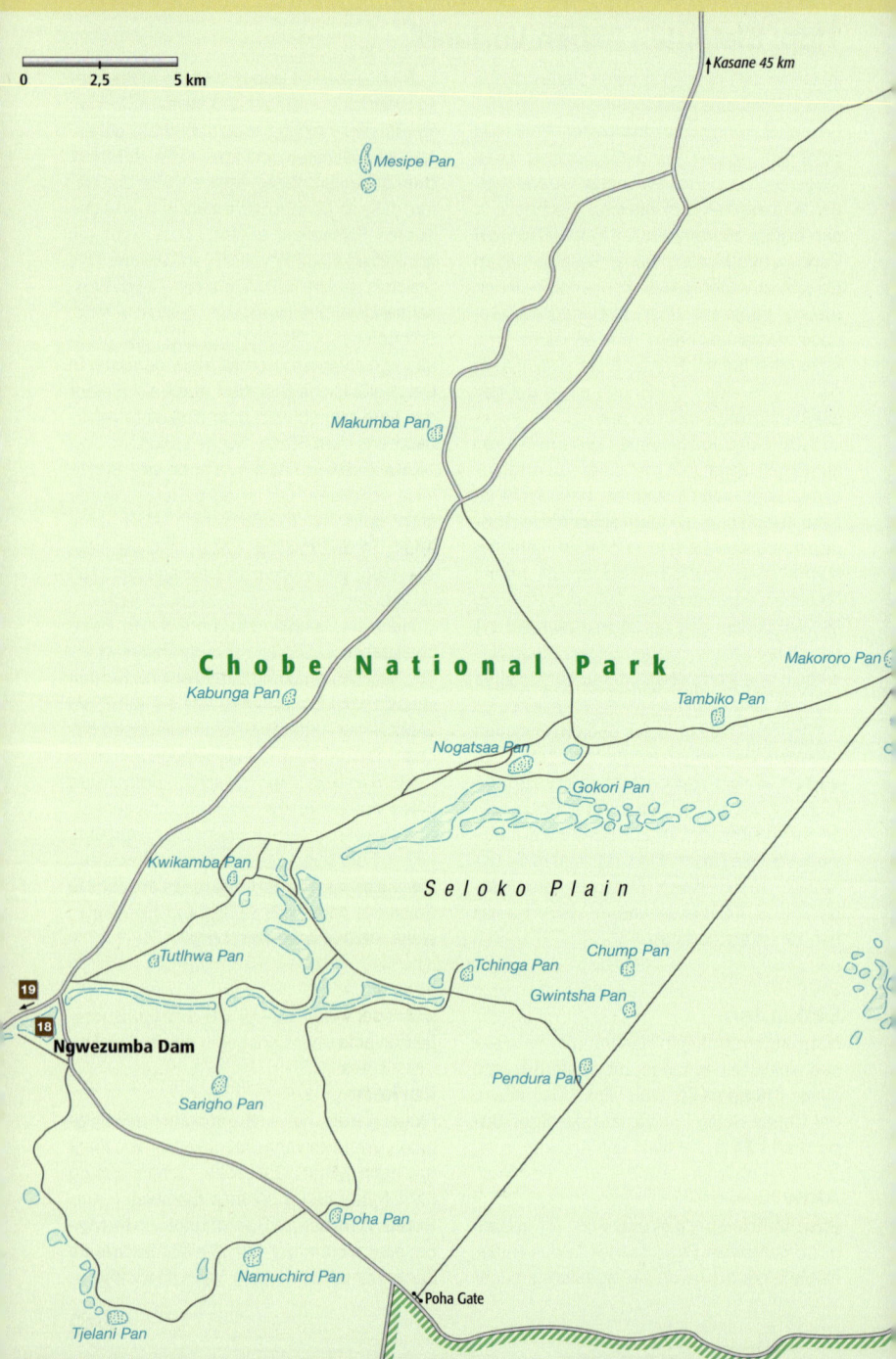

0   2,5   5 km

↑ Kasane 45 km

Mesipe Pan

Makumba Pan

C h o b e   N a t i o n a l   P a r k

Makororo Pan

Kabunga Pan

Tambiko Pan

Nogatsaa Pan

Gokori Pan

Kwikamba Pan

S e l o k o   P l a i n

Tutlhwa Pan

Chump Pan

Tchinga Pan

Gwintsha Pan

19
18
Ngwezumba Dam

Sarigho Pan

Pendura Pan

Poha Pan

Namuchird Pan

Poha Gate

Tjelani Pan

(tgl. 6, 7, 10 Uhr, 7 Std., 95 Pula) sowie Maun (65 Pula) mit Umsteigen in Nata. Die Tickets kauft man 30 Min. vor Abfahrt beim Fahrer.

Nogatsaa ▶ 1, J 2

Karte: links

Die Gegend um **Nogatsaa** (Nogatsha) gehört zu den am wenigsten besuchten Regionen im Chobe National Park. In der mit Mopanebäumen bewachsenen Ebene leben Elefanten, Büffel, Rappen-, Pferde- und Elenantilopen, Impalas, Giraffen, Löwen und Leoparden. Ein paar künstlich gebohrte Wasserlöcher halten die Tiere auch in der Trockenzeit in der Gegend. Ansonsten besteht der größte Reiz von Nogatsaa in seiner Einsamkeit.

Wer zuvor von Maun über Savuti nach Kasane gefahren ist und nicht die gleiche Strecke zwei Mal befahren möchte, wählt für den Rückweg die südöstliche Route von Kasane über Nogatsaa bis Savuti, die jedoch nur in der Trockenzeit von Mai bis Oktober unter die vier angetriebenen Räder genommen werden sollte. Selbst dann braucht man für die gut 200 km lange Strecke je nach Fahrkönnen und Fahrzeug 6 bis 8 Std., d. h., man hat einen langen, anstrengenden Tag vor sich. In dem Gebiet gibt es weder offizielle Campingplätze noch Lodges, doch im Notfall – Motor zu heiß, Reifenpanne etc. – kann man auf einem der mobilen Campplätze bei Nogatsaa nächtigen, die einige Safariunternehmen hier unterhalten. Das halbiert die Tagesetappe. Da die Strecke sehr einsam ist, empfiehlt sich der Trip im Konvoi zusammen mit einem anderen Geländewagen. Ein Satellitentelefon beruhigt auf solchen Strecken die Nerven. Ausrüstungsmäßig sollte man völlig autark sein, also genug Wasser, Verpflegung und Treibstoff mitführen.

Die Route beginnt 18 km nach dem **Sidudu Gate** (s. S. 282), wo es an einer Kreuzung (S17°55 299/E25°01 165) links abgeht. Nach 23 km ist der nächste Wegpunkt (S18°07 206/E25°00 559) erreicht. Hier links halten und 13 km bis zum Wegpunkt S18°12 791/ E24°56 960 fahren. Weiter geht es geradeaus auf der Hauptpiste bis zum 20 km entfernten **Ngwezumba Dam** 18 (S18°21 190/ E24°50 037). Dann folgt man dem Trockenflussbett des **Ngwezumba River** 49 km bis zu einer Flussdurchquerung bei S18°33 328/ E24°27 185. 24 km weiter ist die **Makapa Pan** 19 (S18°38 181/E24°24 921) erreicht und weitere 41 km später trifft die Nogatsaa-Route in **Savuti** (S18°34 014/E24°03 905) auf die westliche Route (s. S. 273).

In einigen Abschnitten dieser Strecke ist der sandige Untergrund geradezu berüchtigt. Wie goldgelber Sirup scheint er die Reifen des 4x4 aufsaugen zu wollen. Konstant am Gas bleiben, das ist die einzige Chance, hier durchzukommen, ohne dass man steckenbleibt. Glücklicherweise gibt es auch immer wieder erholsamere Schotterabschnitte.

Von Kasane nach Nata
▶ 1, K 1 – L 5

Wer die Route in diesem Kapitel mit den Makgadikgadi Pans (s. S. 182) verbinden möchte, fährt auf der guten Teerstraße A 33 von Kasane über Kazangula nach Nata (320 km).

Nach etwa 10 km gelangt man in den Ort **Lesoma Valley.** Von hier aus werden Trips zu kleinen Dörfern, einer Rinderfarm *(cattle post)* sowie zu heißen Quellen angeboten, meist kombiniert mit der Aufführung eines traditionellen Tanzes. Im Ort erinnert das **Lesoma Memorial Monument** an 15 botswanische Soldaten, die hier 1977 vom rhodesischen Militär getötet wurden, als sich der simbabwische Bürgerkrieg kurzfristig bis nach Botswana ausweitete.

Auf der weiteren Fahrt kreuzen immer wieder Elefanten die Straße. Und noch etwas Interessantes: Auf etwa halber Strecke wird die Straße deutlich breiter, die weißen Markierungen vergrößern sich. Was aussieht wie eine perfekt geteerte Landebahn für Flugzeuge, ist tatsächlich eine. Auf dieser in manchen Karten eingezeichneten Notlandebahn könnten theoretisch sogar Jumbos (die flugfähigen) heil runterkommen – also Augen auf und im Ernstfall von der ›Straße‹ fahren.

Zwischen Simbabwe und Sambia donnert der Sambesi in die Batoka Gorge: Die weltberühmten Victoria Falls sind Welterbe der UNESCO und eine der meistbesuchten Sehenswürdigkeiten Afrikas. Im botswanischen Grenzort Kazungula startet und endet dieser Abstecher in die beiden Nachbarstaaten.

Die in diesem Kapitel beschriebene Strecke führt von Kazungula (s. S. 285) zunächst in den Ort Victoria Falls in Simbabwe, dann über die berühmte Victoria Falls Bridge nach Livingstone in Sambia und von dort entlang des Sambesi zurück zum Ausgangspunkt. Für den Rundtrip sollte mindestens eine Woche eingeplant werden, wenn man etwas Zeit für alle Attraktionen haben möchte.

Von Kazungula zu den Victoria Falls ▶ 1, K 1 – L 1/2

Besucher werden in Simbabwe freundlich empfangen und nicht mehr von der Polizei schikaniert, was ein recht entspanntes Reisen ermöglicht. Auch die Grenzformalitäten (s. S. 90) sind für afrikanische Verhältnisse relativ schnell abgewickelt. Etwa eine halbe bis eine Stunde sollten Selbstfahrer fürs Formulare-Ausfüllen und Pässe-Stempeln einplanen, dann kann es auch schon losgehen. Auf einer kleinen, asphaltierten Straße fährt man durch dichtes, wildreiches Buschland. Gelbe Schilder warnen vor querenden Wildhunden (painted dogs), die zu den gefährdetsten Tieren der Welt gehören. Andere tierische Verkehrsteilnehmer sind Antilopen aller Art sowie die Schwergewichte Elefanten und Flusspferde. Also nicht schneller als 80 km/h fahren und immer bremsbereit sein. Nach gut 70 km und etwa einstündiger Fahrt ist der Ort Victoria Falls erreicht.

Der Ort Victoria Falls ▶ 1, L 1/2

Nach den größtenteils gewaltsamen Enteignungen weißer Landbesitzer durch den simbabwischen Präsidenten Robert Mugabe gegen Ende der 1990er-Jahre kam es 2000 zu schweren Unruhen, die den Tourismus im Land praktisch völlig zum Erliegen brachten. Das geschäftige **Victoria Falls** (20 000 Einw.) verwandelte sich in eine Geisterstadt, bevor es dank politischer Veränderungen wieder zum Leben erwachte und nun erneut boomt.

Victoria Falls Hotel

Ein Muss in Victoria Falls ist der *high tea* im altehrwürdigen **Victoria Falls Hotel.** Zwischen 17 und 19 Uhr werden Mini-Sandwiches, Kuchen und *scones* mit *clotted cream* und Marmelade serviert, traditionell dekadent auf einem dreistöckigen, silbernen Servierstand. Wer es noch ein wenig englischer mag, liest dazu Simbabwes beliebteste Tageszeitung »The Herald«.

Mit dem Bau des Hotels wurde 1904, zeitgleich mit der Errichtung der Victoria Falls Bridge (s. S. 54), begonnen. Das Gebäude war zunächst als Unterkunft für die Arbeiter gedacht und sollte nach der Fertigstellung der Brücke wieder abgerissen werden – was zum Glück nicht geschah. Bereits 1905 kamen so viele Touristen, um Brücke und Wasserfälle zu bewundern, dass angebaut werden musste. Bis 1917 setzte man sogar ausgemusterte Bahnwaggons zum Übernachten und Dinieren ein. Ein Gast kommentierte damals: »Bei heißem Wetter sind die Zimmer Öfen, und wenn es kalt ist, sind es Kühlschränke. Aber niemand beschwert sich. Was soll man im Herzen Afrikas auch anderes erwarten?« Ganz anders sahen es die britischen Reisebürounternehmer Thomas Cook & Sons. Sie waren die Ersten, die Bahnreisen von Kapstadt zu den Wasserfällen im Programm hatten, und in ihrem Magazin »Travellers Gazette« bewarben sie das ›Hotel‹ bereits 1903 mit den Worten »europäischer Luxus im Herzen Afrikas«.

Während in den Anfangszeiten zwölf Einzel- und vier Doppelzimmer zur Verfügung standen, können heute bis zu 300 Gäste in der Grande Dame der afrikanischen Hotellerie nächtigen. Der Speisesaal ist so groß wie damals das gesamte Hotel, das übrigens nach wie vor von einem Italiener gemanagt wird. Das Logo des Hotels, ein afrikanischer Löwe und die ägyptische Sphinx, erinnert an die einstigen Ambitionen von Cecil Rhodes und die Kap-Kairo-Eisenbahn. Es findet sich auch auf der Unterseite der Porzellantassen, in denen der Tee serviert wird.

Das Victoria Falls Hotel ist die älteste noch in Betrieb befindliche Unterkunft in Simbabwe und gehört zu den 25 berühmtesten Hotels der Welt. Viele prominente Persönlichkeiten, von Agatha Christie bis zur jungen Queen Elizabeth, planschten hier bereits in den Badewannen.

Zambesi Nature Sanctuary & Crocodile Ranch

Auf Tuchfühlung mit Krokodilen geht man auf der **Zambesi Nature Sanctuary & Crocodile Ranch.** Veranstalter wie Shearwater (s. S. 296) organisieren 1,5- bis 2-stündige Trips zur Krokodilfarm, die in einem herrlichen Schutzgebiet liegt. Man darf Babykrokodile halten und erfährt viel über die faszinierenden Panzerechsen. Besonders interessant ist der Besuch der Krokodilfarm im Monat Dezember, wenn die Babys aus den Eiern schlüpfen (310 Parkway Drive, Tel. 00263 134 35 76, Fütterungszeiten tgl. 10.15–10.30, 15.45–16 Uhr,

für die Tour zahlen Erw. 36 US-$, Kin. bis 18 J. 18 US-$).

Übernachten

Die große, alte Dame ▶ Victoria Falls Hotel: 2 Mallet Dr., Tel. 00263 134 47 51, www.victoria-falls-hotels.net. Das edwardianische Hotel wurde im Jahr 1904 fertiggestellt und seither immer wieder erweitert. Es hat heute 161 Zimmer (37 Standard, 58 traditionell, 48 deluxe, 7 Junior-Suiten, 4 Honeymoon-Suiten, 6 Executive-Suiten und die Royal Suite). Vom Hotel sieht man nicht nur die Gischt der Fälle, man hört auch die in die Tiefe donnernden Wassermassen. DZ 324–1231 US-$ mit Frühstück.

Afro-Schick ▶ Victoria Falls Safari Club: Squire Cummings Rd., in Gehweite zur dazugehörigen Victoria Falls Safari Lodge, Tel. 00263 134 32 11, www.afrlcaalbidatourism.com. Die 2012 eröffnete Anlage bietet genau das Gegenteil der Lodge: Ruhe und Exklusivität. Während Clubgäste freien Zugang zur Lodge haben, um dort ins Restaurant oder in die Bar zu gehen, ist das umgekehrt nicht erlaubt. Der Empfang ist sehr persönlich, desgleichen der Butler-Service. 20 große, stilvoll dekorierte Zimmer mit riesigen Betten, kostenlosem WLAN, AC, Nespresso-Kaffeemaschine und Balkonen mit Blick auf ein Was-

Tipp: Nette Mitbringsel

Simbabwe ist bekannt für sein hochwertiges Kunsthandwerk. Vor allem auf dem **Souvenirmarkt** am Adam Stander Drive findet man schön gearbeitete Produkte, beispielsweise geschnitzte Spazierstöcke aus Olivenholz, Stammesmasken, Trommeln jeder Größe und die besonders landestypischen Schlangenskulpturen des Shona-Stamms. Feilschen wird wie überall auf Märkten erwartet, aber man sollte immer respektvoll und fair bleiben. Wer Festpreise bevorzugt, findet das gleiche Sortiment im **Landela-Komplex,** einem Mini-Dorf im viktorianischen Look (Livingstone Way, tgl. 8–17 Uhr).

aktiv unterwegs

Auf dem Elefantenrücken durch den Busch

Tour-Infos

Start: wenige Kilometer südlich von Victoria Falls im Elephant Camp sowie auf der sambischen Seite der Viktoriafälle in der Thorntree Lodge

Dauer: 2 Std. bis zu 1 Tag

Buchung: Wild Horizons, Victoria Falls, Tel. 00263 134 45 71, und Livingstone, Tel. 00260 21 332 27 65, www.wildhorizons.co.za/elephants, Facebook ›Wild Horizons‹; Thorntree River Lodge, Livingstone, www.thorntreelodge.net (s. S. 306)

Teilnehmer: max. 22

Kosten: Sonnenuntergangsritt ca. 140 US-$, Elefantensafari mit Dinner ca. 182 US-$, Interaktion mit Elefanten 90–150 US-$, Preis jeweils inkl. Transfer von der Unterkunft

Schwierigkeit: keine Vorkenntnisse erforderlich, man reitet immer mit Guide

Wer Elefanten bislang nur aus respektvollem Abstand beobachtet hat, wird den engen Kontakt mit den Dickhäutern als aufregende Erfahrung zu schätzen wissen. Entgegen den Lehren des Biologieunterrichts, wo zumindest früher beim Thema Säugetiere kolportiert wurde, dass Hyänen feige sind und nur Indische Elefanten abgerichtet werden können, greifen Hyänen sogar Löwen an und lassen sich Afrikanische Elefanten genauso dressieren wie die Indischen. Von Letzterem kann man sich beispielsweise im **Elephant Camp** überzeugen, das täglich Ausritte veranstaltet. Das Faszinierende an einem Elefantenritt ist nicht nur die grandiose Aussicht von oben, sondern auch die Tatsache, dass einen andere Wildtiere nicht als Fremdkörper wahrnehmen.

Zu Beginn des Trips wird man mit ›seinem‹ Elefanten vertraut gemacht. Man spricht mit ihm, streichelt ihn. Manchmal erwidert der sanfte Riese die Liebkosungen und nimmt einen mit seinem empfindlichen Rüssel ›in den Arm‹. Nach dieser gegenseitigen Annäherung steigt man eine Treppe hinauf und nimmt hinter dem *nduna,* dem Elefantenguide, im bequemen Sattel Platz. Manche der *ndunas* haben ein sehr persönliches Verhältnis zu ihrem Elefanten, so wie Lovemore Nowakhe und Dojiwe vom Elephant Camp. *Dojiwe* bedeutet so viel wie ›der, der gefunden wurde‹. Lovemore zog Dojiwe mit einer Milchflasche auf, nachdem dieser alleine im Busch umhergeirrt und von Einheimischen entdeckt worden war. Seit über zehn Jahren sind die beiden nun ein Team. Der Elefant und seine Artgenossen im Elephant Camp verstehen etwa 22 verschiedene gesprochene Befehle. Die Ausbildung beruht ausschließlich auf ei-

serloch, an dem sich oft Wildtiere versammeln. Der Nachmittagstee (15.30–16.30 Uhr) ist im Preis ebenso inbegriffen wie die leckeren Snacks vor dem Dinner (17–18 Uhr). DZ 275–330 US-$ p. P. mit Frühstück.

Touristentrubel ▶ **Victoria Falls Safari Lodge:** Squire Cummings Rd.,Tel. 00263 134 32 11, www.victoria-falls-safari-lodge.com, www.africaalbidatourism.com. Die sehr betriebsame Lodge gibt es schon seit vielen Jahren. Mit ihrem riesigen Reetdach und den Portiers in farbenfrohen Gewändern wirkt sie vermutlich genau so, wie man sich Afrika klischeehaft vorstellt – ein Disneyland-Gefühl, das sich nur noch mit einem abendlichen Besuch des Restaurants Boma (s. r.) steigern lässt. DZ 155 US-$ p. P. mit Frühstück.

Günstig ▶ **Victoria Falls Rest Camp:** Parkway Dr., im Zentrum von Victoria Falls, 2 km von den Fällen entfernt, Buchung über Südafrika Tel. 0027 21 683 64 44, www.vicfallsrestcamp.com. Sichere Lage in der Stadt, mit Swimmingpool. Chalets 40 US-$ für 2 Pers., Camping 10 US-$ p. P.

Näher als auf einem Elefantenrücken kann man der Natur kaum kommen

nem Belohnungssystem und positiver Be-
stärkung. Deshalb werden die Elefanten nach
der Tour auch von ihren Reitern gefüttert.

Ganz ähnlich geht es auf dem Gelände der
sambischen **Thorntree Lodge** zu. Auch hier
lebt eine Gruppe von Elefanten, die geritten
werden können, und auf dem Lodgegelände
gibt es einen Pool, den die wild lebenden
Dickhäuter gerne zum Trinken aufsuchen.
Während der Ausritt vom Elephant Camp auf
einem Buschpfad zum Rand der Sambesi-
Schlucht führt, geht es bei dem Ausflug von
der Thorntree Lodge am pittoresken Ufer des
Sambesi entlang.

Essen & Trinken

Speisen mit Stil ▶ Jungle Junction: im
Victoria Falls Hotel (s. S. 293), Tel. 00263 134
47 51, www.zambezi.com/content/delicious_
victoria_falls, tgl. 6–10, 19–22 Uhr. Stilvolles
Frühstücken und Speisen. Abends gibt es ein
afrikanisches Büfett zu dezenter Livemusik.
Tipp: Zebra-Salami, Büffel in Rotweinsoße,
gegrillter Krokodilschwanz oder Kudu-Spar-
gel-Kebab. Dinner-Büfett 55 US-$.

**Ruhige Dinner-Alternative ▶ Makuwa Ku-
wa-Restaurant:** in der Victoria Falls Safari

Lodge (s. S. 294), Tel. 00263 134 32 02, Frühstück 7–10, Lunch 12.30–14, Dinner 19–
22 Uhr. Drei-Gänge-Dinner 20 US-$ p. P.

**Ballermann Simbabwe-style ▶ The Boma
– Place of Eating:** auf dem Areal der Victoria
Falls Safari Lodge (s. l.), Tel. 00263 134 32 11,
www.africaalbidatourism.com, www.victoria-
falls-safari-lodge.com/bomarestaurant.html,
Facebook ›The Boma – Place of Eating‹, tgl.
19–23 Uhr. Im Prospekt wird das Abendessen in der Boma als »einzigartige kulturelle
Erfahrung« gepriesen. Zu einem Festpreis

Victoria Falls und Umgebung

darf von verschiedenen Büfetts und Grills so viel gegessen werden, wie reinpasst, u. a. die berühmt-berüchtigten Mopanewürmer – wer es sich getraut, sie zu verzehren, erhält ein Mopanewurm-Zertifikat. Außerdem treten Trommler und Tänzer auf, es gibt Souvenirverkäufer, Wahrsager, Gesichtsmaler etc. und natürlich wird das Essen von traditionell bekleideten Kellnern serviert. Alles in allem ein lautes, hektisches Spektakel. Dinner-Büfett 45 US-$.

Günstig ▶ Es gibt ein paar günstige Restaurants in Victoria Falls, die meist Fast Food servieren und bei Backpackern sehr beliebt sind. Sie gruppieren sich im Zentrum um die Soper's Arcade, z. B. **The Pizza Bistro, Naran's Restaurant, The Pink Baobab Café & Explorers Pub & Restaurant.**

Aktiv

Outdoor-Aktivitäten und Rundflüge ▶ **Adventure Zone:** Phumula Centre, Shop No. 4, Tel. 00263 134 44 24, www.adventurezone vicfalls.com, Facebook ›Adventure Zone‹. Hier lassen sich alle Aktivitäten buchen, die man rund um die Viktoriafälle machen kann, u. a. Elefantenausritte (140 US-$), gemütliche Flussfahrten (45–70 US-$), Bungee-Jumping (130 US-$), Rafting (ab 130 US-$), Hubschrauberflüge (12 Min. 140 US-$, 25 Min. 265 US-$). Wer mehrere Aktivitäten bucht, erhält einen Rabatt. **Wild Horizons:** 310 Park Way Dr., Tel. 00263 134 45 71, 134 44 26, 134 23 13, www.wildhorizons.co.za, Facebook ›Wild Horizons‹. Ultraleichtflüge (150 US-$), Sambesi Sundowner Cruises (50 US-$), Gorge Swing (90 US-$), Kanutouren (140 US-$) etc. Nicht empfehlenswert sind die Spaziergänge mit Löwen (140 US-$, s. S. 310).

Jetboat Extreme ▶ **Wild Horizons:** s. o. Die Idee, mit bis zu 100 km/h schnellen Powerbooten durch eine Schlucht zu brausen, kommt wie auch Bungee-Jumping aus Neuseeland. Zwischen den Stromschnellen 23 und 27 liegen 30 Min. pure Adrenalinausschüttung. Um aus dem Canyon danach wieder herauszukommen, nimmt man entweder die Seilbahn oder ganz cool den Hubschrauber. Mit Transfers dauert der Trip 4,5 Std., davon ist man 30 Min. im Jetboat (110 US-$ mit Cable Car, 240 US-$ mit Hubschrauber).

Straßenbahntour ▶ **Victoria Falls Tram Bridge Tour:** Tel. 00263 134 44 17, www.shearwatervictoriafalls.com, www.steamtrain company.com. Sowohl die morgendliche als auch die nachmittägliche Tramtour beginnt am Victoria Falls Hotel. Auf dem sogenannten Red Carpet Path (›Roter-Teppich-Pfad‹) geht es in wenigen Minuten zum Bahnhof, wo man nach einer Erfrischung die Straßenbahn im Stil des 19. Jh. besteigt. Etwa 20 Min. lang tuckert man dann durch den Ort zur Mitte der Victoria Falls Bridge, wo abschließend eine historische Brückentour unternommen wird (60 US-$).

Elefantenritte ▶ s. S. 294

Fahrt mit der Dampflok ▶ **Victoria Falls & Livingstone Steam Train:** Tel. 00263 134 29 12, www.steamtraincompany.com, www.shearwatervictoriafalls.com, Facebook ›Victoria Falls Steam Train Company‹. Seit 1996 bietet die Victoria Falls Steam Train Company historische Eisenbahntrips mit der Dampflokomotive Nr. 512 an, eine der wenigen originalen Loks dieser Art, die es in Afrika noch gibt. Der Zug pendelt zwischen Victoria Falls und Livingstone und hält dabei mitten auf der Brücke – genau so, wie es sich Cecil Rhodes einst vorgestellt hat (s. S. 54). Die Lok wurde 1953 von Beyer Peacock in Manchester hergestellt und ist als Garratt Steam Locomotive bekannt. Alle fünf Dinnerwaggons wurden zwischen 1905 und 1952 in England produziert. Im Angebot sind verschiedene Touren, u. a. Moonlight Dinner Run inkl. 3-gängiges Dinner mit allen Getränken 170 US-$, African Safari Dinner Run inkl. Sundowner im Zambezi National Park und 3-gängiges Dinner 150 US-$, Sunset Bridge Run inkl. Sekt und Snacks 80 US-$. Am feuchtfröhlichen Zambezi Lager Party Express (40 US-$) nehmen bis zu 50 Teilnehmer teil, es gibt nur Stehplätze. Kinder unter 12 J. zahlen generell die Hälfte, Kinder unter 3 J. fahren kostenlos mit.

Devil's Pool ▶ **Shearwater Adventures:** Tel. 00263 134 44 17, www.shearwatervictoria falls.com. Der Ausflug zum ›Pool des Teufels‹ (s. S. 301) auf die sambische Seite kostet inkl.

Bootsfahrt und Frühstück 60 US-$ bzw. mit Lunch 120 US-$. Wer mehr Zeit im Pool verbringen möchte, sollte den Trip von Sambia aus buchen, z. B. bei der Tongabezi Lodge (s. S. 306).

Verkehr

Flüge: Der Flugplatz liegt 18 km außerhalb. Air Namibia, www.airnamibia.com, verbindet mit Windhoek und South African Airlines, www.flysaa.com, mit Johannesburg. Fast alle Hotels bieten Flughafentransfers an.
Busse: Intercape Mainliner, www.intercape. co.za, fährt nach Johannesburg und Windhoek (55–75 US-$).

14 Victoria Falls ▶ 1, L 1

Karte: S. 300

»Niemand kann sich die Schönheit des Anblicks vorstellen, wenn er sie mit irgendetwas in England Gesehenem vergleicht«, notierte der legendäre schottische Forscher, Abenteurer und Missionar David Livingstone am 16. November 1855 in sein Reisetagebuch, nachdem er die Wasserfälle das erste Mal zu Gesicht bekam. »Szenen, so schön, wie sie nur Engel bei ihren Flügen sehen können.« Livingstone war natürlich nicht der erste Mensch, der die Fälle erblickte. Vor ihm hatten die San und Khoi diesen Platz besucht, außerdem Mitglieder der Stämme der Kololo, Lozvi, Tonga und Ndebele. Arabische Händler aus dem Norden waren ebenso hier gewesen wie burische Jäger aus Südafrika. Aber erst durch Livingstones anschauliche, in seiner Heimat publizierte Beschreibung gelangten die Fälle zu Berühmtheit. Er war auch der Namensgeber dieses Naturspektakels: **Victoria Falls,** zu Ehren seiner Königin.

In der Sprache der lokalen Kololo heißen die Wasserfälle Mosi-oa-tunya: ›Donner, der raucht‹. Und in der Tat steigt der Wasserdampf wie eine Rauchsäule in den meist blauen Himmel und ist schon von Weitem auszumachen. 108 m stürzt sich der Sambesi zwischen den Orten Victoria Falls in Simbabwe und Livingstone in Sambia unter lautem Donnern in die Tiefe und produziert dabei in der **Batoka Gorge** 1 einen tosenden Whirlpool. Am Ende der Regenzeit im April fließen durchschnittlich 500 Mio. l Wasser pro Minute über die Steilkante, in der Trockenzeit sind es nur noch 10 % dieser Menge. Die Gischt weht in dichten Schleiern nach oben zum Schluchtrand, wo deshalb ein kleiner Regenwald gedeiht. Auf der sambischen Seite wachsen sogar mächtige Mahagoni- und Ebenholzbäume, in denen freche Grünmeerkatzen herumtoben. Außerdem sind rund um die Fälle etwa 400 verschiedene Vogelarten heimisch. Kleine Antilopen, Schmetterlinge und exotische Blumen komplettieren die unbeschreibliche Naturerfahrung.

Gestört wird der Eindruck nur durch die Ultraleichtflugzeuge und Hubschrauber, die wie wütende Hornissen über den Fällen kreisen. Glücklicherweise dämpft das laute Wasserrauschen die Motorengeräusche. Die ersten Rundflüge gab es hier schon in den 1940er-Jahren. Sie wurden von einem Piloten namens Ted Spencer angeboten, der dadurch zu Ruhm gelangte, dass er unter der Victoria Falls Bridge hindurchflog. So sehr die vielen Fluggeräte am Himmel auch stören mögen – ein Rundflug bietet die einzigartige Möglichkeit, die Wasserfälle in ihrer Gesamtheit von oben zu sehen.

Kleine Pfade führen auf beiden Seiten bis zum ungeschützten Rand der Fälle. An den Eingängen gibt es Plastikponchos zu leihen, was bei hohem Wasserstand in der Regenzeit unbedingt zu empfehlen ist, wenn man nicht patschnass werden möchte. Kameras und Handys sollte man entweder im Hotel lassen oder in wasserdichten Containern transportieren. Vorsicht am Rand der Wasserfälle: Die Felsen sind sehr rutschig!

Besucher und Einheimische diskutieren oft darüber, ob die Viktoriafälle von der simbabwischen oder der sambischen Seite aus spektakulärer anzuschauen sind. Simbabwe mag zwar den deutlich beeindruckenderen Blick auf die Wassermassen bieten, dafür gibt es in Sambia Highlights wie den Devil's Pool (s. S. 301), die das Erlebnis nochmals verstärken.

Mosi-oa-tunya, ›Donner, der raucht‹, heißen die Victoriafälle bei den
Einheimischen – und in der Tat steigt der Sprühnebel bis zu 300 m in die Höhe

Victoria Falls

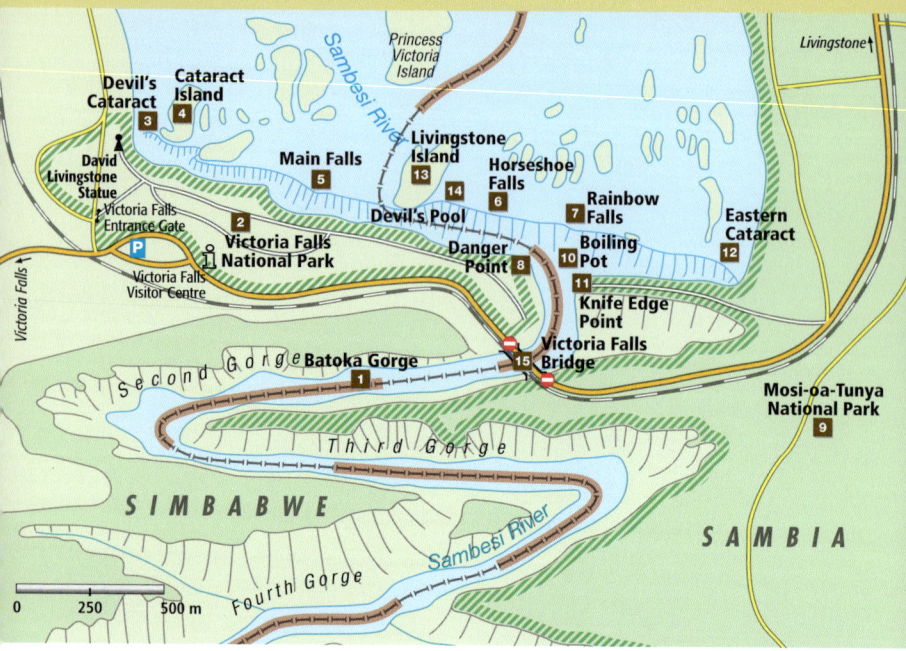

Die simbabwische Seite der Fälle

Der Eingang zum 23 km² großen, ganzjährig geöffneten **Victoria Falls National Park** 2, in dem der Zugang zu den Wasserfällen auf simbabwischer Seite liegt, ist leicht in zehn Minuten zu Fuß von Victoria Falls aus zu erreichen. Der Nationalpark bildet zusammen mit dem Mosi-oa-Tunya National Park auf sambischer Seite ein grenzüberschreitendes Schutzgebiet, das die gesamte Region um die Wasserfälle einschließt. Auf beiden Seiten wird jeweils 20 US-$ verlangt.

Wer vom Eingangstor aus dem Pfad zu den Fällen folgt, wird zu jeder Jahreszeit nass werden. Also daran denken, sowohl Handys als auch Kameras wasserdicht einzupacken. Vier der fünf Wasserfälle, aus denen sich die Victoria Falls zusammensetzen, liegen auf simbabwischer Seite: Devil's Cataract, Main Falls, Horseshoe Falls und Rainbow Falls. Nur der Eastern Cataract liegt in Sambia. Mit 60 m der niedrigste ist der **Devil's Cataract** 3, der von den anderen vier Fällen durch Cataract Island 4 getrennt wird, auch als Boaruka Island bekannt. An den **Main Falls** 5, erreichbar auf einem beschilderten, teilweise rutschigen Betonweg, sind die Fälle am prächtigsten. Ein weißer Wasservorhang donnert hier 93 m tief in die Schlucht. Die Gischt sprüht nach oben und ›bewässert‹ so einen kleinen Regenwald aus Dattelpalmen, Feigen- und Mahagonibäumen.

95 m Höhe erreichen die **Horseshoe Falls** 6, die – wie der Name bereits andeutet – die Form eines Hufeisens haben. In der Trockenzeit zwischen Oktober und November fließt hier oft nur ein kleines Rinnsal, wenn überhaupt. An den größten Fällen, den 108 m hohen **Rainbow Falls** 7, bildet sich immer ein schöner Regenbogen. Von der Simbabwe-Seite aus genießt man auch einen hervorragenden Blick auf den Eastern Cataract, mit 101 m die zweithöchsten Fälle der nassen Fünf. Gefährlichster Punkt auf der simbabwischen Seite ist der entsprechend benannte **Danger Point** 8, ein exponierter, windumwehter Felsen direkt an der rutschigen, un-

befestigten Kante. Wenn überhaupt, empfiehlt sich dieser Aussichtspunkt nur schwindelfreien Besuchern in der Trockenzeit.

Einkaufen

Kunsthandwerk ▶ **Victoria Falls Crafts Village:** gegenüber vom Eingangstor in den Nationalpark, tgl. 6–18 Uhr. Neben Souvenirs kann man hier auch Ponchos leihen, um gegen die Gischt gewappnet zu sein.

Die sambische Seite der Fälle

Auf sambischer Seite liegen die Viktoriafälle im 38 km² großen **Mosi-oa-Tunya National Park 9,** der nördlich davon beginnt und sich über 12 km am Sambesi entlangzieht. Neben den eigentlichen Attraktionen rund um die Katarakte bietet das Schutzgebiet auch Antilopen, Zebras, Giraffen und Breitmaulnashörnern Lebensraum – übrigens die einzigen Nashörner Sambias, alle anderen wurden von Wilderern abgeschlachtet. Der Park ist mit dem Auto in kurzer Zeit zu besichtigen. Da es keine Raubtiere gibt, ist das Wild sehr relaxt und lässt sich gut fotografieren. Auch in Sambia beträgt der Eintritt in den Nationalpark 20 US-$ pro Person.

Ein grandioser Blick auf die Wasserfälle bietet sich, wenn man vom beschilderten Parkplatz an den Fällen den Schildern hinunter zum **Boiling Pot 10** folgt, eine recht steile Kletterpartie, die auf den ausgetretenen Treppen aber gut zu schaffen ist. Der Rückweg hingegen hat es in sich. Von unten genießt man einen spektakulären Blick auf die rund 100 m höher liegende Brücke, welche die Batoka Gorge überspannt. Auch die Bungee-Springer, die sich schreiend von der Brücke stürzen, kann man von hier aus gut beobachten.

Ein weiterer lohnenswerter Aussichtspunkt liegt an dem Pfad, der durch den Regenwald führt und am Eingangstor beginnt. Der **Knife Edge Point 11** bietet ein grandioses Panorama, das in der Trockenzeit allerdings erheblich besser ist, weil der niedrigere Wasserstand dann weniger Gischt verursacht.

Ebenfalls nur in der Trockenzeit kann man direkt am Rand der Fälle, dem **Eastern Ca-** taract 12, entlanglaufen. Manchmal ist der Wasserstand des Sambesi so niedrig, dass man es sogar bis **Livingstone Island 13** schafft. Wenn man den Spaziergängern von der simbabwischen Seite aus dabei zusieht, meint man, sie würden sich unmittelbar am Rand des Wasserfalls entlanghangeln. Diese Tour sollte man nur mit einem Führer unternehmen, denn die Insel gehört der Tongabezi Lodge. Auf dem Eiland angekommen, gilt es, ein paar Felsen zu überwinden und ein Stück durch den Fluss zu schwimmen. Der Guide zeigt genau, wo man ihn queren muss, um die starken Strömungen und die Felsen zu vermeiden. Die Teilnehmer an dieser Aktivität sollten gute Schwimmer sein, aber das Wasser ist wunderbar warm und aufgrund der Nähe der Fälle frei von Flusspferden und Krokodilen – sie spüren offensichtlich, dass es hier gefährlich ist. Am weißen Sandstrand der Insel können sich die Nerven der Extrem-Badegäste dann wieder beruhigen. Von hier aus blickte David Livingstone übrigens zum ersten Mal auf die Fälle.

Nervenaufreibend ist auch ein Besuch des **Devil's Pool 14** (›Pool des Teufels‹), ein natürlicher Überlaufpool *(infinity pool)* an der Basaltkante der Viktoriafälle, dort, wo die gewaltige Wasserlawine 108 m nach unten donnert. Näher und intensiver als an diesem wohl spektakulärsten Badebecken der Welt lassen sich die Wasserfälle nirgendwo erleben. Auch diese Aktivität kann man nur geführt erleben. Der Guide weist die Mitglieder der Gruppe genau an, wann und wo sie in den Pool springen müssen. Es gehört schon ordentlich Mut dazu, direkt dort, wo die Wassermassen nach unten röhren, in einen kleinen Felsenpool zu hüpfen. Beim Bungee-Sprung von der Brücke hat man wenigstens noch ein Gummiseil um die Füße, hier hält einen nur der Führer an den Füßen fest. Ausflüge zum Devil's Pool sind nur möglich, wenn die Fälle wenig Wasser führen, also in der Trockenzeit zwischen September und Ende Januar.

Einkaufen

Kunsthandwerk ▶ **Mukuni Victoria Falls Craft Village:** Mosi-oa-Tunya Rd., 8 km süd-

Victoria Falls und Umgebung

lich von Livingstone am Eingang zum Mosi-oa-Tunya National Park, tgl. 6–18 Uhr. Der beste Platz auf sambischer Seite, um lokales Kunsthandwerk zu erstehen.

Victoria Falls Bridge

▶ 1, L 1

Karte: S. 300

Um von Victoria Falls in Simbabwe nach Livingstone in Sambia zu gelangen, muss man die berühmte **Victoria Falls Bridge** 15 (s. S. 54) queren. Auf jeder Seite der Brücke befindet sich eine Grenzstation, die Brücke selbst gehört beiden Ländern, ist aber quasi Niemandsland.

Neben der herrlichen Aussicht auf die Fälle ist die wohl größte Attraktion der Brücke der mit 111 m zweithöchste Bungee-Jump der Welt, nur getoppt von der Bloukrans Bridge in Südafrika mit 216 m (www.faceadrenalin. com). 2012 hatte eine junge australische Touristin unglaubliches Glück, als ihr Gummiseil auf halber Höhe riss – in zehn Jahren und nach über einer halben Million Sprüngen der erste Zwischenfall. Die Frau überlebte mit gebrochenem Schlüsselbein und Prellungen. Seither werden die Gummiseile noch genauer untersucht und früher ausgetauscht.

Aktiv

Bungee-Jumping ▶ **Victoria Falls Bungee:** auf der Victoria Falls Bridge, Tel. 00260 213 32 42 31, tgl. 9–17 Uhr, www.victoriafallsbungee.com, Facebook ›Victoria Falls Bungee‹. Das einzige Unternehmen, das Sprünge von der Brücke anbietet (130 US-$).

Bridge Tour ▶ **Victoria Falls Bridge Company:** zwischen dem Grenzposten von Simbabwe und Sambia, Tel. 00260 213 32 42 31, tgl. 9–17 Uhr, www.victoriafallsbridge.com, Facebook ›Victoria Falls Bridge‹. Gesichert mit Gurtzeug läuft man in Begleitung eines Führers unter der Brücke auf einem schmalen Steg entlang und erfährt dabei sehr viel über die Baugeschichte. Die Brückentour eignet sich für schwindelfreie Besucher jedes Alters (55 US-$; 70 US-$ inkl. Lunch im Bridge Café, 80 US-$ inkl. Brückenslide –

Garantiert adrenalinfördernd: Zu zweit oder auch alleine kann man sich von der Victoria Falls Bridge am Bungee-Seil 111 m in die Tiefe stürzen

was sich anfühlt, als ob man in einem originalen Bootsmannstuhl über der Schlucht hängt –, 90 US-$ inkl. Lunch und Slide).

Livingstone ►1, L 1

Cityplan: S. 304
Eine der ersten Forschungsreisen von David Livingstone führte ihn 1841 vom Boot auf den Flüssen Chobe und Sambesi erreichbaren Ort: den Viktoriafällen. Die Lage erschien wie geschaffen für eine europäische Siedlung und gegen Ende des 19. Jh. entstand Old Drift, besiedelt von Missionaren, Händlern und Jägern. Der Ort lag etwa 10 km flussaufwärts der Fälle und gruppierte sich um einen Fähranleger. Unglücklicherweise hatte man die Siedlung in einer sumpfigen Senke direkt am Fluss errichtet, wo es vor Moskitos nur so wimmelte. Die Malaria forderte viele Opfer.

Als 1905 die Brücke fertiggestellt wurde, die den Kupfergürtel Sambias mit den Kohlevorkommen in Wankie (heute Hwange) per Eisenbahn verband, zogen die Siedler von Old Drift auf höher gelegenes Land neben der Eisenbahnlinie um. Der Constitution Hill entwickelte sich später zum Zentrum des heutigen **Livingstone,** in dem noch viele der alten Gebäude erhalten sind.

Livingstone wurde offiziell 1904 gegründet und hatte 1907 bereits einen Friseur, eine Apotheke und zwei Hotels aufzuweisen. An Old Drift erinnert heute nur mehr ein kleiner Friedhof, der sich am Nordufer des Sambesi im heutigen Mosi-oa-Tunya National Park (s. S. 301) befindet.

1911 wurde Livingstone zur Hauptstadt von Nordrhodesien ernannt, dem heutigen Sambia. Das änderte sich 1935, als Regierung und Verwaltung nach Lusaka umzogen. Durch die Unruhen in Simbabwe zwischen 2000 und 2010 gewann Livingstone mehr und mehr an Bedeutung, kein Besucher wollte mehr nach Victoria Falls in Simbabwe reisen. Heute ist Livingstone viel größer als sein Schwesterort Victoria Falls auf der anderen Seite der Fälle, aber trotzdem überschaubar.

Die wichtigste Straße der Stadt ist die von Norden nach Süden verlaufende **Mosi-oa-Tunya Road,** an der einige schöne Kolonialbauten sowie Livingstones wichtigste Sehenswürdigkeit stehen, das Livingstone Museum. Nördlich davon erstreckt sich über einen kleinen Hügel das Geschäftszentrum.

Livingstone Museum 1

Das 1951 im spanisch-amerikanischen Stil erbaute **Livingstone Museum** ist Sambias Nationalmuseum und der ganze Stolz der Stadt. Gleich am Beginn des Rundgangs findet sich eine dreidimensionale Karte, die den Sambesi, die Wasserfälle und die verschiedenen Schluchten übersichtlich darstellt. Zu den weiteren Ausstellungsstücken des Museums gehören steinzeitliche Artefakte sowie Exponate zur sambischen Kultur, Politik, Geschichte, Tierwelt und dem traditionellen Dorfleben. Eine Besonderheit sind die persönlichen Gegenstände von David Livingstone, vor allem viele seiner Briefe. Außerdem werden regelmäßig Ausstellungen zu speziellen Themen organisiert, z. B. zu Hexerei. In einer weiteren Abteilung stellen sambische Künstler ihre Werke aus, die genauso erworben werden können wie Kunsthandwerk und Souvenirs. Das Personal ist sehr freundlich (Mosi-oa-Tunya Rd., tgl. 9–16.30 Uhr, Erw. 5 US-$, Kin. 2 US-$ inkl. Führung).

Stadtrundgang

Das Livingstone Museum ist ein guter Startpunkt für einen Rundgang, der zu den interessantesten historischen Gebäuden der Stadt führt. Viele der Kolonialbauten haben noch die typisch englischen Wellblechdächer und die umlaufenden Veranden mit weiß gestrichenen Geländern.

Über die Mutelo Street und den John Hunt Way erreicht man das alte Wohnviertel der Stadt. Der **John Hunt Way** wurde nach einem europäischen Kunsthandwerkshändler benannt, einem der wenigen Europäer, die Ende der 1960er-Jahre für die Unabhängigkeit des Landes eintraten.

Typisch für die koloniale Architektur Livingstones sind die beiden im John Hunt Way

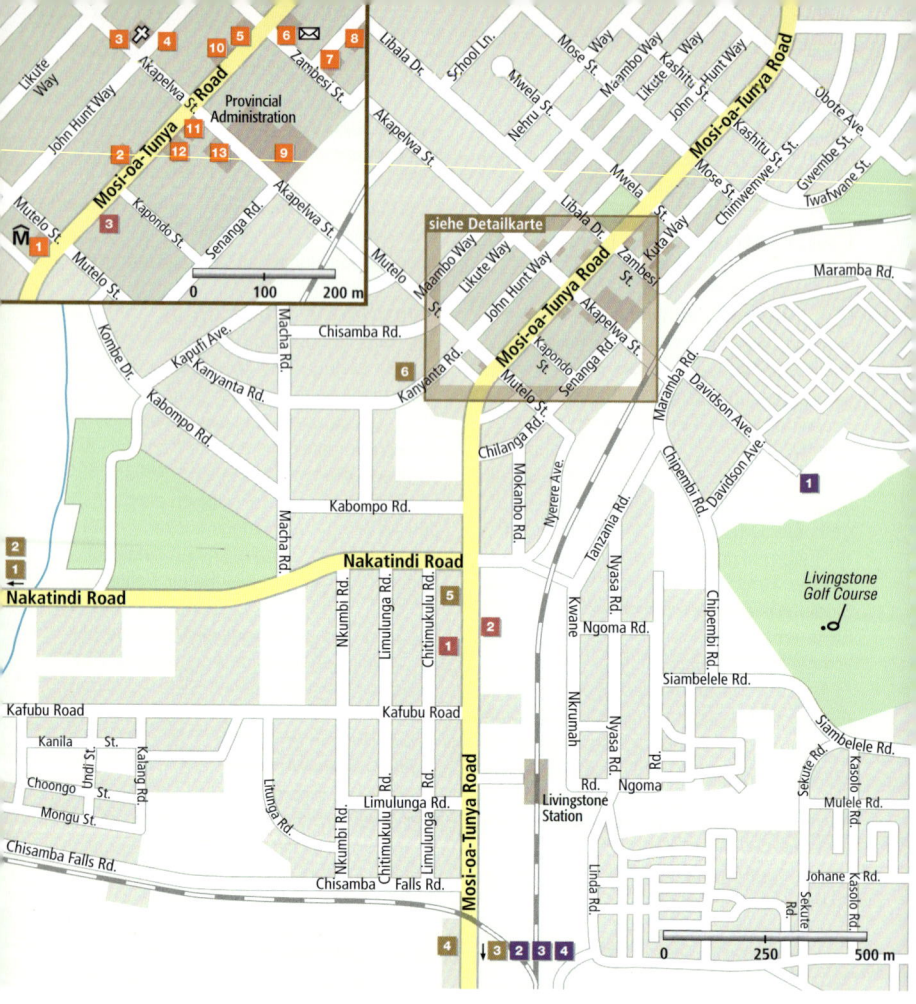

nebeneinander stehenden **Dwelling Houses** aus dem Jahr 1912, die ursprünglich als Wohnhäuser für hochrangigere Beamte erbaut wurden. Die Gebäude haben rote Backstein- oder weiß verputzte Wände, Wellblechdächer und weite, umlaufende Veranden mit Moskitonetzen. Weitere Exemplare stehen im Likute Way, im Maambo Way, im Chisamba Way sowie entlang der Mosi-oa-Tunya Road Richtung Lusaka.

Die **St. Andrews Church** wurde 1910 in Erinnerung an David Livingstone ursprünglich im kapholländischen Stil mit den dafür typischen Giebeln errichtet. Diese hatten in den

1930er-Jahren jedoch so viele Risse, das sie entfernt werden mussten. Ansonsten hat sich die Kirche seit damals nicht verändert. Neben der Kirche stehen das **Church House** von 1910, in dem früher die Priester wohnten, und die alte **Schule,** ein kleines Backsteingebäude von 1913.

Auf der gegenüberliegenden Straßenseite liegt die **Old European Library** , die ›alte, europäische Bibliothek‹, die 1921 eröffnet wurde. Das schöne Gebäude beherbergt heute ein Krankenhaus.

An der Ecke Zambezi Street und Mosi-oa-Tunya Road steht das **Old General Post Of-**

Livingstone

Sehenswert

1 Livingstone Museum
2 Dwelling Houses
3 St. Andrews Church
4 Old European Library
5 Old General Post Office
6 Nanoo's Cash and Carry
7 The Livingstone Hotel
8 North Western Hotel
9 Standard Bank Building
10 Finance Bank
11 Barclays Bank
12 Stanley House
13 Capitol Theatre

Übernachten

1 Tongabezi Lodge
2 Thorntree River Lodge
3 The David Livingstone
   Safari Lodge & Spa
4 Zig Zag B & B
5 Fawlty Towers
6 Jollyboys Backpackers

Essen & Trinken

1 Funky Munky Pizza Bistro
2 African Visions
3 Wonderbake

Aktiv

1 The Livingstone Royal Golf
   and Country Club
2 Livingstone's Adventure
3 Safari Par Excellence
4 Abseil Zambia

fice 5 von 1930. Heute hat dort die sambische Einwanderungsbehörde ihre Büros. Hier überquert man die Hauptstraße und folgt der Zambezi Street (früher Empire Street) in Richtung der Bahngleise am Fuß des Hügels. Während der Kolonialzeit war der Handel in dieser Straße ausschließlich Weißen vorbehalten – wie in Südafrika auch wurde in Rhodesien die Apartheid-Politik praktiziert.

Linker Hand findet sich eines der ältesten Gebäude von Livingstone. **Nanoo's Cash and Carry** 6 wurde 1909 von F. J. ›Mopane‹ Clarke erbaut, dem ersten Weißen, der sich in Old Drift niedergelassen und dort 1898 sein Unternehmen F. J. Clarke gegründet hatte. Später zog er in dieses Gebäude an der Zambezi Street um, das 1910 in die Hände der Zambezi Training Company wechselte. Nicht geändert hat sich, dass hier heute noch ein Kolonialwarenladen untergebracht ist. Clarke bekam seinen Spitznamen ›Mopane‹ übrigens vom Matabele-König Lobengula, der damit ausdrücken wollte, dass der Weiße groß und stattlich wie ein Mopanebaum war und ein Herz so hart wie dessen Holz hatte.

Ein Stückchen weiter, an der Ecke Zambezi Street und Kuta Way, befindet sich ein weiterer alter Laden von 1910. Das Backsteingebäude auf der anderen Straßenseite war das erste dieser Art in Livingstone und beherbergte zugleich das erste Hotel der Stadt, **The Livingstone Hotel** 7 . 1906 hatte es zehn Zimmer sowie einen Billard- und Speisesaal. Die Unterkunft schloss Mitte der 1930er-Jahre, seither werden die Räumlichkeiten als Geschäft genutzt.

Eines der beeindruckendsten Gebäude von Livingstone ist das **North Western Hotel** 8 an der Ecke Zambezi Street, Chimwemwe Way. Es war 1907 das erste Gebäude mit elektrischem Licht und soziales Zentrum der Stadt. 1960 eröffnete hier die erste multirassische Bar von Livingstone. Bis 1991 beherbergte das Gebäude ein Hotel und gammelt seither leider ungenutzt vor sich hin, obwohl es unter Denkmalschutz steht.

Folgt man dem Kuta Way in Richtung Akapelwa Street, gelangt man zu einem der schönsten Gebäude aus der damaligen Zeit. In dem weißen **Standard Bank Building** 9 residierte von 1914 bis 1930 die gleichnamige Bank, heute finden sich dort zahlreiche Geschäfte. Das Gebäude wurde 1914 von Freddie Mills errichtet, der auch das Livingstone Hotel und das North Western Hotel erbaut hat. Immer noch eindrucksvoll ist das 1930 erbaute, neo-klassizistische Gebäude der **Finance Bank** 10 mit seinen romanischen Säulen, dem mediterranen Dach und der rhodesischen Inneneinrichtung aus Teak (Mosi-oa-Tunya Rd.). Gegenüber der gegenwärtigen Barclays Bank steht das 1942 errichtete, ehemalige Gebäude der **Barclays Bank** 11 . Bei dem Haus daneben handelt es sich um das im Jahr 1928 erbaute **Stanley House** 12 , seit jeher eine Bank.

305

Victoria Falls und Umgebung

Zum Schluss das architektonische Highlight des Livingstone-Rundgangs: das **Capitol Theatre** 13. Das wunderschöne, alte Kino im viktorianischen Stil mit kapholländischen Giebeln wurde 1931 erbaut. Viele Jahre lang war es das letzte Gebäude vor den weiter südlich liegenden Viktoriafällen und in den 1920er-Jahren der trendigste Platz der Stadt. Es wurden nicht nur Filme aufgeführt, sondern auch Theaterstücke und Tänze, und man traf sich hier zu Versammlungen. Heute dient das Capitol wieder als Kino.

Übernachten

Beste Lage ▶ Tongabezi Lodge 1: 20 km westlich von Livingstone am Ufer des oberen Sambesi und Sindabezi Island gelegen, Tel. 00260 213 32 74 50, www.tongabezi.com, Facebook ›Tongabezi Lodge‹. Die in Privatbesitz befindliche und von ihren Besitzern selbst geführte, ökofreundliche Lodge ist unschlagbar am Sambesi bzw. auf Sindabezi Island im Sambesi gelegen. Zur Auswahl stehen mehrere Häuschen und Chalets, jedes stilvoll mit Designerstücken und Kunsthandwerk aus ganz Afrika eingerichtet. Zum Grundbesitz gehört Livingstone Island, wohin Bootstouren organisiert werden. Sindabezi Island: Chalets 450 US-$ p. P., Honeymoon Suite 490 US-$ p. P.; Festland: Chalets 620–720 US-$ p. P., River Cottages ab 510 US-$ p. P., Garden House ab 620 US-$ p. P.

Mit Elefantencamp ▶ Thorntree River Lodge 2: 15 km westlich von Livingstone, Reservierung über Safari Par Excellence in Südafrika, Tel. 0027 11 794 82 61, www.saf par.net; Lodgekontakt unter Tel. 00260 21 332 74 80, 00260 21 332 46 01, www.thorn treelodge.net, www.thorntreeriverlodge.com. Neun großzügige Zimmer in reetgedeckten Backsteinchalets am Ufer des Sambesi, zumeist mit Außenbadewanne oder -dusche. Außerdem gibt es zwei erhöht gelegene, zum Fluss hin offene Honeymoon-Suiten mit Teakholzböden. Zum Restaurant/Bar gehört ein Holzdeck mit Blick auf den Fluss. Der Pool in Form einer Acht liegt direkt neben dem reetgedeckten Wellnesszentrum, von dessen Massageräumen man direkt auf ein Wasserloch blicken kann, an dem sich Büffel, Elefanten, Flusspferde, Wasser- und Buschböcke tummeln. Etwas abseits der Lodge liegt eine ethnisch dekorierte, reetgedeckte Boma, eine wildtiergeschützte Umfriedung, die Basis der hier angebotenen Elefantensafaris (s. S. 294). Internet-Specials und Package Deals. Ab 300 US-$ p. P. all inclusive.

Afrikanischer Lodge-Look ▶ The David Livingstone Safari Lodge & Spa 3: Riverside Dr., Seitenstraße der Sichango Rd., Tel. 002 60 213 32 46 01, www.dlslandspa.com, Face-

book ›David Livingstone Safari Lodge and Spa‹. Etwas zu groß geratenes Hotel mit 77 Zimmern, die jedoch in hübschen, reetgedeckten Gebäuden untergebracht sind. Neben dem vorzüglichen Restaurant (s. S. 310) ist ein weiteres Highlight der Überlaufpool, der nahtlos in den Sambesi überzugehen scheint. DZ ab 418 US-$ mit Frühstück.

Ideal für Familien ▶ Zig Zag B & B 4: an der Hauptstraße zwischen Livingstone und Victoria Falls, Tel. 00260 213 32 28 14, www. zigzagzambia.com. Ruhige und sichere Lage,

schöner großer Garten und 12 motelartige Zimmer mit AC. Die netten Angestellten können alle Aktivitäten buchen. Im angeschlossenen Restaurant, das auch zum Abendessen und zu Drinks einlädt, wird hausgemachtes Essen serviert. Familienzimmer (für 2 Erw. und 2 Kin. 130 US-$, DZ 90 US-$, jeweils mit Frühstück.

Günstig und gut ▶ Fawlty Towers 5: 216 Mosi-oa-Tunya Rd.,Tel. 00260 213 32 34 32, www.adventure-africa.com. Gilt als das beliebteste Guesthouse in Livingstone. Zentrale

Die fünf Katarakte der Victoria Falls erstrecken sich über gut 1700 m und bilden damit den breitesten durchgehenden Wasserfall der Welt

aktiv unterwegs

Rafting auf dem Sambesi

Tour-Infos

Start: unterhalb der Wasserfälle in der Batoka Gorge, in der Regel werden die Kunden kostenlos von ihrer Unterkunft abgeholt
Dauer: wahlweise halb- bis mehrtägig; bei Niedrigwasser (15. Aug.–Mitte Dez.) können die Stromschnellen 1 bis 25 befahren werden, bei Hochwasser (1. Juli–15. Aug., teilweise auch in der 2. Dezemberhälfte) nur die Stromschnellen 10 bis 25
Kosten: Die Preise sind bei allen Veranstaltern in etwa gleich. Ein Halbtagestrip kostet ca. 140 US-$, ein Tagestrip 160–250 US-$, 2,5 Tage ca. 500 US-$ und für 5 Tage zahlt man ca. 800 US-$.
Buchung: z. B. bei Adventure Zone, www.adventurezonevicfalls.com, Shearwater, www.shearwatervictoriafalls.com, Safari Par Excellence, www.safpar.com, Cholwe Adventures, www.nsandman.iway.na., Bundu Adventures, www.bunduadventures.com
Schwierigkeit: Stromschnellen werden international auf einer Skala von 1 bis 6 klassifiziert, wobei 6 offiziell als unfahrbar gilt. Die Batoka Gorge gehört fast durchgehend zur Kategorie 5(+), zumindest bei Niedrigwasser. Bei Hochwasser entschärft sich der Trip ein klein wenig. Dennoch muss immer damit gerechnet werden, dass man kentert, d. h., man sollte nicht nur relativ angstfrei, sondern auch fit sein.
Hinweis: Shorts sollte man vorsichtshalber am Körper festbinden. Für Brillenträger empfehlen sich Tageslinsen.

Der Raftingtrip auf dem reißenden Sambesi durch die Batoka Gorge gilt als aufregendste Wildwasserfahrt der Welt. Nach einer kurzen theoretischen Einführung am Morgen bringt der Bus mich und die anderen Adrenalinjunkies zu den riesigen Gummibooten, die am Ufer der Schlucht bereitliegen. Dann geht es los. Wie eine gewaltige brodelnde Wand steht die erste Stromschnelle im Fluss, schluckt Raft samt Besatzung und spuckt es wieder aus. Erstaunlicherweise sitzen noch alle im Boot. Beim nächsten feuchten Hindernis sieht das schon etwas anders aus. Das Raft kentert, wir plumpsen ins Wasser und halten uns mit aller Kraft an dem Seil fest, das außen am Gummiwulst entlangläuft. Wir kämpfen gegen die heftige Strömung an, Wasser dringt in Münder und Nasen. Das gekenterte Schlauchboot hängt in einer Stromschnelle fest. »Was auch passiert, immer am Raft festhalten«, haben die Guides vorher erklärt. Ich klammere mich so lange daran, bis mir das gurgelnde Wasser trotz angewinkelter Beine Shorts und Unterwäsche wegzureißen droht. Als die Kleidungsstücke schließlich Knöchelniveau erreichen, lasse ich doch los – lieber ersaufen als ohne Hose ins Boot zurück. Mein Körper schießt durch die Stromschnellen, schafft es wieder in die Hosen zurück, nicht ohne vorher ordentlich Sambesi-Wasser zu sich zu nehmen. Den anderen ergeht es nicht besser. Wenn das Sprichwort stimmt, dass jeder, der einmal das Wasser des Sambesi getrunken hat, zurückkehren wird, müssten einige von uns sofort einen neuen Flug hierher buchen.

Eigentlich würde ich nun gerne ans Ufer kraulen, erinnere mich jedoch an einen weiteren Tipp der Riverguides: Wer ins Wasser fällt, sollte auf keinen Fall Richtung Land schwimmen, da sich dort die berüchtigten Sambesi-Krokodile sonnen. Bevor ich weitere Gedanken daran verschwenden kann, hat mich auch schon eines der wendigen Einerkajaks erreicht und nimmt mich in den Schlepptau. Jedes der schwerfälligen Rafts wird von mehreren Wildwasserprofis in Kajaks begleitet, die bei Kenterungen sofort zur Stelle sind bzw. bei schwereren Unfällen per Funk einen Rettungshubschrauber alarmieren. Außerdem sind die Kajakfahrer dafür zuständig, unser Flussabenteuer auf Video zu bannen, das man nach dem Trip käuflich erwerben kann.

In der letzten Stromschnelle des Tages bäumt sich das Gummiboot noch einmal auf, steht senkrecht im Wasser und überschlägt sich dann nach hinten. Ich weiß nicht mehr, wo oben und unten ist, habe das Gefühl, unendlich lange unter Wasser zu sein. Doch schließlich ploppe ich wieder auf, gerade rechtzeitig vor dem Ende der Tour, die mit einem kühlen Bier gefeiert wird. Wer seinen Trip in Simbabwe gebucht hat, muss zum Abschluss einen steilen Pfad aus dem Canyon nach oben klettern, auf sambischer Seite steht hierfür eine Seilbahn zur Verfügung.

Einige Teilnehmer hinken, einer hat gleich zwei blaue Augen, andere nur Prellungen, doch alle strahlen miteinander um die Wette – das war Abenteuer pur und ist mit keiner anderen Raftingtour dieser Welt zu toppen. Der Sambesi degradiert vergleichbare Trips auf dem Colorado in den USA, dem Futaleufú in Chile oder dem Kawarau in Neuseeland zu harmlosen Kaffeefahrten.

Ritt auf den Wellen: Rafting auf dem Sambesi ähnelt einer nassen Achterbahnfahrt

Tipp: Hände weg von der Löwentour!

Die sowohl in Livingstone als auch in Victoria Falls angebotene **Wanderung mit Löwen,** www.lionencounter.com, sollte man nicht buchen. Im Gegensatz zu den Angaben auf der Website haben diese Trips nichts mit Löwenschutz zu tun, sondern sind reine Geldmacherei. Dabei wird eine Gesetzeslücke ausgenutzt, denn zur Aufzucht von Löwen muss man weder in Sambia noch in Simbabwe spezielle Auflagen erfüllen. Die Löwenwanderungen sind gefährlich, da man es mit unberechenbaren Tieren zu tun hat. Schon häufiger wurden Besucher von den Raubkatzen verletzt. Löwen sollte man im südlichen Afrika nur in freier Wildbahn beobachten.

Lage, wunderbar großer Garten, Pool mit kristallklarem Wasser, irischer Pub und ganztags kostenlos Pfannkuchen! In der Lodge können alle Aktivitäten gebucht werden. Tgl. kostenloser Transfer zu den 8 km entfernt gelegenen Fällen, sicherer Parkplatz. DZ mit Bad 25–35 US-$, Camping 5 US-$ p. P.

Budget-Unterkunft ▶ Jollyboys Backpackers 6 : 34 Kanyanta Rd., Tel. 00260 213 32 42 29, www.backpackzambia.com. Die von Backpackern für Backpacker geführte Lodge existiert seit 1995 und bietet sowohl DZ mit Bad als auch Schlafsaalbetten und Camping. Kostenloses WLAN und Internet, Buchung aller Aktivitäten. DZ 50 US-$, im Schlafsaal 10 US-$, Camping 6 US-$ p. P.

Essen & Trinken

Exzellente Qualität ▶ The David Livingstone Safari Lodge & Spa 3 : in der gleichnamigen Unterkunft (s. S. 306), tgl. 8–22 Uhr. Von absolut knackig-frischem, organisch angebautem Gemüse und Salat bis zu ausgezeichnetem Fleisch und Fisch reicht der Speisezettel. Der Chefkoch kommt aus Südafrika. Hauptgerichte 18 US-$.

Pizza ▶ Funky Munky Pizza Bistro 1 : 214 Mosi-oa-Tunya Rd., Tel. 00260 213 32 01 20, tgl. 12–22 Uhr. Günstige und knusprige Pizzas aller Art sowie Salate und Eis. Hauptgerichte um 7 US-$.

Vegetarisch ▶ African Visions 2 : 125 Mosi-oa-Tunya Rd., Tel. 00260 332 36 68, tgl. 8–17 Uhr. Eigentlich ein Souvenirshop, aber mittags bekommt man hier auch leichte, vegetarische Gerichte. Die Hauptspeisen liegen um 5–7,50 US-$.

Bäckerei ▶ Wonderbake 3 : Mosi-oa-Tunya Rd., neben Rite Pub & Grill, Mo–Sa 7–21, So 8–20 Uhr. Frisches Brot und Pasteten, Eis, Espresso und Cappuccino. Kostenloses WLAN. Gerichte unter 5 US-$.

Einkaufen

Souvenirs ▶ African Visions 2 : 125 Mosi-oa-Tunya Rd., tgl. 9–17 Uhr. In einem alten Eisenbahnhaus ist dieser Laden untergebracht, der u. a. hübsches lokales Kunsthandwerk und Textilien im Angebot hat.

Aktiv

Golf ▶ The Livingstone Royal Golf and Country Club 1 : Kazimuli Av., Tel. 00260 967 27 57 09, tgl. 6–22 Uhr, Facebook ›Livingstone Royal Golf & Country Club‹. Der schöne, über 100 Jahre alte 18-Loch-Golfplatz steht unter Denkmalschutz. Es gibt ein historisches Clubhaus mit Veranda, Restaurant und Bar.

Hubschrauber- und Ultraleichtflüge etc. ▶ Livingstone's Adventure 2 : 4023 Sichango Rd., Tel. 00260 21 32 35 87, www.livingstoneadventure.com, Facebook ›Livingstone Adventure Victoria Falls‹. Rundflüge über die Fälle mit dem Ultraleichtflugzeug (15/30 Min., 150/300 US-$ p. P.) oder dem Hubschrauber (15/22/30 Min. 155/225/310 US-$ p. P.). Man kann sich auch nach einem Raftingtrip per Heli aus der Schlucht holen lassen (240 US-$ p. P. inkl. anschließendem Rundflug, mind. 4 Pers.). Im Angebot sind außerdem Jetboatfahrten (95 US-$), Quadbiketouren, Ausritte und diverse River Cruises.

Elefantenritte ▶ s. S. 294

Devil's Pool ▶ Einen tollen Eindruck vom ›Pool des Teufels‹ bieten die Filmchen bei YouTube (www.youtube.com) und die Facebookseite ›Devils Pool Victoria Falls‹. Aus Sicherheitsgründen sollte man diesen Trip, der ca. 60 US-$ kostet, nur bei einem anerkannten Veranstalter buchen, z. B. bei **Safari Par Excellence** **3** : Zambezi Waterfront, Sichango Rd., Tel. 00260 213 32 06 06, www.saf par.com; **Tongabezi Lodge** **1** : Tel. 00260 213 32 74 50, www.tongabezi.com, www.de vilspool.net.

Abseiling, Gorge Swing & mehr ▶ Abseil Zambia **4** : Mosi-oa-Tunya Rd., Fawlty Towers, Tel. 00260 213 32 11 88, www.thezam beziswing.com, Facebook ›Abseil Zambia & The Zambezi Swing‹. Dieser Veranstalter bietet neben Abseilen in eine 54 m tiefe Schlucht (37 US-$) auch viele andere adrenalinfördernde Aktivitäten. Beim Rap Jumping (45 US-$) rennt man im Gurtzeug hängend praktisch eine Felswand senkrecht nach unten; beim High Wire (37 US-$) gleitet man eingehängt in ein Kabel über die 135 m breite Schlucht; beim Gorge Swing (64 US-$) schwingt man an einem Gummiseil tarzanartig von einer Seite der Schlucht zur anderen, beim Gorge Swing Tandem (74 US-$) geschieht das zu zweit; beim Whoopie Slide (37 US-$) gleitet man im Gurtzeug ein 350 m langes Kabel entlang. Neben den Einzelaktivitäten gibt es auch ganztägige Angebote (8.30–17.30 Uhr, 120 US-$), darin enthalten sind Transfer ab Livingstone, Kaffee und Scones zum Frühstück, so viel Abseiling, Rap Jumping, High Wire, Whoopie Slides und Gorge Swings, wie man möchte, Lunch inkl. Softdrinks und Bier, Rücktransport nach Livingstone.

Bootstouren ▶ Jetboattrips s. S. 296. **Livingstone's Adventure** **2** : s. S. 310. U. a. Sunset River Cruise – entspannt mit einem Drink in der Hand die Flusspferde und Krokodile im oberen Sambesi beobachten, entweder an Bord der African Queen oder der African Princess (65 US-$).

Kajaktouren ▶ Kayak the Zambezi: Tel. 00260 966 60 74 78, www.thezambezi.com. Eine Wildwassertour auf dem Sambesi empfiehlt sich nur erfahrenen Kajakfahrern. Das Unternehmen organisiert Trips unterschiedlicher Länge, vermietet Kajaks aller Art und gibt Unterricht. Eine Tagestour im Doppelka-

jak kostet 160 US-$ p. P., ein halbtägiger Schnupperkurs 90 US-$ p. P.

Verkehr

Flüge: Sowohl Comair, www.comair.co.za, als auch South African Airways, www.flysaa. com, unterhalten täglich Verbindungen zwischen Livingstone und Johannesburg. Zambezi Airlines, www.flyzambezi.com, fliegt die Route Mo, Mi, Fr, So. One-way-Flüge zwischen Livingstone und Johannesburg kosten zwischen 220 und 280 US-$ (1,5 Std.).

Busse: Intercape Mainliner, www.intercape. co.za, fährt 3 x wöchentl. nach Windhoek in Namibia. Die Tickets können online gebucht werden.

Von Livingstone nach Kazungula ▶ 1, K/L 1

Von Livingstones Hauptstraße, der Mosi-oa-Tunya Road, zweigt in Richtung Westen die **Nakatindi Road** (M 10) ab, die rund 70 km am Sambesi entlang zurück nach Kazungula führt. An dieser Strecke liegen einige von Sambias schönsten und exklusivsten Lodges direkt am Flussufer.

Es gibt sowohl ein Kazungula auf sambischer als auch auf botswanischer Seite des Sambesi, aber noch keine Brücke (s. S. 286). Der Fluss muss mit einer motorgetriebenen Fähre gequert werden. Die Überfahrt und die Grenzformalitäten in Sambia sind Afrika pur. Im sambischen Kazungula erwartet Selbstfahrer am Grenzübergang am Ufer des Sambesi ein absolutes Chaos. Unzählige vollgeladene Lkws, die teilweise eine Woche lang auf die Fährüberfahrt warten müssen, stehen herum. Hunderte von Menschen und Haustiere drängeln sich dazwischen und sorgen für eine hektische Betriebsamkeit. Dutzende von ›Helfern‹ bieten sich als Parkwächter, Geldwechsler und Grenzformalitäten-Fixer an. Erste Regel: ruhig und relaxt bleiben. Im Bereich der Grenze ist das Fahrzeug sicher, also abschließen und die Grenzprozedur gelassen angehen. Da nichts ausgeschildert ist, sollte man einen ›vertrauenswürdigen‹ Fixer

David Livingstone und Henry Morton Stanley

Untrennbar durch die Geschichte miteinander verbunden, hätten die beiden Briten nicht verschiedener sein können. Livingstone war ein Schotte, der sein Leben der Missionstätigkeit und der Abschaffung der Sklaverei verschrieben hatte, Stanley ein abenteuerlustiger Journalist mit walisischen Wurzeln und nicht sehr frommer Vergangenheit. Berühmt wurden beide Männer durch ihre bahnbrechenden Afrikareisen.

David Livingstone (1813–73) darf als größter Held des viktorianischen Englands beschrieben werden. Im späten 19. Jh. wurden Forscher verehrt wie heutzutage Rockstars und Livingstone mit seinem leichten Stottern, dem verkrüppelten linken Arm und einem Walross-Schnurrbart war der berühmteste. Seit seinem ersten Trip nach Afrika 1841 hatte er die Kalahari durchquert, den Lauf des 2200 Meilen langen Sambesi nachvollzogen und die Viktoriafälle ›entdeckt‹. Seine Popularität war so groß, dass er, wann immer er in London auftauchte, von Fans verfolgt wurde.

Trotz seines hervorragenden Rufs war Livingstone nach einer fehlgeschlagenen Sambesi-Expedition zwischen 1858 und 1863 finanziell am Ende. Er brauchte ein letztes großes Abenteuer, um darüber zu schreiben und mit den Einnahmen aus diesem Bestseller – etwas anderes kam ihm gar nicht in den Sinn – in den Ruhestand treten zu können. Als sein Freund Sir Roderick Murchison, Direktor der Britain Royal Geographical Society, Livingstone bat, die Quelle des Nils zu finden, sagte er sofort zu. Finanziert durch die Regierung, verließ er seine Heimat 1865 mit dem Plan, nach zwei Jahren zurückzukehren. Doch im Verlauf der Reise wurde Livingstone immer wieder krank, viele seiner Träger ließen ihn im Stich. Mehrmals wurde er von arabischen Sklavenhändlern, deren Praktiken er eigentlich bekämpfte, gesund gepflegt. Während dieser Zeit verlor Livingstone den Kontakt zur

Außenwelt. In England galt er als verschollen, höchstwahrscheinlich sogar tot. Doch obwohl Livingstone so viel für sein Heimatland erreicht hatte, machte die Regierung keine Anstalten, eine Suchexpedition zu starten.

Was für eine tolle Story, dachte sich 1869 James Gordon Bennett Jr., der 28-jährige, anti-britisch eingestellte Chefredakteur des New York Herald. Mit 60 000 gedruckten Ausgaben täglich hatte die Zeitung eine für damalige Verhältnisse astronomisch hohe Auflage. Bennet Jr. gedachte aus dem Ruhm Livingstones und dem Geheimnis um sein Verschwinden Kapital zu schlagen und benötigte dafür einen rücksichtslosen Journalisten mit ordentlich Abenteuerlust für den Trip nach Afrika. Er fand ihn in dem gleichaltrigen Henry Morton Stanley, der gerade beim Herald angeheuert hatte. Sein Auftrag lautete, Livingstone aufzuspüren oder aber den Beweis zu erbringen, dass dieser nicht mehr am Leben war. Was Bennett nicht wusste: Auch Stanley hatte britische Wurzeln.

Henry Morton Stanleys (1841–1904) richtiger Name lautete John Rowlands. Er war in Wales als Sohn eines Alkoholikers und einer Prostituierten geboren und mit fünf Jahren in ein Arbeitshaus abgeschoben worden. Mit 18 Jahren wanderte er nach New Orleans aus, um in Amerika ein neues Leben zu beginnen. Dort traf er auf den reichen, kinderlosen Händler Henry Hope Stanley, der ihn als seinen Sohn annahm. John Rowlands verlor seinen britischen Akzent, verleugnete seine Herkunft und wurde zum Amerikaner Henry Morton Stanley. Im Bürgerkrieg kämpfte er für die Konföderierten, wurde gefangen genommen und wechselte die Seiten. Nach dem Krieg suchte er Gold im Westen der USA, wurde Journalist und schrieb über die Kriege mit den Indianern. Im Zuge seiner Arbeit machte er u. a. Bekanntschaft mit Ulysses S. Grant, dem 18. Präsidenten der USA.

Als Stanley im März 1871 von Sansibar aus aufbrach, befand sich Livingstone in Nyangwe im Kongo. Sechs Jahre lang hatte niemand von ihm gehört. Wie Livingstone erkrankte auch Stanley unterwegs häufig, fast raffte ihn die Malaria dahin. Seine Expeditionsmannschaft löste sich auf. Zwei Drittel der Träger starben oder desertierten und keiner seiner weißen Begleiter überlebte die Strapazen. Doch Stanley war nicht aufzuhalten.

Unterdessen war Livingstone Augenzeuge eines Massakers arabischer Sklavenhändler geworden und hatte den Kongo verlassen. Todkrank schaffte er es bis Ujiji am Lake Tanganyika im heutigen Tansania. Am 8. Oktober 1871 schrieb er in sein Tagebuch: »Ich war nur noch ein Skelett.« Stanley war 100 Meilen von Ujiji entfernt, als ihm jemand berichtete, dass dort ein weißer Mann leben würde. Am 27. Oktober 1871 ließ er eine Meile von Ujiji entfernt die amerikanische Flagge hissen. Tausende von Menschen umringten den Journalisten, darunter ein alter Mann mit weißem Haar und wenigen Zähnen, der auf Stanley zukam. Dieser streckte seine Hand aus: »Dr. Livingstone, nehme ich an.« – »Ja«, sagte Livingstone. Die beiden unterschiedlichen Männer wurden gute Freunde und reisten später monatelang gemeinsam durch Afrika. Stanleys Story wurde zur Sensation, er selbst zum Helden. Livingstone starb anderthalb Jahre nach ihrem Treffen in Afrika. Seine sterblichen Überreste wurden nach England geschickt. Stanley war einer der Sargträger.

Livingstone und Stanley: Der ›Gejagte‹ und sein ›Jäger‹ wurden gute Freunde

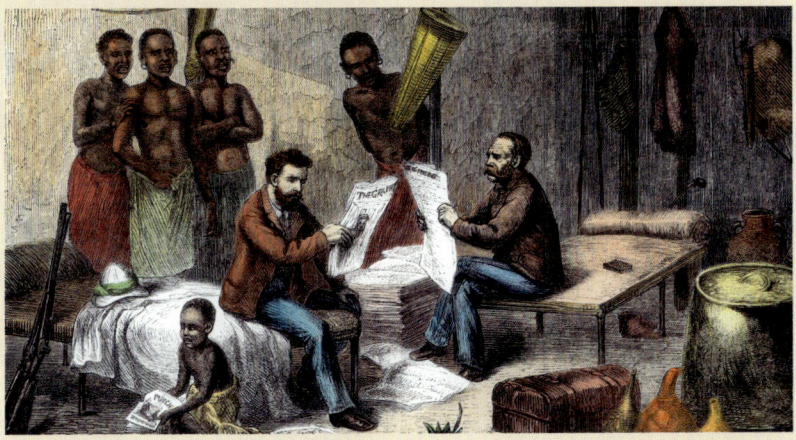

Victoria Falls und Umgebung

auswählen, der einen durch alle sogenannten Büros leitet, das nur in Kwacha bezahlbare Fährticket besorgt, den Platz auf der Fähre reserviert und die dafür nötigen 100 Kwacha (ca. 20 US-$) vorstreckt. Für diesen Service zahlt man je nach Einsatz des Fixers 5 bis 10 US-$ plus die 20 US-$ für das Fährticket. Die Fixer fahren immer auf der Fähre mit, dürfen aber in Botswana nicht an Land. Wichtig: Immer erst kurz vor dem Anlegen auf der botswanischen Seite zahlen, dann kann nichts mehr schiefgehen. Ein guten Eindruck von der Grenze und der Fährüberfahrt vermitteln die Amateurvideos auf YouTube (www.you tube.com, ›Kazungula Ferry‹ in die Suchmaske eingeben). Die Einreise nach Botswana ist dann wieder ein Kinderspiel. Und von Kazungula ist es nur mehr ein Leopardensprung nach Kasane.

Übernachten

Wunderbar gelegen ▶ The River Club: Sambesi Riverfront, Tel. 00260 213 32 74 57, www.theriverclubafrica.com, www.wilderness-safaris.com. Die Unterkunft gehört zum Portfolio von Wilderness Safaris, die keine Direktbuchungen annehmen (s. S. 88). Der Empfang im River Club ist englisch-herzlich, also zurückhaltend-humorvoll. Peter Jones ist der Besitzer der ruhig gelegenen Lodge im Kolonialstil, die in den 1940er-Jahren erbaut wurde. Die zehn weit auseinanderliegenden, großzügigen Gästehäuschen sind nur durch ein Insektengitter vom Sambesi getrennt und nach historischen Personen benannt, die signifikant für die Geschichte von Sambia waren – von General Paul von Lettow-Vorbeck (s. S. 58) bis zu Henry Morton Stanley (s. S. 312). Und über alle weiß Peter unterhaltsame Storys zu erzählen. Gäste sollten gut Englisch sprechen oder zumindest verstehen, um in den Genuss seiner Ankedoten zu kommen. Peter wurde in Sambia geboren und besuchte später die Royal Military Academy im britischen Sandhurst. Nach zehn Jahren in der britischen Armee eröffnete er diese luxuriöse Lodge, die eine DNA-Politik verfolgt: Do Nothing Activity – hier ist pure Entspannung angesagt. Die romantischen Abendessen bei

Kerzenlicht sind ebenso unvergesslich wie eine Flussfahrt oder ein Bad im kleinen Pool, der zu jedem Zimmer gehört. Das kostenlose WLAN bildet einen modernen Gegensatz zu den historischen Fotos und der aus Antiquitäten bestehenden Inneneinrichtung. DZ ab 450 US-$ p. P. mit Frühstück.
Naturnah und günstig ▶ Jungle Junction: 41 km westlich von Livingstone, kein Telefon,

Beileibe keine Selbstverständlichkeit: ein Wasseranschluss unmittelbar im Dorf

Reservierung über www.junglejunction.info. Rustikales, naturnahes Camp auf Bovu Island im Sambesi mit vier großen Chalets und kleineren Fisherman's Huts. Die Chalets sind auf Holzpfählen errichtet, haben Hartholzböden und Wände aus Riedgras und Bambus. Es gibt Doppel- bzw. Einzelbetten sowie Moskitonetze, Kissen und Bettdecken, aber keine Handtücher. Dafür genießt man von den Ve- randen einen Blick auf den Sambesi. Wer campen will, muss sein eigenes Zelt mitbringen. Transfer zur Insel mit Kanus, für das Auto gibt es einen Parkplatz. Transfer von Livingstone 30 US-$ p. P., Ausflug im Einbaum 25 US-$ p. P., Frühstück und Lunch 7 US-$, Abendessen 12 US-$, Chalets 35 US-$ p. P., Fisherman's Huts 25 US-$ p. P., Camping 10 US-$ p. P.

Traditionell jagen die San mit Wurfspeeren sowie Pfeil und Bogen, wobei die
Spitzen der Geschosse mit einem hochwirksamen Nervengift präpariert werden

Kapitel 6

Kalahari

In der Mitte Botswanas liegt das Herz der Kalahari. Ein flaches Meer ohne Wasser. Oder fast ohne Wasser. Die Kalahari ist keine richtige Wüste, sondern eine Trockensavanne. Eine Wüste wird geografisch dadurch definiert, dass sie pro Jahr durchschnittlich weniger als 100 mm Niederschläge erhält. Doch selbst die trockensten Regionen der südwestlichen Kalahari im Kgalagadi Transfrontier Park registrieren noch Niederschlagsmengen von 200 bis 350 mm pro Jahr.

Im Zentrum der Kalahari wurde 1961 das 52 800 km² große Central Kalahari Game Reserve etabliert. Ursprünglich sollte damit den nomadisierenden San ein Refugium geschaffen werden, doch dann wurden Diamanten entdeckt und die Buschmänner verdrängt. Unmittelbar südlich davon schließt sich wie ein Mini-Appendix das mit 2590 km² ›kleine‹ Khutse Game Reserve an, das durch seine relative Nähe zu Gaborone am Wochenende von vielen Städtern besucht wird.

Mit dem ganz im Südwesten Botswanas gelegenen Kgalagadi Transfrontier Park wurde im Jahr 2000 der erste grenzüberschreitende Nationalpark Afrikas gegründet, entstanden durch die Zusammenlegung des botswanischen Gemsbok National Park und des südafrikanischen Kalahari Gemsbok National Park. Das Schutzgebiet erstreckt sich über rund 38 000 km², drei Viertel davon liegen auf botswanischem Staatsgebiet.

Bislang sind das Central Kalahari Game Reserve und das Khutse Game Reserve nicht mit dem Kgalagadi Transfrontier Park verbunden. Dazwischen erstreckt sich das riesige, nahezu unbewohnte Kaa Kalahari Concession Area, das sich perfekt als Wildkorridor eignen würde. Diesbezügliche Planungen liegen bereits in der Schublade.

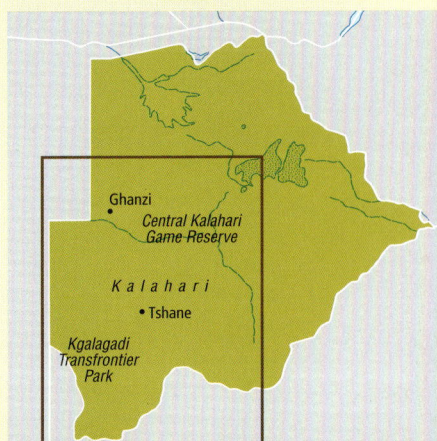

Auf einen Blick
Kalahari

Sehenswert

Moreswe Pan: Eine schöne Tonpfanne mit künstlicher Wasserstelle im Khutse Game Reserve (s. S. 332).

15 Kgalagadi Transfrontier Park: Der erste grenzüberschreitende Friedenspark in Afrika wurde im Jahr 2000 etabliert und lässt sich besonders easy von Südafrika aus ›erfahren‹ (s. S. 336).

Schöne Routen

Von Rakops über das Deception Valley nach Xade: Die Strecke mit ihrer Serie von pittoresken Pfannen ist landschaftlich eine der faszinierendsten im Land (s. S. 323).

Passarge Valley: Eine attraktive Strecke durch ein sandiges Tal, in dem man immer viel Wild sichtet (s. S. 323).

Meine Tipps

Souvenirshopping in Ghanzi: Gantsi Craft verkauft Lederwaren und anderes schönes, von San gefertigtes Kunsthandwerk (s. S. 321).

Piper's Pan: Wenn die Pumpe funktioniert, die das Wasserloch füllt, findet sich hier das meiste Wild im Central Kalahari Game Reserve (s. S. 324).

Western Woodlands: Eine wunderschöne parkähnliche Graslandschaft mit uralten Kameldornbäumen (s. S. 335).

aktiv unterwegs

Polentswa und Mabuasehube Wilderness Trails: Diese beiden 4x4-Trails sind spannende Allradstrecken durch den wilderen, botswanischen Teil des grenzüberschreitenden Kgalagadi Transfrontier Park (s. S. 342).

Nossob 4x4 Eco Trail: Für den 214 km langen 4x4-Trail im südafrikanischen Teil des Kgalagadi Transfrontier Park benötigt man vier Tage und drei Nächte (s. S. 346).

Central Kalahari und Khutse Game Reserves

Schon Mitte des 19. Jh. übte die unendliche Weite der zentralen Kalahari eine magnetische Anziehungskraft auf Forscher und Abenteurer aus. Allesamt waren sie auf der Suche nach Reichtümern. Verlorene Städte wurden damals nicht gefunden, aber zumindest werden heute Diamanten gefördert. Eine Reihe sonnengebleichter Planwagengerippe säumt die alte Missionarsstrecke durch diese harsche Region.

Ghanzi und Umgebung

▶ 1, D 8

Inmitten der trockenen Kalahari gelegen, verdankt der Ort **Ghanzi** seine Existenz einem Kalksteinbergrücken. Dieser sorgt für eine reichliche Versorgung mit Grundwasser und für die Bewässerung der fast 200 Farmen in der Gegend. Dank des geologischen Phänomens ist Ghanzi auch das Zentrum der Rinderzucht in Botswana. Hier werden die weltbesten Freilandrinder, ganz ohne Hormonzugabe, gezüchtet.

Hinweis für Selbstfahrer

Die Kalahari ist, vor allem im Norden, eine Region, die nur erfahrene Geländewagenlenker unter die Räder nehmen sollten. Optimalerweise fährt man im Konvoi mit einem weiteren Auto und hat zumindest ein Satellitentelefon dabei. Die 4x4s sollten sehr gut ausgestattet sein: GPS, Fußluftpumpe, Spaten und Abschleppseil sind Grundvoraussetzung. Auf den Sand- und Dünenstrecken immer mit reduziertem Reifenluftdruck fahren, um die Traktion zu erhöhen und ein schnelles Einsinken zu vermeiden. Mehr als 1 bar sollte im Sand nicht in den Pneus sein. Sobald die Strecke steinig wird oder man wieder auf Teer unterwegs ist, den Reifenluftdruck auf 2 bis 2,2 bar erhöhen.

Wie fast die ganze Gegend war auch dieser Platz ursprünglich von den San besiedelt. Als einer der ersten weißen Bewohner gilt der berüchtigte Hendrick van Zyl, der sich 1874 dauerhaft in Ghanzi niederließ. Seine Geschichte wurde so oft erzählt, dass sich Realität und Fiktion vermischen. Sicher ist, dass er Mitglied des Parlaments der südafrikanischen Republik Transvaal war. Er war außerdem ein Sklavenhändler und Jäger und er baute sich ein zweistöckiges Haus mit bunten Bleiglasfenstern. Van Zyls Jagdleidenschaft galt damals als legendär – heute würde er dafür mehrere Leben lang im Gefängnis schmoren: Alleine an einem Nachmittag im Jahr 1878 sollen er und sein Sohn 103 Elefanten abgeschlachtet haben. Es verwundert nicht, dass van Zyl auch ein rücksichtsloser Buschmann-Mörder gewesen sein soll. Die Ruinen von **Van Zyl's House** liegen heute auf privatem Farmland, können jedoch besichtigt werden. Der Manager des Kalahari Arms Hotel (s. S. 321) organisiert Trips dorthin.

38 km nordöstlich von Ghanzi an der A 3 Richtung Maun findet sich die San-Siedlung **D'Kar**. Von der holländisch-reformierten Kirche ins Leben gerufen, liegt das Dorf auf dem Gelände einer 30 km² großen Farm, die den San gehört und von ihnen geführt wird. Hier hat sich eine Art Künstlerkolonie etabliert. Es gibt einen tollen Laden, der Kunsthandwerk und Lederarbeiten verkauft, sowie eine kleine Galerie. D'Kar hat etwas Inspirierendes und

verdient die Unterstützung durch Besucher. Einen Besuch wert ist auch das Kulturzentrum der San und das **Kuru Museum & Cultural Centre.**

Die San-Gemeinde von D'Kar hat mittlerweile auch die 75 km² große Wildfarm **Dqãe Qare** erworben, die rund 12 km südlich von D'Kar liegt. Hier kann man in einem Gästehaus oder auf einem Campingplatz übernachten, das Farmleben kennenlernen und an verschiedenen Aktivitäten teilnehmen. Im Angebot sind beispielsweise geführte Wanderungen, Aufführungen traditioneller Tänze und Geschichtenerzählen. Mit diesem Projekt hat sich die lokale San-Gemeinde eine weitere Möglichkeit geschaffen, mit dem sie Einkommen aus dem Tourismus generiert.

Übernachten

Stadthotel ▶ Kalahari Arms Hotel: direkt am Trans-Kalahari-Highway, Tel. 065 962 98, www.kalahariarmshotel.com. Bed & Breakfast mit Campingplatz. DZ in Chalets 710 Pula mit Frühstück, Camping 60 Pula p. P.

Camping ▶ Im Ort D'Kar (s. S. 320) gibt es einen einfachen Campingplatz. Kein Telefon. 50 Pula p. P.

Farmleben mit San ▶ Dqãe Qare: s. oben, Tel. 065 965 74, 072 52 73 21, www.dqae.org, www.kuru.co.bw. Übernachten in einem alten Farmhaus, in Buschmannhütten oder auf dem Campingplatz. DZ 475 Pula mit Frühstück, Camping 50 Pula p. P.

Einkaufen

San-Kunsthandwerk ▶ Gantsi Craft: Henry Jankie Dr., links neben dem Kalahari Arms Hotel, Tel. 065 962 41, www.gantsicraft.com, www.sanartsandcrafts.com, Mo–Fr 8–17, Sa 8–12.30 Uhr. Der Laden geht auf eine nicht profitorientierte Organisation zurück, die den in der Region lebenden San die Möglichkeit bietet, mit ihrem wunderbaren Kunsthandwerk ihren Lebensunterhalt zu finanzieren. Es gibt Masken, schönen, aus den Schalen von Straußeneiern hergestellten Schmuck, aber auch Gebrauchsgegenstände sowie Kupfer- und Lederarbeiten. Über die Website können alle Produkte auch online bestellt werden.

Reiche Wüste

Botswana ist einer der größten Diamantenförderer der Welt und besitzt drei große Tagebauminen – alle in der Kalahari. **Orapa** (▶ 1, K 7), ganz in der Nähe des Central Kalahari Game Reserve, war das erste Vorkommen, das 1967 entdeckt wurde. Ein paar Jahre später folgte **Letlhakane** (▶ 1, K 7). Obwohl hier mengenmäßig weniger Karat als anderswo ans Tageslicht gebracht werden, übersteigt die Qualität der hier geförderten Diamanten jede andere Mine und macht Letlhakane zur ergiebigsten der Welt. In den frühen 1980er-Jahren wurde **Jwaneng** (▶ 2, J 13) im Süden der Kalahari eröffnet. Die Ausschachtung hier ist heute etwa doppelt so groß wie das berühmte Big Hole von Kimberley, wo einst Südafrikas Diamantenrausch stattfand. Ein bisher unerschlossener Diamantenschlot wurde in **Gope** (▶ 1, J 10) entdeckt.

Central Kalahari Game Reserve ▶ 1, F–K 7–10

Karte: S. 322

Das bereits 1961 etablierte **Central Kalahari Game Reserve (CKGR)** umfasst 52 800 km² und ist damit mehr als halb so groß wie Österreich. Jahrzehntelang war es für die Öffentlichkeit nicht zugänglich, erst seit Mitte der 1990er-Jahre darf die Region auf eigene Faust bereist werden. Das Gebiet ist der größte und einsamste Naturschutzpark Afrikas und nach dem kanadischen Buffalo National Park der zweitgrößte der Welt.

Die Besiedlung des Gebiets durch die Ureinwohner lässt sich etwa 25 000 Jahre zurückverfolgen. Um den nomadischen Lebensstil der San zu erhalten, wurde das Schutzgebiet ursprünglich eingerichtet. Doch in den 1980er-Jahren änderte die Politik ihren Kurs (s. S. 66), sodass heute niemand mehr als Jäger und Sammler in der Kalahari lebt.

Der Park ist quasi zweigeteilt. Der Norden ist besser erschlossen und tierreicher, der Süden einsamer und schwieriger zugänglich.

Central Kalahari Game Reserve

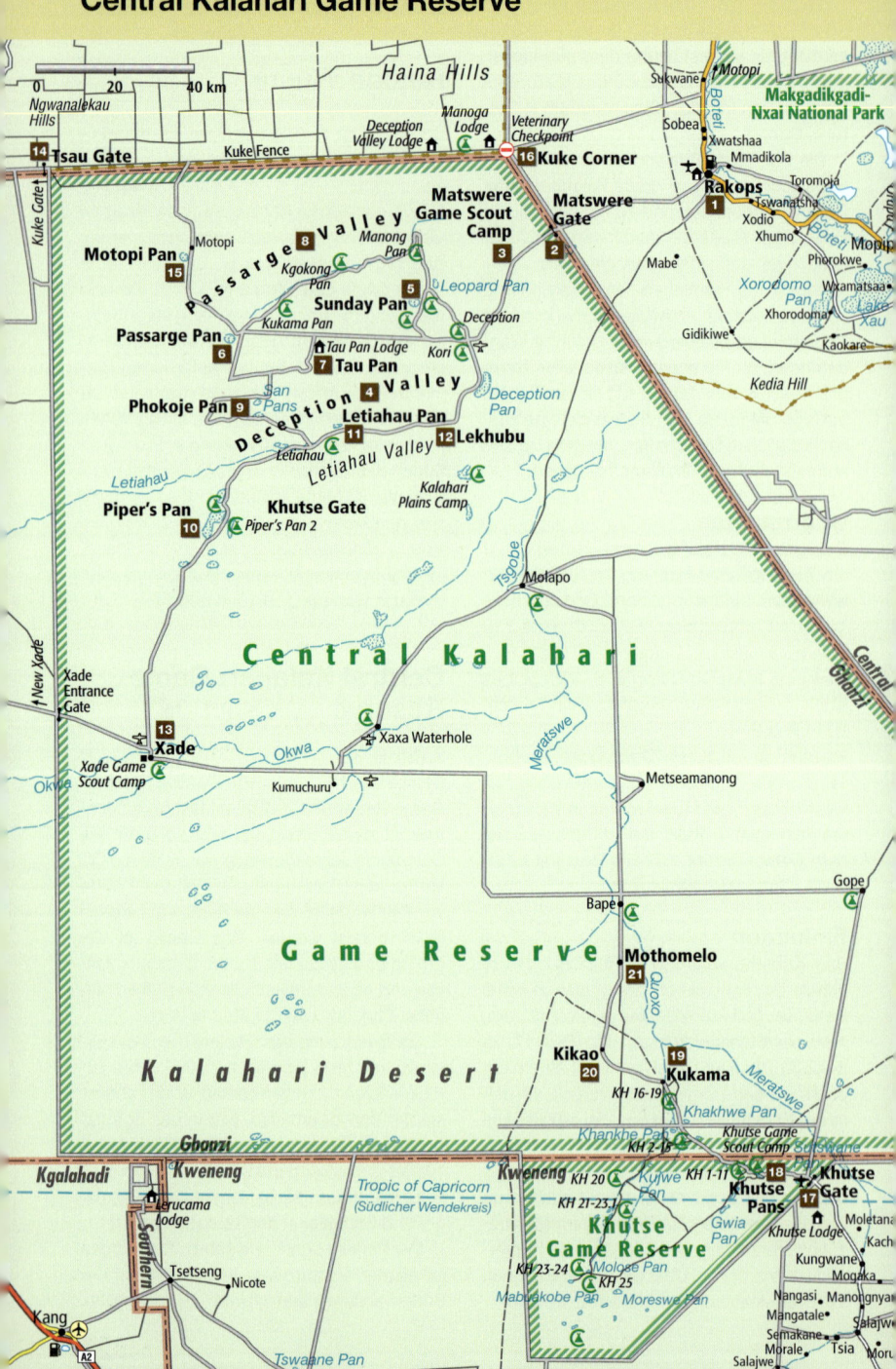

Haina Hills

Ngwanalekau Hills

0   20   40 km

14 Tsau Gate

Kuke Gate

Kuke Fence

Deception Valley Lodge

Manoga Lodge

Veterinary Checkpoint

16 Kuke Corner

Sukwane

Motopi

Sobea

Makgadikgadi-Nxai National Park

Xwatshaa

Mmadikola

1 Rakops

Toromoja

Tswanatsha

Xodio

Xhumo

Mabe

Phorokwe

Mopip

Passarge Valley

8

Matswere Game Scout Camp

Manong Pan

3

2 Matswere Gate

Motopi Pan **15**

Motopi

Kgokong Pan

5 *Leopard Pan*

Sunday Pan

Kukama Pan

Deception

Kori

Xorodomo Pan

Xhorodomai

Lake Xau

Gidikiwe

Wxamatsaa

Xhoraka

Kaokare

Passarge Pan **6**

Tau Pan Lodge

7 Tau Pan

Kedia Hill

Phokoje Pan **9**

San Pans

Deception Valley

4 Letiahau Pan

Deception Pan

Letiahau

11

12 Lekhubu

Letiahau Valley

Letiahau

Kalahari Plains Camp

Piper's Pan

10

Khutse Gate

Piper's Pan 2

Tsgobe

Molapo

C e n t r a l   K a l a h a r i

New Xade

Xade Entrance Gate

Okwa

13 Xade

Xade Game Scout Camp

Okwa

Xaxa Waterhole

Kumuchuru

Meratswe

Metseamanong

Central/Ghanzi

G a m e   R e s e r v e

Bape

Gope

Mothomelo

21

Quoxo

K a l a h a r i   D e s e r t

Kikao

20

19 Kukama

KH 16-19

Meratswe

Khakhwe Pan

KH 2-15

Khutse Game Scout Camp

Gbonzi

Kgalahadi

Kweneng

Southern

Tropic of Capricorn (Südlicher Wendekreis)

Kweneng

KH 20

Kujwe Pan

KH 1-11

18

Khutse Pans

17 Khutse Gate

Khutse Lodge

KH 21-23.1

Gwia Pan

Moletana

Lerucama Lodge

Tsetseng

Nicote

KH 23-24

Khutse Game Reserve

Mologe Pan

KH 25

Moreswe Pan

Kungwane

Mogaka

Nangasi

Manonyonyan

Mangatale

Kang

A2

Tswaane Pan

Mabuakobe Pan

Semakane

Morale

Tsia

Mor

Salajwe

Ob das so bleibt, ist fraglich, denn die neu entdeckten Diamantenvorkommen liegen bei Gope im Süden des Reservats.

Es gibt verschiedene Routen in das Central Kalahari Game Reserve. Das meistgenutzte Eingangstor ist das **Matswere Gate** an der nordöstlichen Parkgrenze, das über Rakops (s. unten) zu erreichen ist. Auch aus vielen anderen Richtungen dient der Ort als Startpunkt für einen Besuch im Park. Wenn man in Gaborone startet, sind es ca. 644 km über Palapye, Serowe und Letlhakane bis Rakops. Von Francistown führt die A 30 am Südrand der Diamanten-Konzessionsgebiete vorbei in 348 km nach Rakops. Und auch die meisten aus Maun kommenden Reisenden steuern Rakops an – über die gut ausgebaute A 8 geht es zunächst etwa 105 km Richtung Nata und dann auf der A 30 noch 106 km bis Rakops.

Eine Alternative für Selbstfahrer, die aus dem Okavango Delta bzw. Maun kommen, ist das neue **Tsau Gate** (s. S. 324) im Nordwesten des Schutzgebiets. Viele abenteuerlich angehauchte Geländewagenfahrer, die eine echte 4x4-Herausforderung suchen, wählen die südliche Route über das Khutse Game Reserve (s. S. 325).

Nördliche Anfahrt von Rakops ins Deception Valley

Von **Rakops** 1 (S21°01 879/E24°24 262, ▶ 1, H 7) aus fährt man ca. 3 km auf der Hauptstraße nach Norden, dann geht es links zum ausgeschilderten Matswere Camp ab. Etwa 12 km nach der Abzweigung beginnt die Piste langsam über verschiedene Sandniveaus anzusteigen, dies ist die ehemalige Uferlinie des Makgadikgadi-Ur-Sees: Anhalten und die absolut fantastische Aussicht zurück genießen!

47 km nach Rakops ist die Grenze zum Central Kalahari Game Reserve mit dem **Matswere Gate** 2 (S21°09 407/E24°00 445, ▶ 1, H 7) erreicht. 8,8 km weiter westlich stößt man auf das **Matswere Game Scout Camp** 3 (S21°11 896/E23°56 365), wo sich das Rangerbüro befindet, in dem man die Permits kaufen kann.

Dann geht es 27,5 km Richtung Süden, wo die Piste auf eine klar erkennbare *cut line* trifft (S21°24 301/E23°48 190), also eine kerzengerade Piste, die in diesem Fall von Ost nach West verläuft. Sie wurde 1973 als Teil einer geologischen Untersuchung angelegt und ist als **Kalahari Traverse** (KT cut line) in Landkarten verzeichnet. 2,2 km weiter ist das Deception Valley erreicht.

Das **Deception Valley** 4 (▶ 1, G 8) ist alles, was von einem einstigen, jetzt ausgetrockneten Fluss übrig geblieben ist. Das grasbedeckte Tal mit vereinzelten buschigen Bauminseln erstreckt sich über etwa 80 km. Einige der Bäume haben Wurzelsysteme, die bis zu 50 m in die Tiefe reichen, um dort den Grundwasserspiegel anzuzapfen und mit dem Nass die trockenen Winter zu überleben. In den Schatten spendenden Dickichten halten sich tagsüber oft Löwen auf.

Die *cut line* führt geradeaus nach Westen weiter, wo es nach 11 km an einer Gabelung (S21°09 407/E24°00 445) rechts zu den beiden Campingplätzen an der sehr schönen Salzpfanne **Sunday Pan** 5 (▶ 1, G 7) abgeht. Die Pfanne befindet sich zwischen dem ersten (S21°21 037/E23°40 478) und dem zweiten (S21°19 907/E23°41 279) Sunday-Pan-Campingstellplatz.

Wer auf der *cut line* 46 km nach Westen weiterfährt, gelangt zur ebenfalls landschaftlich herrlichen **Passarge Pan** 6 (S21°23 926/E23°15 136, ▶ 1, F 7). Kurz vorher geht es an einer Gabelung (S21°24 075/E23°25 639) nach links zur **Tau Pan** 7 (S21°27 902/E23°24 669, ▶ 1, G 7/8) ab, die nur 7 km entfernt ist. Die Passarge Pan ist kleiner als das Deception Valley, hat jedoch eine identische Naturlandschaft – also eine Serie von großen, offenen Tonpfannen mit ein paar dazwischengestreuten Akazieninseln, die in einem Meer aus wogendem Gras zu treiben scheinen. Von den drei Stellplätzen im **Passarge Valley** 8 ist Passarge 2 eindeutig der schönste – sowohl wegen seiner zentralen Lage als auch wegen seiner tollen Aussicht auf die meist von Oryxantilopen frequentierte Pfanne. Je nachdem, welchen der zahlreichen Campingplätze man zugeteilt bekom-

Tipp: Der Ruf der Kalahari

Mark und Delia Owens machten diese Gegend mit ihrem 1985 erschienenen Buch »Der Ruf der Kalahari« bekannt und berühmt. Das Forscherpärchen lebte sieben Jahre lang mit den wilden Tieren im Deception Valley der zentralen Kalahari und verfasste eine Lektüre, die wunderbar auf diese Region einstimmt (s. S. 86).

men hat, wird die weitere Route gewählt. Es empfiehlt sich, jeweils zwei Nächte an einem Ort zu bleiben und den Nachmittag am Pfannenrand zu verbringen, um die Tiere zu beobachten.

Sowohl von der Passarge Pan als auch von der Tau Pan führen Pisten Richtung Süden bzw. Westen. Beide treffen nach 21 bzw. 11 km auf eine Gabelung (S21°28 952/E23° 18 685). Von dort geht es in einer 37 km langen Schleife um und zur **Phokoje Pan** 9 (S21°35 208/E23°16 303, ▶ 1, F/G 8).

18 km jenseits der Phokoje Pan kommt man an eine weitere Kreuzung (S21°38 383/E23°25 029), wo es im spitzen Winkel nach rechts in südwestliche Richtung zur **Piper's Pan** 10 (▶ 1, F 8) abgeht, die zwischen den zwei gleichnamigen Campingplätzen (S21° 47 046/E23°12 759 und S21°47 571/E23° 12 873) liegt.

Wer sich an der zuvor erwähnten Gabelung Richtung Osten hält, gelangt nach 15 km zur **Letiahau Pan** 11 (▶ 1, G 8) und dem gleichnamigen Campingplatz (S21°36 533/E23°33 292), 20 km weiter zum Campingplatz von **Lekhubu** 12 (S21°35 405/E23°44 749, ▶ 1, G 8) und 14 km weiter wieder zum Deception Valley (S21°30 282/E23°49 409). Die Piste zwischen der Letiahau Pan und dem Deception Valley besteht aus hartem Untergrund und ist gut zu befahren. Hier sehen vor allem die Gruppen alter Akazienbäume sehr attraktiv aus.

Von den zwei Piper's Pans sind es 68 km bis **Xade** 13 (S22°20 368/E23°00 474, ▶ 1, F 9). Die ganze Strecke wird begleitet von ei-

ner nicht enden wollenden Aneinanderreihung von Pfannen, an denen sich das Wild sammelt. Hier leben Strauße, Kuh- und Elenantilopen, Kudus und Gnus. Auch eine Giraffe ist gelegentlich zu sehen. Die Campingplätze befinden sich unter Akaziengruppen, die wie grüne Inseln in der offenen Ebene stehen.

Anfahrt von Osten zum Tsau Gate

73 km südlich von Sehitwa passiert man auf der A 3 von Maun nach Ghanzi das **Kuke Gate** (S20°59 961/E22°25 285, ▶ 1, E 7), das den gleichnamigen Veterinärzaun markiert. Hier zweigt man Richtung Osten ab und fährt auf einer Piste entlang der Südseite des Zauns, der die Nordgrenze des Central Kalahari Game Reserve bildet. Nach 39 km ist das **Tsau Gate** 14 (S21°00 060/E22°47 822, ▶ 1, F 7) erreicht. Nach Passieren des Eingangstors folgt man dem Zaun für weitere 39 km bis zu einer Kreuzung (S21°00 194/E23°06 400), an der rechts eine Piste nach Süden in Richtung **Motopi Pan** 15 führt.

Anfahrt von Osten zum Matswere Gate

Auch diese Strecke zweigt am **Kuke Gate** (s. oben) von der A 3 Maun–Ghanzi ab, folgt jedoch einer guten Schotterstraße, die nicht südlich, sondern nördlich des Veterinärzauns entlangführt. Nach einer Weile gelangt man auf eine Kalahari-typische Fahrspur im roten Sand. Der Zaun verläuft unmittelbar rechts neben der eintönigen, geraden Piste, die Fahrer und Beifahrer in eine fast meditative Stimmungslage schüttelt. Die Realität macht einer intensiven Naturerfahrung Platz.

Etwa 128 km von der A 3 entfernt findet sich eine klar markierte Abzweigung (S21° 00 041/E23°39 405) nach links zur 9 km entfernten **Deception Valley Lodge** (▶ 1, G 7). Weitere 3 km weiter auf der Piste liegt der Eingang zur **Haina Kalahari Lodge** (S21° 00 047/E24°41 093).

Nach weiteren 23 km erreicht man den Veterinary Checkpoint von **Phefodiaka**, besser bekannt als **Kuke Corner** 16 (S21°00 075/E23°53 070, ▶ 1, G 7) und so auch in den meisten Karten verzeichnet. Hier markiert ein Gate den Knotenpunkt von vier Veterinärzäunen. Wie an den anderen Gates auch fragen die Offiziellen nach rohem Fleisch, das nicht in das Reservat gebracht werden darf. Die Piste nach rechts erreicht nach 21,5 km das **Matswere Gate** (s. S. 323) in das Central Kalahari Game Reserve.

Anfahrt von Süden über das Khutse Game Reserve

Für die 272 km vom **Khutse Gate** [17] (▶ 1, J 11, s. S. 332) nach Xade sollte man ein bis zwei Tage Fahrt einplanen. Etwa 12 km hinter dem Eingang in das Khutse Game Reserve passiert man die **Khutse Pans 1 und 2** [18], hält sich dann an der ersten Gabelung rechts und erreicht nach weiteren 13 km die nächste Pistengabelung (S23°34 803/E24° 04 558). Dort hält man sich wieder rechts. Nach gut 21 km erreicht man den Ort **Kukama** [19] (S23°11 186/E24°19 126, ▶ 1, H 10), der nicht immer bewohnt ist.

Von hier ist es nicht ganz einfach, das Spurenbündel nach Norden zu finden. Generell gilt: Richtung Nordwesten fahren und die Augen offen halten. 10,5 km nach Kukama kommt eine für die weitere Orientierung wichtige Kreuzung mit einer Piste, die kerzengerade von Norden nach Süden verläuft, einer typischen *cut line*. Von hier führt auch eine Piste nach Westen in das Dorf **Kikao** [20] (S23°01 757/E24°05 614, ▶ 1, H 10). Die Piste nach Norden erreicht nach 28 km den Ort **Mothomelo** [21] (S22°49 955/E24°09 796, ▶ 1, H 10). Hier ist es wiederum nicht ganz einfach, den Pistenanschluss am Ortsende zu finden. Die Siedlung ist auch nicht permanent bewohnt. Der Untergrund ist, wie alle Pisten in dieser Gegend, sehr sandig und das Vorankommen wird mühsam.

Etwa 22 km später ist eine weitere wichtige Kreuzung (S22°38 466/E24°10 064) mit einer *cut line* erreicht. Die von Osten kommende Piste verfehlt die nach Westen führende Piste um etwa 400 m, also 400 m, bevor es im rechten Winkel nach Osten abgeht, nach Westen abbiegen. Die Piste wird fester und der Geländewagen kann wieder aus dem Kriechgang genommen werden. 35,4 km wei-

Im grasbedeckten Deception Valley leben auch sehr viele Oryxantilopen

Achtung: Tödliches Gras

In der Einsamkeit der zentralen Kalahari, wo teilweise tagelang kein anderes Fahrzeug vorbeikommt, endet Unachtsamkeit manchmal verhängnisvoll. Besonders gefährlich für Geländewagen kann das trockene Gras werden. Aufgrund der geringen Verkehrsdichte bestehen die meisten Pisten nur aus zwei Reifenspuren im Sand, zwischen denen oft sehr hoch trockenes Gras wächst. Beim Darüberfahren streift es an der Unterseite des Fahrzeugs entlang. Nach Regenfällen ist das Gras voll mit langen, schwarzen Grassamen. Diese bleiben unter dem Auto hängen und sammeln sich dort in Hohlräumen, auch in der Nähe des heißen Auspuffrohrs, wo sie sich blitzschnell entzünden können. Die einzige Abhilfe ist mühsam: Alle fünf Minuten anhalten, die Unterseite des Wagens checken und gegebenenfalls die Grassamen entfernen. Alte Hasen unter den Geländewagenfahrern binden einen Sack unter den Kühler-

grill, der beim Fahren durchs Gras die Samen verstreut und verhindert, dass sie sich im Fahrgestell festsetzen. Fängt das Auto tatsächlich einmal Feuer, dann nicht mit Wasser löschen, da man das wahrscheinlich zum Trinken braucht, bis irgendwann in den nächsten Tagen Hilfe kommt. Am besten die Flammen mit Sand ersticken.

Die unangenehmen Samen verstopfen übrigens auch die feinen Lamellen des Kühlers am Auto, was zur Überhitzung des Motors führt. Abhilfe schaffen engmaschige Gazenetze, die man in einschlägigen Geländewagengeschäften oder manchmal bereits vom Autoverleiher mitgeliefert bekommt. Sie werden vor den Kühler gespannt und regelmäßig von Samen befreit. Das trockene Gras selbst kann sich beim Darüberfahren am heißen Auspuff entzünden. Also nie im hohen Gras anhalten, sondern immer eine grasfreie Stelle zum Stoppen suchen.

ter (S22°38 768/E23°51 287) zweigt die Route abrupt nach Norden ab. Die Piste ist nun fest und gut zu befahren. Nach weiteren 34,4 km (S22°22 471/E23°50 233) geht es nochmals scharf nach links, in Richtung Westen, und die nächsten 35 km sind ebenfalls prima zu befahren.

Nach dem Durchqueren eines Flussbetts geht es an einer Gabelung (S22°22 239/E23°30 335) nach links Richtung **Xade,** das nach weiteren 20 km erreicht ist (S22°20 368/E23°00 474). Der Okwa, ein saisonal fließender Fluss, kommt aus Namibia und verläuft rechts der Piste. Vor langer Zeit brachte er Wasser in den großen Makgadikgadi-See. Xade – das ›X‹ in Xade ist ein Klicklaut, gefolgt von ›r-day‹ – war einst eine im Wachsen begriffene San-Siedlung, bis die Bewohner nach **New Xade** (► 1, E 9) außerhalb der Parkgrenzen zwangsumgesiedelt wurden (s. S. 66). Das Büro der Wildschutzbehörde findet sich in Xade nach der Ortseinfahrt auf der rechten Seite, die verlassene Klinik und die Grundschule liegen auf der linken Seite.

Flora

Kalahari-Erstbesucher zeigen sich fast ausnahmslos überrascht davon, wie grün die Wüste in Wirklichkeit ist. Wer Botswana aufgrund seines Wildreichtums besucht, sollte die Kalahari allerdings erst beim zweiten oder gar dritten Besuch unter die Räder nehmen. Das Okavango Delta und der Chobe National Park sind landschaftlich deutlich abwechslungsreicher und beheimaten auch wesentlich mehr Tiere. Die Kalahari indessen fasziniert insbesondere durch ihre Einsamkeit und ihre Abgelegenheit.

Ein Großteil der Kalahari ist mit niedrigem Buschwerk und goldgelbem Gras bewachsen, durchsetzt von Gruppen meist altehrwürdiger Akazien. Sandveld nennt sich diese Art der semiariden Vegetation. Sehr häufig sieht man den *wild grapple,* wörtlich übersetzt ›wilder Enterhaken‹. Die Pflanze ist auch unter dem Namen Teufelskralle *(devil's claw)* bekannt, da ihre harten, stachligen Schalen alles durchstechen, was sie berühren. Das Gewächs gilt in Afrika seit Jahrhunderten als potentes Naturheilmittel. Es enthält u. a. natürliches Aspirin, und Wissenschaftler haben erst kürzlich erkannt, dass die Pflanze bei bestimmten Erkrankungen wie Rheuma, Bluthochdruck, Magen- und Hautproblemen, Diabetes und Arterienverkalkung genauso wirksam ist wie ihre synthetischen Pendants. Durch Tests hat man herausgefunden, dass die Teufelskralle mindestens 60 % aller Arthritisfälle heilt.

Fauna

Für die Tierbeobachtung braucht man im Central Kalahari Game Reserve ein wenig mehr Geduld als im Norden Botswanas, wo einen die Fauna praktisch überrennt. Die beste Methode besteht darin, sich an einer Pfanne oder Wasserstelle zu positionieren und dort auf Antilopen, Zebras und ihre größten Fans, Löwen, Geparden und Hyänen, zu warten.

Von den größeren Grasfressern kommen Springböcke im Park am häufigsten vor. Sie sind hervorragend an das trockene Klima angepasst, fressen sowohl Buschvegetation als auch Gras und können die gesamte Feuchtigkeit, die sie benötigen, über die Nahrung aufnehmen, sofern diese mindestens 10 % Wasser enthält. Tagsüber ruhen sie sich meist aus, nachts fressen sie. Auf diese Weise maximieren sie ihre Flüssigkeitszufuhr weiter, denn ihre grüne Nahrung wird durch Tau angereichert. Bei der Fortpflanzung richten sich Springböcke nach den klimatischen Gegebenheiten. Nach langen Trockenzeiten vermehren sie sich schnell. Sind die Bedingungen ideal, bringen weibliche Springböcke zwei Kälber in 13 Monaten zur Welt. Der weibliche Nachwuchs ist bereits mit sechs Monaten empfangsfähig und gebärt schon im Alter von knapp einem Jahr die ersten Lämmer.

In den 1960er-Jahren zählten die Gnuherden der Kalahari mehrere Hunderttausend Exemplare und erstreckten sich über mehrere Kilometer. Das durch die Rinderzucht verminderte Nahrungsangebot und die Veterinärzäune haben den Bestand jedoch drastisch dezimiert. Heute sieht man im Central Kalahari Game Reserve nur noch kleine Gruppen und keine großen Herden mehr.

Von den großen Antilopen kommt die wunderschöne Oryxantilope *(gemsbok)* am häufigsten vor. Nach Regenfällen sieht man oft Hunderte von ihnen gemeinsam grasen. Das restliche Jahr über leben sie in kleineren Gruppen. Oryxantilopen sind die am besten an das harsche Klima angepassten Tiere. Während die meisten anderen Säugetiere bereits bei Körpertemperatur von 42 °C totumfallen, können sie Temperaturen bis 45 °C ertragen. Das bewirkt eine gewisse Anzahl von Blutgefäßen, die sich direkt unter dem Gehirn befinden. Sie kühlen das Blut ab, bevor es das Gehirn erreicht. Neben den Oryxbekommt man auch Kuh- und Elenantilopen häufiger zu Gesicht. Ab und zu sieht man Giraffen und Kudus.

Die typischen Raubtiere der Region sind Löwen, Geparden, Leoparden und Tüpfelhyänen. Die Löwenrudel haben riesige Reviere und leben meist alleine oder in Pärchen. Sie jagen Stachelschweine, Löffelhunde und größere Antilopen. Die Kalahari-Leoparden fressen Mäuse, Springhasen, Erdhörnchen, Wildkatzen, Steinböckchen, Springböcke und die Kälber größerer Antilopen. Die Geparden im Park haben große Reviere. Dadurch, dass die Raubtierkonzentration im Central Kalahari Game Reserve so niedrig ist, verlieren sie ihre Beute seltener an die kräftigeren Katzen. Somit ist die Region ideales Gepardenland. Die besten Chancen für Sichtungen sind im Winter, wenn sich die Springböcke in den Pfannen und Flussbetten konzentrieren.

Für Afrikas größten Vogel, den Strauß, sind die Lebensbedingungen in der Kalahari ebenfalls ideal. Im Mai finden sich oft Hunderte von Straußen im Deception Valley ein. Auch der mit 14 bis 19 kg schwerste flugfähige Vogel der Welt, die Riesentrappe *(kori bustard)*, lebt hier.

Beste Reisezeit

Die beste Reisezeit für den zentralen Teil der Kalahari liegt im Frühling und Herbst, also im September und Oktober sowie im April und Mai. Dann ist es weder zu heiß noch zu kalt.

Central Kalahari und Khutse Game Reserves

Von November bis März erreichen die Sommertemperaturen oft mehr als 40 °C, gelegentlich unterbrochen von heftigen Gewitterstürmen. Die Winternächte können mit bis zu −10 °C bitterkalt werden. Im Gegensatz zu allen anderen Regionen Afrikas südlich der Sahara sind die Tierbeobachtungsmöglichkeiten in der Kalahari direkt nach Regenfällen besonders spektakulär, also von Januar bis April. Dort, wo der meiste Regen gefallen ist, wächst das beste Gras – und die Tiere wissen das zu schätzen. Dummerweise ist das auch die Zeit, in der die Pisten am schwierigsten zu befahren sind. Besonders die Strecke von Rakops zum Matswere Gate kann dann sehr lehmig werden. Steinhart gebacken in der Trockenzeit, wird sie nach Regenfällen zur Rutschbahn. Sand selbst ist,

Wo es an Lehm fehlt, bauen die San ihre Rundhütten aus Ästen und Gras

wie bereits mehrfach erwähnt, besser zu befahren, wenn er nass ist.

Infos

Das Eintrittsgeld (Erw. 120 Pula, Kin. 8–17 J. 60 Pula pro Tag, Auto 50 Pula pro Tag) kann an den Gates bei der Einfahrt in den Park beglichen werden. Einfacher ist es jedoch, vorher beim Department of Wildlife and National Parks in Maun (s. S. 230) oder Gaborone (s. S. 130) zu bezahlen und die Quittung am Eingang vorzuzeigen.

Übernachten

Lange Zeit gab es nur zwei Übernachtungsoptionen für Besucher des Central Kalahari Game Reserve: entweder im Park auf einem der markierten Campingplätze oder in einer

der beiden Lodges an der Parkgrenze. Erst 2010 wurden die ersten beiden luxuriösen Unterkünfte im Park eröffnet.

… im Central Kalahari Game Reserve:

Ein Wüstentraum ► Kalahari Plains Camp: Infos bei Wilderness Safaris (s. S. 88), Mathiba I Rd., Maun, Tel. 068 600 86, www.wilderness-safaris.com. 2010 wurde diese exklusive Lodge an einer abgelegenen Pfanne etwa 20 km südlich des Deception Valley errichtet. Sie ist sowohl im Rahmen einer Fly-in-Safari als auch für Selbstfahrer erreichbar. Es gibt zehn komfortable Leinwand-Holz-Behausungen mit Dachterrassen, auf denen man auch die Nacht verbringen und den gigantischen Sternenhimmel genießen kann. Die Lodge ist ökofreundlich und nutzt Solarstrom. Der Swimmingpool ist ein willkommener Luxus. Übernachtungspreis inkl. zwei Pirschfahrten am Tag sowie geführten Wanderungen zur Pfanne und auf den Spuren der San. DZ ab 530 US-$ p. P. all inclusive.

Ökofreundlicher Luxus ► Tau Pan: 6 km von der Tau Pan (S21°24 073/E23°25 656) entfernt, von wo die Lodge bereits gut zu sehen ist, Infos bei Kwando Safaris, Maun, Tel. 068 614 49, www.kwando.co.za/tau.html. Das Camp mit seinen neun reetgedeckten Häuschen und erhöhten Holzplattformen liegt auf einer uralten, bewachsenen Sanddüne, was im ansonsten sehr flachen Botswana reichlich ungewöhnlich ist. Die Aussicht auf die berühmte Tau Pan ist fantastisch. Wie das Schwestercamp Nxai Pan wurde auch diese Lodge so umweltfreundlich wie möglich in die Landschaft integriert. Die Unterkunft ist zu 100 % solarbetrieben, außerdem Brauchwasser-Aufbereitung. Das Wasser kommt aus den Tiefen des Kalaharisands. Pirschfahrten zum Deception Valley und zu den Sunday-, Piper- und Passarge-Pfannen, Wanderungen mit San. Fly-in möglich. DZ ab 490 US-$ p. P. all inclusive.

Camping – Im Central Kalahari Game Reserve gibt es einige sehr schöne Campingplätze, die entweder von der Parkverwaltung oder vom privaten Unternehmen Bigfoot Tours betrieben werden. Alle Plätze muss man vor der Anreise reservieren und bezah-

len. Am besten bei der Anmeldung mehrere Wunschoptionen für die Lage des Platzes angeben, da diese erst vor Ort zugeteilt werden. Da die Stellplätze der Camps oft sehr weit auseinanderliegen, darauf achten, dass man den richtigen ansteuert. Für alle Campingplätze gilt: eigenes Wasser und Feuerholz mitbringen. An den Eingängen bekommt man zwar Wasser aus Bohrlöchern, aber dieses ist sehr salzig. Plätze von Bigfoot Tours: **Passarge Pan** (3 Stellplätze), **Sunday Pan** (3 Stellplätze), **Lekhubu Pan** (2 Stellplätze), **Lethiahau** (3 Stellplätze), **Piper's Pan** (2 Stellplätze), **Motopi Pan** (3 Stellplätze). Die Plätze sind generell sehr einfach. Lekhubu und Letiahau sind *wilderness camps* ohne jegliche Ausstattung, auf den anderen Plätzen gibt es Plumpsklos und Duscheimer. Der Preis für alle Plätze liegt bei 200 Pula p. P. Buchung über Bigfoot Tours, Tel. 039 5 33 60, www.bigfoottours.co.bw. Plätze des Department of Wildlife and National Parks: **Bape Camp** (1 Stellplatz), **Deception Camp** (6 Stellplätze), **Kori Campsite** (4 Stellplätze), **Tau Pan** (3 Stellplätze), **Phokoje Pan** (1 Stellplatz), **Xade Camp** (1 Stellplatz) und **Xaxa Camp** (1 Stellplatz). Sie sind mit 50 Pula p. P. deutlich billiger als die privaten. Zentrale Buchung über: Tel. 0397 14 05, dwnp@gov.bw; Büro in Gaborone, Queen's Rd., Tel. 03 18 07 74, Fax 03 18 07 75; Büro in Maun, Kubu St., Tel. 06 86 12 65, Fax 06 86 12 64; Öffnungszeiten für alle Mo–Sa, zumeist auch Fei 7.30–12.45, 13.45–16.30, So 7.30–12 Uhr. Online-Buchungen kosten etwas mehr, funktionieren allerdings nicht immer. Bei der Buchung erhält man einen Buchungscode für den jeweiligen Stellplatz, z. B. CKPAS-01 für Stellplatz Nr. 1 im Passarge Valley.

… außerhalb des Central Kalahari Game Reserve:

Kalahari-Erfahrung mit San ► Deception Valley Lodge: S20°57 182/E23°38 988, Tel. 00 27 11 663 69 48/49, www.deceptionvalley.co.za. Traditionelle und solide gebaute Afrikalodge mit insgesamt acht reetgedeckten Chalets, jedes mit Wohn- und Schlafbereich, Sofa, Sesseln und schwerem Teak-Mobiliar. Sehr gute Bettwäsche. Die Badezimmer ha-

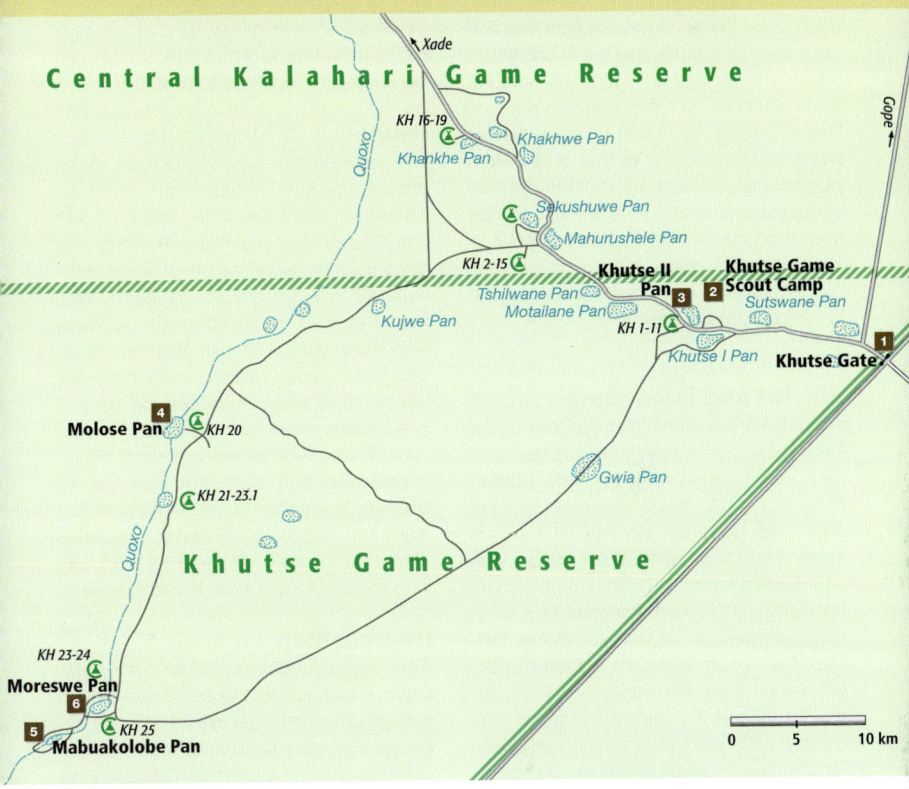

Central Kalahari Game Reserve

Xade

Quoxo

KH 16-19

Khakhwe Pan

Khankhe Pan

Sekushuwe Pan

Mahurushele Pan

KH 2-15

Khutse II
Pan

Khutse Game
Scout Camp

Tshilwane Pan

Sutswane Pan

Motailane Pan

KH 1-11

Kujwe Pan

Khutse I Pan

Khutse Gate

Gope

Molose Pan 4

KH 20

Gwia Pan

KH 21-23.1

Khutse Game Reserve

Quoxo

KH 23-24

Moreswe Pan 6

KH 25

5 Mabuakolobe Pan

0   5   10 km

ben frei stehende, viktorianische Badewannen. Angeboten werden Tages- und Nachtpirschfahrten sowie Wanderungen mit San-Spurensuchern. DZ ab 424 US-$ p. P. all inclusive.

Für Selbstfahrer ▶ Haina Kalahari Lodge: S20°56 966/E23°40 684, Tel. 068 614 91, www.hainakalaharilodge.com. In einem etwa 120 km² großen Konzessionsgebiet findet sich diese rustikale Lodge mit reetgedecktem Holz-Leinwand-Haupthaus und komfortablen Schlafzelten. Eine Alternative dazu bietet der **Brakah-Campingplatz** (S20°59 310/E23°41 905) auf dem Gelände der Lodge. Er verfügt über fünf Stellplätze, einen Sanitärblock und Plumpsklos, hat aber keine Elektrizität. Im Angebot sind Quadbiketouren (45 US-$/Std.) und Wanderungen in Begleitung von San. Die Wanderungen sind im Übernachtungspreis

enthalten. DZ ab 410 US-$ p. P. all inclusive, Camping 25 US-$ p. P.

Khutse Game Reserve
▶ 2, H/J 11

Karte: oben

Das mit 2590 km² relativ kleine **Khutse Game Reserve** ist, außer den stadtnahen Schutzgebieten, das Gaborone nächstgelegene Wildreservat. Es besteht aus typischer Tonpfannen-Savannenlandschaft und ist quasi ein südliches Anhängsel des Central Kalahari Game Reserve, aber von diesem dennoch völlig verschieden.

Khutse liegt in einem einzigartigen Teil der Kalahari, nämlich im Gebiet eines uralten Flusssystems, dessen Wasser einst nordost-

Central Kalahari und Khutse Game Reserves

wärts floss und den Makgadikgadi-See auffüllte. Was übrig blieb, sind die Trockenflussbetten und die Pfannen *(pans)*. Khutse bedeutet übersetzt ›der Platz, wo man sich zum Trinken niederkniet‹ – kein Wunder, dass es hier gut 60 saisonal mit Wasser gefüllte Tonpfannen gibt, die nach Regenfällen zum Anziehungspunkt für die Tiere werden. Es gibt aber auch zwei künstliche Wasserstellen im Park, eine bei der Molose Pan und die andere bei der Moreswe Pan. Ein Geländewagen ist für die Erkundung des Wildreservats unerlässlich.

Anfahrt und Erkundung

Von Gaborone aus fährt man 58,6 km auf der Teerstraße nach Molepolole und folgt hier dem beschilderten Abzweig nach **Letlhakeng** (▶ 2, J 12), das nach weiteren 61,5 km erreicht ist. Dort endet der Teer und die Piste beginnt. Von Letlhakeng ist der weitere Weg über eine 24 km lange, recht gut befahrbare Sandpiste nach **Khudumalapye** (▶ 2, J 12) ausgeschildert. Im Ort weisen Schilder nach links. Die hier oft nicht ganz einfach zu identifizierende Piste führt an einem Flussbett entlang bis zum Farouk Trading Store – am besten rechts am Laden vorbeifahren, dann stößt man kurz darauf wieder auf die Hauptpiste. Von hier sind es noch 32,6 km bis **Salajwe** (▶ 2, J 11) und weitere 43 km bis zum **Khutse Gate 1** (▶ 2, J 11). Für die insgesamt 220 km von Gaborone sollten 3,5 bis 4,5 Stunden Fahrzeit eingeplant werden.

Die Piste durch den Park selbst ist als Rundtour angelegt. 13,6 km hinter dem Eingangstor am **Khutse Game Scout Camp 2** (S23°21 388/E24°36 470) stößt man an der **Khutse II Pan 3** auf eine Gabelung (S23° 20 448/E24°30 243). Über die linke Piste erreicht man nach 53 km die **Molose Pan 4** (S23°23 023/E24°11 182), die **Mabuakolobe Pan 5** (S23°34 803/E24°04 558) und die **Moreswe Pan 6** (S23°34 140/E24°06 757). Die rechte Piste führt 12 km bis zu einer Gabelung (S23°17 553/E24°24 136), an der man links zur Moreswe Pan abbiegt – womit der Kreis geschlossen wäre. Zweigt man an der Gabelung (S23°17 553/E24°24 136)

rechts ab, so gelangt man zu dem ehemaligen San-Dorf **Xade** (▶ 2, F 9, s. S. 324), nun eine Basis der Nationalparkbehörde.

Fauna

Im Khutse Game Reserve finden sich alle an das trockene Klima angepassten Grasfresser, außerdem Raubkatzen wie Leopard, Löwe und Gepard. Vor allem Löwen haben hier keine Berührungsängste. Sie laufen oft auch tagsüber mitten durch die uneingezäunten Campingplätze. Khutse ist prima, um diese Großkatzen live zu erleben. Das Wild findet sich meist an den zahlreichen Pfannen ein, insbesondere zwischen Januar und März.

An Kleingetier sind die Dickschwanzgeckos *(barking geckos)* hervorzuheben, die unglaublich laut sind für so ein kleines Tier. Sie leben zu Tausenden in der Region und beginnen ihr vielstimmiges Konzert, wenn es dunkel wird. Auch in Sachen Vogelbeobachtung hat sich Khutse einen Namen gemacht.

Übernachten

Am Eingangstor gibt es Wasser aus Bohrlöchern, das aber recht salzig ist. Am besten genug eigene Reserven mitbringen.

Lodge ▶ **Khutse Kalahari Lodge:** von Süden kommend 11 km vor dem Khutse Gate, Tel. 031 871 63, www.khutsekalaharilodge.com. 24 reetgedeckte Rundhäuser mit Bad und einfachem, aber stilvollem afrikanischem Dekor. Vom erhöhten Haupthaus aus bietet sich ein Panoramablick über den Busch und ein Wasserloch. Der große Pool ist ein echter Luxus inmitten der Kalahari. DZ ab 1800 Pula mit Frühstück.

Camping ▶ Im Khutse Game Reserve gibt es fünf sehr einfache und gerade deswegen sehr schöne Campingplätze: **Khutse Pan** (10 Stellplätze), **Mahurushele Pan** (3 Stellplätze), **Molose Pan** (4 Stellplätze), **Moreswe Pan** (4 Stellplätze) und **Khankhe Pan** (4 Stellplätze). Auf jeder Stellfläche können sich bis zu sechs Personen sowie max. drei Fahrzeuge aufhalten. Es gibt Plumpsklos und Duscheimer. Alle Campingplätze sind zentral zu buchen über **Bigfoot Tours,** Tel. 039 533 60, www.bigfoot tours.co.bw, und kosten 200 Pula p. P.

Trans-Kalahari-Highway   Thema

Ursprünglich war der Trans-Kalahari-Highway nur als Abkürzung zwischen Johannesburg in Südafrika und Windhoek in Namibia gedacht. Aber die perfekt ausgebaute Teerstraße erschloss gleichzeitig eine bis dato kaum bereiste Region Botswanas: die Kalahari.

Obwohl Reisen in Botswana meist in Verbindung mit einem Geländewagen als fahrbarem Untersatz beschrieben werden, ist es theoretisch möglich, in einem Sportwagen von Johannesburg nach Windhoek zu gelangen – ein verführerischer Gedanke. 1362 km perfekte Asphaltdecke und aufgrund der Hitze kaum Polizisten mit Radarpistolen. Die größte Gefahr sind hier, wie überall in Botswana, frei laufende Haus- und Wildtiere.

Nach sechsjähriger Bauzeit war schließlich auch die letzte Sektion zwischen Ghanzi und Sehitwa geteert und der Trans-Kalahari-Highway konnte im März 1998 offiziell eröffnet werden. Ursprünglich musste man, um von Johannesburg nach Windhoek zu gelangen, über Upington in Südafrika fahren, was die Gesamtstrecke auf 1781 km erhöhte. Über den Trans-Kalahari-Highway sind es 410 km weniger! Und das Okavango Delta liegt nur noch einen Leopardensprung von Johannesburg entfernt – über Ghanzi nach Maun sind es 1243 wunderbar geteerte Kilometer.

Der Highway dient auch als verkehrstechnisch sehr bedeutendes Bindeglied zwischen den Häfen von Maputo in Mosambik und Walvis Bay in Namibia. Die beiden wichtigen Hafenstädte sind nunmehr durch Teerstraßen miteinander verbunden.

Wer den Trans-Kalahari-Highway unter die Räder nimmt, erfährt die gesamte Bandbreite der landschaftlichen Pracht Botswanas, von der harschen, semiariden Trockensavanne bis zu den saftig-grünen Feuchtgebieten im Norden. Entlang des Highways leben Gruppen von San und vom Bakgalakgadi-Stamm.

Gut 600 km Asphalt quer durch eine der unwirtlichsten Regionen der Erde

Kaa Kalahari Concession Area und Kgalagadi Transfrontier Park

Westlich vom Trans-Kalahari-Highway liegt das rund 13 000 km² umfassende Gebiet des Kaa Kalahari Concession Area, eines der letzten großen, uneingezäunten Wildnisgebiete im südlichen Afrika, das nicht zu einem Nationalpark gehört. Der daran angrenzende Kgalagadi Transfrontier Park war Afrikas erste grenzüberschreitende Schutzzone. Im südafrikanischen Teil ist es die einzige Sektion der Kalahari, die sich auch mit einem Pkw erfahren lässt.

Kang ▶ 2, F 11

115 km südöstlich von Ghanzi bzw. 384 km nordwestlich von Gaborone liegt unmittelbar am Trans-Kalahari-Highway der kleine Ort **Kang,** ein wichtiger Stopp auf dem Weg in den Kgalagadi Transfrontier Park, denn hier finden sich die letzten größeren Geschäfte, in denen man vor einem Besuch des Schutzgebiets seinen Proviant aufstocken kann. Es gibt auch mehrere Tankstellen sowie Unterkunftmöglichkeiten. Dem Kang Ultra Stop (s. u.) sind ein Restaurant, eine Bar, ein Supermarkt und eine Tankstelle angeschlossen. Im gleichen Komplex befinden sich außerdem eine Lodge und ein dazugehöriger Campinglatz.

Infos
Department of Wildlife and National Parks: von Ghanzi kommend an der ersten Kreuzung im Ort auf der linken Seite. Hier kann man Unterkünfte für die Nationalparks buchen und Eintrittstickets erwerben.

Übernachten
Stopover an der Tanke ▶ Kang Ultra Stop: Tel. 065 172 93/94, www.kangultrastop.com. Diese Budget-Unterkunft am Trans-Kalahari-Highway bietet klimatisierte Doppelzimmer und einen Campingplatz. DZ 530–700 Pula mit Frühstück, Camping 50 Pula p. P.

Kaa Kalahari Concession Area ▶ 2, A – E 9 – 13

Alle Reisenden, die von Kang aus in den Kgalagadi Transfrontier Park fahren, müssen zunächst einen Teil des **Kaa Kalahari Concession Area** queren, um zu einem der beiden auf botswanischem Gebiet gelegenen Nationalparkeingänge zu gelangen. Wer ein bisschen mehr Zeit hat, kann sich durchaus länger in dem Konzessionsgebiet aufhalten. Das touristische Highlight ist die Matsetleng Pan (s. S. 335).

Aufgrund seiner Lage zwischen dem Central Kalahari Game Reserve und dem Kgalagadi Transfrontier Park würde sich dieses Gebiet hervorragend als Wildkorridor eignen, der die beiden Schutzzonen miteinander verbindet. Gespräche darüber sind bereits im Gang.

Von Kang nach Hukuntsi
Eigentlich sollte das Kaa Kalahari Concession Area nur von fortgeschrittenen Geländewagenfahrern in Angriff genommen werden, mit Ausnahme dieser 108 km langen Strecke von Kang bis **Hukuntsi** (▶ 2, D 12). Die Piste ist gut erkennbar und der Ort selbst der letzte Vorposten der Zivilisation, in dem man noch einmal Sprit und Lebensmittel kaufen kann.

In Hukuntsi trennen sich die Wege. Nach Süden führt eine Piste zum Mabuasehebe

Gate des Kgalagadi Transfrontier Park, nach Südwesten zum Kaa Gate und nach Westen gibt es eine abenteuerliche 4x4-Route Richtung namibische Grenze (s. unten).

Durch die Western Woodlands nach Mamuno

Für diese Route durch das nahezu unbewohnte Kaa Kalahari Concession Area von Hukuntsi nach Mamuno muss man unbedingt über einige Geländewagenerfahrung verfügen. Wie immer auf solchen Strecken nur mit voll ausgestattetem 4x4 und möglichst im Konvoi mit einem weiteren Fahrzeug fahren. Auch ein GPS ist Voraussetzung, da es fast keine regulären Pisten gibt, lediglich undefinierte Spurenbündel. Benzin bekommt man nach Hukuntsi erst wieder in Mamuno an der namibischen Grenze. Immer auch daran denken, genug Trinkwasser dabeizuhaben, denn das Kalahari-Wasser ist aufgrund seines hohen Salzgehalts nicht zum Trinken geeignet.

Auf den ersten 40 km nach Hukuntsi passiert man fünf große Pfannen, alle mit Sand-

dünen an ihren südlichen Ausläufern. Weitere 33 km später durch flache Sandebenen ist die **Ngwaatle Pan** bzw. Ngwantle Pan (S23° 41 490/E21°04 576, ▶ 2, C 11) erreicht. Hier befindet sich ein San-Dorf, eine der wenigen menschlichen Siedlungen in dieser Region.

28 km westlich von Ngwaatle und 90 km von Hukuntsi entfernt liegt die **Maseteng Pan** (S23°41 908/E20°54 826, ▶ 2, C 11/12), wo in den frühen 1990er-Jahren nach Öl gesucht wurde. Diese Gegend ist ein Stück Kalahari wie aus dem Bilderbuch. Nach Regenfällen hält sich an der Pfanne viel Wild auf, das in der Trockenzeit größtenteils zu den künstlichen Wasserstellen des Kgalagadi Transfrontier Park wandert. Zur Regenzeit zwischen Dezember und April blüht es herrlich in dem Gebiet.

Etwa 10 km nordwestlich der Maseteng Pan beginnen die **Western Woodlands** (S23° 41 42/E20°53 53, ▶ 2, B/C 10/11). In einem etwa 160 km² großen und fast 40 km langen ›Waldstreifen‹ gedeiht eine bemerkenswerte Anzahl von alten Kameldornbäumen inmitten goldgelben Graslands. Mit spärlicher, niedri-

Eines der Markenzeichen der Kalahari: rote Sanddünen

Kaa Kalahari Concession Area und Kgalagadi Transfrontier Park

Wie ein überdimensionales Ufo liegt die Skrij Pan bei der !Xaus Lodge ›vor Anker‹

ger Buschvegetation wirkt die Region wie ein angelegter Park mit zahlreichen idyllischen Campingmöglichkeiten. Es gibt keine klar erkennbare Piste in die Western Woodlands. Man muss sich eine der Fahrspuren in diese Richtung aussuchen. Die gesamte Gegend um Matsetleng kann so erforscht werden.

Eine erkennbare Piste zweigt zwischen S23°40 017/E20°50 242 und S23°32 396/E20°47 021 nach Nordwesten ab und führt zum San-Dorf **Ukwi** (S23°33 432/E20°30 024, ▶ 2, B 11). In der Nähe befindet sich die **Ukwi Pan** (▶ 2, B 12), eine der größten Salzpfannen außerhalb der Makgadikgadi Pans.

Die Piste führt weiter bis zur **Ncojane Farm** (▶ 2, B 11) und erreicht bei **Charles Hill** (▶ 2, A 9) den Grenzübergang **Buitepos/Mamuno** nach Namibia (tgl. 7–24 Uhr).

Übernachten

Da es sich beim Kaa Kalahari Concession Area um eines der letzten unberührten Wildnisgebiete Botswanas handelt, bitte entsprechend respektvoll verhalten und alle Tipps zum Wildcampen beachten (s. S. 101).

Camping ▶ In den Dörfern **Zutswa** (▶ 2, C 12), **Ngwatle** (▶ 2, C 11), **Ukwi** (▶ 2, B 11) und **Ncaang** (▶ 2, C 11) gibt es einige einfache Campingplätze. Am besten im jeweiligen Ort den Häuptling nach einem Stellplatz fragen. Es wird eine geringe Gebühr verlangt. Für die Campingplätze in der Kaa Kalahari Concession sind keine vorherigen Reservierungen notwendig. Wer direkt an der **Matsetleng Pan** campen möchte, kann das in Ngwatle oder Ukwi organisieren. Die Ausstattung der Campingplätze ist meist sehr primitiv, mehr als ein Plumpsklo ist selten vorhanden.

15 Kgalagadi Transfrontier Park ▶ 2, B–E 13–16

Karte: S. 340

Der Gemsbok National Park war Botswanas erster Nationalpark. Er wurde 1937 etabliert, um die fragile Umwelt und die riesigen Wildherden der Region zu schützen. Im Jahr 2000 vereinigte man dieses Naturschutzgebiet mit dem südafrikanischen Kalahari Gemsbok National Park, damit war Afrikas erste grenzüberschreitende Schutzzone geschaffen, der **Kgalagadi Transfrontier Park** – das San-Wort *kgalagadi* bedeutet übersetzt so viel wie ›Platz ohne Wasser‹ (www.sanparks.org, botswanischer Teil: Erw. 120 Pula/Tag, Kin. 8–17 J. 60 Pula/Tag, Auto 50 Pula/Tag; südafrikanischer Teil: Erw. 204 Rand/Tag, Kin. 102 Rand/Tag, das Auto ist kostenlos; das Eintrittsgeld kann jeweils bei der Einfahrt in den Park bezahlt werden).

Anfahrt

Die nördliche Route in den Park beginnt in Kang und führt zunächst nach Hukuntsi (s. S. 334). Von hier aus kann man entweder die 170 km nach Süden zum **Mabuasehebe Gate** (S25°04 970/E22°09 294, ▶ 2, E 14) oder die 137 km nach Südwesten zum **Kaa Gate** (S24°21 506/E20°37 531, ▶ 2, B 13) fahren. Die Eingangstore in den Nationalpark sind vom Morgengrauen bis zur Dämmerung geöffnet (Jan., Febr. 6–19.30, März 6.30–19, April, Aug. 7–18.30, Mai 7–18, Juni, Juli 7.30–18, Sept. 6.30–18.30, Okt. 6–19, Nov., Dez. 5.30–19.30 Uhr).

Reisende aus Namibia können die aus dieser Richtung teilweise ausgeschilderte Route von Charles Hill in der Nähe der namibischen Grenze durch die Western Woodlands nach Hukuntsi nehmen (s. S. 334).

Die populärste Anfahrt in den Mabuasehebe-Teil des Kgalagadi Transfrontier Park führt über Tshabong. Von der Hauptstadt Gaborone aus fährt man zunächst nach **Jwaneng** (▶ 2, J 13), der letzte Ort mit guten Einkaufsmöglichkeiten. Dann geht es weiter in westliche Richtung über **Sekoma** (▶ 2, H 13) nach **Khakhea** (▶ 2, G 13), wo es nochmals Benzin gibt. Durch die botswanischen Grenzorte **Werda** und **Makopong** geht es dann nach **Tshabong** (▶ 2, E 15), das 520 km von Gaborone entfernt liegt. In Tshabong wählt man die Schotterpiste Richtung Norden in den Kgalagadi Transfrontier Park. Nach ca. 109 km bzw. rund drei Stunden Fahrzeit ab Tshabong hat man das Mabuasehebe Gate erreicht.

Fauna und Flora

Die Vegetation und das Wild im Kgalagadi Transfrontier Park sind dem im Central Kalahari Game Reserve sehr ähnlich. Vor allem im Nossob Valley an der botswanisch-südafrikanischen Grenze wachsen viele der großen Kameldornbäume, in deren Schatten sich Oryxantilopen, Gnus und Springböcke tummeln. Auch die großen Katzen, von den kräftigen, schwarzmähnigen Kalahari-Löwen über Leoparden bis zu Geparden, halten sich häufig im Nossob Valley auf.

Die wichtigsten Pflanzen im Kgalagadi Transfrontier Park sind die Wüstenmelonen *(tsamma melon)* und die Oryxgurken *(gemsbok cucumber)*. Mit ihnen konnten nicht nur die San ihren Wasserbedarf decken und in der Kalahari überleben, sie sind auch die wichtigste Futterquelle für fast alle Tiere, die in den Dünen des Parks leben. Die größeren Säugetiere nehmen wichtige Mineralien mit dem salzigen Ton auf, der auf den Pfannen vorkommt. In einigen Gebieten haben sich diese natürlichen Salzlecken zu richtiggehenden Klippen und Kratern entwickelt, die regelmäßig von den Tieren angeknabbert werden. Manche dieser Löcher sind bereits so groß, dass sie einen erwachsenen Menschen aufnehmen können.

Beste Reisezeit

Der Kgalagadi Transfrontier Park liegt in der trockensten Ecke der ariden Kalahari. Mit bis zu 45 °C wird es hier im Sommer, also von November bis April, sehr heiß. Kaum einmal bringen Niederschläge Linderung und Schatten ist auch nicht viel vorhanden. Im Winter, zwischen Juni und August, sind die Tage angenehm temperiert, aber dafür wird es nachts sehr frisch. Oft fällt die Quecksilbersäule im Thermometer dann unter die Nullgradmarke. Warme Jacken und dicke Schlafsäcke sollten dann definitiv im Gepäck sein.

Parkregeln

Abseits der Pisten und auf den Pfannen zu fahren ist genauso verboten wie das Füttern von Tieren. Immer im Fahrzeug bleiben, außer an den ausgeschilderten Camping- und

Solche fantastischen Farbenspiele sind im Kgalagadi
Transfrontier Park keine Seltenheit

Kgalagadi Transfrontier Park

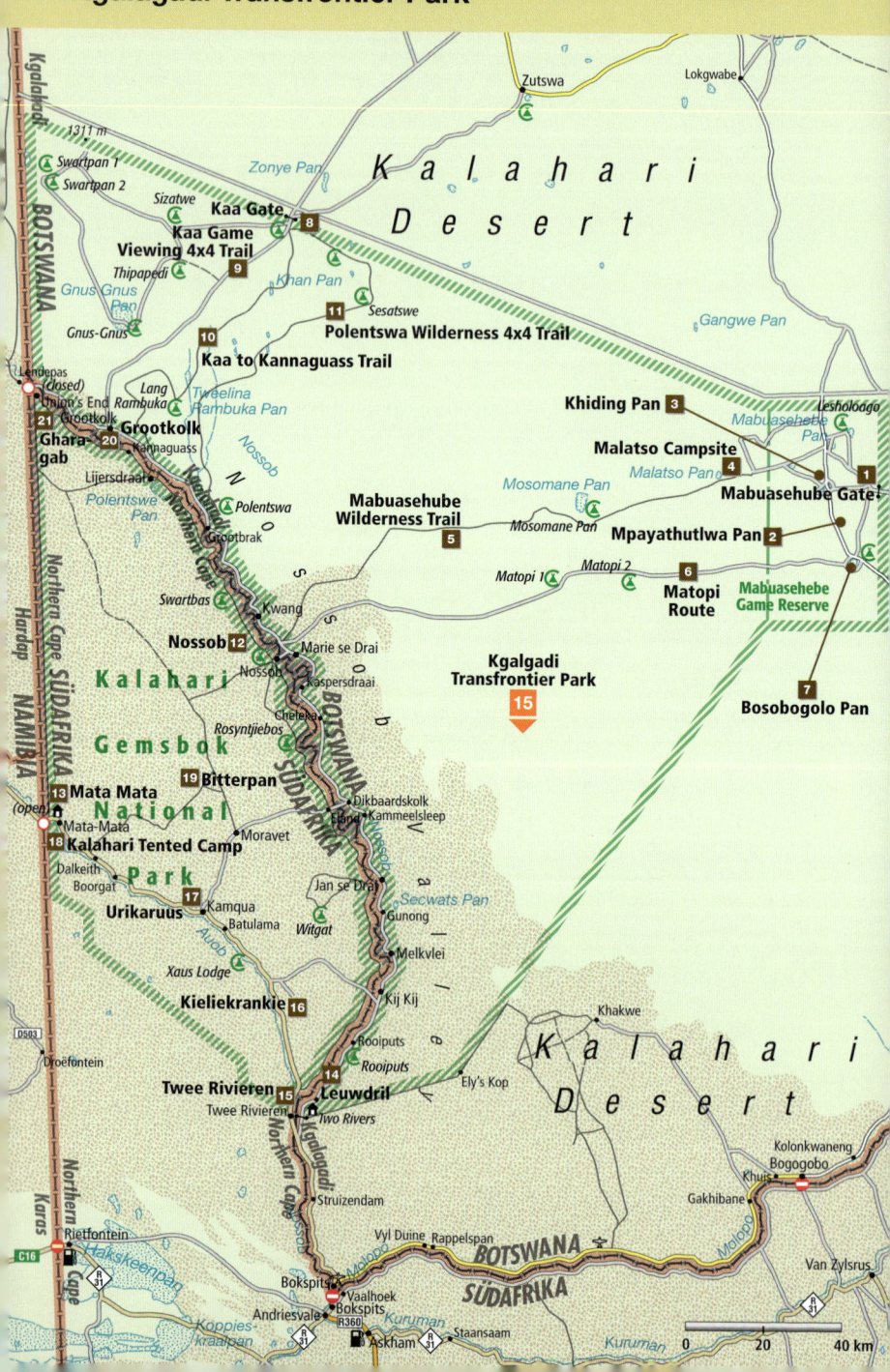

Picknickplätzen. Waffen und Spotlichter sind verboten. Feuerholz darf nur außerhalb des Kgalagadi Transfrontier Park eingesammelt werden, selbst abgestorbenes Holz, das man im Park findet, darf nicht zum Feuermachen verwendet werden.

Die Höchstgeschwindigkeit im Park beträgt 50 km/h. Ganz wichtig: Die Wilderness-4x4-Trails (s. S. 342) sind keine Camel-Trophy- bzw. Rallye-Dakar-Strecken, sondern Naturpisten durch einsame, wunderschöne und vor allem fragile Wüstenlandschaften. Der weichsandige Untergrund setzt die Nutzung eines Geländewagens voraus. Dieser sollte immer verantwortungsvoll und mit Respekt gegenüber der Natur und nachfolgenden Reisenden eingesetzt werden.

Obwohl man im Park grenzenlos zwischen Botswana und Südafrika hin- und herfahren kann, werden die täglichen Parkgebühren immer dort fällig, wo am Abend übernachtet wird. Die südafrikanischen Camps akzeptieren Namibia-Dollar, Pula, Rand und Kreditkarten, in Botswana kann man nur bar in Pula bezahlen. Wer aus Südafrika einreist und nach Botswana oder Namibia ausreisen möchte, muss die Grenzformalitäten einschließlich des Abstempelns der Pässe in Twee Rivieren erledigen (tgl. 7.30–16 Uhr).

Botswanischer Teil des Kgalagadi Transfrontier Park

Dem botswanischen **Gemsbok National Park**, der den größten Teil des Kgalagadi Transfrontier Park ausmacht, gliederte man 1995 das **Mabuasehube Game Reserve** an, sodass sich das Schutzgebiet in Botswana heute über rund 28 500 m² erstreckt.

Durch das südliche Drittel Botswanas zieht sich von Ost nach West ein etwas erhöht liegender Landrücken, an dem entlang sich Tausende von Ton- und Salzpfannen aneinanderreihen. Typisch für den Süd- und Südwestrand dieses Gebiets sind 20 bis 30 m hohe Sanddünen. Die meisten der Pfannen halten nach Regenfällen in der Region mehrere Monate lang Wasser. Ihre Oberflächen bestehen aus kahlem, salzigem Ton oder sind mit einer dünnen Grasdecke bewachsen.

Der Park ist über mehrere Pisten erschlossen, für die man jedoch ausnahmslos einen Geländewagen braucht. Besonders die Mabuasahebe-Region bietet eine ursprüngliche und wilde Safarierfahrung. Zwei der insgesamt fünf 4x4-Strecken durch den botswanischen Teil des Parks starten hier und ziehen sich auf unterschiedlichen Strecken durch sonnenverbranntes Land bis zum Nossob Camp an der Grenze zu Südafrika.

Im Umkreis von ca. 20 km nördlich, westlich und südlich des **Mabuasehube Gate** **1** (s. S. 337) gibt es diverse Ton- und Salzpfannen mit Campingplätzen. Berühmt ist die **Mpayathutlwa Pan** **2** (S25°04 633/E21°59 641, ► 2, D 14) im Zentrum des Mabuasehube Game Reserve, wo sich viele Leoparden blicken lassen. Hier gibt es eine Wasserstelle, die viel Wild anlockt, vor allem in den trockenen Wintermonaten.

12 km nordwestlich von Mpayathutwa befindet sich die **Khiding Pan** **3** (S25°00 716/E21°53 328) und 9 km weiter der **Malatso Campsite** **4** (S25°01 359/E21°48 469). Von hier aus startet der 155 km lange, nur in dieser Richtung befahrbare **Mabuasehube Wilderness Trail** **5** (s. S. 342) zum Nossob Camp, dessen Befahrung vorab gebucht werden muss. Als Alternative bietet sich die südlich davon verlaufende, ohne Voranmeldung und in beide Richtungen zu befahrende **Matopi Route** **6** an, eine 157 km lange 4x4-Verbindungsstrecke zwischen Mabuasehube und Nossob. Startpunkt ist die südlichste Pfanne der Mabuasehebe-Region, die **Bosobogolo Pan** **7** oder Bosopolo Pan (S25°14 377/E22°02 598). Entlang der Strecke gibt es zwei Campingplätze namens **Matopi 1** und **Matopi 2**. Wie alle Campingplätze auf der botswanischen Seite des Parks haben diese kein Wasser. Plumpsklos sind hier die einzigen Annehmlichkeiten.

Drei weitere 4x4-Strecken haben ihren Ausgangspunkt am **Kaa Gate** **8** (s. S. 337) im Norden des Parks: der **Kaa Game Viewing 4x4 Trail** **9**, der in einer fast 200 km langen Rundtour die äußerste nordwestliche Ecke des Parks erschließt, die 79 km lange 4x4-Verbindungsstrecke **Kaa to Kannagu-**

aktiv unterwegs

Polentswa und Mabuasehube Wilderness Trails

Tour-Infos

Start: für den Polentswa Wilderness Trail in Polentswa bzw. in Nossob; für den Mabuasehube Wilderness Trail am Mabuasehube Gate bzw. an der Malatso Pan

Länge: Polentswa Wilderness Trail 263 km (3 Tage/2 Nächte); Mabuasehube Wilderness Trail 155 km (2 Tage/1 Nacht)

Teilnehmer: mind. zwei, höchstens fünf Geländewagen pro Gruppe

Kosten: Erw. 200 Pula und Kin. 100 Pula pro Person und Nacht

Buchung: Department of Wildlife and National Parks (DWNP), Tel. 039 714 05, www.mewt.gov.bw/DWNP; Gaborone-Büro, Queen's Rd., Tel. 031 807 74, Fax 031 807 75; Maun-Büro, Kubu St., Tel. 068 612 65, Fax 068 612 64; Öffnungszeiten beide Mo–Sa sowie an vielen Fei 7.30–12.45, 13.45–16.30, So 7.30–12 Uhr.

Hinweise: Beim Überfahren der Dünen keine neuen Spuren machen. In den existierenden Tracks mit gleichmäßig Gas und Schwung fahren, funktioniert sowieso besser. Nicht über Pflanzen fahren – die Vegetation braucht Jahre, um sich davon zu erholen.

Polentswa Wilderness Trail

Der **Polentswa Wilderness Trail,** der auch **Gemsbok Wilderness Trail** genannt wird, führt in einer großen Runde tief durch das Herz des Kgalagadi Transfrontier Park und verbindet eine schier endlose Zahl von Salzpfannen. Auf der teilweise tiefsandigen 4x4-Strecke passiert man eine von Menschen fast unberührte Landschaft, die aus hohem Gras, Dünen, Hügelketten und weichem Sand besteht. Und es gibt viel Wild zu sehen, beispielsweise Elen- und Oryxantilopen, Strauße und Springböcke. Highlight sind hier, wie auch im Rest des Parks, die mächtigen schwarzmähnigen Kalahari-Löwen.

Der Trail beginnt in **Grootbrak** (S25°05 625/E20°24 549, ▶ 2, B 14) in der Nähe des Campingplatzes **Polentswa** (S25°05 264/E20°25 680), der unter schönen, schattigen Bäumen angelegt ist. Es empfiehlt sich, hier vor Beginn des Trails eine Nacht zu buchen, da der Check-in und der Check-out für den Trail am **Kgalagadi Gate** in **Two Rivers** bzw. **Twee Rivieren** (S26°26 434/E20°36 789, ▶ 2, B 16) stattfindet, das 217 km südlich von Polentswa liegt. Die Schotterpiste entlang des Nossob River ist zwar gut befahrbar, aber man sollte ein paar Stunden für die Anfahrt zum Trail einplanen. Am Parkeingang in Two Rivers erhält man einen Trailstab *(trail baton)*, der die Nutzung des Trails legitimiert und nach dem Trip wieder abgegeben werden muss. Passiert das nicht, wird eine Suchmannschaft losgeschickt. Der 4x4-Trail ist also ein gut kalkulierbares Risiko, denn Wasser und Benzin gibt es noch einmal im **Nossob Camp** (S25°25 263/E20°35 833, ▶ 2, B 14) ca. 57 km südlich von Polentswa. Der Rundtrip von und bis Nossob beträgt knapp 400 km, wobei das Tiefsandfahren ab Polentswa den Spritverbrauch ziemlich nach oben treibt.

Von Grootbrak aus folgt der Trail einer Route, die im Jahr 1908 von einem deutschen Spezialkommando der Schutztruppe benutzt wurde, um eine Gruppe von 80 farbigen Nama-Freiheitskämpfern aus Namibia zu verfolgen, die zuvor eine deutsche Patrouille angegriffen hatten. Die Strecke passiert die Plätze **Red Rambuka, Twee Rambuka, Kaa Pan** und **Setatswe Pan.** Hier in der Nähe lieferten sich die Deutschen eine Schlacht mit den Namas.

Es besteht die Möglichkeit, die Strecke am Kaa Gate (s. S. 337) abzukürzen, dann muss der Trailstab dort abgegeben werden. Die Campingplätze unterwegs sind festgelegt. Der erste liegt an der Sesatswe Pan (S24°

32 173/E20°49 220, ▶ 2, C 13) etwa 100 km vom Startpunkt entfernt, der zweite Campingplatz namens Lang Rambuka (S24°47 985/E20°21 171, ▶ 2, B 13) befindet sich 103 km weiter. Am dritten Tag sind es dann noch einmal 60 km bis zum Ende des Trails in **Lijiersdraai** (S24°59 323/E20°18 979, ▶ 2, B 14) und von dort weitere 74 km zurück nach Nossob.

Mabuasehube Wilderness Trail
Nachdem sich der Polentswa Wilderness Trail großer Beliebtheit erfreute, hat Botswana eine zweite Strecke etabliert, den **Mabuasehube Wilderness Trail.** Wie der Polentswa Wilderness Trail darf auch diese Piste nur mit Erlaubnis befahren werden. Sie führt von der **Malatso Pan** (S25°01 359/E21°48 469, ▶ 2, D 14) im Mabuasehube-Teil des Nationalparks nach Nossob.

Der Trail besteht nur aus einer kaum zu erkennenden Fahrspur im Sand und darf nur in Ost-West-Richtung unter die vier angetriebenen Räder genommen werden. Auch diese Strecke verbindet mehrere Pfannen und führt durch weichen Sand, über Sandrücken und -dünen sowie durch Gebiete mit hohem Gras. Auch hier ist es durchaus wahrscheinlich, dass Löwen nachts durchs Camp spazieren. Dieses befindet sich in der Nähe der **Mosomane Pan** (S25°07 941/E21°24 808, ▶ 2, C/D 14).

Schlicht, aber effektiv: Viele Campspots bieten zumindest ein Schattendach

Tipp: Buschwanderung – !Xerry Wilderness Trail

Dieser Wanderweg wird in kleinen Etappen von einem Basiscamp aus begangen. Treffpunkt der nur mit Führer möglichen Tour ist Nossob. Von hier werden die Teilnehmer mit einem Geländewagen zu ihrem Camp gebracht, wo sie die nächsten beiden Tage und Nächte verbringen. Jeden Morgen und Nachmittag unternimmt man Wanderungen mit erfahrenen Guides. Der Rest der Zeit wird zumeist im Camp verbracht, wo die Ranger viel über die Natur und den Lebensraum Kalahari erzählen.

Das Basiscamp ist sehr einfach. Es gibt eine geschlossene Boma, also ein mit dicken Ästen und Stämmen eingezäuntes Areal, ein Plumpsklo, eine Buschdusche mit Wassersack und einen Grillplatz. Alles andere, einschließlich Essen, Wasser, Zelt und Feuerholz, muss mitgebracht werden. Die Wanderung startet immer mittwochs um 11.30 Uhr in Nossob und endet dort freitags um 12 Uhr. Wegen der fast unerträglichen Sommerhitze ist der Trail zwischen dem 1. November und dem 31. März geschlossen (Buchung unter Tel. 0027 54 561 20 00, 0027 12 428 91 11, www.sanparks.org, mind. 3 bzw. max. 9 Teilnehmer über 16 J., Trailgebühr 935 Rand p. P. plus Parkeintritt).

ass Trail **10** und der mit 260 km sehr lange **Polentswa Wilderness 4x4-Trail 11** (s. S. 342), der wie der Mabuasehube Wilderness Trail vorgebucht werden muss und wie dieser nur in eine Richtung befahren werden darf. Auf diesen Strecken sind die Chancen sehr groß, ein paar der vielen Katzen des Transfrontier Park zu begegnen – knapp 1000 Löwen, Leoparden und Geparden sollen in dem Schutzgebiet jagen und leben.

Südafrikanischer Teil des Kgalagadi Transfrontier Park

Der südafrikanische Teil des Kgalagadi Transfrontier Park, der ehemalige **Kalahari Gemsbok National Park,** liegt im nördlichsten Zipfel Südafrikas zwischen Botswana im Osten und Namibia im Westen. Gut unterhaltene Hauptpisten, die auch mit einem normalen Pkw zu befahren sind, führen durch den Park – von Wasserstelle zu Wasserstelle sowie zu den eingezäunten Camps **Nossob 12** (S25° 25 263/E20°35 833, ▶ 2 B 14) und **Mata Mata 13** (S25°45 970/E22°00 035, ▶ 2, A/ B 15). Letzteres verfügt seit 2007 über einen nur für Touristen geöffneten Grenzübergang nach Namibia, der die Weiterreise in dieses Nachbarland sowie nach Botswana deutlich verkürzt. Zusätzlich zu den Hauptpisten gibt es fünf ausgewiesene Geländewagenstrecken: **Nossob 4x4 EcoTrail** (nur mit Führung befahrbar, s. S. 346), **!Xaus Trail** (58 km, nur für Gäste der gleichnamigen Lodge), **Bitterpan Trail** (120 km, nur für Gäste des Bitter Pan Camp), **Gharagab Trail** (61 km, nur für Gäste des gleichnamigen Camps) und den **Leuwdril Trail** (13 km). Letzterer beginnt in **Leuwdril 14** im Nossob River Valley und führt ins Auob Valley. Permits für diesen Trail gibt es in Twee Rivieren für 200 Rand.

Das wichtigste Tor zum südafrikanischen Kgalagadi Transfrontier Park ist **Twee Rivieren 15** (S26°28 434/E20°36 790), wo sich auch das komfortable Hauptcamp befindet. Daneben gibt es sechs weitere sogenannte Wilderness Camps: **Kieliekrankie 16** (S26° 10 880/E20°35 458), **Urikaruus 17** (S25°59 791/E20°20 371), **Kalahari Tented Camp 18** (S25°45 970/E22°00 035) bei Mata Mata, **Bitterpan 19** (S25°42 983/E20°24 204) sowie **Grootkolk 20** (S24°53 445/E20°08 718) und **Gharagab 21** (S25°45 970/E22°00 035). Da die Camps nicht eingezäunt sind, versprechen alle einen intensiven Naturkontakt.

Sanddünen ziehen sich wie die Wellen eines trockenen Meers bis zum endlosen Horizont. Das Klima ist semiarid, d. h., längere Trockenzeiten werden häufig von sintflutartigen Niederschlägen unterbrochen. Die den Park durchquerenden Flüsse, der Auob River und der Nossob River, führen daher nur episodisch Wasser. Um genügend Nass für

Mensch und Tier bereitzustellen, installierte die Nationalparkbehörde zahlreiche Windräder, die Grundwasser nach oben fördern. Diese künstlichen Wasserstellen sind die besten Plätze zur Wildbeobachtung, vor allem am frühen Morgen und späten Nachmittag.

Ein Highlight auf Pirschfahrten sind Sichtungen der berühmten schwarzmähnigen Kalahari-Löwen sowie von Geparden, Leoparden, Tüpfel- und Schabrackenhyänen. Löwen und Leoparden jagen meist in der Nacht, beginnen aber bereits im späten Nachmittagslicht mit der Beutesuche. Im Begleittross von Geparden, die tagsüber jagen, um Löwen und Leoparden aus dem Weg zu gehen, finden sich immer einige Streifen- und Schabrackenschakale, die hoffen, dass nach erfolgreicher Jagd etwas für sie übrig bleibt.

Der südafrikanische Teil des Kgalagadi Transfrontier Park ist ideal für Kalahari-Erstbesucher geeignet. Die Hauptpisten im Park sind in einem sehr guten Zustand, die Landschaft ist grandios und viele Wasserstellen können zweiradangetrieben erreicht werden, was auf der Botswana-Seite unmöglich ist. Wer das erste Mal mit einem Geländewagen unterwegs ist, kann sich auf den zur Auswahl stehenden 4x4-Trails langsam an das Fahren abseits befestigter Straßen herantasten.

Übernachten

... im botswanischen Teil:

Lodge-Trio ▶ Mitte des Jahres 2013 wurden gleich drei luxuriöse Lodges im botswanischen Teil des Kgalagadi Transfrontier Park eröffnet, der bislang sich selbst versorgenden Geländewagenfahrern vorbehalten war. Nun steht das Schutzgebiet auch Fly-in-Touristen und Pkw-Fahrern offen. Erfahrene Ranger bringen den Gästen das einzigartige Ökosystem der Kalahari näher, sowohl bei Pirschfahrten als auch auf geführten Buschwanderungen. Buchungen für alle Lodges erfolgen unter **Ta Shebube,** Tel. 031 616 96, www.tashebube.com. **Rooiputs:** 25 km nördlich vom Two Rivers Gate. Das komfortabelste der drei Camps umfasst neun Chalets, ein Family Unit und eine Wüsten-Honeymoon-Suite. Alle sind reetgedeckt, aus Holz, Lein-

wand und Glas erbaut und haben eine Außendusche. Das reetgedeckte Hauptgebäude besitzt eine geräumige Lounge, eine Bar, einen Dinnersaal und eine gut bestückte, gemütliche Bücherei. Eine private Konzession ermöglicht exklusive Pirschfahrten, sowohl tagsüber als auch nachts, sowie geführte Wanderungen. DZ 300–550 US-$ p. P. all inclusive. **Polentswa:** 222 km nördlich von Twee Rivieren. Die luxuriöse Zeltlodge liegt an der Polentswa Pan und besteht aus sechs klassischen Safarizelten, einem Family Unit und einer Wüsten-Honeymoon-Suite. DZ 300–550 US-$ p. P. all inclusive. **Union's End:** 284 km nördlich von Twee Rivieren. Diese Lodge besteht aus sechs rustikalen Safarizelten, die alle über ein Bad verfügen. Dies ist die abenteuerlichste, weil am einsamsten gelegene Übernachtungsoption im Lodgetrio. DZ 300–550 US-$ p. P. all inclusive.

Camping ▶ Im botswanischen Teil des Kgalagadi Transfrontier Park gibt es mehrere Campingplätze, die alle vom **Department of Wildlife and National Parks** unterhalten werden und 50 Pula p. P. kosten. Zentrale Buchung unter Tel. 039 714 05, www.mewt.gov.bw/DWNP; Gaborone-Büro, Queen's Rd., Tel. 031 807 74, Fax 031 807 75; Maun-Büro, Kubu St., Tel. 068 612 65, Fax 068 612 64; Öffnungszeiten Mo–Sa, meist auch Fei 7.30–12.45, 13.45–16.30, So 7.30–12 Uhr. Online-Buchungen funktionieren manchmal, dann kostet es allerdings mehr. Bei der Buchung erhält man einen Buchungscode für den jeweiligen Stellplatz. Da die Stellplätze der Camps oft sehr weit auseinanderliegen, darauf achten, dass man am richtigen campt. **Two Rivers Camp:** am gleichnamigen Gate. Mit Sanitärblock. **Rooiputs Rest Camp:** Rustikale Duschen, Plumpsklos, Sonnenschutz. **Polentswa Camp 1-3/KTPOL 01-03:** Duschvorrichtung, Plumpsklos, Sonnenschutz, eigenes Wasser mitbringen. **Wilderness Trail Mabuasehube:** am gleichnamigen Eingang. Mit Sanitärblock. **Mabuasehube Camp** (Nr. 4 ist der schönste Platz), **Leshologago Camp, Mpaathutlwa Camp, Monamodi Camp, Bosobogolo Camp, Khiding Camp, Kaa Gate Camp, Matopi Camp 1**

aktiv unterwegs

Nossob 4x4 Eco Trail

Tour-Infos

Start: Der Trail wird in beide Richtungen befahren, wobei der vorgegebene Startpunkt monatlich wechselt – in geraden Monaten geht es bei Two Rivers los, in ungeraden bei Nossob.

Länge: insgesamt 201 km

Dauer: 4 Tage/3 Nächte

Kosten: Parkeintritt (s. S. 337), hinzu kommen 2180 Rand für die Trailgebühr pro Geländewagen

Infos und Buchung: Den Trail darf man nicht auf eigene Faust befahren. Buchungen können vorgenommen werden unter Tel. 0027 54 561 20 00, 0027 12 428 91 11, www.sanparks.org, und sollten möglichst ein Jahr im Voraus erfolgen, da die Strecke sehr beliebt ist. Die Tour beginnt immer montags und endet donnerstags. Eine Gruppe besteht aus mindestens zwei und maximal fünf Geländewagen, die über ein Untersetzungsgetriebe (Kriechgang) verfügen müssen. Offroad-Anhänger sind nicht zugelassen. Essen, Wasser, Feuerholz und Zelte müssen selbst mitgebracht werden. Die Campingplätze haben Plumpsklos, heiße Duschen und Grillplätze (ohne Rost). Zur Ausrüstung sollten weiterhin ein Spaten, ein Luftdruckmesser, ein Kühlerschutz gegen Grassamen und eine Taschenlampe gehören. Einzeln reisende Geländewagenfahrer werden von der Nationalparkbehörde in Gruppen zusammengelegt.

Diese von einem Nationalpark-Ranger in seinem eigenen Geländewagen geführte Tour auf dem **Nossob 4x4 Eco Trail** führt auf abgelegenen Strecken durch die rotsandige Kalahari – schon allein die Tatsache, dass es auf einer Strecke von 300 km kein Benzin gibt, macht die Unternehmung sehr abenteuerlich. Man durchquert hohes Gras sowie die Dünen zwischen Two Rivers und Nossob, passiert

diverse Tonpfannen sowie nahezu unberührte Regionen und absolut wunderbare Landschaften. Meistens verläuft die Piste im Trockenflussbett des Nossob River. Der Nossob 4x4 Eco Trail kann mit dem 155 m langen Mabuasehube Wilderness Trail (s. S. 343) in Botswana verbunden werden, der in Polentswa auf der botswanischen Seite seinen Ausgang hat.

Vor Fahrtantritt muss man eine Haftungsausschlusserklärung unterschreiben, dann erhält man von dem begleitenden Ranger ein Funkgerät für jedes Auto. Nach einem kurzen Briefing geht es los. Bei Start in **Two Rivers** fährt man zunächst auf der Schotterpiste Richtung Nossob bis zur 38 km entfernten Trail-Abzweigung. Rechts und links der Piste sind immer wieder Oryx- und Kuhantilopen, Springböcke und Gnus zu sehen. In den Bäumen hängen die riesigen Nester der Siedelwebervögel. Von der Kreuzung windet sich eine Fahrspur in die Dünen. Der Ranger hält zwischendurch immer wieder an und gibt wertvolle Tipps zum Fahren im Sand. Einer seiner Tipps lautet: ordentlich Gas und mit Schwung über die Kuppe.

Der erste Campingplatz, **Witgat** (▶ 2, B/C 15), liegt leicht erhöht und überschaut eine künstliche Wasserstelle. Es wird Feuer gemacht und gemeinsam mit dem Ranger gegrillt, gegessen, getrunken und gequatscht – bis spät in die Nacht. Und diese kann durch heftiges Löwengebrüll am frühen Morgen durchaus noch weiter verkürzt werden. Die schwarzmähnigen Kalahari-Löwen sind die größten in Afrika und ihr Brüllen lässt den Boden vibrieren.

Nach einem herzhaften Frühstück am nächsten Morgen geht es weiter. Tagesetappe Nummer zwei führt 63 km weiter bis **Rosyntjiebos** (▶ 2, B 15). Das Dünenfahren wird nun zur echten Herausforderung, eine nach der anderen gilt es zu überqueren. Zum

Glück ist der Ranger dabei, das schafft Vertrauen. Denn immer wieder fährt sich eines der Autos fest und muss befreit werden. Kein Spaß bei der Hitze. Um die 40 °C sind hier eher normal als außergewöhnlich. Aber das gehört zum Abenteuer Kalahari mit dazu. Und wieder erzählt der Ranger am abendlichen Lagerfeuer im nicht umzäunten Camp unterhaltsame Anekdoten aus seinem Leben.

Das dritte und letzte Übernachtungscamp ist **Swartbas** (▶ 2, B 14). An diesem Tag wird mittags an einer ausgedehnten Salzpfanne pausiert. Dort halten sich meist größere Gruppen von Oryxantilopen auf. Swartbas ist von Schatten spendenden Bäumen umgeben, eine Wohltat bei der Hitze.

Am letzten Tag sind es noch einmal 52 km von Swartbas bis zur Hauptroute durch den Nationalpark, auf der man nach 58 km wieder das Nossob Camp erreicht, wo bereits kalte Biere und die heiß ersehnten Duschen warten.

Paradies für 4x4-Fans: die Geländewagentrails im Kgalagadi Transfrontier Park

Wo Hans Schwabe begraben liegt

Thema

Der deutsche Geologe Hans Schwabe aus Bremen vermutete schon frühzeitig, dass aufgrund der geologischen Gegebenheiten in der Kalahari Diamanten vorkommen müssten. Immer wieder reiste er durch den Süden des 1931 etablierten Kalahari Gemsbok Park in Südafrika. Manchmal besuchte er dann den Parkverwalter Joep Le Riche.

So auch am 20. Oktober 1958, als er mit Joep einen Kaffee in Twee Rivieren trank. Bei dieser Gelegenheit fragte Hans zum ersten Mal, wie hoch Joep die Möglichkeit einschätze, in der Kalahari Diamanten zu finden. Würde er die Erlaubnis bekommen, im Park zu schürfen? Joep lachte nur. Für ihn waren die Diamantenfantasien des Deutschen und vieler anderer nur eines: Träume. Joep hatte sein ganzes Leben in dem Gebiet verbracht und nie einen der Edelsteine zu Gesicht bekommen. Erst kürzlich habe ein berittener Schürfer aus dem Reservat geworfen werden müssen, da es streng verboten war, dort nach Bodenschätzen zu graben. Schwabe wechselte das Thema und gab sich desinteressiert.

Bei der Abfahrt nahm er seine normale Strecke durch den Auob River Richtung Mata Mata an der Grenze zu Südwestafrika. Doch kurz nach Verlassen des Camps versteckte er seinen Wagen in den Büschen und wartete ein paar Stunden. Als er sah, dass ihm niemand gefolgt war, fuhr er zum Nossob River in Richtung botswanische Grenze. An der Kwang Pan parkte er sein Auto und ging zu Fuß los, um nach Diamanten zu schürfen.

Einen Tag später rief die Bechuanaland-Polizei bei Joep an, um ihm zu sagen, dass ein verlassenes Auto im Park gefunden worden war. Joep machte sich mit zwei Polizisten, seinem Sohn Stoffel und einem San-Spurenleser auf die Suche nach den Insassen. Als er das Auto sah, erkannte er sofort Schwabes Oldsmobile.

Die Umstände waren eigenartig. Schwabe hatte eine Notiz im Auto zurückgelassen: »Kein Wasser fürs Auto, keines für mich, kein Essen, ich folge dieser Straße. Montag 8 Uhr. H. Schwabe«. Zwei Spuren führten vom Auto weg, eine davon kam wieder zurück. Joep checkte den Kühler. Der war voll. Wasser gab es in Rooikop, 15 km südlich. Aber den Spuren nach war Schwabe nach Norden gelaufen. Die Gruppe folgte den Fußabdrücken aus dem Flussbett und entlang eines Kalksteinrückens. Der Spurenleser fand zerbrochene Steine und gesiebten Sand – eindeutige Schürfhinweise. »Der gräbt sich sein eigenes Grab«, sagte Joep, »wir müssen uns beeilen, die Sonne geht bald unter.« Dann kamen sie an eine Anhöhe. In der Ferne sahen sie einen Baum, in dem ein paar Geier saßen. Unter dem Kameldornbaum fanden sie schließlich Schwabes bereits von Hyänen und Geiern zerfledderten sterblichen Überreste. Die Leiche lag auf der Bechuana-Seite der Grenze. So konnte der Suchtrupp nichts anderes tun, als Schwabe dort zu begraben. Sie bedeckten sein Grab mit einem Steinhaufen und zwei gekreuzten Kameldornzweigen. Joep kratzte die Worte »Here rests Hans Schwabe. Died 22.10.58« in einen Stein. Das Grab mit einem verbogenen schmiedeeisernen Kreuz ist noch heute zu sehen. Es befindet sich neben dem Nossob River auf dem Weg zum Polentswa Camp und Wilderness Trail, einige Hundert Meter von der Grootbrak-Wasserstelle (▶ 2, B 14) entfernt.

und 2, Gnus Gnus Camp, Mosimane Camp, Swartpan Camp, East Gate Camp: Diese Campingplätze sind sehr einfach und verfügen nur über rustikale Duschen, Plumpsklos und manchmal einen überdachten Sonnenschutz. Überall muss eigenes Wasser mitgebracht werden. Mit der Buchungsbestätigung erhalten Besucher eine Kartenskizze, auf der die Lage der Campingplätze verzeichnet ist.

... im südafrikanischen Teil:
Im südafrikanischen Teil des Kgalagadi Transfrontier Park gibt es traditionelle Restcamps (mit Duschen und Spültoiletten) sowie einfache Wilderness Camps (ohne Duschen, mit Plumpsklo), die alle ganz easy online gebucht werden können unter www.sanparks. org. Außerdem existieren mehrere Lodges, worunter die !Xaus Lodge besonders empfehlenswert ist. Sowohl die Restcamps als auch die Wilderness Camps sind auf der am Eingang erhältlichen Karte eingezeichnet und im Park hervorragend ausgeschildert, also problemlos zu finden.

Ökolodge ▶ !Xaus Lodge: S26°15 238/ E20°25 637, Tel. 0027 21 701 78 60, www. xauslodge.co.za, Facebook ›!Xaus Lodge‹. Zaunlos mitten in den roten Sanddünen des Nationalparks gelegen und nur auf einer sandigen 4x4-Strecke zu erreichen, ist die wunderbare Lodge ein Paradebeispiel für nachhaltigen Ökotourismus. Sie gehört der lokalen Mier-Gemeinde und dem Khomani-Stamm der San. Diese haben die Lodge an eine Betreiberfirma geleast, die ihnen regelmäßig Pacht zahlt. Fast alle Angestellten der Lodge wurden aus umliegenden Gemeinden rekrutiert. Es gibt 12 komfortable, wunderbar in die Landschaft integrierte Chalets, die direkt an einer Salzpfanne stehen und über ein Bohrloch mit Wasser versorgt werden. Alle haben Holzbalkone. Im Sommer erfrischt der herrliche Pool, im Winter ein knisterndes Kaminfeuer im Hauptgebäude der Lodge. *!Xaus* bedeutet ›Herz‹ in der Sprache der San, das ›!‹ symbolisiert einen Klicklaut – wer ihn nicht beherrscht, spricht den Lodgenamen wie ›kaus‹ aus. Preis inkl. Pirschfahrten, geführte Wanderungen, Sternegucken, Besuch eines San-Dorfs, Transfers für Pkw-Fahrer. DZ Erw.

3100 Rand, Kin. 12–16 J. 1550 Rand, Kin. 3–11 J. 930 Rand, jeweils pro Person und all inclusive.

Wilderness Camps ▶ Grootkolk: vier Wüstenhütten, je 1270 Rand. **Kieliekrankie:** vier Dünenhütten, je 1270 Rand. **Urikaruus:** vier Flusshütten, je 1270 Rand. **Bitterpan:** nur mit 4x4 erreichbar, vier reetgedeckte Hütten, je 1140 Rand. **Gharagab:** nur mit 4x4 erreichbar, vier Holzhäuschen, je 1140 Rand. **Kalahari Tented Camp:** Zelte für zwei Personen, je 1275 Rand.

Restcamps ▶ Twee Rivieren: Häuschen 855–1280 Rand, Camping 195–240 Rand. **Nossob:** Häuschen 750–1515 Rand, Camping 225–240 Rand. **Mata Mata:** Häuschen 730–2080 Rand, Camping 225–240 Rand.

Weiterreise nach Südafrika und Namibia

Der südliche Teil des Kgalagadi Transfrontier Park lässt sich gut mit einer Reise in den Norden Südafrikas und den Süden Namibias kombinieren. Dies ist die einzige Sektion der Kalahari, die sich auch mit einem Pkw erschließen lässt.

Vom Kgalagadi Transfrontier Park nach Upington (Südafrika)

Vom südafrikanischen Twee Rivieren Gate des Kgalagadi Transfrontier Park sind es ca. 75 km auf einer mittlerweile durchgehend geteerten Straße gen Süden nach **Askham** (▶ 2, C 17), dem dem Park nächstgelegenen Ort. Nur ein paar Kilometer von Askham entfernt befindet sich die Polizeistation von **Witdraai.** 1931 errichtet, war sie gleichzeitig Zuchtstation für Kamele, die für Polizeipatrouillen in die Kalahari benutzt wurden. Bis zu 400 Kamele lebten in Witdraai, das auch andere Polizeistationen der Region mit den genügsamen Wüstenschiffen versorgte. Die ursprünglichen Zuchttiere kamen aus dem Sudan. Ein Denkmal vor der Polizeistation in **Upington,** 186 km südlich von Askham gelegen, erinnert an die wichtige Rolle, die die Kamele beim Erschließen der Kalahari bis

etwa 1950 gespielt haben. Danach lösten mechanische 4x4s die organischen ab. Upington ist die landwirtschaftliche und touristische ›Hauptstadt‹ der Region und liegt direkt am Orange River.

Infos

Im Internet: www.upington.co.za, www.northerncape.org.za, www.greenkalahari.co.za

Übernachten

... nahe dem Twee Rivieren Gate:

Richtiges Outback-Feeling ▶ Molopo Kalahari Lodge: S20°39 499/E26°56 003, Tel. 0027 54 511 00 08, www.molopo.co.za. Die Atmosphäre des Pubs mit seiner Riesentheke erinnert ans australische Outback. Es wird gutes Essen serviert, zum Übernachten stehen reetgedeckte Rundhütten *(rondavels)* und Häuschen zur Verfügung. DZ 710 Rand mit Frühstück, Camping 150 Rand p. P.

... zwischen Askham und Van Zylsrus (▶ 2, E 17):

Farmhaus für Selbstversorger ▶ Loch Broom Paradys: 36 km von Askham auf der Piste Richtung Van Zylsrus, Tel. 0027 84 491 93 54, www.lochbroom.co.za. Gästehaus mit Häuschen für Selbstversorger und Camping. Die Farm veranstaltet Pirschfahrten auf ihrem Gelände, wo viele Gnus und Oryxantilopen leben. DZ ab 600 Rand, Erw. 80 Rand, Kin. 55 Rand.

... in Upington:

Stopover für Geländewagenfahrer ▶ Tshahitsi Lodge: an der N 14 (S28°26 24/E21° 16 91), Tel. 0027 54 333 11 26, www.tshahitsilodge.co.za. Eine prima Idee – eine Stadt-Lodge speziell für sich selbst versorgende Geländewagenfahrer. Die Autos parken vollgepackt und sicher auf einem Stellplatz, mit Strom-, Wasser- und Satelliten-TV-Anschluss. In Gehweite zu den Restaurants in der Stadt, wo auch der Frühstücksgutschein eingelöst werden kann. DZ 900 Rand mit Frühstück, Camping 150 Rand.

Paradebeispiel für nachhaltigen Ökotourismus: die !Xaus Lodge im Kgalagadi Transfrontier Park

Augrabies Falls National Park

114 km westlich von Upington bildet der südafrikanische **Augrabies Falls National Park** mit seinen gleichnamigen, 56 m hohen Wasserfällen ein landschaftliches Highlight im Norden Südafrikas. Gewaltige Wassermassen pressen sich durch eine enge Granitschlucht, um kurz darauf in einen Pool zu donnern, der angeblich 130 m tief und voller Diamanten ist. Aufgrund der Wassermengen konnte das bisher noch niemand bestätigen. Aber nicht nur die Fälle begeistern, auch die wüstenhafte Landschaft links und rechts des Orange River, dessen Ufer mit einem grünen Vegetationssaum bedeckt sind. Es kommen 47 verschiedene Wildtiere vor, einschließlich des gefährdeten Spitzmaulnashorns.

Übernachten

Im Nationalpark ▶ Die Unterkünfte und die Stellplätze im Park sind buchbar unter www.sanparks.org. DZ im Chalet ab 700 Rand, Camping für max. 6 Pers. 165 Rand.

Vom Kgalagadi Transfrontier Park nach Namibia

Von der Kalahari aus hat man zwei Möglichkeiten für einen Grenzübertritt nach Namibia. Im Kgalagadi Transfrontier Park gibt es den Grenzübergang **Mata Mata,** der nur für Touristen geöffnet ist. Als Alternative dient der Grenzübergang **Mamuno/Buitepos** in der Kaa Kalahari Concession Area. Von dort zieht sich der Trans-Kalahari-Highway 313 km bis ins Zentrum von **Windhoek.**

Übernachten

An der Grenze Mamuno/Buitepos ▶ Kalahari Bush Breaks: von Botswana kommend kurz hinter dem Grenzübergang links, Tel. 00264 62 56 89 36, www.kalaharibushbreaks.com (auch dt.). Zu der Gästefarm gehört ein privates Wildreservat. Acht Doppelzimmer, drei davon im Haupthaus, die empfehlenswerteren in einem Extra-Gebäude mit Blick auf ein Wasserloch. Ein Pool mit künstlichem Wasserfall erfrischt in der Sommerhitze. Dinner 210 N$, DZ 690–950 N$/p. P. mit Frühstück, Camping 75–95 N$ p. P.

Spot on: Die südafrikanischen Augrabies Falls
werden nachts dramatisch beleuchtet

Register

Der Haupteintrag ist **fett** hervorgehoben.

Register

Der Haupteintrag ist **fett** hervorgehoben.

Register

Der Haupteintrag ist **fett** hervorgehoben.

Abbildungsnachweis/Impressum

Umschlagfoto

Titelbild: Fahrt mit dem Einbaum durchs Okavango Delta

Über den Autor: Dieter Losskarn (www.lossis.com) ist 1996 nach Südafrika ausgewandert und lebt in der Nähe von Kapstadt. Wann immer möglich bereist er im Nachbarland die Kalahari oder das Moremi Game Reserve. Der Reisejournalist und Buchautor schreibt für deutsche und internationale Magazine. Im DuMont-Reiseverlag hat er das Reise-Taschenbuch »Kapstadt und die Kap-Provinz«, die Reise-Handbücher »Südafrika« und »Namibia« sowie in der Reihe DuMont Direkt den Band »Südafrika« verfasst.

Hinweis: Autor und Verlag haben alle Informationen mit größtmöglicher Sorgfalt geprüft. Gleichwohl sind Fehler nicht vollständig auszuschließen. Alle Angaben erfolgen ohne Gewähr. Bitte schreiben Sie uns! Über Ihre Rückmeldung zum Buch und über Verbesserungsvorschläge freuen sich Autor und Verlag: **DuMont Reiseverlag,** Postfach 3151, 73751 Ostfildern, E-Mail: info@dumontreise.de

1. Auflage 2014
© DuMont Reiseverlag, Ostfildern
Alle Rechte vorbehalten
Grafisches Konzept: Groschwitz, Hamburg
Printed in Germany